受け入れてきた文明ですが、他方、それと同時に、日本とギリシアはどちらも、それ自身の文明と他の文明とを識別できる特徴を持ち続け、それ自身の文明に外部からの借用を適合させてきました。実例を二つ挙げます。アルカイック時代と古典古代時代のギリシア人は、縦溝の彫刻があるエジプト・タイプの円柱をもつ神殿を建造しましたが、その建築パターンはギリシア独特のものでした。同じように、ギリシア人はスフィンクスがエジプトと特別な関係があることを十分に知っていましたが、同時に、スフィンクスはギリシア神話に深く入り込んでいると考えていました。

日本の実例を挙げます。日本人は食べるときに箸を使いますが、考えてみれば、箸は中国が発明したものです。にもかかわらず、日本人は箸を日本独特のものだと見ています。宗教の分野では、日本人は大乗仏教がインドから中国を経て日本に渡ってきたことを知っていますが、しかしだからといって、日本人は日本列島における大乗仏教の宗教慣行が日本的でないとは考えていません。

自分の著書が日本語に翻訳されたことに私が満足している最後の理由は、私は日本に強い愛着の気持ちがあるからです。これまでの人生のなかで、私がもっとも感動し、私の美意識がもっとも刺激された経験があります。一九六七年二月、シベリアのナホトカから横浜までの船旅の経験でした。明け方に船が函館海峡〔津軽海峡〕を通ったとき、私は船のデッキに出ていましたが、その後ずっと、キャビンや食堂に降りていくことができませんでした。八時間もの間、ピリッと身の引き締まるような冬の日差しが降り注ぐ光景に見とれて、デッキに釘づけになっていました。自然美も人工美もありました。日本の芸術家と職人が表現し、その価値を高めた山々の形とコントラストが目の前にひろがっていました。昨年、フクシマで破滅的な大災害が起きました。私は日本のこの景色を

日本の読者へ

世界最初の、おそらくたぐいまれな翻訳によって、私の著書 *Black Athena Writes Back* の日本語訳『「黒いアテナ」批判に答える』が出版されることは二重の喜びです。ふさわしい本がふさわしい言語に翻訳されました。私の著作の多くは難解ですが、本書は対話にもとづいており、比較的近づきやすい著作です。本書『「黒いアテナ」批判に答える』は、もともと、私を批判した著書『「黒いアテナ」再考』*Black Athena Revisited*〔以下『再考』〕に答えた著作です。私は『再考』の編集者に『再考』に収録された諸論文の再刊を持ちかけましたが、残念ながら断られました。とはいえ、論争の両当事者の主張は、当事者の一方がまとめた梗概を示すだけでも、ある程度理解することができるので、私はこの著作でそれを企てました。考え方の違いがもっとも単純に、またもっとも明確になるのは、討論においてです。

『黒いアテナ』第二巻〔邦訳『黒いアテナ　古典文明のアフロ・アジア的ルーツ　II　考古学と文書にみる証拠』〕の「日本の読者へ」で私が述べたように、私の著作が日本語になって手に入ることはとりわけ大きな喜びです。というのは、黒いアテナ・プロジェクトの最初から、私はつねに、〈日本は私が抱いている古代ギリシア・イメージの原型である〉と見てきたからです。日本は、言語とそのほか さまざまな宗教的・物質的文化の側面で、外部から大量の流入を

マーティン・バナール

『黒いアテナ』批判に答える 上

金井和子訳

藤原書店

BLACK ATHENA WRITES BACK

by Martin Bernal

思い起こし、胸が張り裂けそうでした。どれほど多くのものが破壊されてしまったのか、汚染されてしまったのか。

こんども私の本を翻訳して下さった金井和子氏に感謝します。分厚い私の著作を巧みに翻訳して下さった苦労にたいしてだけではありません。彼女から私への励ましと友情にたいしても。

マーティン・バナール

二〇一二年五月　ケンブリッジにて

『黒いアテナ』批判に答える　上

目次

序

第Ⅰ部　エジプト学

第Ⅱ部　古典学

第Ⅲ部　言語学

第9章　イギリスの功利主義、帝国主義、〈古代モデル〉の没落　355

〈『黒いアテナ』批判に答える　下巻目次〉

私を導いてくれた
サイラス・ゴードンとマイケル・アストゥアへ

『黒いアテナ』批判に答える　上

凡例（上巻）

一　本書は Martin Bernal "Black Athena Writes Back——Martin Bernal Responds to His Critics", Edited by David Chioni Moore, Duke University Press, 2001. の前半部分の、まえがきから第9章までの翻訳である。原書で巻末にある用語解説は本巻に収録した。

一　原文の（　）は（　）のままである。

一　原文でイタリック体になっている箇所は、
・語句や文章の強調には傍点を付した。
・著作、単行本、雑誌、新聞の場合は『　』で示した。
・作品（古代の作品、音楽作品、論文など）は「　」で示した。
・英語以外の単語についてはカタカナ表記のうえ、原文の綴りを示した。

一　原語を補う場合は、該当する語の後ろに補った。

一　原注は［　］で示した。

一　訳者の補足は〔　〕で示し、小活字とした。

一　〈　〉は意味を取りやすくするために訳者が補った。

一　引用文で邦訳のあるものについては邦訳を参考にしたが、原書が採用している英語版とは底本に異同があるので、基本的に原書から翻訳した。参考にした邦訳文献は下巻の「参考文献」に示す。

一　ギリシア語の人名・地名等は、原文では母音の長短がローマ文字で示されているが、翻訳文では原則として音引きしなかった。

一　第6章、第8章の節内の見出しには、原書では番号はふられていなかったが、読者への便宜のため、訳者が補った。

まえがき——本書が世に出るまで

本書とその姉妹編『「黒いアテナ」論争』*Debating Black Athena*（近刊予定）が世に出るには長い時間がかかった。この企画は一九九四年八月、ケベック市のラヴァル大学で開かれた国際ギリシア古典研究連盟第一〇回会議で、『黒いアテナ』をめぐるパネル討論会があり、その後の食堂での座談から生まれた。私たち四人のパネリスト——ヴァランタン・ムディンベ、デイヴィッド・チオニ・ムーア、デニース・マッコスキーと私——は食事をし、くつろいでいた。私はそのとき、近々メアリー・レフコヴィッツとガイ・ロジャーズの編集で『「黒いアテナ」再考』*Black Athena Revisited*（*BAR*）〔以下、『再考』あるいは*BAR*と略記〕の出版が予定されているが、彼らはその本のなかに、私の返事を入れさせないでいると不満をもらした。それだけではない。私は『再考』に収録予定の多くの論文にたいして、すでに返事となる論文を発表していたのだが、彼らはその返事の収録も拒んでいた。

これまであちこちに書いた返事をひとつにまとめたいと思っているが、このプロジェクトに関心を示す出版社があるだろうかという私に、ムディンベもムーアも、デューク大学出版会の編集者ならこれはいい考えだと関心を示すかもしれないと答えた。しかし彼らは、編集者と出版社にとっては、古典学の些細な問題点から離れて、『黒いアテナ』

をめぐるもっと幅広い争点を議論する本のほうがずっと興味深いだろうと考えた。そこで、私たちは、二つのプロジェクトを一つにすべきだということで意見が一致した。

ヴァランタン、デイヴィッド、デニースがこの考えをデューク大学出版会のレノルズ・スミスにもちこんだ。彼は興味を示し、何ができるか知りたいと私に連絡してきた。私はきわめて大ざっぱな原稿を彼に送り、彼はそれを閲読者たちにまわした。彼らの判断はまちまちだった。最初に読んだ閲読者たちはレフコヴィッツとロジャーズの行動について感心しないと考えたが、私の原稿に繰り返しが多いことにうんざりし、彼らには一方的と見えた私の原稿に苛立った。私は『再考』の著者に私たちの本への寄稿を依頼することで、一方的だという判断を正そうとした――これにはウィスコンシン゠ホワイトウォーター大学の英文科教授ジニヴァ・コッブ・ムーアの親切な助力があった。しかし、寄稿者全員がノース・カロライナ大学出版会の仕事〔『再考』〕にかかりきりだというレフコヴィッツの手紙が回ってきて、この努力が実るチャンスは消えた。

その後年月が経過したが、出版を強く支持する一通の手紙が事態を変え、デューク大学出版会は『「黒いアテナ」批判に答える』*Black Athena Writes Back* の出版に合意した。しかし、このプロジェクトを担当したデューク大学出版会の編集者レノルズ・スミスは、私に共編者が必要だと判断した。デニース・マッコスキーとデイヴィッド・チオニ・ムーアのどちらもが共編者の候補であることはあきらかだった。そしてムーアが、彼自身厖大な量の仕事を抱えていたにもかかわらず、寛大にも共編者の仕事を引き受けてくれた。彼は私の論文の編集ばかりでなく、私とともに他の論文寄稿者の協力も説得してくれた。

編集作業の流れは二方向あった。『黒いアテナ』批判にたいする詳細な反論をたどる方向と、『黒いアテナ』をめぐる広範囲の議論を追う方向の二つである。一九九八年春になると、材料が多すぎて、一冊の本にまとめるのは不可能だということが判明した。レノルズ・スミスは、プロジェクトを分けて二分冊にすることを認めた。したがって、本書は『黒いアテナ』批判にたいする私からの返事であり、姉妹編『「黒いアテナ」論争』*Debating Black Athena* は、異なる多くの学問分野の、広範囲にわたる著名な学者が執筆した論文で構成されている。

私はこのプロジェクトで、多くの人びとから助力と励ましを受けたことに感謝する。『黒いアテナ』の最初の二巻のまえがきで名前を挙げたすべての人に、ふたたび感謝したい。この場では、過去五年間にわたって私と一緒に仕事をした人びとの名前に限定して謝意を表する。まず最初に、私の編集者デイヴィッド・チオニ・ムーアに感謝しなければならない。彼はこの著作に厖大な努力を傾け、忍耐と直截さをみごとに混合させ、私と議論をたたかわせ、まとまりのない私の原稿に取りくんでくれた。メアリー・ジョー・パウエルにも深く感謝したい。私は編集が終わる段階で彼女に原稿整理を依頼したが、彼女は即座にこの仕事を引き受け、すばらしい仕事をしてくれた。参考文献の確認と訂正の作業を大いに助けてくれたジュディ・シュレヴィッツにも感謝する。最後に、すべての段階で私たちを助け、指針を与え、励ましてくれたデューク大学出版会のきわめて有能な編集者、レノルズ・スミスがいてくれたことに感謝する。

ニコス・アクサルリス、グレゴリー・ブルー、スタンリー・バースタイン、エリック・クライン、モリー・マイエロヴィッツ・レヴァイン、ヴァランタン・ムディンベ、デイヴィッド・オーエン、ゲーリー・レンズバーグに感謝したい。彼らがいなければ、この本の思想的・学問的構成は不可能になっただろう。これから名前を挙げる人びとにも感謝しなければならない。アノア・アブデル・マリク、リン・アベル、フレッド・アール、ジョージ・バス、ジャック・バーリナブロウ、ロジャー・ブレンチ、ジョン・ボードマン、ヴァルター・ブルケルト、ポール・カートレッジ、チェン・イイ、ジニヴァ・コッブ・ムーア、パディ・カリガン、ピーター・ダニエルズ、ロバート・ドルーズ、エマニュエル・イーゼ、ダン・フローリ、デイヴィッド・ヘルド、ジェイムズ・ホッホ、イーフリイム・アイザック、スーザン・ジェイムズ、ショマルカ・ケイタ、アイザック・クラムニック、ピーター・クニホウム、ソール・レヴィン、デイヴィッド・レヴィ、ヒュー・ロイド＝ジョーンズ、ベアトリス・ランプキン、フォァド・マッキ、デニース・マッコスキー、ウダイ・メータ、ヘンリー・メンデル、トニ・モリスン、ジョン・ペアマン・ブラウン、ジョン・パパデモス、ジャッキ・フィリップス、ジャミル・ラジェップ、アンドルー・ラメイジ、ナンシー・ラメイジ、ロリ・レペッティ、スティーヴン・スカリー、バリー・ストラウス、ウィム・ヴァン・ビンスバーゲン、フランス・ヴァン・ケーツェム、ヴァンス・ウォトラス、ゲイル・ヴァーハフト、そしてリンダ・ウォーの諸氏は私を大いに助け、忍耐強い理解を示してくれた。

私にとって、過去七年間は気持ちの上できわめて厳しい時期だったが、幸福と満足の年月でもあった。一つには、すでに列挙した友人や同僚の支援があったからだ。しかし、それにもまして、家族のあたたかい思いやりとそれがもたらす喜びはもっと重要だった。息子のポール、アダム、パトリック、娘のソフィーとその夫のマーク、可愛い孫のシャーロットとベン、息子のウィリアムとそのパートナーのヴァネッサ、生まれたばかりのケートのおかげである。最後に、素晴らしい母マーガレットがいた。妻レスリーもいつもそばにいてくれた。レスリーはこのプロジェクトを実行するにあたって、私を知的に刺激し、気持ちの上でも支えてくれた。

本書の第４章、第５章、第10章、第12章および第13章の一部は、本文とはやや異なるが、以下に順次列挙する雑誌に発表された。*Bookpress*, © 1992; *Arethusa*, © 1992 The Johns Hopkins University Press; *History of Science*, © 1994, Wellcome Trust; *Arethusa*, © 1995 The Johns Hopkins University Press; および *Arion*, © 1996 Boston University Press.

転写*と発音

＊訳者注――転写 **transcription** とは、言語学の専門用語で、ある言語（本書ではエジプト語やセム語など）の言語表記を、英語のアルファベットなどを用いて別の一般的な表記に書き換えることをいう。

エジプト語

本書で用いたエジプト語の単語の正書法は、英米のエジプト学者に受けいれられている標準的な正書法である。ただ一つの例外は、伝統的に **ḳ** と転写されていた記号を本書では **q** と記した。

古エジプト語と中期エジプト語（西暦紀元前三四〇〇年―一六〇〇年）の **ꜣ** が正確にはどんな音であったにせよ、これがセム語の名前に含まれると **r, l** あるいは **n** としても用いられた。この子音の音価は新王国時代初めまで保持された。後期エジプト語（西暦紀元前一六〇〇年―七〇〇年に話されていたエジプト語）では、**ꜣ** はアーレフ ˇ**aleph** になったと思われるが、のちに、南部英語の **r** と同じように、隣接する母音を変容させたにすぎない。エジプト語 **ỉ** はセム語のアルファベット第一字アーレフおよび同アルファベット第一〇字ヨード **yōd** に相当する。アーレフは多くの言語とアフロアジア語族のほとんどすべての言語に見いだされる。これは母音の前では声門閉鎖音である――コックニー〔ロンドン訛りの英語〕で **bottle** と **butter** を発音すると、**bo**ˇ**l** と **bu**ˇ**ə** になるのと同じである。大半のセム語にみられるエジプト語の ʿ**ayin** は、有声音のアーレフ、すなわち ˇ**aleph** と発音する。エジプト語のこの語形は、後舌母音の **o** あるいは **u** と関連する音だったと思われる。

初期のエジプト語で w――ヒエログリフではうずらの雛であらわされる記号――は、もともとの音価は純粋に子音だったかもしれない。ギリシア語にもっとも大きな影響を与えたのは、エジプト語の口語体段階でいう後期エジプト語であり、この後期エジプト語では、この音は頻繁に母音の o か u か、いずれかの音で発音されたと思われる。エジプト語の r は、通常、セム語とギリシア語では l と転写する。のちのエジプト語では r は弱音になり、ȝ の場合と同じように、母音を変容させたにすぎない。

エジプト語とセム語の ḥ は h の強調子音として発音された。エジプト語で慣習的に ḫ と転写される記号は、もともと有声音の ĝ だったようだ。これは中期エジプト語と後期エジプト語では無声音になり、発音はスコットランド語の「ロッホ loch」の ch に近い。ḫ として転写される記号の発音は ḫy である。中期エジプト語と後期エジプト語では、これは頻繁に š と混同された。š はもともと ḫ のような発音の記号を転写するため用いられる。のちに ḫ は sh あるいは skh と発音された。

前述したように、q は ḳ の強調子音をあらわす。

ṯ という文字の発音は、おそらく初めは ť だったと思われる。これはすでに中期エジプト語においてさえ、t と混同されていた。同じように、ḏ と d の入れ替わりは頻繁におこなわれた。後期エジプト語では、有声閉鎖音と無声閉鎖音は融合する傾向があった。したがって、ṯ, t, ḏ および d のあいだには混同があった。

エジプト語の名前

エジプトの神々の名前は、もっとも一般的なギリシア語の転写では母音化されている――たとえば ˇImn はアムン、St はイシスである。

一般に王名は、たとえばラメセス *Ramesses* のように、A・H・ガーディナーの著作〔Gardiner, A. H., *Egypt of the Pharaohs.* Oxford : Oxford University Press〕の一九六一年版に依拠する。

コプト語

多くの場合、コプト語アルファベットはギリシア語文字に由来するのでギリシア語と同じように転写する。そのほかのコプト語アルファベットのうち、エジプト語のデモティック〔民衆文字〕からの文字は次の六文字である。

〔コプト語／エジプト語〕

ϣ š　ϧ ḫ　ϫ j

ϥ f　ϩ h　ϭ č

セム語

セム語の子音は比較的伝統的な方法で転写する。いくつかの複雑な音についてはすでにエジプト語との関連でふれた。それ以外については次の通りである。

カナン語の ḫ の音は ḥ と融合した。本書での転写は語源学にもとづいて、のちの ḥ ではなく ḫ を用いる。ṭ は t の強調子音である。通常 th として転写されるアラビア文字 *thāʾ* は、本書では tˇ と書く。これと同じことが *dhāl* についてもいえるので、この語は dˇ と書く。ウガリット語に見られる文字で、アラビア語アルファベット第一九字ガイン

ghain に相当する文字は ǧ と転写する。

西セム語のツァーデー *tsade* は、その発音が ts であることはほぼ確実であり、文字のシン śin はウェールズ語の ll と似た側面摩擦音だったと思われる。西暦紀元前第一千年紀以降、ヘブライ語の転写では、文字のシーン *shin* は š と書きあらわす。それ以外のところでは単純に s と転写する。なぜなら私は、š の発音の古さとその領域に疑問があるからだ。

転写ではダケッシュ *dagesh*〔強勢記号〕もベガドケファト *begadkephat*〔b, g, d, k, p, t の発音上の違い〕も省略する。煩雑さをさけるためだけではない。古代におけるその領域と発現にも疑念があるからだ。

母音化

西暦紀元九世紀と一〇世紀、ヘブライ語の母音化はマソラ学者〔正確なヘブライ語聖書の伝承を目指して聖書本文の標準化作業をおこなった学者たちのこと。マソラは「伝承」を意味する〕によるヘブライ語聖書の校訂によって完成したが、この母音化にははるか昔の発音が反映しており、次のように転写する。

記号の名称		組み合わせなし	י y との組み合わせ	ו w との組み合わせ	ה h との組み合わせ
パターハ	*Pataḥ*	בַ ba	—	—	— —
カーメーツ	*Qåmeṣ*	בָ bå	בָי bâ	—	בָה båh
ヒーレーク	*Ḥîreq*	בִ bi	בִי bî	—	— —

ツェーレー	*Ṣērê*	בֵ bē	בֵי bê	—	בֵה bēh
セゴール	*S^{ĕ}gōl*	בֶ be	בֶי bệ	—	בֶה beh
ホーレム	*Hōlem*	בֹ bō	—	בוֹ bô	בֹה bōh
キーッブーツ	*Qibûṣ*	בֻ bu	—	בוּ bû	—

母音弱化は以下の通り。

בְ b^{e}　חֲ ḥă　חֱ ḥĕ　חֳ ḥŏ

通常はアクセント符号とカンティレーション〔詠唱〕符号をつけない。

ギリシア語

子音はオーソドックスな転写であらわす。υ は y と転写する。長母音 η は ē と書きあらわし、長母音 ω は ō と書きあらわす。重要な長母音 α の場合は ā となる。通常はアクセント符号をつけない。

ギリシア語の名前

ギリシア語の名前の翻訳には首尾一貫した英語表記は不可能である。なぜなら、一部のあまりに有名な人物——たとえばトゥキュディデスやプラトン——は、ギリシア語名のThoukydidēsやPlatōnにたいして、ラテン語名のツキジデスThucydidesやプラトンPlatoが与えられているからである。他方、ほとんど知られていない人名や地名をラテン語名にするのは無謀だろう。したがって、比較的よく知られた名前はラテン語名にしたが、それ以外はギリシア語名から翻訳した。パウサニアスの著作のピーター・レヴィ訳はバランスがとれた訳であり、私の好みによくあっている。私はできるだけレヴィ訳にならったが、ギリシア語の長母音記号は多用しなかった。

第6章

第6章では特別な転写をいくつか用いた。それは国際音声記号〔IPA〕による転写と、ローマ字による漢字の発音表記法すなわち、拼音《ピンイン》による転写である。通常、この章ではギリシア語にアクセント記号を付した。

地図と図表

図1

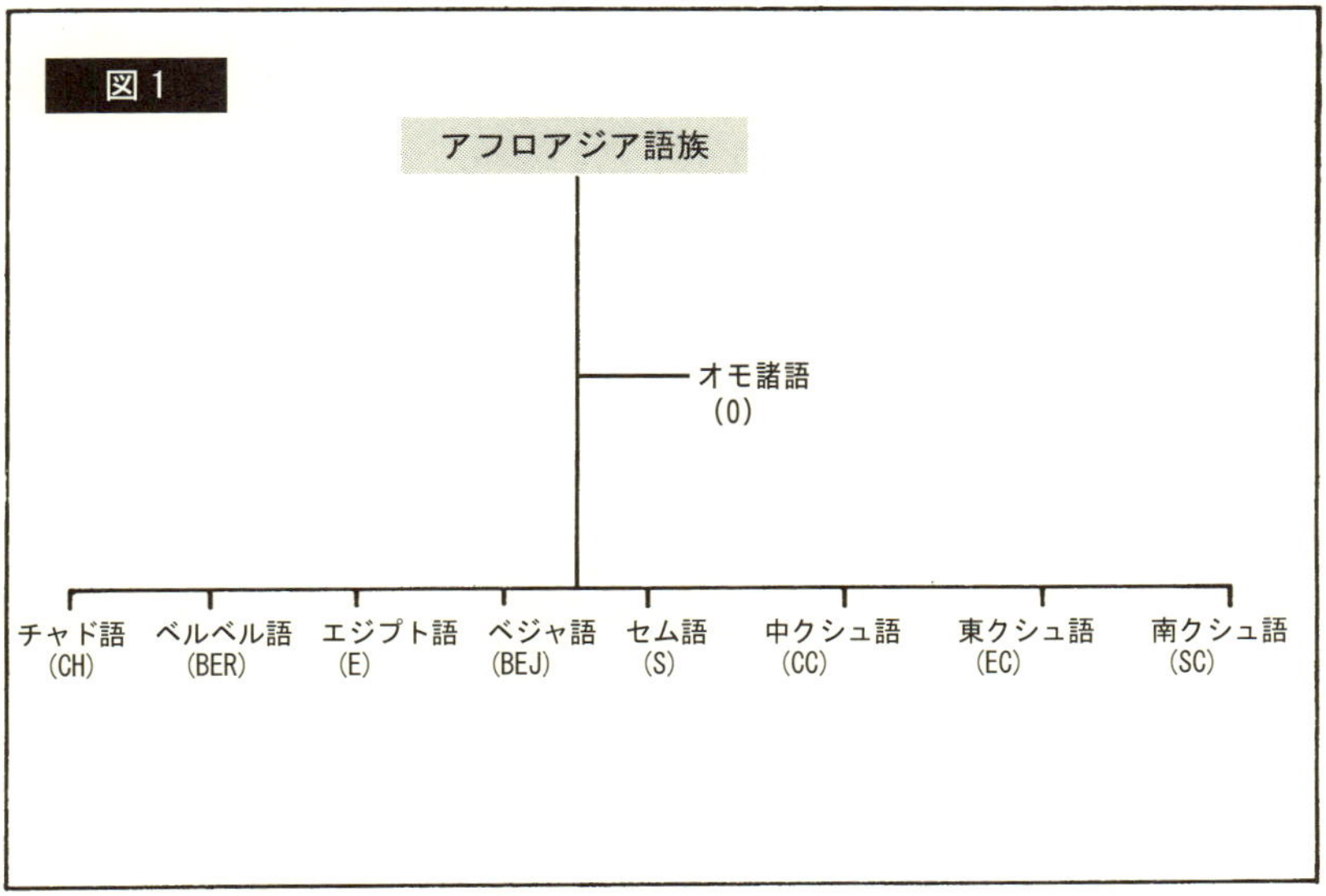

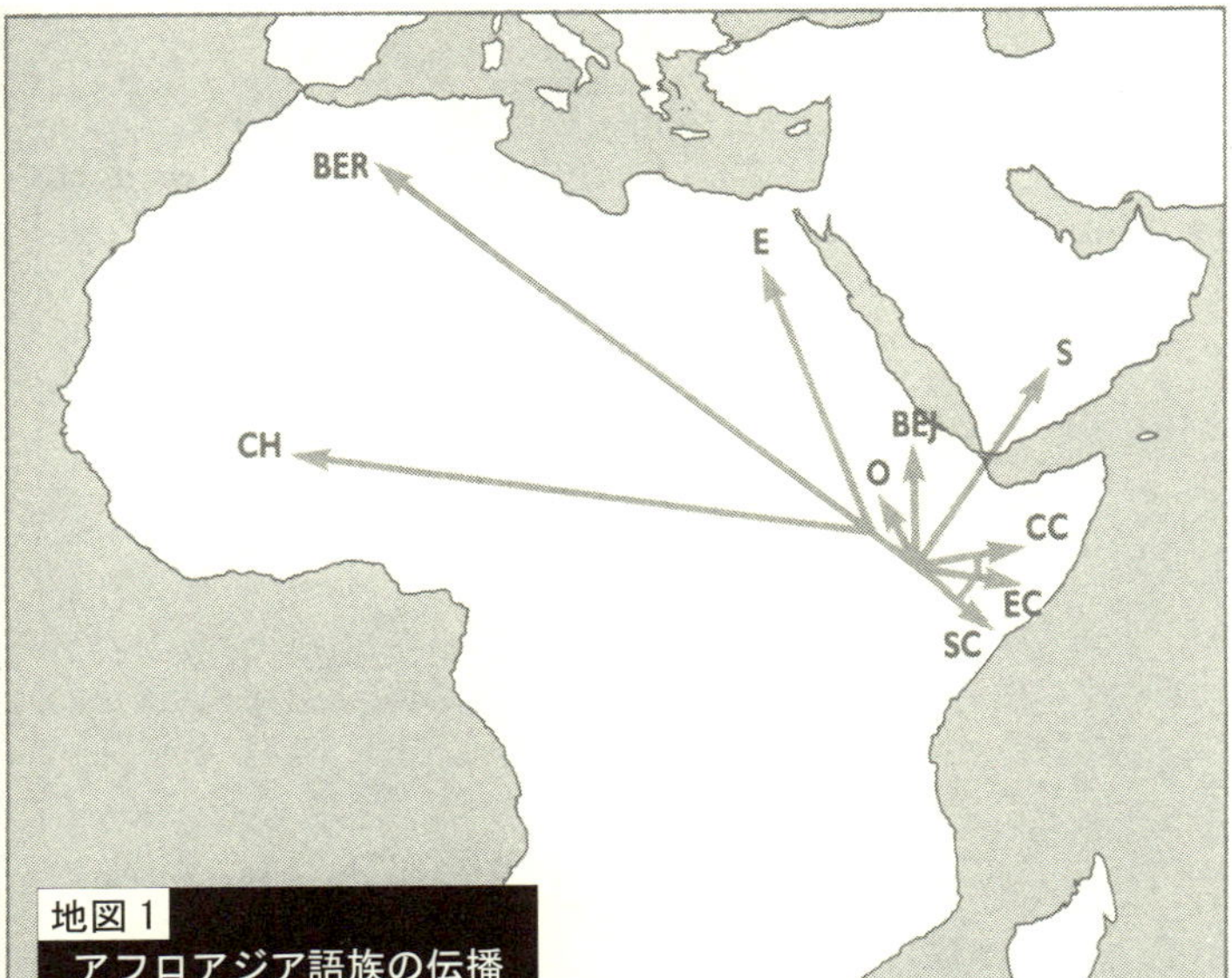

地図1
アフロアジア語族の伝播

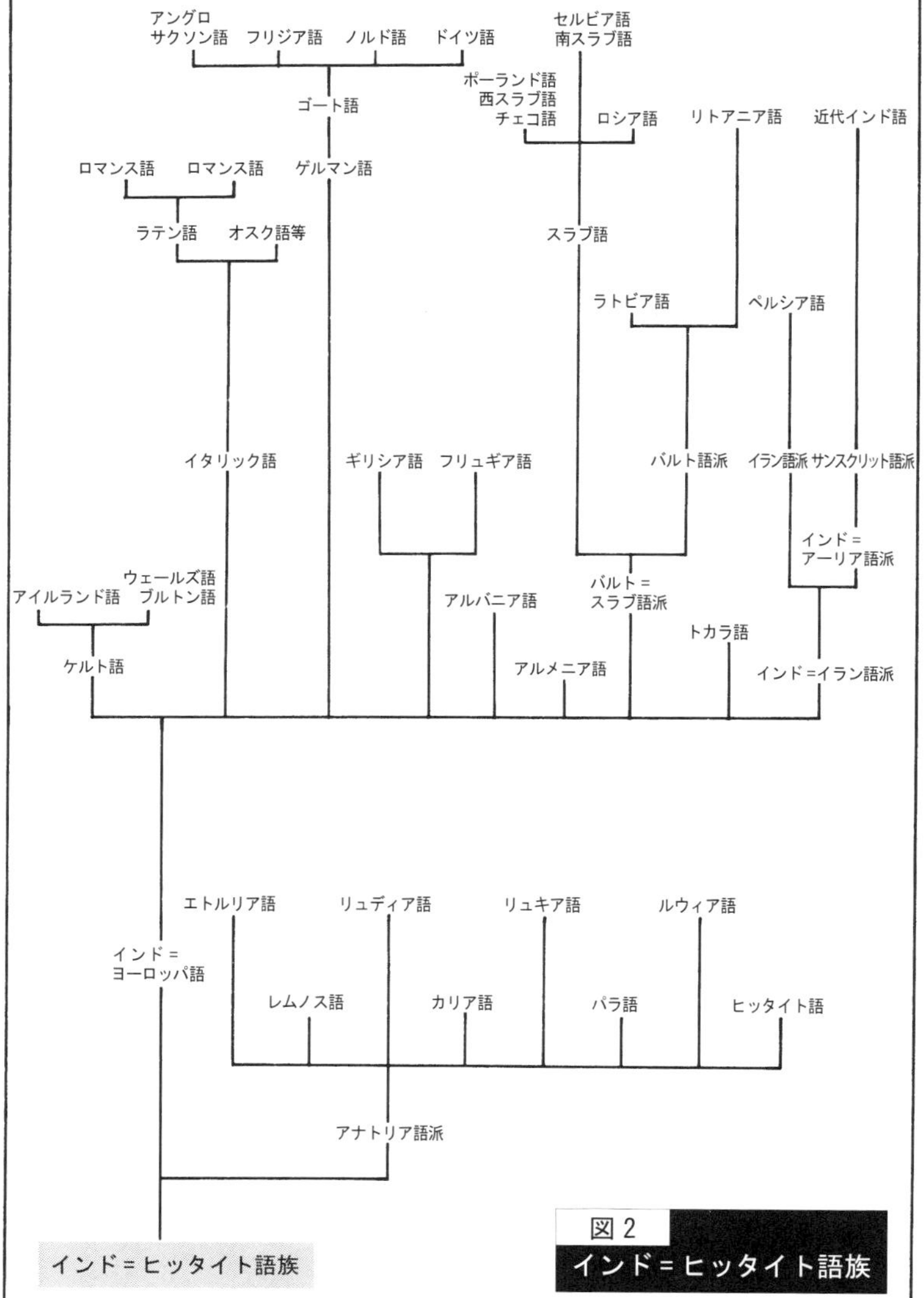

図２
インド＝ヒッタイト語族

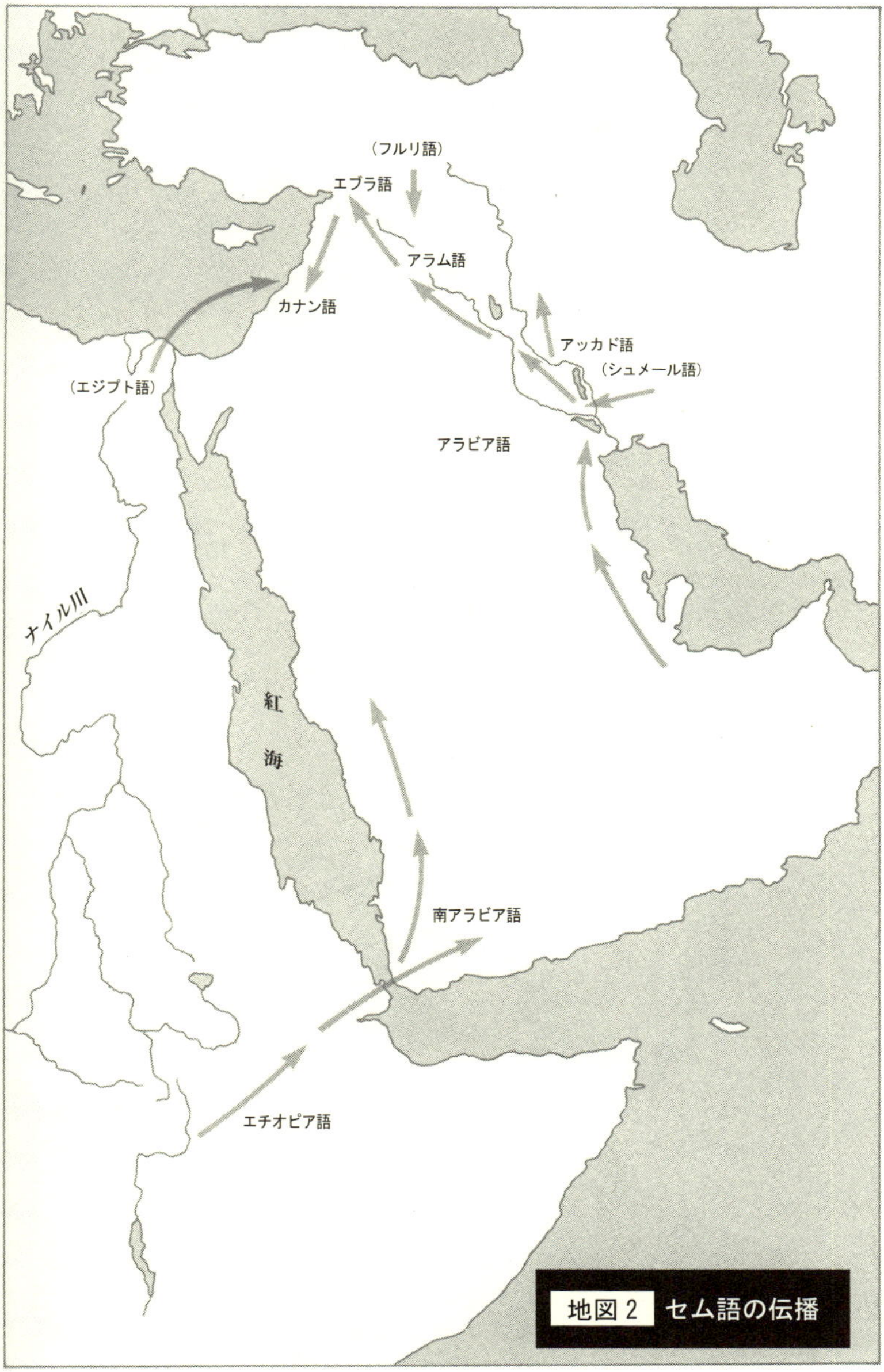
（フルリ語）
エブラ語
アラム語
カナン語
アッカド語
（シュメール語）
（エジプト語）
アラビア語
ナイル川
紅
海
南アラビア語
エチオピア語
地図 2　セム語の伝播

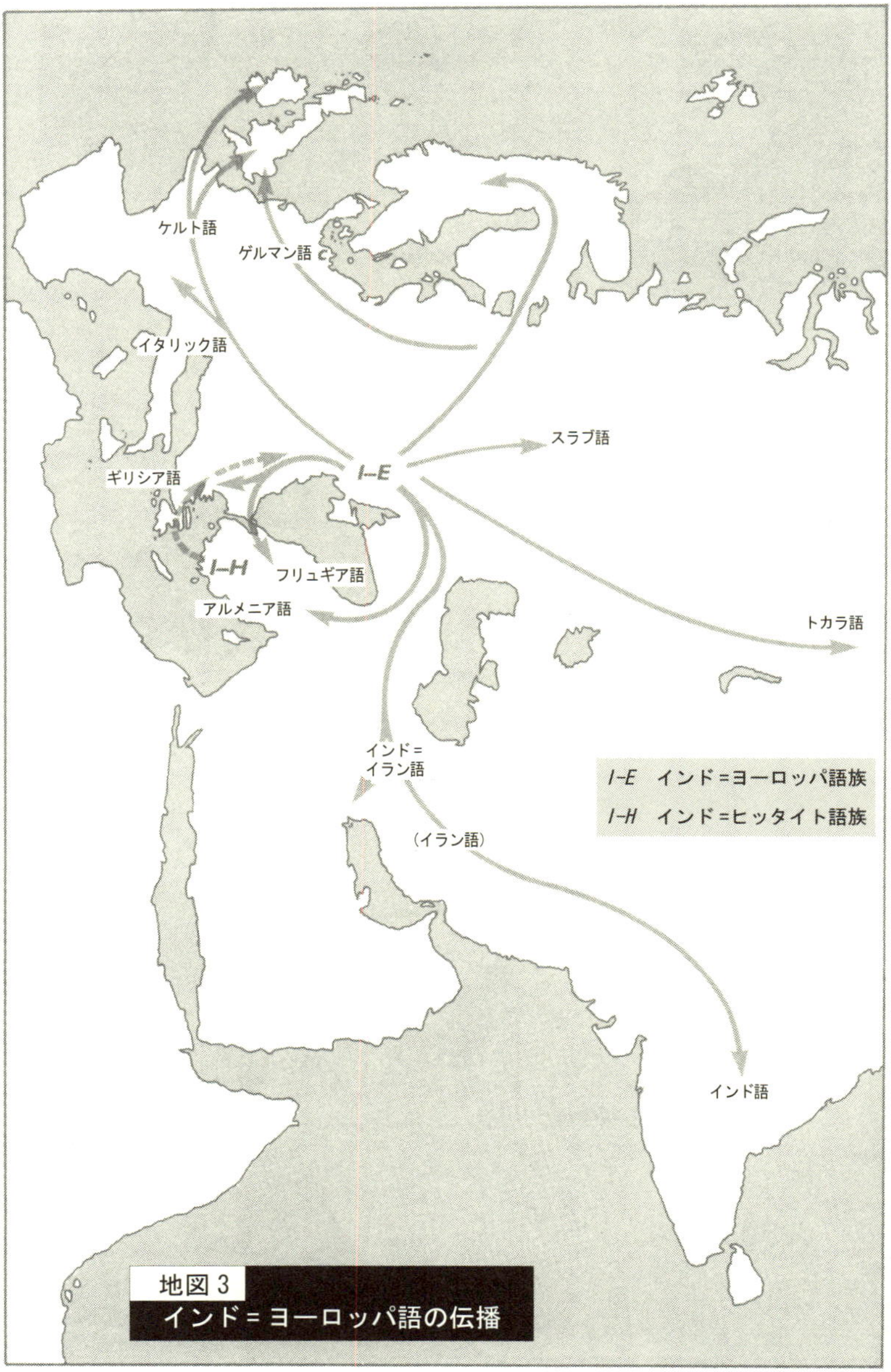

地図 3
インド＝ヨーロッパ語の伝播

地図4 古代の東地中海地域

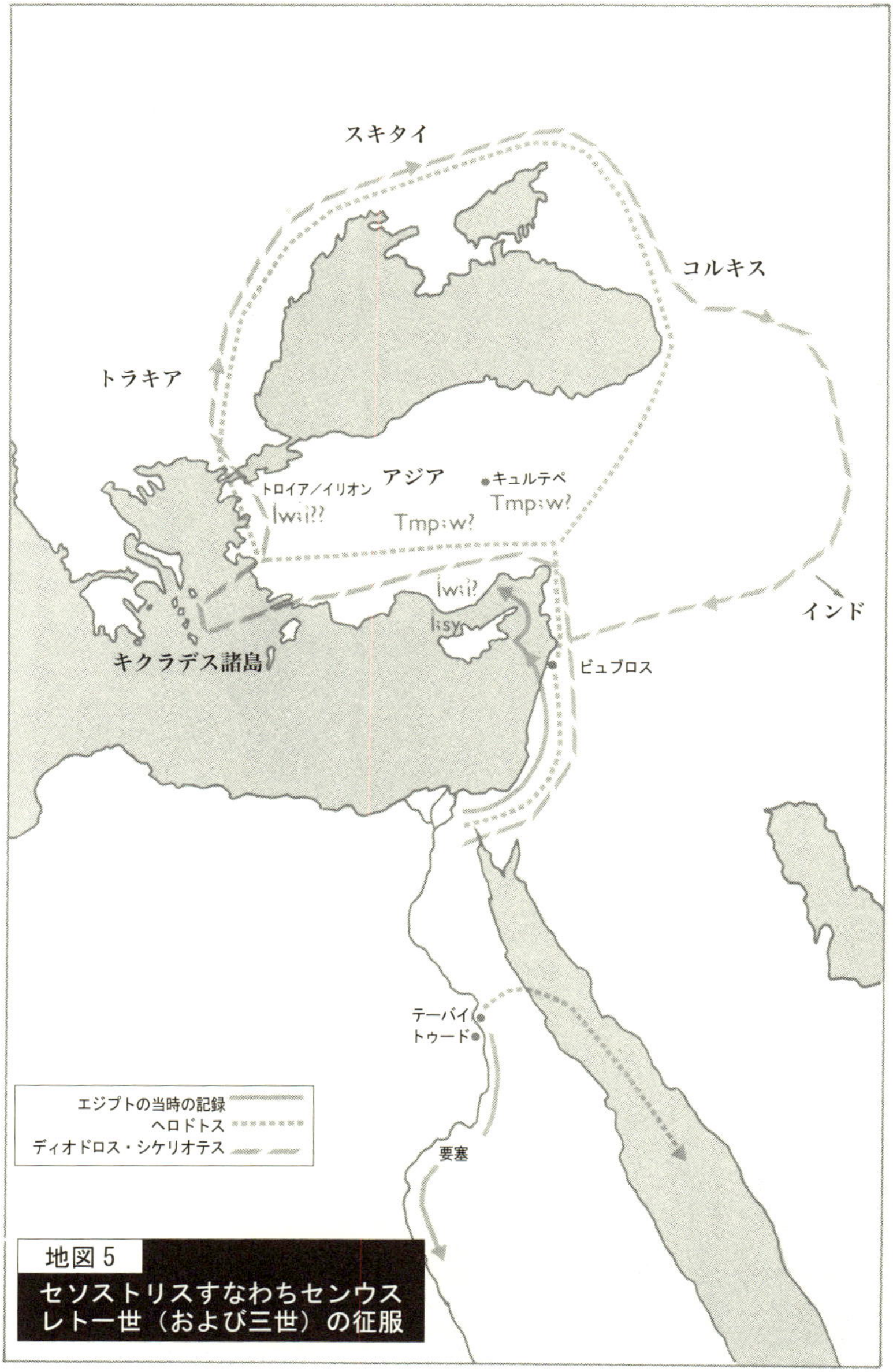
スキタイ
コルキス
トラキア
アジア
キュルテペ
トロイア／イリオン
Iwi??
Tmp:w?
Tmp:w?
Iwi?
I:sy
インド
キクラデス諸島
ビュブロス
テーバイ
トゥード
要塞
エジプトの当時の記録
ヘロドトス
ディオドロス・シケリオテス
地図5
セソストリスすなわちセンウスレト一世（および三世）の征服

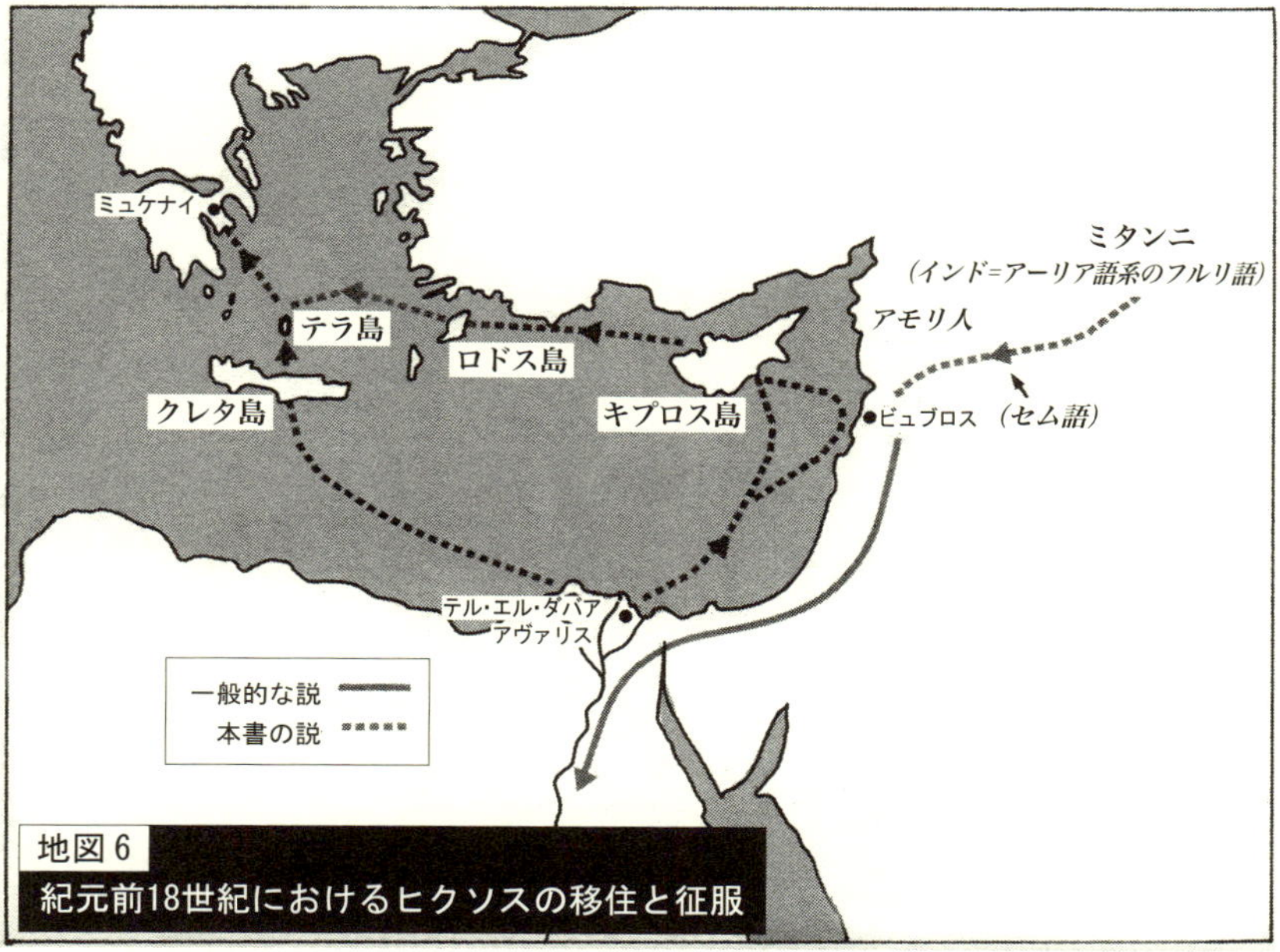

地図 6
紀元前18世紀におけるヒクソスの移住と征服

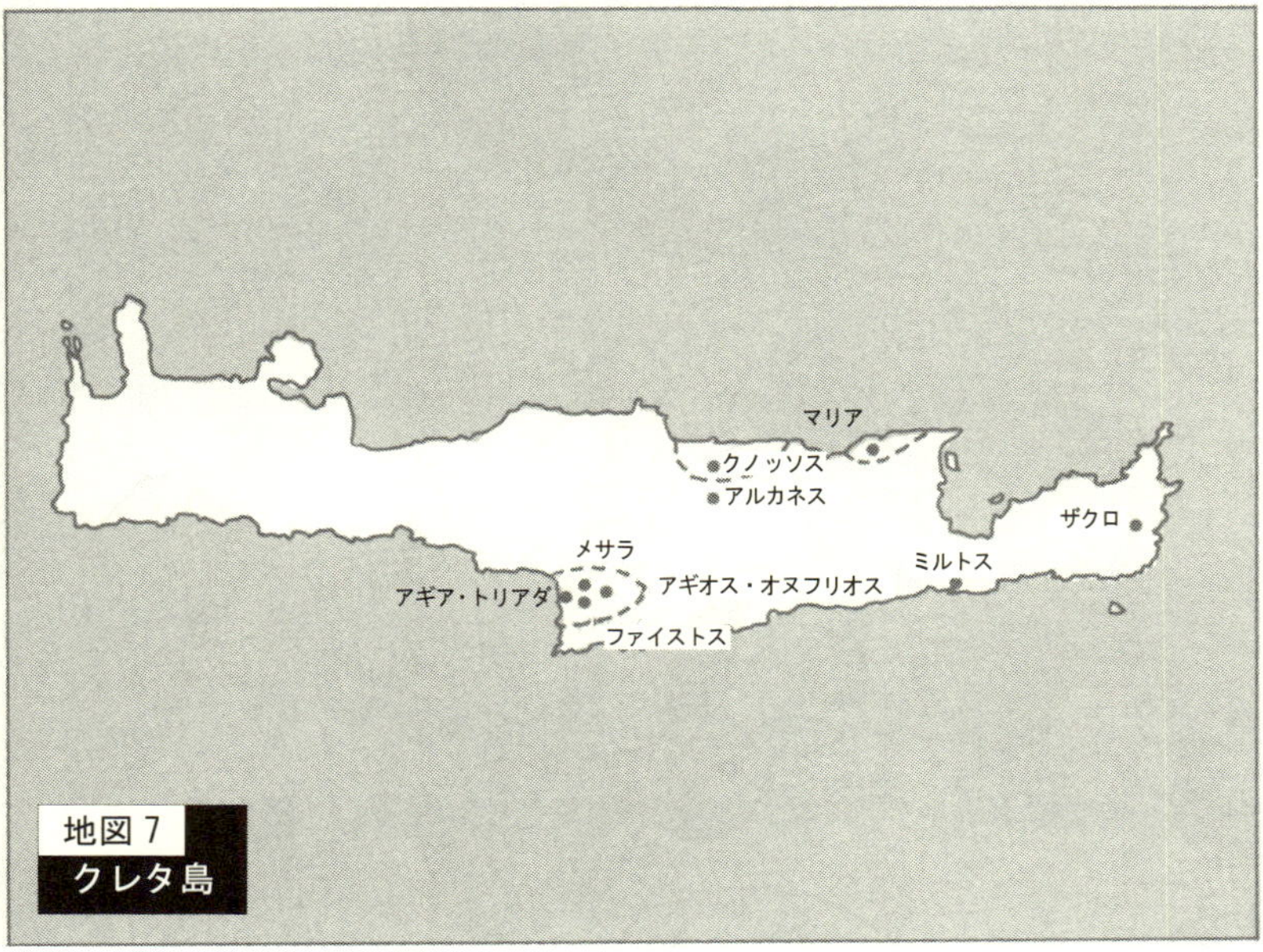

地図 7
クレタ島

地図 8
ギリシア南部

地図 9
ボイオティア地方

年表〔年表の年代はすべて西暦紀元前の年代である。〕

表1　エジプトの年表

〔それぞれの研究者たちがエジプト王朝の年代について採用している年表。〕

王　朝	ブレステッド Breasted	マイヤー Meyer	CAH	ヘルック Helck	メラート Mellaart	バナール Bernal
第一	3400	3315±100	3100	2955	3400	3400
第二			2900	2780	3200	3200
第三	2980	2895±100	2730	2635	2950	3000
第四	2900	2840±100	2613	2570	2850	2920
第五	2750	2680±100	2494	2450	2725	2800
第六	2625	2540±100	2345	2290	2570	2630
第七	2475	—	2181	2155	2388	2470
第八	2475	—	—	—	2388	2470
第九	2445	2360±100	2160	—	—	2440
第一〇	—	—	2130	—	—	—
第一一	2160	2160	2133	2134	2287	2140
第一二	2000	2000/1997	1991	1991	2155	1979
第一三	1788	1778	1786	?	1946	1801
第一四	—	—	—	—	—	—
第一五	—	—	1674	1655	1791	1750
第一六	—	—	1684	—	—	—
第一七	—	—	—	—	—	—
第一八	1580	1580/75	1567	1552	1567	1567
第一九	1315	1320	1320	1306	1320	1320
第二〇	1200	1200	1200	1196/86	1200	1200

出典：Breasted（1906, I, pp. 40-45)；Meyer（1907, pp. 68,178)；CAH〔*Cambridge Ancient History*〕（I. 2B, II. 1 および II. 2 の巻末の年表）；Helck（1971, 年表；1979, pp. 146-148）；Mellaart（1979, pp. 9, 19).

表２　エーゲ海地域の年表

〔それぞれの研究者たちがエーゲ海地域の年代について採用している年表。EM は初期ミノア文化期、MM は中期ミノア文化期、LM は後期ミノア文化期、LH は後期ヘラドス文化期の略記号である。〕

陶器年代	CAH	K&M	Bet.	バナール１	バナール２
EMⅠ	3000?				3300
EMⅡ	2500?				3000
EMⅢ	2200				2400
MMⅠA	1900				2050
MMⅠB		2000			1950
MMⅡ	1800				1820
MMⅢ	1700	1775-50		1730	1730
LMⅠA	1600	1675-50		1650	1675
LHⅠ	1550				
LMⅠB/LHⅡA	1500	1600-1575	1610	1550	1600
LMⅡ	1450	1500-1475	1550	1450	1520
LHⅡB	1430	1550			1520
LHⅢA1	1400		1490		1470
LMⅢA	1380		1490		1470
LMⅢA2/LHⅢA2			1430-10		1410
LMⅢB/ LHⅢB	1275	1375-50	1365		1370
LMⅢC/LHⅢC	1180		1200		1210

CAH =*Cambridge Ancient History*, 3rd edition.
K&M = Kemp and Merrillees （1980） *Minoan Pottery in Second Millenium Egypt.*
Bet. = Betancourt （1989） ‘High chronology and low chronology : Thera archaeological evidence.’
バナール１= *Black Athena*, Volume 1.
バナール２= *Black Athena*, Volume 2.

序

本書『「黒いアテナ」批判に答える』は『「黒いアテナ」再考』*Black Athena Revisited*〔以下、『再考』あるいは*BAR*と略記〕にたいする直接の応答である。一九九六年に出版された『再考』は、いくつかの学問分野の著名な学者が執筆した論文集だが、執筆者は私の著作のさまざまな長所をみとめる一方、概して私の著作に批判的――ときには猛烈に批判的――である。なかには、純粋に学問的な理由から『黒いアテナ』のプロジェクト全体を攻撃している人もいるが、学問的動機と右翼的・政治的動機――と私は感ずる――をないまぜて、『黒いアテナ』を攻撃している人もいる。この結びつきは強力であり、疑いなく、専門家ばかりでなく非専門家の一般教養人の多数も『再考』の主張に説得されていた。本書と本書の姉妹編の『「黒いアテナ」論争』*Debating Black Athena*（近刊予定）の各章は、詳細かつ包括的に、『再考』の主張に異議を申し立て、また論争し、私たちの観点からバランスを回復させようという企てである。

『再考』は、主として、『黒いアテナ』第一巻と第二巻について以前に公表された批判的論評で構成されている。収録された論評は収録にあたってほとんど変更されなかった。そのとき、私が論評にたいして返事を発表するという配慮は、実質上、まったくなかった。したがって、本書『「黒いアテナ」批判に答える』の約半分は、このような論評にたいして改訂を加えた返事によって構成されている。『「黒いアテナ」批判に答える』に収録した論評の初出刊行物のなかには、世に知られていないものがある。このような論評が一冊の本に収録され出版されることは、『黒いアテナ』プロジェクトをめぐる論争に関心のある人にとって役に立つと私は確信する。

そのほかの『「黒いアテナ」批判に答える』の内容は、三つのタイプの論文から構成されている。第一タイプの論文は、『再考』で初めて発表されたいくつかの批判的論文にたいする応答である。第二タイプの論文は、『黒いアテナ』では直接扱っていない問題点を論じた既発表の三論文だが、これは『黒いアテナ』についての討論全体と関連するのでここに収録した。第三タイプの論文は、新しく登場した、よりハイブリッド的な古典学研究の旗手——彼らは以前の正統説に反逆し、南西アジアはギリシア文明の重要な側面に決定的影響を与えたと主張している——による最近の重要な著作についての論評である。

『黒いアテナ』の概略——ギリシア古典文化のアフロ・アジア的ルーツ

歴史記述と全体としての『黒いアテナ』プロジェクト

『黒いアテナ』は古代ギリシアの起源についての著作である。したがって、ギリシアの西ヨーロッパへの伝播について、それが直接的伝播なのか、あるいはローマやビザンチンやイスラムを経由した間接的伝播なのか、そのいずれにせよ、〈後年の西ヨーロッパ文化に唯一の最も重要な貢献をしたのは古代ギリシアだった〉という関心は、そのかぎりで、ヨーロッパ中心《ユーロセントリック》の関心である。古代ギリシアの起源を研究するなかで、私は「古代」モデルと「アーリア」モデルという二つの図式の提起が役に立つと気づいた。私にとって、「モデル」は簡略的な表現を意味するにすぎない。

当然、多様な複合体としての現実は過度に単純化され、歪曲される。しかし、これはことばそのものについてもいえる。ことばの場合とまったく同じように、モデルは現実を首尾一貫して表現するために、必要なシンボルである。

一九七〇年代以前に生まれた読者の大部分は、インド＝ヨーロッパ語の話者すなわち「ヘレネス〔古代ギリシア人〕」が、北方から一回あるいは複数回侵略した結果として、古代ギリシア文化は発展したという〈アーリア・モデル〉の枠組の教育を受けた。この侵略者たちは、洗練されてはいたが無防備だった先住民を征服したと考えられている。先住民の名前はわからなくなってしまったため、一九世紀末に〈アーリア・モデル〉を推進した人びとは彼らを「前ギリシア人《プレ・ヘレネス》」と呼んだ。しかし、前ギリシア人は「白人」つまり「コーカサス人種」〔コーカソイド〕であり、決して「セム系」あるいは「アフリカ系」ではなかったと断言できるが、彼らについて分かっているのは、ギリシア語に残っている彼らの文化の言語的痕跡および固有名詞とされるものから再建できるものを除けば、ほとんど何もない。

ギリシア語はインド＝ヨーロッパ語である。ギリシア語の音声構造と文法構造は、ギリシア語も一員である大語族〔インド＝ヨーロッパ語族〕のその他の構成言語で、いまに残っているそのほかの古代語――そこにはサンスクリット語、ラテン語、その他の多くの言語が含まれる――のそれらの構造と、相対的規則性が同じである。しかしギリシア語の場合、異常に高い比率――六〇パーセントを超える比率――の語彙については、その他のインド＝ヨーロッパ語では説明できない。[1] このパターンは、インド＝ヨーロッパ語でない語や固有名詞の大部分は前ギリシア人の言語だったと見なすことで、〈アーリア・モデル〉で説明できる。ところが、この説明には重大な難点があり、この問題についてはジェイサノフとヌスバウムに答える章で議論する。[2]〈アーリア・モデル〉の主張は、言語としてのギリシア語が均質であるとか、ギリシア人が純粋な「インド＝ヨーロッパ人」つまり「アーリア人」であるとか、ではない。そのかわり〈アーリア・モデル〉を擁護し支持する人びとは、ギリシア語に言語的な混合があることに同意する一方で、侵略者と先住民はいずれも「コーカサス人種」だった、すなわち、「ヨーロッパ人」だったと力説する。

このように、〔アーリア人がギリシアを征服したという〕古代ギリシアの構図は、アーリア人がインドを征服したという構図とは異なっている。なぜなら、インド亜大陸にもともと住んでいた前アーリア人の肌は「黒《ダーク》」かったからだ。したがって、一九世紀の歴史家たちはカースト制度によって人種を保存しようとしている企てを高貴だと考えたが、にもかかわらず、インドを征服したアーリア人は「人種的堕落」状態にあった。これと対照的に、ギリシアの起源はゲルマン民族による西ローマ帝国の破壊とずっと似ていると考えられた。一九世紀と二〇世紀初期の歴史家たちは、これ〔ゲルマン民族による西ローマ帝国の破壊〕はケルト人およびローマ人というヨ、ー、ロ、ッ、パ、人、に、チュートン人が活力を注入した事件だと考えた。しかし、ゲルマン人の侵略は議論の余地のない歴史的事件であり、インド北部にはアーリア人の征服があったことを示す強力な伝説上・言語学上の証拠もある。しかし、ギリシアの場合、同じような征服の証拠が完全に欠けている。

〈古代モデル〉は〈アーリア・モデル〉とはきわめて異なる。このモデルについては、古代の劇作家のアイスキュロスやエウリピデス、歴史家のヘロドトスやディオドロス・シケリオテス、雄弁家のイソクラテス、旅行案内記作家のパウサニアス、神話収集家のアポロドロス、パライパトス、コノンたちが彼らの著作のなかで言及している。このモデルにふれてもよいと思われる文脈なのに、省略している著作家も一人、二人いる。しかし、このモデルを否定したのはプルタルコスだけだった。しかも、彼が否定したのは、一般にはヘロドトスにたいする鬱憤を晴らしたと考えられている箇所だった。しかし、プルタルコスは、ほかの著作ではギリシア文化がエジプトに大きな借りがあることを認めている。たとえば、彼はギリシアの宗教がエジプトからきたことを自明と考えていた。

〈古代モデル〉によれば、かつてギリシアにはペラスギ人その他の未開民族が住んでいた。やがてギリシアのいくつかの地域、とりわけボイオティア地方とペロポンネソス半島東部にエジプト人とフェニキア人が植民し、彼らはそこに都市を建設し、先住民を文明化した。たとえば、フェニキア人はアルファベットを持ち込んだ。エジプト人はペラスギ人に灌漑、神々の名前、神々の崇拝の仕方を教えた。(3)

その後、この〈古代モデル〉は一八世紀末までは疑われることなく、重大な異議申し立ても一八二〇年代まではなかった。ところがこの時期になって初めて、ヨーロッパ北部の学者たちが古代の植民地化を否定し、ギリシアにたいするエジプトとフェニキアの文化的影響を軽く扱い始めた。このような歴史記述の展開と、新証拠〔たとえば遺跡発掘や文字の解読〕が利用できるようになったことを結びつけて考えることはできない。一九世紀の大発見――ハインリヒ・シュリーマンによる最初のギリシア青銅器時代の遺物の発掘と楔形文字の解読――はモデルが変更されてから数十年後だった。ジャン＝フランソワ・シャンポリオンは一八二〇年代にヒエログリフの解読を始めていたが、〈古代モデル〉を放棄した学者たちは彼の研究からほとんど何も引き出さなかった。解読されたエジプト語のテクストを古典学者たちが受け入れたのは、一般には一八五〇年代以降である。〈古代モデル〉を放棄した理由を見いだすとすれば、学問内部の内的発展のなかではなく、当時の思想的状況のなかでなければならない。

一八一五年から一八三〇年にかけてのヨーロッパは、その全域で、政治的反動と宗教的復興が突出した時代だった。政治的反動と宗教的復興の動きはいずれも、啓蒙主義と啓蒙主義の申し子と目されたフランス革命に対立した。したがって反古代エジプトというこの時期の反動は、フリーメーソン信仰におけるエジプトの中心的役割に照らして考えなければならない――たとえばモーツァルトの「魔笛」に見られるフリーメーソン的装飾を見よ。反動主義者たちは、一般的には啓蒙主義、とりわけフリーメーソンがフランス革命の核心であり、とくに、これがフランス革命の反キリスト教的「理性の宗教」の背後にあると考えた。

しかし長期的に見ると、〈古代モデル〉が破壊されたのはフリーメーソンがキリスト教の脅威だったからではなく、一九世紀の進歩、ロマン主義、人種差別と結びついた概念が優勢になったからである。進歩については、古代エジプトは古代ギリシアに遅れをとった。古代エジプトの方が古かったのでエジプトの進化段階は始まったばかりだった。ロマン主義者は激動の歴史をもった小社会を好んだため、エジプトの安定した中央集権的統治は彼らの心に響かなかった。当初、エジプト人の評判が啓蒙主義の人種差別に影響されなかったのは、エジプト人に〈名誉ヨーロッパ人〉という地位が与えられていたからである。しかし一七九〇年代以降、急進主義者とロマン主義者はどちらも、〈エジプトのアフリカ性が強くなっている〉と考え始めた。[4]

組織的な人種差別の新しい時代に、ギリシア人のイメージが変化した。ギリシア人の一八世紀のイメージは、〈「東洋」の文明と叡智の一部を「西洋」に伝えた媒介者〉だったが、それが次第に〈文明の創造者〉というイメージに変わってきた。一八世紀初頭、古代ギリシア人はホメロスとその後のギリシア詩人の存在ゆえに賞賛されていた。ところが一八世紀中期には、美術鑑定の目利きのヨハン・ヴィンケルマンを筆頭に、教養あるヨーロッパ人たちはギリシア美術をこれまで人類が達成した最高の美術と見なすようになった。一七八〇年代にはついに、〈ギリシア人以前に哲学はなかった〉という考えで哲学史家が一致するようになった。「民族の幼年期」に特徴的な叙事詩、花盛りの青年期と結びついた美術、成熟期にあらわれた叡智という三重の業績によって、バランスのとれた統合的な人間モデルとしての超人的地位がギリシア人に与えられた。

この気運はドイツでとりわけ強かった。ドイツでは知識人層が一八世紀のあいだずっと、彼らの文化的アイデンティティをフランスの文明《ツィヴィリザツィオン》 *Zivilisation* から守ろうとしていた。フランスの脅威の背後には、力強く光り輝く同時代のパリとヴェルサイユがあったばかりでなく、ローマのカトリック教会とローマそのものも控えていた。これに対応したドイツの思想家が目を向けたのは、一つはドイツ語からラテン語的語法を一掃してドイツ語を洗練する方向と、もう一つは、きらびやかだが表面的な文明《ツィヴィリザツィオン》*Zivilisation*と対置し、ドイツの文化《クルトゥア》*Kultur*は狭いが深遠で神秘的であり、ことばに言い表せないと見る、ロマン主義的概念を発展させる方向だった。(5)

ローマ＝パリ枢軸を想定したドイツの抵抗は、新ギリシア文化主義という形態もとっていた。一六世紀、マルチン・ルター〔一四八三―一五四六〕はギリシア語訳新約聖書と彼自身のドイツ語訳聖書を用いて、ラテン語訳ウルガタ聖書〔聖ヒエロニムスによるラテン語訳でローマ・カトリック教会が用いた公式のラテン語訳聖書〕にたいして異議を申し立てた。これによって彼は〔ギリシア語訳聖書とドイツ語訳聖書という〕二つの方法で、西洋キリスト教にたいするローマ・カトリック教会の〔ラテン語による〕独占を切り崩した。一八世紀の政治的・文化的危機のなかで、クリストフ・マルチン・ヴィーラント〔一七三三―一八一三〕やヨハン・ヴォルフガング・フォン・ゲーテ〔一七四九―一八三二〕のようなドイツの啓蒙知識人たちは異教的ギリシアに関心を寄せ、その関心はますます熱を帯びてきた。フリードリヒ大王〔一七一二―一八六。プロイセン王フリードリヒ二世〕はドイツを「新しいローマ」として政治的に統一された軍事大国にしようと努力したが、この世代の多くの人の結論は、ドイツが「新しいローマ」になることは不可能だというものだった。にもかかわらず、ドイツは多くの小国家が乱立し、教育と文化の水準は高いので、「新しいヘラス〔ギリシア〕」になり得た。

一七八九年はフランス革命によってプロテスタントの北部ドイツにたいする脅威が激化し、以前からのカトリシズムに革命思想がつけ加わった年だった。この年以降、ドイツの新ギリシア文化主義はとりわけ熱烈になった。ルイ一六世の裁判がおこなわれていた一七九三年、当時の風潮に傷つき疎外された青年層の精神をふたたび統合された状態にするために、才気あふれる博学な青年貴族ヴィルヘルム・フォン・フンボルト〔一七六七―一八三五〕は新しい教育計画の草案をつくった。これは、青年の精神をふたたび統合された状態にするには、完璧に精神が統合されているとフンボルトが考えた過去の人間——それが古代ギリシア人だった——の研究の助けを借りることで、成し遂げようという計画だった。一八〇六年、イエナでナポレオン軍に屈辱的敗北を喫したプロイセン政府は恐慌状態に陥り、内閣改造がおこなわれた。閣僚として入閣したフンボルトは国民教育の責任者となった。こうして、彼は以前からの多くの考えを実行にうつし、同時にギムナジウム *Gymnasium* での古典教育、大学でのアルタートゥムスヴィッセンシャフト *Altertumswissenschaft* すなわち、「古代の、とりわけギリシアの研究／科学」に重点をおいたゼミナール *Seminar* 制度を確立した。[6]

フンボルトは彼の計画を国民全体に拡大するつもりだったようだが、実現しなかったのは驚きではない。にもかかわらず、ドイツの新しい教育システムに能力主義的傾向があったことはあきらかだった。したがって、これは貴族階級にとって脅威だったため、彼らの多くはこの新しい考えに反対した。[7] 同じように、分家筋のイギリスでは「古典学」は反動でも革命でもない中道と見なされた。しかし、古代ギリシアに焦点をあてた古典教育を主張したドイツ人とイギリス人の当初のねらいは、主として、支配階級を攻撃するのではなく、革命の機先を制すること、すなわち革命の回避にあった。実際、ギリシアの独立戦争を支援したギリシア賛美の運動と結びついた急進主義者たちのトラブルはいくつかあったが、古典教育は事実上現状維持を主張した。

一八二一年、オスマン・トルコにたいするギリシア独立戦争が勃発した。これは反動の時代に起きた唯一の自由主義的動きだった。学界と大学生のサークルは熱烈なギリシア賛美に胸をときめかせ、〔義勇兵として独立戦争に参加しギリシアで病死した〕ギリシア賛美者で詩人のバイロン〔一七八八—一八二四〕と、彼の友人で詩人のシェリー〔一七九二—一八二二〕への崇拝がこの風潮に拍車をかけた。ギリシア賛美者とヨーロッパ北部の広範な大衆にとって、ギリシアの反乱は自由と専制、進歩と反動、青年と老人、とりわけ、古く腐敗したアジアとそれに対立する若く純粋なヨーロッパとのあいだの黙示録的な闘争とみなされた。このような雰囲気のなかで、〈古代モデル〉が長く生き延びていたのは注目すべきことだが、〈古代モデル〉を突き崩すのは難事業だった。英語であれドイツ語であれ、「新しい」かたちでギリシア史を書いたのはコノプ・サールウォール〔一七九七―一八七五〕だった。一八三〇年代に、彼は〈古代モデル〉について次のように述べている。「このような権威がこの説を真実だと確認し、この説が議論されないまま人びとの心を長いあいだとらえてきたため、これを疑うのにも少なからぬ大胆さが必要だった。この説がみちびく推論がこの説の依って立つ根拠を執拗に問いかけなければ、おそらく、この説への疑問は生まれなかっただろう」(8)。

このような「推論」とは何だったのか。確実ではないが、おそらく二人の有力な作家、コンスタンティーヌ・シャスブフ・ドゥ・ヴォルネーとシャルル＝フランソワ・デュピュイ〔一七四二―一八〇九〕の考えがかたちづくった推論だったと思われる。一七八〇年代と一七九〇年代以来、二人はすでに古代に存在した考え――古代エジプト人は彼らの高度な文明をナイル川上流から獲得し、彼ら自身は黒かったという考え――を広く宣伝していた。奴隷廃止論者はただちにこの考えをとりあげ、ヨーロッパに文明をもたらした人びとを奴隷にするのは不道徳だと主張した。しかしこのような奴隷制廃止の立場からの思想的アピールは、ヨーロッパとヨーロッパ人を若さと進歩の典型と見なすロマン主義者やその他の人びとのあいだに、正反対の欲望をかきたてることになった。こうしてロマン主義者たちは、エジプト人がギリシア文明の、したがってヨーロッパ文明の創設者だったという評判を落とす必要があると考えた。

〈古代モデル〉の異議申し立てに「少なからぬ大胆さ」を示した大物は、フンボルトの新教育体制の最初の申し子のひとり、カール・オットフリート・ミュラーだった。彼は自分の主張の根拠は前代の人びとに欠けていた「科学」であると公言する一方、〈エジプト人とフェニキア人による古代ギリシアの植民地化〉という古典時代の報告は、後世のエジプトやフェニキア、そしてギリシアの神官たちがその報告を黙認した結果である、したがって、信頼できないと主張した。さらに、〈古代モデル〉を構成している伝説は何ひとつ立証できないので、これを信じるべきではないと主張した。ミュラーのアプローチは二つの点で巧妙だった。第一に、最善の場合でも競合的妥当性しか期待できない領域で「立証」を求めた点。第二に、〈古代モデル〉に異議を申し立てた人ではなく、古代の厖大な証言をうけいれた人に立証責任を負わせた点。〈ヨーロッパはいま、そしてこれまでもつねに、アジアやアフリカとは絶対的に切り離された優秀な存在である〉という新しい公理は、口に出されはしなかったが、「近代の」学者の基礎だったと思われる。したがって、〈古代モデル〉のように不自然なモデルを正当化するには立証が求められた。(9)

ミュラーはエジプトによるギリシアの植民地化という説の信用を失わせたが、この考え方は急速に一般に受け入れられた。これは彼の考えが時代といかにうまく適合したかを示している。しかし、ミュラーはギリシアにたいするフェニキアの影響も否定したのだが、このほうは容易に取り上げられなかった。そのため、一九世紀の大部分のあいだ、ギリシア文化の起源説は私の言う「柔軟なアーリア・モデル」のイメージが優勢だった。すなわち、エジプト人についてはギリシアの伝承を否定し、フェニキア人については伝承を受けいれるモデルだった。実際、エジプトのギリシア植民地化で、最もよく知られたダナオスによるアルゴス植民地化は、フェニキア人による植民地化だったとみなされ、イギリスでフェニキア人の新しいブームが起きた。ウィリアム・グラッドストン首相〔一八〇九―九八〕は初期ギリシアについて多くの著作を書いたが、彼のような人たちがフェニキア人に共感していたことはあきらかである。フェニキア人は製造業と貿易業をなりわいとして文明を普及させる人びととして類型化された。彼らは織物を販売し、あくせく働くことは少なかった。このようなフェニキア人の名声から、フランスおよびやや遅れてドイツの学者たちが、「商人の国」〔イギリス人についてナポレオンが述べたという蔑称〕の国民すなわちイギリス人をフェニキア人と結びつけたことは驚きではない。そしてここから、異なる結果が生まれた。フランス人とドイツ人はこの古代人〔フェニキア人〕

を嫌ったのだ。ペルフィド・アルビヨン *perfide Albion*〔不誠実なイギリス〕という語句は、フランス人がイギリスに抱くイメージであり、これは〔カルタゴのフェニキア人にたいする〕ローマ人の固定観念すなわち、*perfide Poene*——ラテン語でプニカ・フィデス *Punica fides*——から来た。このラテン語は、文字通りには〈誠実なカルタゴのフェニキア人〉を意味するが、〈「不誠実な」カルタゴのフェニキア人〉という反語的意味で使われていた。にもかかわらず、フェニキア人は当時、少なくともルネサンス以来ずっと、主としてユダヤ人と関連づけられていた。実際、彼らの言語は「カナン人」と共通の言語であり、宗教その他の多くの習慣も共有していた。したがって、一九世紀の歴史記述でフェニキア人の名声は頂点に達したが、この時代はちょうど、ユダヤ人に比較的寛容な時期と一致していた。すなわち、伝統的キリスト教によるユダヤ人への宗教的憎悪が弱まった時期と、この世紀末の「人種差別的な」反ユダヤ主義が展開された時期にはさまれた時代だった。

いくつかの点で、一九世紀末の「人種差別的な」反ユダヤ主義は奢りだったと考えれば有益である。これはキリスト教徒のヨーロッパ人と彼らの「従兄弟」であるアメリカ人が、残りの世界を完全に鎮圧してはじめて手に入れることができた奢りだった。一八八〇年代と一八九〇年代に西洋で反ユダヤ主義が高まった背後には、東欧のユダヤ人が大量に西欧とアメリカに移民したという重要な要素があった。しかし、もうひとつの要素として、帝国主義の勝利と関連した並はずれた傲慢さがあった。この数十年の間に、ギリシア文明の形成にフェニキア人が果たした役割への確信は、急速に低下した。これに付随するように、この時期にドレフュス事件〔一八九四年にフランスで起きたユダヤ人差別事件で、ユダヤ系フランス人のドレフュス大尉が機密漏洩罪で終身禁固刑をうけたが、のちに真犯人が現れて冤罪が判明した〕がおきた。それればかりではない。この時期に出版された影響力のある学術論文のなかで、ギリシア文明形成にたいして何か重要な影響がヨーロッパの外からあったことも否定された。しかし、〈柔軟なアーリア・モデル〉は一九二五年から一九三五年の一〇年間を生き延びた。そしてこの間に、西洋の学問はともに「セム族」だったユダヤ人とフェニキア人を彼らにふさわしい場所――ヨーロッパの外――に固定した。第一次大戦後、ヨーロッパのうぬぼれはそれ以前とは対照的に小さくなったが、これが反ユダヤ主義の強化に役立った。さらに、一九一七年、ロシア革命と世界共産主義運動のなかで、ユダヤ人は重要と受けとめられ、現実に重要だったため、熱狂的反ユダヤ主義が高まった。(10)

〔ギリシア文明形成の〕モデル転換に主要な刺激を与えたのは前述の「外部から」の力〔ヨーロッパ世界による世界制覇〕であり、これが〈古代モデル〉を破壊した唯一の刺激だった――これが私の主張である。しかし、一八三〇年代と一八四〇年代に〈アーリア・モデル〉が創りだされた背後に、「内部からの」重要な刺激も存在した。この「内部からの」刺激は、インド＝ヨーロッパ語族の仕組みと、〈ある時、黒海の北のある場所で、インド＝ヨーロッパ基語という一つの言語が話されていた〉という確信――この確信は妥当だ――から生まれた。したがって、ギリシア語はインド＝ヨーロッパ語だったので、ある段階で北方から導入されたにちがいなかった。こうして人びとは、この議論を利用した「アーリア人の侵略」――考古学上の証拠も古代の権威による裏づけもなかったが――という仮定を強く主張することができた。こうして外部からの要求を満たすことができた。〈アーリア・モデル〉の支持者が〈北方の影響と南方の影響はたがいに相容れない〉という主張を強めたことは、モデル転換の背後にあるイデオロギー的な力の大きさを示している。このような強調には、純粋でありたいというロマン主義的欲求と、この純粋さを北方と関連づけたいという欲求があったと私は考えている。こう説明する以外に、〈ギリシアは両方向からかなりの影響を受けた〉という妥当な仮定が立てられない理由を説明することはできない。ギリシアが受けた影響は二元的であり、南〔エジプト〕と東〔フェニキア〕からの単独の影響だけではなかった――これが私の提起する〈改訂版古代モデル〉の考え方である。

ホロコーストにみられた反ユダヤ主義への極度の道徳的嫌悪もあって、一九四五年以来、状況は一変した。しかし、

「第三世界」の登場と「第一世界」つまり、「西洋文明」の砦としてのイスラエルの建国が同時だったことは、ヨーロッパとヨーロッパ＝アメリカの学界世論によりいっそう大きな衝撃を与えた。これは残念な事態だった。具体的には、今世紀〔二〇世紀〕初頭に共通していた固定観念——「セム族」すなわち、（アラブ人が含まれることはあり得なかったので）少なくともフェニキア人とユダヤ人は、「人種的に」受動的な商人であり、したがって、彼らがギリシアの伝説で伝えられているような軍事行動をとることは生物学上ありえないという固定観念——を拭い去ったのは、イスラエルの軍事的勝利だった。

一九四〇年代と一九五〇年代の事件で、ユダヤ人は再びヨーロッパ人の仲間入りをするようになった。アメリカ合州国でもヨーロッパでも、ユダヤ人のあいだでうぬぼれがますます大きくなり、これは主としてシオニズムと宗教的復興のなかに反映されている。同時に、それに比べればきわめて小さなグループだが、彼らはフェニキア人の名声を回復しようと努めてきた。したがって、一九六〇年代以来、ギリシア文明起源論として〈柔軟なアーリア・モデル〉を復権させようとする試みがふたたび浮上した。これにたいする「極端なアーリア・モデル主義者」からの抵抗は、主として惰性と、古典学や歴史言語学のような伝統的学問で高いのは当然だが、権威への尊敬から出たように思われる。にもかかわらず、思想状況の変化と、後期青銅器時代と初期鉄器時代のエーゲ海地域におけるエジプトとレヴァントの影響についての考古学上の証拠の増加は、いずれも〈極端なアーリア・モデル〉を擁護する人びとの主張を弱めている。いまでは、〈柔軟なアーリア・モデル主義者〉は確実に地歩を固め、これから五年以内に彼らが成功することはほぼ確実だろう。たとえば、『「黒いアテナ」再考』の編者たちは〈柔軟なアーリア・モデル〉を受け入れているようだ。しかし、彼らの好みはレヴァント南部の「西セム族」ではなく、メソポタミアの「東セム族」およびレヴァント北部の「西セム族」にある。〈古代モデル〉——の改訂版——におけるエジプトの復活には、もう少し時間がかかるだろう。いま、〈柔軟なアーリア・モデル〉と〈改訂版古代モデル〉とのあいだで重要な論争が始まっている。

私は一九世紀初期のインド＝ヨーロッパ語学者の業績を尊敬しており、ギリシア語には外国から来た側面と要素が多いが、基本的にインド＝ヨーロッパ語だと私が確信していることを、ここで、繰り返しておきたい。同じように、伝説に登場する英雄のダナオスやカドモスの侵略についても、文字通り特定の個人の侵略を指しているとは考えていない。むしろ、一般にダナオスやカドモスは、フェニキア人やエジプトから来た人びとのエーゲ海地域への植民を示していると考えなければならない、あるいは、彼らはおそらく、ギリシアにたいする実質的な文化的影響が南東からきたことをあらわす指標と考えなければならないだろう。要するに、私は〈古代モデル〉を完全に復活させようと主張しているのではない。一九世紀の言語学上の進歩を受け入れ、二〇世紀の考古学上の証拠に照らして伝承の諸年代を調整し、〈古代モデル〉を改訂する総合的作業をしようと主張しているのだ。にもかかわらず、新しい図式の〈改訂版古代モデル〉は〈アーリア・モデル〉よりも〈古代モデル〉に近いと私は確信している。

〈アーリア・モデル〉が構想された土壌は人種差別と反ユダヤ主義だったが、いまでは、人種差別と反ユダヤ主義は「罪」であり、誤りであると考えなければならない。私は本書の歴史記述の部分でこのように主張したが、この主張が受け入れられるにしても、このように主張するだけで〈アーリア・モデル〉が無効になるわけではない。たとえばダーウィニズムの場合、その後の事実と道徳的立場から見るなら、この思想にはいかがわしい理由があったようだが、そこから多くの実りある理論が発展してきた。しかし〈古代モデル〉が放棄されたのは、このモデルに内在的な欠陥があったからではなく、一九世紀の世界観に合致しなかったからである。これは疑いない。〈アーリア・モデル〉にはこのモデルを考案した人びとにとって利点があった。彼らが考えた普遍的な歴史原理——すなわち、人種は永久に不平等だという原理――に、ギリシアの歴史を当てはめられるという利点だった。

イムレ・ラカトシュ〔一九二二―七四。ハンガリー生まれの科学哲学者〕の用語を使うなら、この外的な「説明剰余価値」によって〈アーリア・モデル〉は〈古代モデル〉に取って代わった[11]。こんにち、私たちはこのモデルを放棄しなければならないが、その理由は〈アーリア・モデル〉確立の背後にあったイデオロギーが嫌いだからというだけであってはならない。にもかかわらず、このモデルを支えた土台については取り去るべきだが、このモデルでデータを説明できる有用性についてだけは、可能な限り、主張すべきである。

私は『黒いアテナ』プロジェクトの最初から、〈アーリア・モデル〉と〈改訂版古代モデル〉の競争は確実性ではなく競合的妥当性の競い合いだと考えていた。二つのモデルを判断する観点は証拠――つまり、後期青銅器時代(西暦紀元前一五〇〇年――一一〇〇年)の同時代の文書、考古学、言語、地名、神々や神話に登場する名前、宗教儀式、歴史的類推すなわち歴史的類型から得た証拠――でなければならなかった。なかには、文書や考古学からの証拠のように、〈改訂版古代モデル〉の方向だけを指し示す証拠があった。ほかにも、たとえば祭儀や言語のように、〈改訂版古代モデル〉を強力に裏づける証拠もあった。

この種の競争は、ある程度は予測できる。二つのモデルのうち、新しい証拠がどちらに合致するかは容易だからだ。しかし、一般に、予測には重大な問題がある。『黒いアテナ』第一巻が出版されてから数年後に私が悟ったのは、モデルから超然とし、「神の目という観点」を得るという考えがナイーブであり、論理的に不可能だということだった。私はいま、〈アーリア・モデル〉よりも〈改訂版古代モデル〉の「世界」のほうがずっと刺激的でエキサイティングだと主張しているにすぎない。いいかえれば、〈改訂版古代モデル〉はより検証可能な仮説を生み出すことができるし、東地中海地域周辺の諸文明のあいだの並行関係を照合することができる。このような並行関係が見いだされるとき、

〈改訂版古代モデル〉のほうがはるかに興味深く思想的に刺激的な解答を与えることができる。

このような根拠やその他の根拠をもとに、〈改訂版古代モデル〉を選ぶとすれば、再評価しなければならないのは古代ギリシアのイメージである。私たちはギリシア文明についてのイメージを転換しなければならない。〈完全武装の姿でゼウスの頭から飛び出してきた白人の乙女〉という女神アテナに見られる伝統的イメージを、徹底的に混合的で折衷的な文化として、ヨーロッパと中東が交差するところで成長した新しい文明というイメージに転換しなければならない。古代ギリシア文明の偉大さと並はずれた光輝、そしてその後のすべてのヨーロッパ諸文化の形成に古代ギリシア文明が演じた中心的役割は、孤立と文化的純粋さの結果ではなかった。エーゲ海地域周辺の多くの民族が、すでに同質的ではなかったそこの先住民たちと頻繁に接触し刺激を受けたことでもたらされた結果だった。

▩『黒いアテナ』の受けとめられ方

『黒いアテナ』の出版とその初期の反響について、私はこれまで著作のなかで何度も述べてきたので、ここで繰り返すつもりはない。[12] ただ、私にとって驚きであり喜びだったのは、私の知識社会学に完全に反した次の事実であり、このことだけは繰り返しておく必要がある。判明したのは、私のプロジェクトに共感を寄せたきわめて少数の専門家がいたこと、および、大方の専門家の意見は私の大部分の考えと一致しなかったが、彼らはこれを討論すべき重要な問題であると考えていた事実だった。このように考えていた学者たちは、一九八九年、世界最大の古典学者の連合体であるアメリカ言語学会〔APA〕年次総会の「学会長パネル」の題目に『黒いアテナ』を選んだ。ここでの議論を皮切りに、考古年代測定学、人類学、エジプト学、歴史学など、その他の関連分野の学会年次総会のパネル討論会への招待状があいついで私のところに舞い込んだ。全国のさまざまな大学や学部から、私を講演会や討論会へ招待するという話が殺到した。

APAの「学会長パネル」のもう一つの成果は、『黒いアテナ』はばかばかしい本だが、だからといって『黒いアテナ』が雲散霧消することはないだろうから、これと対決しなければならないと、私の本に反対した人びとが確信したことだった。アカデミズムのこの反応は、より大きな政治的反応と一致協力した。一九八九年、ヨーロッパで共産主義が崩壊したが、その副作用の一つは、これを機に、とりわけアメリカ合州国で、いわゆる文化戦争にいっそうの関心が向けられたことだった。『黒いアテナ』をめぐる討論はこの文化戦争のなかで重要な役割を演じ、私の著作にたいする学問的反対に政治的反対がつけ加わった。

『「黒いアテナ」再考』には、私の著作にたいする、これらの異なる根拠からの反対意見が映し出されている。『再考』を編集した二人は、学問的にも政治的にも『黒いアテナ』に反対している。他方、『再考』の大部分の寄稿者の多くは、社会主義者ではないが自由主義者を自称する人びとで、彼らは私の知識をずさんで不適切と見て、私の本に反対しているにすぎない。しかも興味深いことだが、敵対する論評をじっくり読んでみると、私の『黒いアテナ』の方法には反対だが、その歴史記述や考古学の結論を受け入れ、少なくとも「これは正しいかもしれない」と私に同意している論者が数人いる。(13)

このような譲歩は、反『黒いアテナ』という『再考』のテーマの土台を深刻に揺るがしている。青銅器時代の東地中海地域周辺の関係について、以前考えられていたよりもずっと緊密だったと考古学者が譲歩するなら、また、一九世紀および二〇世紀初めの研究について、思想史家が当時流行の人種差別と反ユダヤ主義に強い影響をうけていたと同意するなら、ギリシアの宗教と言語にエジプトと西セムから大量の基本的な影響があったことを否定する根拠はきわめて薄弱になる。

私は一九八九年のアメリカ言語学会〔ＡＰＡ〕の集まりで、潜在的に豊かな実りをもたらす根本的に新しい思想にたいして、学界がどのような反応を示すかについて四段階プロセスの概略を述べた。このプロセスは新思想の〈無視、却下、攻撃、吸収〉のプロセスだった。一九九一年に出版された『黒いアテナ』第二巻の受けとめ方は、「無視」から「却下」の段階へ移った。米国の主流と右派の新聞は『黒いアテナ』第一巻には一切関心を示さなかったが、『ニューヨーク・タイムズ・ブックレビュー』紙、『ニューヨーク・レビュー・オブ・ブックス』紙、『ワシントン・ポスト』紙、その他多くの新聞雑誌に第二巻についての長い書評がのった。すべてではなかったが、大部分は敵意ある書評だった。(14)この変化について、私は次の二つの妥当な説明ができると思う。第一に、『黒いアテナ』はカルト本として、またアフリカ中心主義《アフロセントリズム》を正当化するものとして、あまりにも重要な本になったので、無視できなくなった。これに対決しなければならない。第二に、この段階で、古典学者と古代史家は歴史記述についての私の議論は否定できないと考える一方、彼らは第二巻で述べられた歴史と考古学の議論についてはるかに攻撃しやすいと感じた。

『「黒いアテナ」再考』

これまで出版された『黒いアテナ』についての単行本のなかで、『「黒いアテナ」再考』〔*BAR*〕の反応はきわめて重要である。『再考』というすばらしいタイトルは平静さと客観性を示しているが、誤解を招く。大部分が『黒いアテナ』第一巻あるいは第二巻が出てすぐに書かれた論評であり、長いあいだ熟慮した上での論評ではないからである。この本の客観性は、収録されている論評の選択基準が、私の著作にたいする敵意だったという事実によっても傷ついている。学界では、十分に満足すべき敵対的論評がない場合、新しく論文を委嘱する。ところが『再考』の編者は、たとえば、言語学上の私の主張についてすでに発表されていた二つの論評を選択しなかった。この二編の論評を書いたのは、『黒いアテナ』に関連する三言語――古代エジプト語、西セム語、ギリシア語――のすべてについて知識のある学者だった。[15] そのかわり、編者たちに委嘱されて新たに一章を書いた二人のインド＝ヨーロッパ語学者は、古代エジプト語の知識がまったくなかったし、言語接触についての関心や理解もほとんどなかった。[16] 同じように、『再考』には歴史記述についての新しい論評が含まれているが、これはおそらく、これ以前に書かれた論評が私の著作の歴史記述について賛同する傾向があったため、その事実を正すためだろう。

最初のうち、一九九三年だったが、『再考』の出版が準備されていることを私は知らなかった。この情報を教えてくれたのは、数ヵ月の準備が進んだ段階で、落ち着かない気持ちでいた一人の論文寄稿者だった。この本に応えて論文をまた書かなければならないのか、大変だな、というのが私の最初の反応だった。とはいえ、私は主編者のメアリー・レフコヴィッツに礼儀正しくメールを送り、収録された論文はいつ読むことができるのだろうか、読むことができれば返事の準備ができるのだがとたずねた。ところが彼女から、編集者たちは私の応答を収録しないと決めている、なぜなら「大部分は既発表の論文であり、あなたはすでに返事を発表している」というメールが返ってきた。私の応答を収録すべきではとの問いに、レフコヴィッツはノーと答え、私の応答が認められるなら、寄稿しないという人が三人いるとつけ加えた。

驚きあきれた、というのが私の最初の反応だった。ある著者の研究についての学術書があるとして、その著者が存命で、彼あるいは彼女が応答したいと望んでいるのに、それが収録されないという話は聞いたことがなかった。しかし二、三日するうちに、困惑した私は落ち着きを取り戻した。メアリー・レフコヴィッツと彼女の共同研究者ガイ・

ロジャーズは、私に二重の敬意を払っていると感じたからだ。褒められ過ぎの気分だった。彼らは私の著作『黒いアテナ』についての本を編集する価値があると考えたと同時に、私の応答の収録を拒んだのは、私の主張があまりにも説得的だと考えたからだ。寄稿者の一人エミリー・ヴァミュールは私について、ミルトンの『失楽園』の次の一節を引用している。

〔……堕天使ベリアルが立ち上がった。うまれつき威厳にみち、
高邁《こうまい》で、勇敢な行動力を誇る者のように見えていたが、それは〕
すべて偽りの虚飾にすぎなかった。弁舌も、いわばマナを降らせる
といった趣があり、陋劣《ろうれつ》な理屈も巧みに言い繕って殊勝な
議論に仕立てあげる術に長《た》けており、これにはどんな達識の者も
見事に誑《たぶら》かされるのがおちであった。(17)

レフコヴィッツ教授の『「黒いアテナ」再考』のまえがきと序

私はこれまで『黒いアテナ』論争と論争での私の立場を要約してきた。これから本書の内容の概略を述べる。しかしそのまえに、メアリー・レフコヴィッツの書いた『「黒いアテナ」再考』のまえがきと序を評価しよう。ただし、彼女が提起している論点の大部分は『再考』の他の寄稿者がより正確に議論しているので、この問題については本書の本文で答える。したがって、ここでは、レフコヴィッツが彼女の協力者よりも明確に提起している二、三の論点に限定する。

レフコヴィッツは『再考』の冒頭部分の二つ――まえがきと序――を執筆したが、どちらもこの本全体の基調を見事に予想させる文章である。彼女のまえがきは、一八八五年、カトリック教徒の詩人でギリシア研究家のジェラード・マンリー・ホプキンス〔一八四四―八九〕がオックスフォード大学のギリシア語の教授にあてた手紙の引用で始まる。ホプキンスがこの手紙のなかで述べたのは、エジプトが「クレタ島など」を植民地にしたというギリシアの伝説を真剣に取り上げなければならない、ギリシア語のアプロディーテーの語源はエジプト語の ***Nefrat-isi** ではないか、という問題だった（*BAR* : ix)。

この話が『再考』で突出するのは、編者たちがこれを論争全体の縮図として扱いたいということを示している。こうして、この話はレフコヴィッツにとっていくつかの重要な目的のために役に立つ。第一に、ホプキンスの問題提起は私の考えがオリジナルな考えでないことを示している。第二に、レフコヴィッツは詩人を引き合いに出すことで、自分は偏狭な専門家ではなく、幅広い文化的素養のある学者だということを示している。第三に、学問の周辺部にいる学者（ホプキンスはダブリンのギリシア語の教授だった）は他の分野でどんなに尊敬されていても〔ホプキンスは彼の独創的な韻律法であるスプラング・リズムによる詩を書いた〕、中心部（オックスフォード大学）の学者たちに何をすべきかを指示してはならないことをほのめかしている。第四と第五に、この話はギリシアの伝承を真に受けることがどんなにばかげているか、語源論のでっちあげがどんなに容易であるかを示している。

第一の示唆が真実であることは疑いない。私は自分の考えがオリジナルだと主張したことは一度もない。私は顧みられることのなかった昔の説を復活させ、ばらばらだった同時代のいくつかの説をまとめているにすぎない。第二の示唆はその通りで、問題ない。しかし、続く三点については、完全に誤解を招く示唆だと私は考える。第三のホプキンスの手紙の話の持つ意味から始めると、どの学問であれ、時折、周辺から介入があることで得るものは大きいと私は確信している。とりわけ、古代ギリシア研究が、ジェラード・マンリー・ホプキンスよりもはるかに学問の中心から遠く離れたところからの参加者、あるいは、出しゃばりから得たものはけた外れに大きかった。たとえば三人の名前を挙げよう。銀行家ジョージ・グロート〔一七九四―一八七一〕、実業界の大立者ハインリヒ・シュリーマン〔一八二二―一九〇〕、建築家マイケル・ヴェントリス〔一九二二―五六〕。

第四のギリシアの伝承にたいする不信については、有史以前のギリシアについては他の情報が少ないので、一つの、証拠としてギリシアの伝承を用いなければならない。しかし、取り扱いは慎重にすべきであり、考古学、言語学、祭儀の研究、そのほか多くの学問分野からの資料と一緒に用いなければならない。これが私の考えである。最後に第五の点だが、語源のでっち上げや偽造は簡単ではない。説得力をもつには、意味論上の一致と音声学上の対応に一定の規則性がなければならない。ジェイサノフとヌスバウムは『再考』の一章で、この分野は「何でもござれだ」と私が主張していると述べているが、これは正しくない。したがって、レフコヴィッツはアテナイ〔アテネ〕についての私の語源説が、アプロディーテーの語源はエジプト語だというホプキンス説と同じくらい「内在的な説得力がない」と主張する（p. xi）が、これは背理法にすぎない。ジェイサノフとヌスバウムは彼らの節の冒頭で、「この場はバナール説にたいして長々と反駁する場所ではない」（p. 194）と述べ、アテナとアテナイはエジプト語 Ḥt Nt に由来するという私の語源論――その詳細な証拠はあり余るほどある――の信用を失わせようと企てているが、彼らのいう正しい場所はどこにあるのか。

レフコヴィッツの攻撃の第二弾――つまり『再考』の序――は、誇張で始まる。序の冒頭におかれた節は「アーリア主義の歴史家は人種差別主義者か」だが、彼女は次のように述べている。「私たちはこれまでずっと人種差別主義者で嘘つきだった、巨大な思想的・文化的隠蔽工作を犯してきた、私たちの学生や共同研究者たちが言及し始めるまで、そうとはまったく気がつかないまま、最も少なく見てもアフリカの過去を抑圧していた――このことを認めようとはしない。バナール自身は私たちに求めている。私たちを教えた教師たちは私たちを欺いていたのか。教師を教えた教師たちは彼らを欺いたのか」(p. 4)。

「最も少なく見ても」よりも前の部分で、レフコヴィッツは二つの考えを結びつけようとしているが、その一つは完全に誤りであり、もう一つも一部は誤りである。第一に「人種差別主義者で嘘つき」という考えだが、現代の古典学者を「人種差別主義者で嘘つき」だと私が非難したことは一度もない。何度も述べてきたように、現代の古典学者と古代史家は、その他の分野の学者と同じように、人種差別主義者ではない。さらに、現代の古典学者は、自分たちが気がつかなかったことについて「嘘」つきではありえないだろう。たとえば、一九六〇年代には、きらめくような才能の持ち主だったサイラス・ゴードンとマイケル・アストゥアは学界で周辺に追いやられ、尊敬を払われていなかった。二人はセム文化とギリシア文化のあいだに密接な関連があると主張したが、当時の通説派の学者は、彼らが受け継いだ古典学の枠組のなかではこれはあり得ないと考えていた。翻っていえば、学問としての古典学の創始者の最も有力な数人が人種差別主義者で反ユダヤ主義者だったこと、また、このような偏見が通説派の学者の学問的アプローチに影響を与えたことは事実であり、多くの意味で、彼らのこの反応はこの事実の結果だった。[18] にもかかわらず、正統的立場を創設した人と擁護した人のどちらについても、私は彼らが不誠実で「嘘をついている」と示唆したことは一度もない。彼らが自分たちの研究のイデオロギー的基礎を信じていたことはあきらかである。そうする以外、彼らにどうすることができただろうか。

このような問題点のほかに、メアリー・レフコヴィッツが私の著作を論ずるとき、アフリカという亡霊だけに焦点を絞り、結果として「南西アジア」と「セム」ということばを脱落させていることは彼女の序の欠点である。実際、『黒

い アテナ』の重要な関心は、古代ギリシアの形成にレヴァントが与えた影響と、反ユダヤ主義がその無視にたいして果たした役割にある。トニー・マーティンはその主張に問題もあるアフリカ中心主義の学者だが、次の彼のことばはかなり当たっている。「アフリカ中心主義者なら誰でもいいが、『黒いアテナ』を少しだけスピードを落として読んでみれば、バナールの関心がギリシアにたいするアフリカの影響と同じくらいに多く、あるいはそれよりずっと多く、ギリシア文明の「セム」起源にあることに気がつくだろう」。[19] マーティンはレフコヴィッツが見たくないことを見ている。すなわち、私は古代ギリシアにたいする南西アジアの影響とアフリカの影響のどちらにも関心がある。もちろん、ギリシア文化の内発的な起源に加えて。

『黒いアテナ』とアフリカ中心主義

私とアフリカ中心主義者の関係は実に複雑である。レフコヴィッツはこの関係についていろいろな機会に、いろいろな場所で、異なる意見を述べている。『再考』では、彼女は私とアフリカ中心主義者を周到に区別する。しかし他のところでは、アメリカの学校におけるアフリカ中心主義の影響を調査する（そして破壊する？）ために、彼女が送ったアンケートの質問票にあるように、私の著作は「アフリカ中心主義の文献リストといっしょに記載するのがふさわしい」と主張する。[20] この問題については、本書の彼女の一般向けの本『アフリカ起源ではない』についての章で再び議論する。私は『黒いアテナ』第一巻で、私の意見は極端なアフリカ中心主義者の意見と異なるという点を明確にしたので、現段階ではこの点を指摘するにとどめたい。そのかわり、私と協力関係にある歴史家はもっと穏健である。彼らのなかにはジョージ・ワシントン・ウィリアムズ、W・E・B・デュ・ボア、ジョン・ホープ・フランクリン、アリ・マツルイが含まれるが、強硬派のジェイコブ・カラザーズは彼らを「ニグロ・インテリ」だと簡単に切り捨てている。[21] カラザーズは私の立場についても述べていて、本書の姉妹編『「黒いアテナ」論争』（近刊）のなかで彼が書いた一章にそのことが確認できる。

エジプトはギリシアの高度な文化の重要な源泉と考えられるが、だからといって、これは必ずしも「アフリカ中心主義的な」立場ではない。〔アフリカは広大で、エジプトだけがアフリカではないからである。〕レフコヴィッツはこの点も見落としている。「アフリカ中心主義的な」立場は〔文化を同化の産物と考える〕同化論者の立場でもあるが、同化論者はアフリカとヨーロッパの文化の共通の起源を探求している。実際、私にはレフコヴィッツとアフリカ中心主義者がミラー・イメージ〔鏡に映る像のように左右が逆になる像〕のように見えるが、この点で、彼女の立場は、私の立場よりも極端なアフリカ中心主義者の立場と両立する。彼女も極端なアフリカ中心主義者も、ヨーロッパとギリシアをエジプトとアフリカから分離したままにしておきたいと考えているからだ。私が『黒いアテナ』で中心においているのは大陸間の混合《ハイブリディティ》である。〈ギリシアはエジプトから重要なものは何一つ借用しなかった〉という説にとって、私のこの主張は、〈大陸間には基本的に相違と分離がある〉というアフリカ中心主義者の考えよりもずっと脅威である。

現在の段階

前述した〈無視、却下、攻撃、吸収〉という四段階に戻る。この段階でいえば、『再考』は最後の二段階の境界域にある本である。まず、『黒いアテナ』にたいする攻撃は出版社の次のように始まる宣伝文に見ることができる。「本書は、マーティン・バナールの主張と直接対決した、広範な各学問分野の一流の学者による二〇編の論文を収録する。本書の寄稿者は、バナールの主張は誇張した議論であり、多くの場合正当化されないと主張している」。吸収の段階は本の裏表紙の宣伝文にあらわれている。レフコヴィッツとロジャーズは宣伝文の結論で、本書は「古代における近東文化とギリシア文化の関係および、西洋文明の諸起源を理解するため、全面的に新しい学問的枠組を提起する」と述べているからだ。私がこの本から得た建設的な問題提起は次の示唆だけである。すなわち、研究対象をエジプトとフェニキアに絞るのは避けるべきであり、これにかわって「レヴァント北部、アナトリア、そして最終的にはバビロニアとの関係を研究すべきだという示唆である。なぜなら、バビロニアの中東全域での文化的影響はエジプトよりもはるかに大きかったからだ。そのうえ、バビロニアの影響が伝えられた地理的ルートはもっと多かった」(p. 450)。しかし、物理的には——そしてアクセスの点でも——、メソポタミアよりもエジプトとレヴァントのほうがギリシアに近いという地理的な議論とは別に、私がこの問題提起に同意できない理由は多い。そこには、とりわけ、考古学上の証拠もギリシア語のテクストも、〈ギリシア文化に外部から持ち込まれた影響のなかで最も重要なのは、エジプトとフェニキアの影響だった〉ことを示しているという理由も含まれている[22]。

にもかかわらず、レフコヴィッツとロジャーズが『黒いアテナ』を視野に入れ、中途半端であっても、彼らが視点を転換したことは意味がある。いまでは、伝統的な学問の擁護者を自称する学者でさえ、ギリシアは自分の力で生まれたのではなく、広範な地理的・文化的コンテクストのなかで、ギリシア文明を考察しなければならないと認めている。最近、アメリカ言語学会の会長で古典学者のデイヴィッド・コンスタンは、レフコヴィッツ著『アフリカ起源ではない』と『「黒いアテナ」再考』の論評のなかで次のように述べている。「バナールの言語学史の叙述は浅薄で偏っている。というのは、彼はそのなかで、ギリシアはその隣接諸地域に借りがあるとかなり多数の学者が率直に認めているのに、それを無視しているからだ。とはいえ、(『再考』に論文を寄せた人をふくむ)古典学者は全体として、バナールが古典学という学問のもつ暗黙の偏見と、その偏見がすでに古典学の教育と研究にたいして与えた明白な影響を強烈に批判するのを受け入れている[23]」。

私たちはいま吸収の段階にある。

■『「黒いアテナ」批判に答える』の構成

本書『「黒いアテナ」批判に答える』は全面的に私自身の著作である。『「黒いアテナ」再考』に収録されたすべての論評に答えてはいない。とくに、以前私が何度も公表してきたジョン・コールマンにたいする返事を除外したのは、コールマンのすべての論点は、実質上、他の論者から提起されている論点だからである。[24] 最初に発表した私の返事を見直し、反復過剰を避けるようにつとめた。「過剰」といったが、ある程度の繰り返しは避けられない。『黒いアテナ』の批判者たちは重複して攻撃をかけてきているので、まったく同一ではないにせよ、私も似たような方法で応答しなければならなかった。

『再考』では章として収録されているが、以前に論評として発表されたことのないいくつかにも答えなかった。形質人類学者ショマルカ・ケイタにたいするローリング・ブレイスの専門的な論文への返答は、載せない方がよいだろうと判断した。ケイタが書いた徹底的な答えは姉妹編『「黒いアテナ」論争』に収録した。フランク・ユルコの章と私はかなり意見が違うが、彼の議論は年表に限定されているので、これにたいする返事は本書にも姉妹編にも収録しないことに決めた。キャサリン・バードの通俗的論文は私の名前にふれておらず、直接の応答は必要ない。申し訳ないが、私が多くを学んできた傑作『ヴィクトリア時代と古代ギリシア』の著者リヴェラーニ教授とジェンキンズ教授にも返事をしない。しかし、より重要な批判者、とりわけロバート・パルター、ジェイ・ジェイサノフ、アラン・ヌスバウムには議論を集中しなければならないと共同編集者のデイヴィッド・ムーアと私は考えた。[25] ロバート・パルターは重要人物である。彼は古代科学の問題と近代の歴史記述の問題のどちらについても、手ごわく興味深い論敵である。ジェイ・ジェイサノフとアラン・ヌスバウムにはとくに注意する必要がある。彼らの言語学的議論の質が高いからではなく、他の多くの『再考』の論文が彼らの議論に依拠しているからだ。

ジェイサノフとヌスバウムは、私が提案したセム語語源論を嫌っている。彼らのこの嫌悪感は、エジプト語語源論への嫌悪感以上ではないにしても、同じくらい大きい。この点で、彼らは論文を寄稿した『再考』では変則的である。私はここで、このことに注目しなければならない。彼らのこの反応のなかに、他の点についてと同様、一九世紀末の青年文法学派〔一八七〇年代にライプチヒ大学を中心に形成された言語学派〕の伝統にたいする彼らの変わらぬ忠誠心が見てとれるが、私はこれについて返事のなかで議論する。『黒いアテナ』の用語でいえば、『再考』の編者と大部分の寄稿者は、ギリシアにたいするエジプトの影響は否定し、セム族の影響は受け入れるモデル、すなわち〈柔軟なアーリア・モデル〉のなかで研究している。とはいえ、彼らの好みは、南西アジアではレヴァントよりもメソポタミアだが。これと対照的に、ジェイサノフとヌスバウムはいかなるアフロアジア的影響も否定する〈極端なアーリア・モデル〉のなかで研究を続けている。この不一致は『再考』全体に興味深い変則性を生んでいる。他の執筆者と同じように、編者のレフコヴィッツとロジャーズも、ギリシアに外部からの影響があったという問題について偏見はないと明言している。しかし、編者としての彼らはジェイサノフとヌスバウムの論文を『再考』に採用しているので、彼らの明言から出てくるあきらかな系——すなわち、〔ギリシアは外部の〕他のあらゆる領域と緊密な相互作用があり、それがかなりの言語学的借用につながったという系——を否定せざるを得ない。

この序の冒頭で述べたように、本書には『再考』の各章にたいする応答に加えて、論争と関連したその他の論文も収録した。そのなかに、『再考』の執筆者のメアリー・レフコヴィッツとサラ・モリスの著作についての論評が二編ある。私たちは後者のサラ・モリスについて、彼女が『再考』に書いたあまり重要でない章よりも、むしろ、彼女の素晴らしい著作『ダイダロスとギリシア美術の起源』にたいして答えたほうがよいだろうと考えた。ヴァルター・ブルケルトとマーティン・ウェストの著作についての論評も二編収録した。ブルケルトとウェストは彼らが学生のときから、ラインホルト・メルケルバッハが率いる「ケルン学派」と接触し、この学派はこの数十年間、ギリシアの宗教にたいする南西アジアの影響の重要性を強調してきた。

ブルケルトとウェストは、いわゆる公認の変わり者と呼ばれる学者である。彼らの深い学識を疑う人はいない。だからこそ公認である。しかし、彼らの結論は最近まで、エキセントリックだと考えられていた。ところが、古典学が外部からの脅威に直面しているいま、彼らが示した学問としての古典学の方向性は、『黒いアテナ』の騒動がなくても示すことができたと、彼らはパイオニアとして歓呼の声で称えられている。私はブルケルトとウェストにたいして、また彼らと同じ主張をしているモリスにたいしても、最大の賞賛の気持ちを持っている。彼らには、硬直化した学問をものともしない勇気も、私には測りしれない奥深く深遠な学識もある。しかし、私は次の重要な二つの根拠から、彼らとは意見が異なる。第一に、彼らの議論の焦点は主としてギリシアの「暗黒時代」とアルカイック時代（西暦紀元前九〇〇年―五〇〇年）にしぼられている。私は青銅器時代に多くの文化的借用があったと確信しているが、彼らの議論は青銅器時代にまでさかのぼらない傾向がある。第二に、彼らはギリシアにたいするエジプトの文化的影響を著しく無視している。私は古典時代とヘレニズム時代（西暦紀元前五〇〇年―五〇年）のギリシア人と同じように、ギリシア文明の形成に外部からの文化的影響があったとすれば、エジプトの文化的影響の役割の方が南西アジアの文化的影響よりもずっと大きかったと確信している。

無視されてきた二つの地域〔エジプトと南西アジア〕を結合しなければならない。エジプトは青銅器時代に一回と西暦紀元前七世紀末および六世紀にもう一回、ギリシア文明の形成により大きな役割を演じた。一般には南西アジア、とりわけフェニキアは西暦紀元前一一世紀から七世紀初期まで、エーゲ海地域でより大きな影響力を発揮した。そのため、新たに書き下ろした論文「古代ギリシアにみるフェニキアの政治とエジプトの正義」を本書に収録した。私はこのなかで、エジプトとレヴァントがエーゲ海地域に及ぼした異なるタイプの文化的影響と、それぞれの地域の影響が優勢であった異なる時期について私の考え方を述べようと試みた。

いよいよ本文に戻り、第Ⅰ部のエジプト学にとりかかるときが来た。

第Ⅰ部

エジプト学

私の研究を批判する人のなかには、私の研究をもっぱらエジプトとアフリカにのみ集中させたいと考えている人がいる。とくに『「黒いアテナ」再考』の編者たちがそうだ。彼らはエジプトについてと同じくらい多くの紙幅をシリア＝パレスチナについて与えるべきなのだが。[1] とはいえ、私がエジプトを古代ギリシア形成の中心にあると見ていることは間違いない。さらに、私の主張の多くはエジプト語の資料に依拠している。私はギリシアとギリシア語のなかにあるエジプト文化の証拠を求めて多くの時間と努力を注いできた。

『再考』に収録されたエジプト学者の論文の論調は批判的だが、他の学問分野の学者の論文に比べるとかなり丁寧である。多くの場合、これは純粋に個人的問題として説明できる。しかし『黒いアテナ』の考え方は、古典学、エーゲ海地域の考古学、すなわち古代世界の歴史記述とくらべると、エジプト学にとってそれほど脅威ではないので、多くの丁寧な論調は構造的問題であるとも説明できる。西暦紀元前五世紀以前には、ギリシアにたいするエジプトの影響は、その逆の、エジプトにたいするギリシアの影響よりもずっと大きかった。したがって、二つの文明のあいだに意味のあるより密接な関係を認めることは、私たちの古代ギリシア理解への影響は大きいが、古代エジプト理解への影響は相対的に小さい。

エジプト学者と穏やかに論争できるのを私が喜ぶ一つの理由は、エジプト学は私が最初に出会った学問分野だったからである。私の祖父アラン・ガーディナーはエジプト学者だったのみならず、専門的学問分野としてのエジプト学のパイオニアでもあった。彼はベルリンで長い間研究し、アメリカ人共同研究者たちと密接な接触をもち、以前はアマチュアの域を出なかったフランス、イングランド、ウェールズのエジプト学にドイツの厳密な実証主義を持ち込んだ。オックスフォードやケンブリッジで、博士という肩書きがやや違和感のある品のないものと考えられていたとき、彼はこのゲルマン的肩書きを使っていた。彼はまた、堅実な学問と堅実でない空理空論をはっきり区別していた。子供のころの私の個人的体験だが、彼は私に、マーガレット・マリーのような「変人」の本やウォーリス・バッジ〔一八五七―一九三四。イギリスのオリエント学者、考古学者〕のような「古くさい」学者の本に近づかないようにと断固たる警告を与えた。

いまでは、祖父が言語学者として大胆で独創的な知性を持っていたことが私に分かっている。しかし、幼児期と青年期の私には、祖父はプロの学者の模範であり、論争好きな父J・D・バナールのきらめくような才能と幅広い関心とは対極にあると考えていた。(2) 父に太刀打ちできないと分かった私は、奮闘努力の必要はあるが、手が届かないわけでもない目標として、祖父のプロフェッショナリズムにかなり惹かれていた。しかし、私はどの学問分野でもプロの域に達しなかった。この事実から、私はエジプト学とエジプト学者に特別の親しみを禁じ得ない。

『再考』でエジプト学者が書いた章は三つある。私はそのうちの二章について返事をした。フランク・ユルコが書いた第三の章は、年表についていくつかの興味深い異議申し立てが含まれているが、彼が提起したその他の大部分の問題点はジョン・ベインズとデイヴィッド・オコーナーの章で網羅される。それよりもっと重要なことは、〈エジプトはアフリカである〉という点で、ユルコと私の意見がほぼ一致していることだ。作家リチャード・ポーの『黒い火花、白い炎』は、『黒いアテナ』をめぐる論争にも言及している魅惑的で厖大な著作だが、ポーはそのなかで、経歴が完全に異なり、ヴェトナム戦争にたいする意見も正反対のユルコと私が、エジプトについてこのように意見が一致しているのは興味深いと述べている。(3)

これらの争点は重要であり、陣営の異なる私たちのあいだには重大な違いがある。私たち――私とエジプト学者――は全員がこのことを認めている。しかし、前述したように、討論の論調には礼儀正しさがある。ベインズ、オコーナー、私の三人には、もちろん、古代エジプトにたいする愛情ではないにしても、愛着がある点で結束している。さらに、大部分のエジプト学者が認めているように、『黒いアテナ』をめぐる騒動は彼らの学問であるエジプト学への一般的関心を高めた。エジプト学は長年にわたって衰退してきたが、一九九〇年代には新しいポストが創設された。しかし、このように関心が増大したにもかかわらず、エジプト学者は彼らの学問が非専門家に干渉されるのを恐れている。エジプト学はこれまでずっと、「変人」の海に浮かぶ脆弱な学問だったからだ。多くのエジプト学者が私をこの変人の部類に入れていることはあきらかである。エジプト・アメリカ研究センター（ARCE）の年次総会で、私の研究についてのパネル・ディスカッションが開かれて参加したとき、「さあ、これからちょっと息抜きだ！」という声が耳に入ってきた。『再考』の寄稿者のように、私の研究を真剣に受けとめる人びともいるが、彼らも私の研究が一般には変人を、とりわけアフリカ中心主義者の変人を勇気づけているので、無責任だと考えている。

古代エジプトの形質人類学に関心のある読者が求める答えは、『「黒いアテナ」批判に答える』のなかにはない。この問題については、ショマルカ・ケイタが『再考』のローリング・ブレイス論文にたいして答えた充実した内容の論文があるので、読者はその論文を参照されたい。ケイタ論文は本書の姉妹編『「黒いアテナ」論争』に収録した。『再考』に寄稿したエジプト学者は骨や遺伝子について論じていないが、私が「黒人の《ブラック》」という形容詞を用いていることに不満である。しかし、ベインズとオコーナーは一部の批判者とは異なって、私の著書をきわめて注意深く読んでおり、私が〈古代エジプト人の外見は全体としてステレオタイプ化された西アフリカ人だ〉と示唆したことは一切ないと十分承知している。にもかかわらず彼らは、〈一部のエジプトの王朝とファラオについて、彼らは「黒人だったと説明するのは有益」だ〉という私の主張を不快だと感じている。このようなカテゴリーは生物学上意味がない、古代エジプト人自身にとって無意味である、さらに、私の問題提起はこんにちの白人と黒人のあいだの緊張状況を激化させる——と彼らは主張する。

これまで何度か述べたり書いたりしてきたが、私は書名を『黒いアテナ』ではなく『アフリカのアテナ』とすべきだったかもしれない。他方、エジプトの何人かの支配者について、私は彼らを「黒人だったと説明するのは有益」だと述べたが、この主張を曲げるつもりはない。「人種」が有益な生物学的カテゴリーでないことは確実である。西暦紀元前第一千年紀にアッシリアとペルシアが侵略するまで、「人種」は古代エジプト人にとって問題にならなかった。しかし、こんにち「人種」は、ヨーロッパ人と北アメリカ人にとって決定的に重要な社会的分類である。さらに、この主題をエジプト学に持ち込んだのは『黒いアテナ』ではなかった。「人種」はつねにエジプト学の主題であった。一九世紀の奴隷制廃止論者については本書の後半の章で議論する。奴隷制廃止論者が政治上の理由から力説したのは、古代エジプト人の黒色素沈着と「黒色人種《ネグロイド》」的特徴であった。(4) 対照的に、一九四五年以前に人間形成をしたエジプト学者の大部分は、「黒人《ニグロ》」の文明化は絶対に不可能だという彼らが生きた社会の一般的考え方を受け入れていた。したがって、古代エジプト人がどの程度まで文明化されていたかについては、彼らの「白さ《ホワイトネス》」を測定すれば分かると考えられた。このような信念は一九六〇年代以降弱くなったが、消えてはいない。私が〈古代エジプトは文明的であると同時にアフリカ的でもあった〉、さらに、〈古代エジプトの住民のなかには、いまでは中央アフリカの外見をもつと考えられる人びとがいて、彼らは政治的・文化的に重要な地位にあった〉と強調してきたのは、そのためだった。

前口上をこれで終わり、私の返事に取りかかりたい。まず、ベインズ教授の章への返事から始める。

第1章 私たちは公正であり得るか

……ジョン・ベインズに答える

オックスフォード大学のエジプト学教授ジョン・ベインズは、最近ではハーヴァード大学でも研究した学究であるだけではない。彼は以前、『黒いアテナ』第二巻について内容のある重要な論文を二編も書いていた。第一の論文は『ニューヨーク・タイムズ』紙に載った。第二の論文は、当初、一九九〇年四月にバークレイで開かれたエジプト・アメリカ研究センターの年次総会の『黒いアテナ』をめぐる会合をもとに、このセンターが出す刊行物に掲載される予定だった。[1] ところが、この刊行は編集の最後の段階でボツになった。そこで編集者アントニオ・ロプリエノは——彼の手もとに私の返事もあったにもかかわらず——、『再考』の編者メアリー・レフコヴィッツとガイ・ロジャーズに、私の研究に関連した論文を提供し、掲載をもちかけた。二人はベインズとオコーナーの論文を採用した。[2]

『再考』に収録されたベインズの章は、根底部分でこの第二の論評と密接に関係している。彼はこの章の注で、同じ本を二回も論評するのは申し訳ないと良心的に述べているが、しかし同時に、ここでは以前の論評では論じなかった私の研究の別の側面を扱うと正当化している。白状しなければならないが、私はこの論評が『ニューヨーク・タイムズ』紙の論評よりもはるかに綿密で示唆に富んでいることに気がついた。とりわけ、私の研究に向けられた緻密な関心に感銘を受けた。そこで、私にたいする彼の異議申し立ての主要な点について、彼が問題を提起した順に答えよう。

■ベインズの序

ベインズは彼の序で、一九世紀初頭に西欧が古代ギリシア人を神格化した原因は人種差別ではなく、むしろ、他の諸要因に帰すべきであると示唆している。彼が述べているように、一般に「理想としてのギリシアの登場は、啓蒙の世俗化とロマン主義の世俗化の始まりの一部だった」(p. 28)。実のところ、〈一九世紀初期にエジプトは軽視され、ギリシアの評価は上がったが、その唯一の要因が人種差別だった〉というような主張を、私がしているわけではない。私は多くの原因の一つが人種差別だったと主張しているだけである。しかし、人種差別は初期のひとつの重大な要因であり、一九四五年までずっと重要だったと私は見ている。さらに、ほかのところで何度も述べてきたように、初期のもう一つの要因は一八一五年以後のキリスト教の復興だった。これはあきらかにベインズの提起する世俗化と対立する。

さらに、多くの啓蒙主義の思想家がギリシアを理想化したという考えを私は認めない。実際には、ギリシアよりエジプトを好む思想家もいた。(3) ギリシア好きは主としてロマン主義の独占領域だった。ロマン主義者のなかには、たとえばシェリー〔一七九二—一八二二。イギリスのロマン派詩人〕のようにこの熱愛が無神論と結びついた場合もあったが、一八世紀と一九世紀初期の大部分のギリシア賛美者にとって、逆説的だったが、異教ギリシアへの愛がキリスト教大陸としてのヨーロッパへの熱愛と結合した。一八五〇年代末期から始まった一般的世俗化とともに、ギリシア賛美はますます宗教から離れるようになった。この時期が過ぎても、たとえばイギリスのパブリック・スクールにおけるように、キリスト教信仰と異教的ギリシアへの愛は両立した（*BA I*：320〔『ブラック・アテナ』（以下は邦訳と略記）三七九―三八〇頁〕）。

ヨーロッパ北部の進歩的なブルジョアにとって、ギリシア都市国家はローマとエジプトの「帝国」よりもアピールしたことを私は過小評価していた。このアピールは、ジョージ・グロート〔一七九四―一八七一。『ギリシア史』を著したイギリスの歴史家〕の著作に典型的にあらわれている。[4] しかしここでも、ロマン主義とキリスト教の復興が新しい歴史記述に与えた影響を簡単に切り捨てることはできない。いうまでもなく、ますます幅をきかせるようになった意図的な人種差別は、とりわけ、ヨーロッパ北部のブルジョアのあいだで強かった。

『黒いアテナ』第二巻の主張

ベインズは序のあとすぐに、彼が『黒いアテナ』第二巻の主要な論点と見た問題を詳しく述べている。もちろん、単純化は不可避だが、彼が言い換えた私の主張のなかには、あまりにも露骨な議論がある。たとえば、私は「ミュケナイでエジプト神殿が祭られていた」と主張しているのではなく、「エジプト神殿が創建された可能性」（*BA II*：478-479〔『黒いアテナ　II』（以下は邦訳と略記）八六四頁〕）に言及しているにすぎない。彼は別の問題では次のように述べている。「バナールは著者を紹介するとき、一般的慣行とは対照的に、著者の人種的背景および、大抵の場合ある種の学問的系譜をつけ加える。そして彼らの主張を説明し、是認し、切り捨てるとき、……このような要因を頻繁に持ち出す。この奇妙な癖は……」（p. 30）。しかし実際には、歴史を記述するとき、学者の出身国に言及することはきわめてふつうである。ジョン・ベインズ自身例外ではない。たとえば、彼とジャロミル・マレクの賞賛すべき著作『古代エジプトのアトラス』の一ページには、この慣行の実例が三つある。(5)おそらく、このような身元確認は記憶を助けるだけではなく、関連する学者について何か意味あることを伝える。学者の学問的背景についてふれることも比較的よくある。実際に、エジプト学をふくむ大部分の学問分野の人名辞典では、国籍、学問形成、学者間のつながりがまさに強調されている。(6)

私の考える歴史その他の学問分野の叙述とは、学者の主観的な先入観と当該学問の研究目的とのあいだの入り組んだ弁証法である。この考えを公然と述べる私は、エジプト学と古典学の伝統的な慣行（他の学問の伝統的慣行はそうではないが）を超えたところに立っている。したがって、学者の主観的な先入観も当該学問の研究目的も考慮しなければならない、というのが私の信念である。当然、私自身の状況と動機も吟味しなければならない。私は『黒いアテナ』の分析のなかで、自分の好みを意識的にあきらかにしようとつとめた。たとえば第二巻では、ヒクソスのエジプト征服について、彼らのなかにはフルリ語と、もしかするとインド＝アーリア語を話す人びとがいたと結論したが、これが嬉しくない結論だったことを私はあきらかにした。

方法と理論

私が同時代の古典学者を人種差別主義者と考えているのかどうかはっきりしない――この見方が行き渡り、ベインズもそう考えている。この問題についてすでに、私は自分の立場をはっきりさせたと考えている。たとえば、私は『黒いアテナ』第一巻で次のように書いた。「現代の古典学者の大多数は、彼らの教師やその教師の教師のあいだに蔓延していた人種差別と反ユダヤ主義を共有していないとムーリーは指摘しており、……彼が正しいことは疑いない」（p. 422〔邦訳五〇八頁〕）。

現実の先祖や想像上の先祖を通して正統化するという戦略は、保守主義者も改革者も使う戦略だが、ベインズはこの戦略の問題点を提起する。起源神話のなかには、完全なフィクションがあることを私はたしかに認める（p. 31）。たとえば私は、トロイア王子ブルトゥス伝説がありそうもない話だということに同意する。これは南デヴォンに向けて航海したトロイア王子ブルトゥスがトットニスに上陸したという伝説だ。とりわけ、この伝説的事件は、王子が到着したという年から二千年以上が経過したのち、ジェフリー・オブ・モンマス〔一一〇〇頃―一一五四／五五。イングランドの年代記作者で、ラテン語で書いた『ブリテン列王記』はアーサー王伝説の資料になった〕による記録がのこされた。しかし、その他のこのような神話のなかには、歴史上の本物の情報が含まれているかもしれない。東地中海地域という比較的狭い地域間の接触について、考古学上の証拠と、私が主張している言語学上の証拠を考え合わせるなら、ヒクソスがギリシアに植民したという伝説は妥当と思われる。

こんにち、多くの学者は神話のなかの事実とフィクションを識別するのは無益で退屈だと主張している。[7] 彼らの関心は神話の構造と現代的機能にある。このような関心の重要性に私は異議を申し立てはしない。私の関心は彼らの関心とは異なっている。神話以外の青銅器時代のエーゲ海地域についての情報があてにならない寄せ集めだとするなら、作業仮説をたてる助けとして、妥当な歴史的事実を内包する神話と伝承の要素を利用し、別の方法で検証できると私は考えている。このように神話を利用したのは私が最初ではない。これははっきりしている。たとえば、フランク・スタッビングズは、『ケンブリッジ古代史』のなかで、〈初期竪穴墓《シャフト・グレイヴ》とミュケナイ文化期の始まりはヒクソスの征服と植民の結果だ〉という解釈を述べるため、まさにこのようなかたちで伝承と考古学上の証拠を結びつけている。[8]

ベインズは「黒い」という問題について、この問題は古代エジプト人そのものとはとくに関係がないので、特定個人の「父母の人種的系統」を確定しようという私の企てを不快だと思っている。まえにも述べたように、私は彼のこの考えに共感する。なぜなら、とりわけ、「人種」概念の生物学的有用性については私も信じていないからだ。[9] しかし、社会現象としての「人種」は、二〇世紀初頭を生きた誰にとっても最も重要であった。とりわけ、「黒人」についてば不断に、明示的であれ暗黙的であれ、「奴ら」は文明を創り出すことはできない、したがって、奴らはヨーロッパ文明を受け入れなければ文明に参加できない、と言われ続けている。ファラオのエジプトは、いくつかのアフリカ文明の一つにすぎないというベインズの主張に私は同意する。しかし、にもかかわらず――ヨーロッパの西洋文明が喧伝され現実に西洋文明が覇権を握っている現在の状況を考えると――、古代ギリシアの形成にエジプトが果たした役割は古代エジプトに特別の重要性を与えている。アメリカとイギリスの多くの黒人がしきりに自分たちを古代エジプトと同一化させる一つの理由はこの事実にある。彼らは二重基準――自分たちに適用される基準と古代エジプト人に適用される基準――に憤慨しており、私は彼らが正しいと考えている。米国と西ヨーロッパでは、「黒人の血が一滴」でも混じれば「黒人」のレッテルが貼られる。しかし古代エジプト人の場合、彼あるいは彼女を見て、ヨーロッパがステレオタイプ化した西アフリカ人に合致しないとしても、誰も彼らを「黒人」とは考えない。実際には、一九世紀や二〇世紀に古代エジプト人を見て、「白人」のレッテルが貼れるような人はほとんどいないだろうが。

この『黒いアテナ』シリーズは、書名を『アフリカのアテナ』とすべきだったかもしれない。というのは、ヨーロッパ人とヨーロッパ＝アメリカ人にとって、「黒い」という語はエジプト人にふさわしくないステレオタイプを思い起こさせるからである。しかし、エジプト人が「アフリカ的」でないことは少しもない。[10] したがって、いくつかの意味で、私は『黒いアテナ』という書名が誤解を招くことを認める。しかし、第一一王朝の支配者たちが「黒人」だったという主張では譲歩しない。この王朝のメンチュホテプ二世の有名な祭儀用の像は黒く塗られており、それには多くの理由があったと思われる。黒がオシリスと不死の色をあらわしたことは十分あり得るが、だからといって、この可能性はその他の要因を排除しない。第一一王朝の支配者がファラオになる以前、一族は上エジプト南部の地域であるテーバイ州を支配していた。古代エジプトの州知事、すなわち地方支配者としての一族はヌビアと密接な関係があった。メンチュホテプの妻で黒い肌をもつ数人の女性を描いた絵もあり、これは注目すべきことで、興味深い[11]。したがって、ファラオの黒いミニチュア像を純粋な宗教的シンボルと決めつけることはできない。

しかし、私〔バナール〕は何故これらのファラオの「黒さ」を強調するのか――それがベインズの主な問いである。これにたいして、バランスを回復するために強調したというのが私の答えである。二〇世紀初期のエジプト学者が強調する古代エジプト人とその支配者のイメージは、現実あるいは想像上の北の人間、すなわち「白人」であり、このイメージの影響は大衆の思い描くエジプト人像に残っている[12]。たとえば、ラス・ヴェガスのスフィンクスは鼻筋が通っている。別のレベルでは、デイヴィッド・オコーナー（エジプト学者と同姓同名だが別人）が挿絵を描き、エジプト学者ジェラルディーン・ハリスが文を書いた児童書『エジプト神話の神々とファラオ』のなかのエジプト人の容姿は、一貫してヨーロッパ的である[13]。実際、この本の表紙と口絵を飾っているのは、福音伝道師ビリー・グラハム〔一九一八―　〕のような青い眼と容貌のファラオだ！　ボードゲームの「文明」は、あきらかに考古学者の監修のもとに開発された複雑なゲームだが、表紙に描かれているのはピラミッド、三角帆の小舟が浮かぶ川面、椰子の木が生い茂る河畔、アクロポリス、ヴェスヴィオス火山である。表紙の中央には、髭をはやしたギリシアのゼウス／哲学者がいる。彼の背後の片側には金髪碧眼のローマ人が、もう片側には灰色の眼をした美しい髪のクレオパトラが描かれ、このクレオパトラは、エリザベス・テイラーが扮した地中海人さながらだ！　このような文化的環境では、エジプト人はアフリカ人だということを強調するのは有益だと私は考える。

私〔バナール〕の非ヨーロッパ文明にたいする関心は度を超えており、私の若い頃の中国研究が示すように、関心の対象は文明それ自体であり、「西洋文明」の発展にたいするその文明の寄与ではない[14]——とベインズは指摘する。一般に、古代ギリシアの出現と文化の開花に果たしたエジプトとフェニキアの役割に関心を持つことが、どうして他のアフリカ諸文化にたいする尊敬を失わせることになるのか——その理由が私はわからない。私の本は世界史の本ではなく、一つの特定の歴史的テーマを論じた本である。このテーマの選択がヨーロッパ中心的であることは容認する。こんにち、ヨーロッパ文化は世界で覇権的地位をもっている。だとすれば、このテーマの選択はとくに重要だと私は確信している。

私〔バナール〕には「立証できるものがほとんどない」が、エーゲ海地域が東地中海地域というより広い文化的・経済的地域の一部だったことは「ほとんどの人が否定しないだろう」——とベインズは書いている。最近の考古学上の発見によって、これを否定する立場はますます成立しなくなっている。私はこれに完全に賛成する。しかし、古代エーゲ海地域の考古学者と歴史家の孤立主義は根が深く、通説に反する証拠が出てもひどく鈍感である。ゴードン、アストゥア、バスはエーゲ海地域のセム族の影響を研究した学者だが、彼らの研究にたいする恥ずべき扱いは一九六〇年代では終わらなかった[15]。しかし、東地中海地域の周辺で青銅器時代のあいだずっと、かなりの接触があったという可能性を開いたのが、一九八〇年代中期以来出てきたひとつの動きであり、『黒いアテナ』はこの動きに一役買った。古い孤立主義的信念が消えずに残っているのは言語学の分野である。いまでは、エジプトとレヴァントがエーゲ海地域と密接な関係をもっていたことをほとんどの人は否定しない。だとすれば、『再考』のジェイサノフとヌスバウムの章にあきらかに見られるように、ギリシア語がエジプト語と西セム語から相当数の言語を借用したという可能性の考察を頑固に拒否するのはますます異常になっている。

ビュブロスとエジプトのあいだには「特別な関係」があったが、エジプトとシリア＝パレスチナの他の地域とのあいだの関係はそれほど緊密なものではなかったというベインズの指摘（p. 41）に私は賛成する。しかし私は、エジプトとビュブロスとの結びつきは長期にわたり持続的だったが、エジプトと他のカナンの都市との関係は一時的だったという主張はゆずらない。新王国についての議論では、私たちの意見は「植民地的」という語の意味論的分野の考え方が異なる。ガザ、アフェク、ベト・シャン、その他の遺跡から発掘された証拠に加えて、「アマルナ書簡」で前提にされている状況について、私は「植民地的」と言うのが適切だと考えている。カナン語にたいするエジプト語の影響と、その逆のエジプト語にたいするカナン語の影響から見て、言語学的にも強力な接触があったことはあきらかである[16]。

中王国時代のレヴァントの状況はそれほど輪郭のはっきりしたものではないが、ベインズが述べているように、いままでは大部分の学者がこの時期のエジプトの影響について「一世代以前に考えられていたよりも」大きいと見ている（p. 33）。私〔バナール〕がこのようなミニマリズムからの後退を歓迎するのは当然であり、この新しいアプローチでさえ私は不適切だと考えていると、ベインズが述べているのはまったく正しい。シリア＝パレスチナにおける中王国の影響について、マクシマリストのギヴェオンとポーゼナーの考えはそれ自体妥当だが、それればかりではない。かつてミニマリストだった故ヴォルフガング・ヘルックが寛大にも認めたように、マクシマリストの主張はミト・ラヒーナ碑文によって強力に補強されているようだ[17]。しかし私は、この段階でのレヴァントがエジプトの「植民地的」状況だったとは見ていない。むしろ、ビュブロスやシナイのようないくつかの場所はエジプトの行政当局の支配下にある一方で、相対的に独立していた大部分の都市や地域は、エジプトの宗主権を認めただけの「勢力領域」にすぎなかっ

た と 見ている。この立場はベインズの理解する「文化的優位」(p. 33) とかけ離れてはいない。

ところで、この時期には政治的・歴史的文書が欠落しており、同時代のフィクションからこの時期の情報を得ようとするのは非難されるべきだとベインズは主張する (p. 29)。私はこの理由が理解できない。このケースで私は有名な「シヌヘの物語」に言及した。この物語は一風変わったフィクションで、形式は公的伝記に類似し、そこには少なくとも立証できる歴史的事実がいくつか含まれている。エジプト学者で翻訳家のミリアム・リヒトハイムはつぎのように述べている。「これはこのような人生があり得ただろうという伝記物語である。……この物語がある個人の実際の体験と関連するかしないか、どちらにしても、物語は真実の歴史状況を反映している」[18]。

ベインズはメソポタミア文化の境界域はエジプト文化の境界域と比べると相対的に流動的だと述べている。私もこれは認める。しかし、この考えをメソポタミアが「古代の近東で一般的に大きな影響力をもっていた」(p. 34) という信念と結びつけるのは行きすぎである。確かに、メソポタミアの影響はアナトリアとレヴァントの一部では強かった。しかし、西暦紀元前第二千年紀のレヴァントについての私たちの大部分の情報は、レヴァントの片隅に位置し、エジプトの影響が最も少なかったウガリットとイスラエルの伝承から得られたことを忘れてはならない。レヴァント沿岸の諸都市、とりわけビュブロスがエジプト化されていた度合いはずっと大きかった。イスラエル人が彼らとカナン人をハムの息子と考えた理由はそこにある (創世記、第一〇章)。私のプロジェクトにとって、レヴァント中部のエジプト化された諸都市はとりわけ重要である。なぜなら、エーゲ海地域と近東との間の接触はその地域から、あるいはそこを通って行われたからである。

ベインズによれば、「エジプトの文化的特性の多くが外部に伝わらなかった」(p. 34) のは、一部には、エジプトの安定性と同質性の結果だったという。私はこれに賛成しない。中国文明はその歴史の大部分のあいだ、エジプトと同じように同質的・自己吸収的だった。しかしこの特徴は周辺諸国に、そしてある意味では世界中に、その文化が普及するのを妨げなかった。エジプト文化が南のヌビアとメロエ〔スーダン中北部にあった古代都市〕に広がっていたことも一般に認められている。カナン語の発展にたいするエジプト語の影響については前述した。その後の時期に、エジプトの暦や宗教などが地中海地域周辺とそれ以遠に広がったことも全般的に合意されている。青銅器時代におけるエジプト文化の伝播の証拠も、一般に受け入れられている。ミノア文化期の建築と絵画や、その後のギリシアのアルカイック時代と古典時代の彫刻に、エジプトの影響がかなりあったことを疑う人は、ほとんどいない。ギリシア文学の重要なテーマの起源がエジプトだったことも広範に認められている。とりわけ、トロイアの木馬、パンドラの恵みについては本書の第14章で議論する。

さらに、ギリシアの宗教、正義、知識の源泉はメソポタミアではなく、エジプトであることを明確に示す証拠が豊富にある。一九世紀と二〇世紀の学問はギリシアにたいするエジプトの文化的影響を無視した。その最も重要な理由は――ほかの要因もあったにせよ――、知識社会学で説明できる。とりわけ、非セム語を話すシュメール人が発見されて以来、アカデミズムはバビロニアを擁護した（*BA I*：354-366〔邦訳四二五―四三八頁〕）。これとは対照的に、アクエンアテンをめぐる混乱を別にすれば、エジプトを擁護する学者はいなかった。古典時代とヘレニズム時代のギリシア人が彼らの文化形成に果たしたエジプトの重要性を強調したのは歴然たる事実だったが、逆説的に、この事実の信頼性は近代の学者たちのあいだで小さくなった。彼らのあいだで、古代人よりもベサヴィッセライ *Besserwisserei* すなわち、「豊富な知識」があるというのが彼らの「科学的」地位の試金石になってきたからだ。(19)

古代近東専門家の研究計画《アジェンダ》と方法

ジョン・ベインズ論文のこの節は微妙であり、考え抜かれた節だと思う。彼によれば、意識するかどうかはともかく、どの学者にも研究テーマの選り好み、すなわち「研究計画《アジェンダ》」がある。私が彼の主張に賛同するのは当然だ。もちろん、このベインズの考えはレフコヴィッツとロジャーズの考えと真っ向から対立する。全体としては、このようなテーマの選り好みについては明示すべきだと私も確信する。客観性と公平さに近づくには、この二つがあると主張し、その前線で体面をつくろう必要性があれば役に立つ、という議論を私は受け入れない。この立場は基本的に欺瞞である。これによって失うものは得るものよりもずっと大きい。とはいえ、この問題についての討論は完全に一方的というわけではないが。

ベインズは、エドワード・サイード〔一九三五―二〇〇三。主著は『オリエンタリズム』〕と私の著作による前世代の学者の扱い方と、次のような私たちの傾向を批判している。私たち〔サイードとバナール〕は、「外国の時代や文化のコンテクストを研究するとき、通常適用される解釈のルール――すなわち、コンテクストのなかで証拠を把握し、研究素材が意味するポジティブな側面は何かをあきらかにするようつとめなければならないというルール――を採用しない傾向がある。そのかわり、彼らの著作は人びとがいま置かれているコンテクスト抜きに彼らを被告席に座らせ、時代錯誤の基準で彼らを裁く」(p. 35)。

まず、小さい方の論点から始めよう。前世代の学者の偉大な業績を評価していないという私にたいする非難だが、私はこの非難が公正だとは思わない。なぜなら、この本でも私の著作を通じても、私は彼らを賞賛するとははっきり述べてきた。大きい方の論点については、サイードも私自身も、前世代の学者の歴史的・社会的・政治的コンテクストに、鋭い関心をもっていると強く主張できると考える。実際、前述したように、このようなコンテクストを強調し過ぎると、ベインズは私を批判している。ベインズはこのような学者たちについて、「外国の時代や文化のコンテクスト」に属していると述べているが、サイードと私はこの記述にまったく賛同する。伝統的な学問の擁護者が描きたいと望んでいる前世代の学者像は、同時代〔現代〕の世界がそのまま受け入れるべき公平無私の権威としての学者像であり、私たちが問題にしようとしているのは、実に、まさにこのことだ。

このような基本的合意がサイードと私にはある。しかし、アプローチには重要な違いがある。第一に、サイードの著作は文学的で引喩が多いが、私の著作は歴史的で散文的である。より重要な違いは、彼はオリエンタリズム——この場合は古代史のオリエンタリズム——をほとんど完全に自己言及的と考えているが、私はこのような彼の見方を受け入れない。すでに述べたように、私は知識社会学が決定的に重要だと考えているが、にもかかわらず、完全な相対主義者ではない。客観的な制約が存在し、それを維持できる妥当性があると堅く信じている。とはいえ、〈アーリア・モデル〉はこの制約を最大限に拡大解釈したと思っているが。

年表の問題では、私は考古学者の主観性と自然科学者の観測報告を区別したが、区別すべきではないとベインズは示唆している。この問題について私自身が明確でなかったのは申し訳ない。私は「偏見のないナイーブさ」に言及し、年表についての自然科学者の結論に適用したにすぎなかった。考古学者と歴史家は特定の年表にかんして大きな利害関係があるが、私の印象では、自然科学者はそれほど利害関係はない。しかし、自然科学者が彼ら自身の方法上・技術上の争いを戦い、彼らにも考古学者に匹敵する情熱と偏見があることを私は疑わない。しかし、研究の結果出てきた年表の年代については、自然科学者は考古学者よりもはるかに私心が少ない。

中王国の年代決定について発言するとなれば、クラウスとパーカーのあいだで論じられた専門技術的な議論に入り込むことになる。シニカルな読者なら、私〔バナール〕が古い年代の年表を選ぶ理由を集めてくるだろう。第二中間期〔中王国時代と新王国時代のあいだの時期〕の長期化を私が望んでいるからだ。私の全体的観察では、放射性炭素年代測定法、年輪年代学、その他の「科学的」方法による年代測定が示す年代は、従来の説にくらべて一般的に「より高い」傾向、すなわち、より以前に遡る傾向があるので、これによって私の欲求は補強される。二〇世紀の学者は、年表の「低年代化」(p. 36)というプレッシャーを感じていたという私の見方をベインズは嫌う。私は「ミニマリズムのラチェット」すなわち、互いに競争しライバル関係にある学者たちは彼らの先輩よりも慎重で懐疑的だという考えを発展させた。自然科学が新たに決定した年代に近かったのは、八〇年後に流行した年表の年代ではなく、二〇世紀初頭に設定された年表の年代だったが、その理由はこれで説明がつく。したがって、私の考えはいまも変わらない。

> 考古学者と古代史家は第一次大戦以来、「科学的」地位を獲得するために激しく闘ってきた。彼らの動機は「はるかに信頼できる」といわれたいからであった。慎重で保守的な学者は非難されるのを強く恐れるようになり、とりわけ思弁的と非難されるのを恐れた。同時に、彼らは革新的であることを期待された。このような状況のなかで、革新的であるということはあらゆる証拠、とりわけ古代の文書資料に過度に批判的になることでしかなかった。したがって、彼らは空間的にも時間的にも、古代の主張を限定する方向に傾いた (*BA II* : 208〔邦訳三六二頁〕)。

この一節を書いたとき、私は『暗黒の世紀』という本に結実したプロジェクトについてまったく知らなかった。この本のなかで編者ピーター・ジェイムズと彼の共同研究者は、東地中海地域周辺のいわゆる暗黒時代――「海の民」

による侵略があった西暦紀元前一三世紀および一二世紀と、アルカイック時代ギリシアが勃興した八世紀のあいだの時期――という概念に、ほとんどヴェリコフキー〔一八九五―一九七九。聖書の記述のなかに人類の歴史に太陽系の変動の与える影響がみられるなどと主張したロシア生まれの作家〕がするような攻撃をしかけている。この若い学者たちの企ては、この数世紀の大半を切り離そうというものだった。(20) 一般に学問の権威者たちは、ジェイムズと彼の共同研究者による年表の過激な低年代化を行き過ぎと考え、放射性炭素年代測定法と年輪年代学によって通説年表の年代を維持・補強した。にもかかわらず、『暗黒の世紀』は「ミニマリズムのラチェット」が極端に働いた実例だと私は考えている。この著者たちは、青年トルコ党員〔オスマン帝国末期、スルタンの専制政治に反対して改革運動をしたグループ〕のような存在である。彼らは「思弁的」になりすぎることによって彼らの職業的・科学的地位を危うくする一方で、因習を打破しようとしている。

雑誌『古代』に、『黒いアテナ』第二巻について短いがなかなか魅力的な匿名書評がのった。書評子は、「〈言っていることは正しいが理由は間違っている〉というのがバナールの恐るべき癖だ」とぼやいている。(21) これとは反対に、年長者からジェイムズと彼の共同研究者を見ると、〈言っていることは間違っているが理由は正しい〉ということになるだろう。いずれにしても、ハーバート・ハースと彼のチームは古王国時代の年代を根本的に更新し、私は彼らの年代を一部分受け入れている。ベインズが述べているように (p. 37)、私がハースの年代を受け入れたことは、中王国時代の数十年をめぐるマイナーな議論よりもはるかに重要である。私は物理的過程の討論には立ち入らない。大部分のエジプト学者と同じように、その能力がないからだ。しかし、ハースらスイス人とテキサス人のチームの年代決定がずっと高年代である――この高年代はジェイムズ・メラートの放射性炭素年代測定法の解釈と一致する――という理由だけで、私は彼らが出した結論を受け入れたのではない。あるいは、彼らがエジプト学者に「汚染されていない」自然科学者だったからという理由でもない——もっとも、私が彼らの結論に傾いたのには、このような要因があったと白状しなければならないが[22]。彼らの結論が説得的な理由は二つあった。第一に、古王国時代の高年代年表によってシリア＝パレスチナおよびメソポタミアとの対照年表が理解しやすくなる。シリアの大都市エブラの場合、エジプト高年表はレベルIIB1の宮殿の破壊と、世界があっと驚いた文書群の年代をめぐる熾烈な論争に決着をつけるだろう。高年表によって、ビュブロスの対照年表もずっと理解しやすくなるので、破壊前の地層であるレベルKIVでなぜ第五王朝、第六王朝の遺物が発見されたのか、その理由を説明できるだろう。中間期以後に再建されたレベルJIでだけ、アッカドのサルゴン王時代の遺物が発見されている[23]。対照的に、古王国時代のエジプトとサルゴン王時代のメソポタミアのあいだには対照年表が欠けているが、二大帝国が同時代に並立していたとすれば、これは驚くべきことだと思われる。

私がハースと彼の共同研究者の意見を選ぶ第二の理由は、二〇世紀のエジプト学者たちが第一中間期〔古王国時代と中王国時代のあいだの時期〕の期間を妥当とは思われないほど圧縮し、短期化してしまったからである。私はこの問題で友人のエジプト学者にあれこれ言って困らせてきたが、彼らの答えは例外なく、この時期がふたたび一、二世紀長くなれば充分満足だというものだった。第一中間期がふたたび長期化するなら、これは古王国時代終末期と中王国時代最初期のあいだに乱立した州知事ら地方有力者の諸王朝についてばかりでなく、第九王朝と第一〇王朝のファラオとして名前の挙がっている多数の支配者についても説明できるだろう。古王国時代と中王国時代のあいだに見られる美術その他の文化的変化も、中断期間が一世紀に満たないとなれば説明はむずかしい。したがって、私がハースの年表を選ぶのは、あきらかにこれが競合的妥当性[訳注1]のケースと思われるからだ。

〔訳注1〕competitive plausibility の訳。バナールによれば、〈実在した過去〉を歴史記述が完全に把握することは不可能だ

ろうが、記述の優劣はあるにしても、〈正確に近い過去〉の記述は可能である。このような考えにもとづいて、歴史記述ではその〈妥当性〉を問い、争うことができる。そこで彼が発案したのが〈競合的妥当性〉という概念である。

エジプト文学研究における進化論の悪影響について、この分野で無尽蔵の知識をもっているベインズが私と同じ意見であるのは喜ばしい。彼がここで（p. 37）参考文献を挙げていることに感謝する。彼が推測するように、その文献の大部分を私は知らなかった。

学問分野の内部は一枚岩ではなく、同じ世代の学者でも研究方向は同じでない。私もこのことは十分に承知している。にもかかわらず、討論や個人的確執に学問の一般的傾向は影響を与えるので、この傾向を探求することは有益である。ついでながら、離れた場所から全体像を提示することは、専門領域にたいして部外者が役に立てる、重要な方法だと私は信じている。

近代の考古学者は社会的変化について精緻な研究をしているのに、私はそれを理解できない、理解しようとしないと、ベインズは私を批判している。とりわけ、彼の関心は私の伝播論にあるようだ。しかし、私は『黒いアテナ』第二巻の献辞に、伝播論者としてのではなく、「修正伝播論の第一人者としての」（傍点引用者）ゴードン・チャイルドのために、と記した。もちろん、現地住民が大量虐殺されない場合、彼らが外来文化を選択し、それに適応したことを考慮に入れなければならない。

私の議論はこうである――エジプトが第三千年紀のボイオティア地方を植民地化したことおよび、第二千年紀にクレタ島を植民地化したことは疑わしいが、ヒクソスがペロポンネソス半島東部を植民地にしたことおよび、本書の第3章と第4章で論ずるように、エジプト第一八王朝がエーゲ海地域に宗主権をもっていたことは大いに考えられる。(24)しかし、ここでいう植民地化とは、たとえば、エジプトがケルマ〔ヌビアの町〕とクシュの諸国家を支配したタイプの植民地化や、大部分の時期にビュブロスを支配し、新王国時代の間にその他のシリア＝パレスチナ地域を支配したタイプの植民地化とは、まったく異なる。エジプトのエーゲ海地域支配の散発的性格、エジプトとエーゲ海地域の接触にたいするレヴァントの頻繁な仲介、現地文化の反発力という要素のため、ハイブリッド的で識別的特徴をもつ文明としてのギリシア文明の出現が可能だった。このような構図から、継続的にエジプトの植民地だった地域ではエジプトの政治的・軍事的影響力《プレゼンス》を示す大量の考古学上の証拠が発見されているが、〔ギリシアのように〕そのような証拠がないところでも、エジプトの圧倒的な文化的・言語学的影響はあり得る。

まえに述べたように、エジプトおよびレヴァントとギリシアの関係を見る場合、有益な類似が中国と日本の関係に見られる。日本の場合、王朝を設立したのは朝鮮人だった可能性があるが、王朝設立後の日本にたいする中国本土からの影響は、純粋に経済的・文化的な影響だった。数世紀にわたって中国帝国に組み込まれていた朝鮮とベトナムで、中国的な建造物の遺跡が発見されているのと比較すると、中国の日本にたいする影響は、日本列島に実質的な中国的建造物の遺跡がひとつもないという性格をもっている。さらに、日本は中国のたんなる反映であり、投影にすぎない、というような主張をする人は誰もいない。しかし、日本文化を中国への不断の言及なしに分析し理解するならば、ばかげているだろう。しかしギリシアの場合、つい最近まで、古代ギリシアとエーゲ海地域の研究者がしていたのはこのタイプの排除だった。

ベインズは次のように主張する。「第三千年紀と初期鉄器時代のあいだに、外国の高度な文化的影響のうち、偶発的な文物以上の何かを同化できるような複雑な社会が〔ギリシアに〕あったかどうかは明白でない」(p. 38)。西暦紀元前第三千年紀中期のEHII期ギリシア社会が単純な社会だったという考えを私は受け入れない。[25] しかし、初期鉄器時代のエーゲ海地域があまり複雑な社会でなかったことは間違いない。「文字の筆記やアルファベットの使用はなかっただろう」(p. 38) とベインズは主張する。青銅器時代末のエーゲ海地域の崩壊が、西ヨーロッパにおけるローマ帝国の没落後の崩壊に比べて大きくなかったことは確かである。西ヨーロッパでは、文盲は確実に増加したが、文書は保存され、その使用は続いた。

私はさらに主張する。「暗黒時代」末期に近い西暦紀元前一〇世紀と九世紀、フェニキアからの大量の文化的影響によって、新しい社会秩序であるポリスと、新しい経済制度である「奴隷社会」がうまれた。[26] しかし前述のように、後期青銅器時代には、ヘシオドスとホメロスにみられるレヴァント的素材やエジプト的素材の多くがギリシアに達していたと説明できる――これは妥当な説明だろうと私は考える。疑いなく、後期青銅器時代のギリシア社会ははるかに複雑な社会だった。したがって、どちらにしても、ギリシアにたいする「外国の高度な文化的影響」を「偶発的な文物」に限定する理由が私にはわからない。

私とベインズの重要な相違点は、まさに、「暗黒時代」を横断する文化的連続性がどの程度あったのかという点にある。言語と地名の連続性を争う人は誰もいない。この時期を通じてずっと、都市と宗教祭儀の多くは同じだった。さらに、この時期を通じてずっと、アルファベットが生き延びたと私は主張する――ベインズはその理由を示すことなくこのことを否定している (p. 28)。[27]

全体として言えば、ミュケナイ文化期の社会が崩壊したことは間違いなく、その後不安定な時期が何世紀もつづいたが、にもかかわらず、エーゲ海地域の西暦紀元前一一〇〇年から八〇〇年の間の文化的断絶は西ヨーロッパの西暦紀元五四〇年から八〇〇年の間の文化的断絶よりも小さかった。[28] 後者のクピュール〔断絶〕の場合、かなりの量の書かれた記録と記憶が失われずに残っているので、青銅器時代と鉄器時代のエーゲ海地域のあいだに絶対的な乖離があったという主張はまったくできない。

「バナールが必要としているエーゲ海地域の社会は、影響を与えた側にとって意味はないが、外からの影響によって変化し、その影響を同化・維持した社会である」（p. 38）とベインズが述べるとき、彼が使う「同化」の意味は的はずれである。青銅器時代を通じてずっと吸収されたエジプトおよびセムの単語と文化的特徴は、ミュケナイ文化期の文化全体に同化するようになった。したがって、たとえば、もしもギリシアの祭儀が青銅器時代を通じてずっとエジプトやシリア＝パレスチナの影響をうけたとするなら、なぜその影響を捨て、「土着」の祭儀を保持しなかったのか。もちろん、社会が変化し、「土着」のものと「借用」すなわち「コピー」されたもの――のどちらか片方、あるいは両方――の一部は、儀式、シンボル、単語の意味を変化させた。しかし、西暦一八世紀以降に近代ギリシア語で*katharevousa*（「浄化」）が企てられたのに類似した、〈ギリシアを浄化する〉動きの兆候を初期鉄器時代に見いだすことはできない。

　私は、現在考古学で使われている精緻な理論モデルを利用していない。これはまったくその通りであり、ある面では利用しなかったことを後悔している。しかし、他方では、もしもこの野心的なプロジェクトに近代考古学の複雑な理論を組み入れようとしたならば、プロジェクトをなし遂げることはおろか、始めることさえできなかっただろう。さらに、現代の考古学理論を利用しなかったのは、少なくとも、幾分かは「〈言っていることは正しいが理由は間違っている〉という恐るべき癖」のためである。なぜ「恐るべき」かと言えば、一つの理由は、このような粗雑な方法で私はあきらかに成功し、この粗雑な方法が、精緻な方法のもつ優れた効用にある程度の疑問を投げかけたからだろう。[29]

　この点にかんして、ベインズの次の問いかけに私は当惑する。「古代の近東にたずさわってきた専門家は、自分自身の政治的あるいはその他の研究計画《アジェンダ》を吟味して自己を批判することは少ない。しかし、エーゲ海地域と近東の関係という彼らの研究には適切でない、ある致命的な欠陥が……彼らのアプローチのなかに存在するのだろうか」（p.

39)。まず第一に、私の主張はこのような包括的主張ではない。ゴードンとアストゥアは中東の専門家だが、私が彼らの研究を賞賛する気持ちはたいへん大きい。同じように、私はエジプト学者のジークフリート・モレンツのエジプトとギリシアの関係についての研究を大いに尊敬している。第二に、近東の専門家が一般にエーゲ海地域との結びつきを説明できない一つの理由について、ベインズは「この問題は多くの学者の研究関心ではない」と述べている。ベインズは続ける。「バナールは歴史的事件についての彼ら〔近東学者〕の理解には致命的な欠陥があると主張する。彼がこの主張を確立するには、〈彼ら［近東学者］は思想的に完全に古典学者に従属しているので、証拠を適切に扱うことができない〉か、あるいは、〈彼らの方法は他の人びとの人種至上主義的研究計画《アジェンダ》を実行している〉か、そのどちらかであることを示す必要があるだろう」。彼が言うように、私は『黒いアテナ』第一巻で、学問としての古典学にこのような優位性が存在することを詳しく説明しようと試みている。ここで指摘しなければならないのは、〈アーリア・モデル〉の発展は「陰謀」ではなく、広範な基盤をもつ思想運動だと私が理解している点である。多少の逸脱はあっても、〈「文明」は現在もこれまでもずっとヨーロッパの独占物だった〉という一八世紀、一九世紀、そして二〇世紀の一般的イデオロギーの矛先は鈍っていない。

古典学は、ヨーロッパ崇拝の中心および全体としての「人文科学」崇拝の中心に不動の座を占めており、大学周辺部で「エキゾチックな」文化を研究しているセム学者とエジプト学者の小社会は、これに畏怖の念をいだいてきた。このことには、制度上、固有の妥当性がある。したがって私は、二〇世紀初期のエジプト学者アラン・ガーディナーのことば――「古典学者たちは、ギリシアがエジプト文明に依存しているという考えにたいして、これまで好意的ではなかった」――を取るに足りないものだとは思わない（*BA I* : 265〔邦訳三一三頁〕を参照）。逸話を紹介しよう。私が（祖父の）ガーディナーから言われたのは、エジプト語の勉強はギリシア語を学んでからにしなさい、だったが、私は彼が満足するようにはまったくしなかった！　ガーディナーは彼の世代の典型だった。いまではこの状況はあきらかに緩和している。しかし、バランスを欠いた状況がなくなったという確信は私にない。エジプト学者はいまでも、やむを得ず古典学優位の時代に作られたガーディナーと彼の世代の著作に頼っている。

一九世紀末と二〇世紀に古典学が不動の座を占めたとき、セム学者たちは学問的・人間的弱さを露呈した。ここでそのすべての実例を繰り返すことはしない。アマチュア学者リース・カーペンターのアルファベットについての極端な説は、セム語専門家の古文書学者の説をしのぐ成功をおさめたが、それはこの現象のもっとも目立った例にすぎない[30]。比較的最近の一九六〇年代と一九七〇年代の例では、サイラス・ゴードンとマイケル・アストゥアがレヴァントの文化とエーゲ海地域の文化は基本的に関連していると示唆したとき、彼らはバッシングを受けた。私は本書の別のところで、ジョージ・バスが同じ主張を考古学的根拠から試みたときに受けた傷を、いまなお彼がひきずっていることをあきらかにする[31]。

一九九二年、寛大な古典学者ヴァルター・ブルケルトは著書『オリエント化革命』の英語版の序文のなかで、彼の専門分野である古典学の学問的優位と、この優位な立場がギリシアにたいするオリエントの影響を最小化あるいは排除するために行使した力について次のように述べた。「いまでは、ギリシア文明が東方からの刺激の恩恵を受けているという私のテーゼは、八年前よりも挑発的ではなくなっているように思われる。この変化は、一部は原著の出版がもたらした結果かもしれないが、主として、私たちの近代世界で古典学がもっていた孤高の地位がますます失われてきた結果かもしれない[32]」。もしもベインズの言うことばをそのまま信ずるなら、学者が古代の近東とエーゲ海地域の関係の大きさを理解できないのは、古典学が尋常ならざる力をもっているからだ、というこの指摘がその説明になるだろう。しかし、私には彼の求める資格はないが、古代近東の専門家が近東とエーゲ海地域という二つの地域を隔離してきたのはなぜか、という問いに内在的な理由を示すことはできると確信する。その理由はまさに、ベインズのことばを用いるなら、彼らは「思想的真空状態で研究している」のではないからだ。アカデミズムの世界では「専門領域」すなわち、学者の私的所有地が重んじられ、「不法侵入」にたいして厳しい制裁が加えられる。下位の学問分野の人間が上位の学問領域を侵害するなら、とりわけ苛烈な処罰が下される。(33) このようなアカデミズムによる所有権の防衛は、一般的思想的雰囲気の極端な孤立主義によって強められてきたが、それを緩和する動きはいま始まったばかりである。

青銅器時代と鉄器時代の東地中海地域周辺に緊密な相互の結びつきが存在したのは、その結びつきが本来、妥当だからにすぎない——私はこのような考えに傾いている。そのうえ、アカデミズムの学者たちの過剰な独立性とコリン・レンフルーのような有力な学者が主張する孤立主義は、この図式に妥当性を加えている。(34) 結局私は、東地中海地域周辺の相互の結びつきを軽く扱い、あるいはまったく否定する二〇世紀中期の正統的な学者の主張よりも、ウルマン、ゴードン、アストゥア、バスの著作と、いまでは私以上に東地中海地域周辺の古い時代の接触を強調しているルース・エドワーズ、パトリシア・バイカイ、ヴァルター・ブルケルト、サラ・モリス、そしてエリック・クラインの主張にずっと納得する。

バナールの方法の意味

本書でも、またその他の多くのところでも、私は神話の機能、効用、限界について私の立場を述べてきた。(35) エジプトの場合、エジプトの社会構造や都市計画にかんする知識と、古代エジプト人自身が知らなかった初期の諸王朝についての知識を、エジプト学者がもっていると私は確信する。しかし、その逆はもっと真実である。長い年月を経たいま、エジプト文化の多くの特徴を再構成することは不可能だ。

このように長期にわたる、このように広範囲の地域を網羅する物語を書き上げようとしている私の考えは間違っている、とベインズは主張する。私の研究のこの側面について彼は次のように述べている。「物語にはほとんど証拠の裏づけがない。したがって、彼〔バナール〕は彼の体系を最も難しい基盤の上に構築している。彼の物語の時間的広がりは、ゆうに一千年紀を超えている――おそらく、物語の有効性が失われるほどの長い期間であり、登場人物たちに首尾一貫した実体があるとは想像できない」(p. 42)。

まず、第二の論点から見てみよう。多かれ少なかれ安定した社会に住んでいる人びとは、彼らの社会を千年という単位で考えることができる。これは現在の中国に当てはまるし、古代エジプトのエリートにもあてはまった。ローマ人でさえ、彼らの歴史を長期的展望で見ることができた。彼らはローマ市建設一千年記念を祝った。

物語を用いた私の方法は、より「理論的に厳格な」アプローチに対立するという、もっと一般的な問題についてはどうだろうか。第一に、私の物語はつねに仮りの説であり、改訂は自由だと言っておかなければならない。第二に――これは私の信念だが――、多くの場合、理論的モデルはあまりにも複雑で入り組んでいるので誤りを立証できないが、それに比べて物語ははるかに生産的・発見的である。「真理は混乱からよりも誤りからより多く生まれる」とフランシス・ベーコン〔一五六一―一六二六。イギリスの哲学者。『ノヴム・オルガヌム』の著者〕の警句にあるが、その通りだと私は思う[36]。

ベインズはまた、私が偉大な征服者を重視するカーライル的傾向があると非難する(p. 43)。私は支配者の名前を出すのを躊躇せず、時には彼らの動機を憶測するが、経済的・社会的・制度的・政治的要因を無視したいと思っているからではない。さらに、多くの歴史記述で「偉人」の重要性に誇張があったからといって、彼らの歴史的重要性を簡単に切り捨てるべきではない。レーニンの場合は一九一七年のロシアの崩壊、毛沢東の場合は一九二〇年代と一九三〇年代の中国の崩壊、ヒトラーの場合はドイツの社会心理学的文化の危機という状況が彼らの登場に関わったが、にもかかわらず、この三人は全員がその後続いて起きた歴史的事件の形成を促進した。私はセンウスレト一世の役割をそのようなものと理解し、強調した。

ところで、私が言及したのはほかならぬセンウスレト／セソストリスの暴力的征服だった。一般に私の著作はアフリカ中心主義的だと誤解されるので、アフリカ人による虐殺をヨーロッパ人やアジア人による虐殺と同じように強調したかったからだ。

▩エジプトの社会的・思想的文脈

前述したように、〈エジプト人はとりわけエーゲ海地域に関心があった〉と私が主張しているわけではない。一般に、〈彼らはもっぱら南の地域に関心があった〉ことは否定しないが。〈第一八王朝の間ずっと、エジプトの支配者は武力と同じくらい外交も頼りにしていた〉というベインズの主張も、私の考えと異ならない。実際、すでに述べたように、エジプト人も経済的な飴と鞭を使っていた（*BA II*：482-489〔邦訳九六九—九七八頁〕）。エジプトは、エーゲ海地域に大きな影響を与えるために、エーゲ海地域に関心を集中させる必要はなかった。アメリカの外交政策の中心がヨーロッパと極東に集中した一世紀のあいだ、アメリカ合州国がカリブ海地域に及ぼした破壊的影響を考えてみたまえ。

ベインズは私が、〈エジプトのマイナーな神々はエーゲ海地域に影響を与えることができた〉と言うべきではないと主張する。この主張は方法について大きな問題を提起する。これはベインズが、〈ギリシア社会はエジプト文化を吸収できるほど十分複雑な段階に達していたのだろうか〉と問いかけ、大きな問題を提起したのと同じである。古代人が知ることができたことは何か、古代人が実際に知っていたことは何か——このような問題を追究しなければならないのだろうか。人間というものは、最初の問いを全く忘れられるわけではない。これは明白である。たとえば、古代エジプト人は原子力を持っていたのだと、私に納得させるような驚くべき強力な証拠が出てくるかもしれない。他方、人びとが知ることができたのは何かという問題は、歴史家と彼あるいは彼女が研究している人びとの間に、主観性という不必要なベールを介在させる。たとえば、マヤ人は何を知ることができたのか、という問いを学者たちが問わなくなってはじめて、マヤ人の数学を理解できる。[37] エジプトの比較的重要でない神々に関連するギリシアの祭儀と神話上の名前は、次の二つのうち、一つのことを示している。一つは、このような比較的重要でない神々は、時代や場所によって、近代の学者たちが考えるよりずっと人気があったのかも知れない。もう一つは、彼らが実際にはそれほど重要な神々でなかったのなら、このことはあきらかに、エジプトとエーゲ海地域の文化的関係が親密だったことを示している。

ベインズが提起した事例で言えば、クレタ島の牡牛祭儀が最初に登場した西暦紀元前二一世紀、モンチュ神は第二級の神ではなく、当時の王朝（第一一王朝）と北方征服のいずれにも密接に結びついていた〔第一級の神だった〕。さらに、女神 **R't / Ria** はなぜ、主として——もっぱらではないにしても——テーバイ州で立証されるのか。テーバイ州はモンチュ崇拝の中心地でもあり、彼女はモンチュの妻だったからという理由がもっとも有望だろう。**R't / Ria** はのちにヌト〔エジプト神話で天空の女神。大地の神ゲブの妹で妻〕と同化し、ヌトはヘレニズム時代にはレア〔ギリシア神話のウラノスとガイアの娘でクロノスの妻。ゼウスなど多くの神々の母とされる〕に当たる女神と見なされた。ベインズはこの同化を「クロスワード・パズル」だとして簡単に切り捨てたいと考えている。しかし、この込み入った同化は、二重の文脈《コンテクスト》——すなわち、青銅器時代にクレタ島がエジプトと接触したことが知られている文脈と、女神レアの名前の語源がインド＝ヨーロッパ語にないという文脈——のなかで考えられなければならない。この提案がベインズにとってそれほど信じがたい苦痛の種である理由はなにか。その理由に私は興味がある。

■結　論

私の考えでは、『黒いアテナ』第二巻の結論で私が列挙した「暴挙」にベインズが疑問を投げかけたとき、彼は私の研究の基本的な矛盾を指摘している。あるモデルすなわち、パラダイムを破壊している私がのぞんでいるのは、学者を説得することか、それとも、非専門家を納得させることか、と彼は問う。『黒いアテナ』のこのような不整合は、読者層を私が明確にしなかったことに関連する。第一巻を書いたとき、私が念頭においたのは「教養ある素人の読者層」だった。他方、第二巻のときは、あきらかにもっと専門的な人びとだった。このため、一般に、第二巻の論調は論争的ではない。この巻の私のねらいは、特定の論点について一部の専門家を説得し、少なくとも、通説にたいする彼らの信念を揺さぶることにあった。

すでに述べたとおり、『黒いアテナ』の主張のうち、どこまでが正統的で、どこまでが現状の学問に逆らう主張なのか、これを非専門家たちに示したのが「暴挙」のリストである。しかし、いまでは私は、このリストには専門家の読者にたいする不必要な挑発がある、と考えていることを告白しなければならない。しかし、改革の進展と変化の増大に私が満足していないという合図をなんとしても彼らに送りたかった。新しい酒を古い革袋にいれることはできない。レヴァントとエジプトからエーゲ海地域を基本的に隔離するというパターンに、学者が例外をみとめるだけですませるということはあり得ない。私はこのプロジェクトの当初から、青銅器時代と鉄器時代の東地中海地域についての考えを根本的に改めなければならない、沿岸の三大文明のあらゆる側面――物質文化、美術、宗教、および言語――を絶えず相互の関連のなかで理解しなければならない、と確信していた。このような考え方は、『黒いアテナ』第一巻の出版から一〇年以上が経過したいま、広い範囲で口にされている。古典学者で考古学者のポール・リーハクは、西暦紀元前第二千年紀の東地中海地域周辺の結びつきについての最近の研究を論評し、次のように述べた。「私たちは、証拠を分析してデータを解釈するモデルの構築方法を大いに考え直さなければならない。一方向の貿易、あるいは一文化だけの見地から、〔相互の〕接触を考察することはできない……。そのかわり、貿易は多方向であるという性質上、異なる種類の学識が必要である。研究者はある文化に他の文化にたいする特権を与えるのではなく、複数の文化を認識するようにならなければならない[38]」。

私の著作を考察するにあたり、あきらかに配慮して考察してくれたジョン・ベインズにもう一度感謝したい。

第2章　ギリシアはヌビアではない
――デイヴィッド・オコーナーに答える

デイヴィッド・オコーナーは著名なエジプト学者だが、それだけではない。彼はナイル川上流地域と古代エジプトとの関係についての専門家でもある。エジプトと他の諸文化との関係について彼は知識があり、私のエジプトとギリシアの接触についての仮説を論評する資格が十分にある。私はオコーナーが寛大な、そして私の観点から見て、建設的な章を寄稿してくれたことに感謝する。とりわけ、古代の近東と東地中海地域についての私たちの理解が不断に変化することを彼が理解して許し、新しい発見によって私たちの歴史像を考え直す必要性を認めたことを感謝する（p. 50）。

オコーナーの見るところ、私は概して軽々しく信じやすいところがあり、そこに彼は疑問を持つ。私は『黒いアテナ』で、第一二王朝が小アジア半島に遠征した可能性を考察し、〈セソストリスあるいはセソオシスと呼ばれるファラオが、シリアを超えて北方の地へ広範な軍事行動を行った〉というヘロドトス、マネト、ディオドロス・シケリオテスの報告には、ある程度の実体があると確信している。オコーナーの関心は、とりわけ私のその考察と、その確信にある。セソストリスについては、彼はセンウスレト一世と三世――ただし、力点はセンウスレト一世にある――を合体させた存在であるという一般的合意がある。オコーナーの記述では（**p. 51**）、私は『黒いアテナ』のなかで、〈これらの遠征について、遠征がエーゲ海地域に影響を及ぼしたことは言うまでもなく、遠征はエーゲ海地域に到達したと考えている〉と主張しているという。しかし、私はそのような主張はしていない。私は一つの可能性を考えているにすぎない（***BA II*** **: 234-235**〔邦訳三九九―四〇一頁〕）。

南西アジアで広範囲にわたる軍事行動があったという可能性は二百年の間問われてこなかったが、最近、ミト・ラヒーナ碑文が報告されたことでこの問題が再燃した。ウォードは碑文について、ラメセス時代の偽造だというありそうもない仮説を出しているが、ファラグ、ポーゼナー、ギヴェオン、ヘルックは碑文が第一二王朝のものだと認めており、オコーナーが彼らに与していることは嬉しい。[1] 興味深く、また私の考えでは最も印象的なのは、ミニマリストのヘルックが長年抱いてきた彼の信念に反する証拠を受け入れた事例である。偉大な学者は度量が大きい。

ヘルックは碑文の **i͗ꜣsy** および **i͗wꜣi͗** という都市の名前をアラシアおよびキリキアの港のウラと同定したが、オコーナーはこれにふれていない。最初の都市名については申し分ない同定だが、アラシアがどこにあったかの問題は未解決である。私はこの問題については正統的立場をとり、アラシアはキプロス島だろうと見ている。いずれにしても、ウラと同じく、アラシアはシリアの都市ではない。

i͗wꜣi͗ についてはもうひとつ可能性がある。実際にはその可能性は小さいが、のちにアメノフィス三世像台座に刻まれた地名 **wꜣi͗wry** をイリオン／トロイアと同一視するように、これとイリオン／トロイアと同一視する説である。少くとも私は、ミト・ラヒーナ碑文に刻まれた金属の生産国 **Tmpꜣw** は、聖書に登場するトバルや、アナトリア中部のどこかにあった金細工人の故郷であるアッシリアのタバルムと同一視すべきだと考える。これと似た地名はシリア＝パレスチナ地方のエジプト語とシリア語の多数の地名のなかに一つも発見されてないのに、オコーナーがこれを「おそらくレヴァント」〔の地名〕と述べているのはなぜなのか。理解に苦しむ。最後に、スティ Sṯt の問題がある――おそらくオコーナーは Sṯt の意味で Stt と述べているのだろう。しかし、少なくとも新王国時代には、Sṯt がシリア＝パレスチナ地方の北にあったことは確実である。

このように、第一二王朝の碑文はセソストリスが「アジア」を通過して進軍したというギリシアの著作家たちの主張を裏づけるのに役立つだろう。この文脈でヘロドトスが意味するアジアを、いまでは私たちは小アジアと呼んでいる。このことを受け入れるなら、この想定は筋が通っている。一方、ディオドロスはアジアを大陸として理解していたようだ。彼の理解するアジアには、メソポタミアとメソポタミア以東の地域が含まれていた。ディオドロスのこのアジア理解は、アレクサンドロス大王はたいした王ではなかったというエジプト人の願望とあいまって、セソストリスはインドを征服したという彼の主張につながった。古代に、ディオドロスのセソストリスのインド征服説には異論があった。しかし私の知る限り、ヘロドトスのセソストリス伝説には異論はなかった。

ヘロドトス説とミト・ラヒーナ碑文という証拠が一致したからといって、セソストリスのアジア征服説に決着がついたわけではない。しかしこれによって、この征服説を試みに作業仮説とすることが正当化される。確かに、エジプトの軍隊がアナトリアを通過して進軍し、おそらく黒海周辺からカフカス西部を通過するのは、きわめて困難な企てであり、人びとの記憶に二〇〇〇年の間のこる価値がある。他方、世界史には、長期にわたる行軍の例がある。アッシリアのサルゴン大王の伝説上の征服、ペルシアのキュロス大王とマケドニアのアレクサンドロス大王の実際に行われた征服、中国の共産主義者による長征がその例だが、そこでは長期間の行軍が行われた。しかし、このような征服はどの場合も、エジプト中王国がもっていた輸送手段に勝る手段がなかった。エジプト中王国には、海路による補給と援軍を求めた可能性はあったが、このような征服には、その可能性はなかった。さらに、オコーナーと他の研究者たちは、ナイル川第二瀑布にある大規模要塞についての証拠を公表している。南への遠征は、あきらかに、中王国の軍隊がこのような遠征を行う軍事的能力があったことを示している。

ところで、地理的可能性と軍事的能力は遠征の必須条件にすぎない。これによって、現実に遠征が行われたと証明されるわけではない。しかし、伝承と碑文とは別に、遠征があったことを示唆するいくつかの形跡がある。第一に、あきらかに西暦紀元前一二世紀末、アナトリア中部とトラキアを横断した連続的な破壊があったという痕跡が残っている。この破壊の年代は、現在キュルテペ第II層として知られている都市のアッシリア商人コロニーと、本国アッシリアとのあいだでかわされた書簡との対照年表によって決定できると同時に、破壊された地層がある他の遺跡で発見された第一二王朝の遺物の年代によって決定できる（*BA II*：218-223〔邦訳三七七―三八三頁〕）。

第二の考古学上の形跡は、アメンエムハト二世の治世にさかのぼる〈トゥードの財宝〉のなかにある。アメンエムハト二世は、父のセンウスレト一世（ギリシア語ではセソストリス）とともに陸路と海路で遠征したと、ミト・ラヒーナ碑文に記されているファラオである。〈トゥードの財宝〉は金と銀から成り、銀の多くはアナトリア産だが、オコーナーがつけ加えているように、エーゲ海地域産の銀も含まれている。財宝のラピスラズリがアッシリア経由でもたらされたことはほぼ確実で、へこんだ銀製のボウルはアナトリアとエーゲ海地域のデザインである――なかには、キュルテペ第II層からの出土品と最も近い並行関係にある遺物と思われるものもあった[2]。あるいは、これらの財宝は貿易によって得られたものかもしれないが、状況証拠はボウルが軍事的略奪品だったことを示している。財宝が北方征服の神モンチュへ奉納されたことは興味深い。私はこれが重要だと考えている[3]。

エジプト人がそれほど遠くまで行軍したことを示す第三の形跡は、西暦紀元前二〇世紀末と一九世紀初期に起きた冶金中心地の移転である。移転以前、中東で最も熟練した金属細工師をかかえていたのは、金属を豊富に産出したアナトリアとカフカスだった。移転後、このような熟練技術の中心はレヴァントへ移った。さらに、この時期にエジプトの金属細工は大きく発展した。ウガリットを専門とする考古学者クロード・シェーファーは、かつて、この移転の原因はカフカス南部でおきた大地震にあったと考えた。(4) しかし、その原因はこの地域を通過したエジプトの軍事行動がひきおこした政治的大変動だった可能性のほうがずっと大きい。ミト・ラヒーナ碑文の報告にある略奪品の多くは、このような地域からの金属と奴隷から成っていた。したがってこのことから、冶金の中心地がエジプトの支配あるいは影響の及ぶ地域に移転したという説明は可能である。

このような遠征があったという第四の形跡は、西暦紀元前第二千年紀初頭以降、シリア＝パレスチナとアナトリアのいたるところで発見されるヘジェト（白冠）もしくはセケムティ（二重冠）をかぶった「敵を懲らしめる神々」の像に由来する。シリアのバァル神あるいはアナトリアのタルクゥン神の肖像と、中王国のファラオの図像とのあいだには――私は敢えていうが――、驚くべき類似が見られる。(5) この類似は、このどちらの地域においても、第一二王朝が軍事行動をおこした結果だった可能性が大きいだろう。

第五の形跡は、十分に立証された伝承に由来する。黒海東端のコルキスには、〈自分たちの都市の建国者はファラオのセソストリス、あるいは別のエジプトのファラオだった〉という伝承が伝えられていた。

最後に、もう一つの神話伝承、すなわちメムノン伝説がある。この伝承はエラムと関係しているので込み入っているが、メムノンが上エジプトと、とりわけアメンエムハトという名前のファラオと関連しているという根拠は強力である。また、前述したように、アメンエムハト二世は遠征と結びつけることができる。

したがって、ヘロドトスの物語には同時代の碑文、エジプトとアナトリアにおける遺物、図像学、その他の二つの伝説や伝承による裏づけがある。このような手がかりを結びつけ、伝承を受け入れることは、これを否定し、伝承と遺物を解明しないで放置することよりも、はるかに面倒ではないと私は考える。したがって、このすべてが必ずしもセソストリスの征服の歴史的実在性を立証しないが、「競合的妥当性」を根拠に征服を受け入れるのは筋が通っている。

オコーナーは、ヒクソスがエーゲ海地域に到達した可能性について疑いをもっている。もちろん、この主張は私の独創ではない。私はエドゥアルト・マイヤーとフランク・スタッビングズを含む、少数派だが重要な学者の解釈に従っているにすぎない(6)。しかし、二つの重要な点で、私はスタッビングズの意見とは異なる。第一に、彼はヒクソスがエーゲ海地域に到達したのは彼らがエジプトから撃退されたあとだ、というギリシアの伝承を受け入れているが、私は彼に賛同できない。テラ島噴火の年が西暦紀元前一六二八年に修正されて以来、竪穴墓《シャフト・グレイヴ》が〔前〕一六世紀にあったという説は――つねに難しい問題だったが――、完全にあり得ない説になった。したがって、ヒクソスがエーゲ海地域を荒らし回ったのは西暦紀元前一八世紀末、彼らが下エジプトを支配した初期に近い頃だったとすれば、この方がはるかに妥当だろう。このときヒクソスが到着したと考えるなら、当時、クレタ島のすべての宮殿が破壊され、似てはいるが同一ではない設計図をもとに、宮殿がすぐに再建されたことも説明できるだろう。

第二に、スタッビングズと私のもっと根本的な意見の相違は、〈ヒクソスの王はギリシア文化に長期的な影響を与えなかった〉という彼の主張にある。エジプトとレヴァントの多くの重要な文化的影響が後期青銅器時代と初期鉄器時代に到来し、紀元前第三千年紀にも影響があったかもしれないことについては同じ意見である。にもかかわらず、エーゲ海地域が西セムとエジプトの文明を導入するにあたって、ヒクソスが重要な役割を演じたと私は確信している。

西暦紀元前一八世紀末のエーゲ海地域にヒクソスが到着したことは、多くの人工遺物と技術が初めて出現したことにあらわれているようだ。このような人工遺物と技術には、二輪戦車《チャリオット》や剣や複合弓を含むシリア的な武器、エナメル技法のニエロ象眼、ヒクソスに関連した図像すなわち、クレタ島とミュケナイの王権のシンボルである有翼のスフィンクス、グリフィンが含まれている。[7]

真相がなにであれ、西暦紀元前一七世紀のキクラデス諸島の社会は、疑いなく、テラ島の壁画が示しているような高度に階層化されたコスモポリタン的社会だった。さらに、カレン・ポリンジャー・フォスターはテラ島の壁画に描かれている海上の祭りについて、これはエジプトのファラオの記念祭のヘブ・セド祭のテラ島版だと主張している。たとえこの主張を受け入れないとしても、この絵がエジプトの影響が浸透している社会を描いていることは疑いない。[8] テラ島の噴火年代が一六二八年に修正されたことにより、このような影響についてもはや、これは西暦紀元前一五世紀と一四世紀の東地中海地域におけるパックス・アイギプティアカの結果だったと考えることはできない。

オコーナーは、エーゲ海地域にたいして早い時期にハウナバ **Ḥꜣw nbw** という語が使われたことを疑問視する。ガーディナーは「島々のまわり、あるいは向こう側」というこの名称について、当初これが「エーゲ海を十分正確に記述する」語であると認めていたが、のちに、これを否定するミニマリストのジャン・ヴェルクゥトの説に納得した。[9] ヴェルクゥトは、古王国時代あるいはそれ以前のエジプト人がこのような遠い地域のことを知ることができたというのは、ばかげていると考えた。しかし当時のエジプトの遺物は、クレタ島ばかりでなくその他のエーゲ海地域でも発見されている。加えて、初期ヘラドス文化期のギリシアで、少なからぬ灌漑設備とエジプト的な穀物倉庫が発見されており、このことはこの考えがそれほどばかげていないことを示している（***BA II*** **: 133-146**〔邦訳二四七―二六七頁〕）。

アハホテプ女王とハウナバ **Ḥꜣw nbw** との結びつきを妥当と認める私は、ふたたび、これを認める学者の長い系統に連なっている。[10] しかし、彼女がこの島々の出身という可能性は少ないという点では、私はオコーナーに賛同する（**p. 55**）。カルナク神殿石柱には彼女が対ヒクソス戦争で積極的な役割を果たしたことが記されており、彼女が外国人だった可能性は少ない。[11] 他方、彼女がエーゲ海地域と結びついているという証拠は、彼女について石柱に「ハウナバト

Ḥȝw nbwt の海岸地方の女主人」と刻まれているからだけでなく、彼女の宝飾品類がクレタ島スタイルだったからだ。マンフレート・ビータクは、ヒクソスの都テル・エル・ダバアでミノア風の絵画を発見したばかりでなく、第一八王朝の宮殿がヒクソスの要塞の上に建てられていることも発見したが、これははるかに印象的な発見である。そのうえ、そこにはグリフィンの絵も描かれており、グリフィンはエーゲ海地域では女王の地位と結びついていた。[12]

証拠の碑文から、アハホテプ女王が息子アハモセの治世の間とおそらくそれ以後も大きな権勢をふるったことはあきらかである。したがって、この宮殿が彼女の宮殿だった可能性はきわめて大きいようだ。このため、彼女とエーゲ海地域の結びつきは大いに強まる。これはまた、〈ハウナバト Ḥȝw nbwt は我に仕えた〉という彼女の息子の主張にある程度現実性があったことにもなる。[13]

最後に、アメンホテプ三世像台座に刻まれたエーゲ海地域の地名リストについてのオコーナーの主張を議論する。このような地名については、エジプトの支配を受け入れた都市だったと、額面通りに考える必要はないという点で、私は彼と同じ意見である。他方、リストに載った都市だと同定された遺跡の大部分で、ファラオの名前が刻まれた遺物が発見されているので、ある種の宗主権があったことがわかる。このことは、墓に描かれた絵画――エジプト人はこの場面をエーゲ海地域の人びとがファラオへの貢ぎものを捧げていると見ていた――にも見いだすことができる。[14]カシュの難破船が発見される以前にも、この時期のエジプトとレヴァントでミュケナイの陶器と金属が、またエーゲ海地域でエジプトとレヴァントの遺物が発見されているので、この地域間で密接な接触があったことを示している。しかし、カシュ沖で難破船が発見されたことから、疑問の余地はなくなった。第一八王朝の絶頂期に、エジプトの経済と軍事の力がギリシアのいかなる国家のそれと比べても大きかったことはあきらかである。したがって、どんな関係にせよ、対等な関係ではなかっただろう。トゥトモセ三世は「彼らの島々で」ハウナバト Ḥȝw nbwt を処罰したと主張しているので、彼の治世にエジプトがエーゲ海地域に軍事的に関与した可能性は大きい[15]。オコーナーが同意しているように（p. 54）、エジプト国家がその程度の遠洋航海をやすやすと航行できる能力を持っていたこともあきらかである。

要約すると、青銅器時代のあいだずっと、エーゲ海地域のなかで、またエーゲ海地域にたいして、エジプトとレヴァントによる多くの異なる介入と影響があったと私は考えている。このような介入と影響は、地理的に近接し、異なる地域間の力と文化のレベルが不均等だった場合、まさに予想されるという点を私は強調したい。

私の著作のため、時間と面倒をおかけしたデイヴィッド・オコーナーに、もう一度感謝したい。

第Ⅱ部　古典学

『「黒いアテナ」再考』の「古典学」の部には三編の論文が収められている。本書『「黒いアテナ」批判に答える』のこの部では、そのうちの二編――トリトル教授とヴァミュール教授の論文――に答える。しかし、ここではその次に、『再考』で三番目の論文を書いたジョン・コールマンではなく、イーディス・ホールへの答えを収録した。ホール教授の論評は『再考』では「歴史記述」の部に分類されているが、彼女の批判はほとんどすべてが古代ギリシアに関係する専門的な批判だからである。

批判者全員が提起した基本的争点はなじみ深い。それは、古代資料にアプローチするときの私はあまりに軽々に信じやすく、近代の資料にアプローチするときの私はあまりに懐疑的・敵対的だという批判である。この文脈で、ヴァミュールは――ある程度は正当化できるが――、『黒いアテナ』第二巻を考古学的著作として認めることを拒否する。なぜなら、そこには考古学遺跡の図面も記述もまったくないからだ。ホールは、ギリシアの神話と伝説についての私の研究をまじめに取り上げるべきとは考えない。なぜなら、私の研究には二〇世紀のあいだに進展した神話研究の成果が統合されていない――あるいは、研究成果を読んだ形跡さえない――からだ。トリトルの私の研究にたいする反対はもっと大ざっぱである。なぜなら彼によれば、政治学者としての私には歴史家の資格はなく、「歴史的方法」も持ち合わせていないからだ。私は以下の章でこのようなすべての非難に答えるつもりである。

歴史学と歴史記述についての私のプロジェクトでは、あきらかに、そのどちらの中心にも古典学の学問があった。多くの古典学者が私の著作に敵対的反応を示したことに私は驚かない。彼らにとって、『黒いアテナ』は少なくとも三つの点でひどく腹が立つ。第一に、専門家は通常、外部からの「不法侵入」を嫌う。『黒いアテナ』の場合、これに加えて、通説のエーゲ海地域孤立論は完全に誤りだと主張している。〈古代モデル〉が否定された主な理由は、一九世紀に学問としての古典学を創設した人びとが流行の人種差別と反ユダヤ主義に強く影響されたからであり、彼らの学問のなかに人種差別と反ユダヤ主義があるという私の主張は、彼らのこのような憤りの気持ちを倍加させている。このような腹立たしさよりもなによりも、以前は近代世界の混迷と不安定からの避難所を提供した学問領域が、私の研究で政治化してしまったのは不愉快である。『黒いアテナ』は古典学者とその周辺の学者に、一般的問題についての選択と、現状を肯定するか否定するかという「政治的」立場の決定を強要している。

『黒いアテナ』は彼らの学問にたいするこのような痛みのある異議申し立てだったので、当初、古典学者と古典古代時代の考古学者による私の著作にたいする論評は、すべてが『再考』に収録されたタイプの論評だろうと私は予想していた。しかし、この種の反応は一般的な反応ではなかった。これは私を驚かせ、喜ばせた。序で述べたように、私の著作にたいする共感的で「バランスのとれた」反応もあった。『再考』にはこのような反応は一つも収録されていない。

第3章　ギリシア史を書く資格はだれにあるか

……………………ロレンス・A・トリトルに答える

L・A・トリトルの『黒いアテナ』第二巻の書評は『リヴァプール・クラシカル・マンスリー』誌に初めて載った。一二ページに小さい活字がぎっしり詰め込まれた最長の論評だった。私は自分の著作にたいする学識と敵意が入り交じるこの論評に答える必要があると痛感した。その後、私の返答は同誌に掲載された。[1]

バナールは間違っているばかりでなく無能力だとトリトルは確信している。それはさておき、彼の論評――『再考』に寄稿した論文に実質的な改訂はない――には包括的な図式は一切ない。個別の論点や争点について、質も長さもまちまちな批判的意見がずらりと並んでいる。したがって、必然的に、私の答えも首尾一貫性を欠き、彼の批判に答えるために関連のない試みが延々と続く。

▩歴史家としての資格

チェスター・スター〔一九一四―九九。アメリカの古代歴史家〕からの引用文は別として、トリトルが彼の節の冒頭にもってきた引用文は実に見事である。[2] しかし、このような引用の文章は私の研究にたいする彼の批判に何かふさわしい意味があるとは思えない。キース・ホプキンズ〔一九三四—二〇〇四〕からの一節は証拠の不確かさについての引用だが、これは私の原理——地中海地域の先史学のようにはっきりしない領域を考察する場合、求められなければならないのは「立証」もしくは「確実性」ではなく、「競合的妥当性」だという原理——とぴったり合致する。この点で、私とホプキンズの見解が完全に一致しているという事実は驚くにあたらない。私たちは同じ一九五〇年代の一〇年間に、同じ学寮のケンブリッジ大学キングズ・カレッジで教育を受け、カレッジのフェローになり、その後も互いに時々顔を合わせている。

これとの関連で、私〔バナール〕は「歴史家というよりむしろ政治学者」だというトリトルの信念が出てくる（p. 304）。常々強調しているように、私は古典学と地中海地域の古代史の分野に部外者として参入したが、歴史学一般について部外者だと主張したことは一度もない。私の歴史学の方法にたいするトリトルの個別の批判点については、のちに答える。私が受けた歴史学の訓練は、通常はこのうえなくすばらしいと判断されるような訓練だった。現時点で、このことをはっきりさせておきたい。私がケンブリッジ大学で中国語の史料を読んだとき、私を教えた教師は大学という制度のなかで最も優秀な歴史家だった。カリフォルニア大学バークレー校とハーヴァード大学で大学院生だったとき、私は二人の名高い思想史家、ジョゼフ・レヴィンソンとベンジャミン・シュワルツの講義で単位をとった。私がキングズ・カレッジのリサーチ・フェローになったのは学位論文のおかげだが、このカレッジの著名な歴史家の何人かは私の論文を読んだ。E・H・カー〔一八九二—一九八二。イギリスの歴史家。『歴史とは何か』の著者〕は思想史と文化接触についての私の博士論文を審査した。彼は審査後も私と連絡を保った。キングズ・カレッジのフェローだった時期に、ケンブリッジに暮らしていた私が多少とも接触した歴史家のなかに、ジョン・ダン、マーク・エルヴィン、モーゼズ・フィンリー、フランシス・ハスケル、エリック・ホブズボーム、ニコラス・ジャーディン、ジェフリー・ロイド、ジョゼフ・ニーダム、クェンティン・スキナー、のちに私の本を出したロバート・ヤングなどがいた。

このような錚々たる人物たちとの交友から私は何を得たか。この接触が私をアングロ＝サクソンの常識的な伝統のなかにすっぽりはめこんだことは疑いない。しかし、一九六〇年代を生きた同時代人と私は、いわゆる〈過剰な実証主義〉に気がつくようになった。その根底に、トリトルが鋭くほのめかしているような、『歴史とは何か』でカーが述べた歴史的アプローチがあった。にもかかわらず、私たちはいくつかの方法を使って表面を取り繕った。そこにはトリトルが引用したアーサー・マーウィックの方法も含まれていた（p. 306）。私は『黒いアテナ』第一巻で、マーウィックの主張すなわち、学者たちの「無言のうちの想定と、彼らが共有している価値の考察」にとくに関心を払い、彼らの著作を分析しようと企てた。一九六〇年代のケンブリッジ大学では、私たちのだれもが知識社会学の中心的重要性にきわめて神経質になった。また、すべての歴史的主張の不確かさ、したがって、立証を求めることの不毛さに鋭敏に気がつくようになった。にもかかわらず、私と私の同時代人が絶対的な相対主義に後退したわけではなかった。私たちは当時もいまも、歴史叙述や説明のなかに、比較的よいものもあるし、よくないものもあると考えている。また、歴史叙述や説明にたいして、「正しい」とか「間違っている」とか、はっきりしたレッテルを貼るべきではなく、私が「競合的妥当性」と呼んでいるものさしで測るべきだと考える傾向もある。

その上で次のことが言える。「歴史的方法」という魔法のお守りはない、また、過去の再構成には多くの異なった方法がある――この主要な教訓を私はケンブリッジ大学で過ごした二〇年間とさらにコーネル大学で過ごした二五年間から学んだ。他のすべての分野を一切顧みずに、一分野だけを厳密に研究して優れた業績をあげる場合がある。折衷的な研究方法で、多くのアプローチによって集めた情報を結合するほうが有益な場合もある。共時的研究が有益な場合もあるし、通時的研究がもっとも優れている場合もある。狭い地域に焦点をしぼるか、地理的により広い地域を概観するか、あるいは、分離して研究するか、包括的に研究するかについても、同じことがいえる。私自身についていえば、研究の力点は折衷的、通時的、広域的、包括的である。しかし、私は他のアプローチにも関心がある。他の歴史家たちの著作のアプローチについて、その有用性を否定しようとは夢にも思わない。

トリトルは私の訓練不足を大きな弱みだと見ているが、著名な歴史家のなかには訓練を受けなかった人びともいる。新しい分野で研究を始めた私は、何人かの歴史家に論文を回覧し、論文に目を通してもらった。彼らのなかにはミシェル・ド・セルトー、〔エマニュエル・〕ル・ロワ・ラデュリ、エドワード・フォックス、モーゼズ・フィンリーが含まれていた。(3) だれもが私のプロジェクトに大きな関心を示し、私を激励し、プロジェクトを推進するために建設的な援助をしてくれた。しかし私はこの激励について、彼らが私の「方法」にとくに感動したからだとは解釈していない。いずれにしても、彼らはトリトルとは異なっていた。歴史の方法は一つという、お守りのようなイメージを彼らは持っていなかった。彼らが私の研究に好奇心をもったのは、私の専門的技能ではなく、私が興味深く重要な主張をしており、一般的に、私〔バナール〕は正しいかもしれないからだった。

トリトル教授は彼の論文の始めの部分で、私のアプローチはアインシュタインの相対性理論を放棄し、ニュートン物理学へ回帰することに似ていると批判している（p. 304）。当然ながら、この類比は誤解を招く。とりわけ私は、二〇世紀の歴史記述がこの世紀の物理学に匹敵する進歩をとげたなど、少しも認めない。

とはいえ、私は歴史記述の進歩をきわめて真剣に受けとめている。放射性炭素年代測定法、鉛同位体分析法、年輪年代学などの二〇世紀の自然科学の技術について、私は通説を擁護する人びとよりもずっと大幅に〔その有用性を〕認めている。しかし、必ずしもトリトルが考えているほど自然科学者の議論が確実だと信じているわけではない。古代史や古代考古学者の仕事と比べて、自然科学者の仕事のほうが、どちらかといえば不明瞭なところが少ないと考えているだけである。これは、とくに、年表のような争点になっている問題にあてはまる。自然科学者は年表問題にほとんど関与していないか、以前には関与していなかった。したがって、他の条件が同じならば、彼らの計算は新技術が古代史に適用される前に行われた計算よりも優先されなければならない。

議論のため、アインシュタインの相対性原理の登場と同時代の歴史記述の発展というトリトルの類比を受け入れるとしても、〈アーリア・モデル〉の欠陥はごまかしようもなく明白なので、古典学が採用する最新の精巧な方法によらなくても歴史記述の発展は簡単に分析できる。私の考えでは、二〇世紀の歴史記述の「前進」の多くは私のプロジェクトが関係する分野ではなかった。神話と伝説にたいする新しいアプローチは、おそらく、所与の社会におけるその構造や機能について、かつて知られていた以上のことを私たちに教えてくれるだろう。しかし、だからといってこのことが、世界中から民話のモチーフが収集されたことは別として、歴史的に価値のある要素とない要素を区別するのに役立つわけではない。

実際、「前進」のなかには誤解を招くものもあった。たとえば、「異邦人《バーバリアン》」について書かれたギリシア人の著作を、ギリシア人の関心の「投影」として過度に強調し、その結果これらの著作に客観的な情報が含まれているかもしれないことを否定する傾向は、ギリシア人の隣人〔「異邦人」〕についての重要な証拠の源泉を一掃する傾向があった[4]。私は「投影」がこのような著作の一つの要素であることを否定しない。ただ、このようなテクストのなかにはほかの要素もあると主張しているだけである。

トリトルは、私の方法――もしくは方法の欠如――について、以前フランク・ターナーとスタート・マニングが行った批判を自分が発展あるいは継続させていると考えている。したがって、ターナーとマニングの結論を考察することは役に立つ。まず、ターナーだが、彼は次のように述べている。「要約すると、多くの点で、バナール教授と私の結論が異なるところは相対的にわずかしかない。……〔他方〕私たちの意見は、このような結論に到達する手法について異なっている。バナール教授は、私や——私の考えでは——多くの思想史家が、その違いを見抜かないようなより広範囲のイデオロギー的違いを見抜いている。しかし私の場合、レース編みでいうなら、大きな図案のパターンをあれこれいうより、個々の編み目を理解するという、もっと微視的アプローチのほうが好ましい[5]」。ターナーが微視的アプローチを好んでいることはあきらかだが、彼はより広範囲のイデオロギー的違いの探求が有する正統性を否定しない。しかし、私の研究を批判するトリトルはこれを否定しているようだ。さらにターナーは、どちらの方法でも同じ結論に到達することができると認めている。

マニングは批判をこう締めくくる。「相対主義的枠組や社会的に構築された枠組をより広く受け入れるなかで、現実主義的思考様式を受け入れるなら、『黒いアテナ』およびそれについての満足する議論は許される。しかし、無批判な実証主義あるいは相対主義の場合はそうではない[6]」。無批判な実証主義や相対主義という非難は、トリトルと私のどちらにたいしても妥当しないので、私たちにたいするマニングの巧妙な非難は私たちには当てはまらない。彼を引き合いに出さずに、私たちは議論を進めるべきだと考える。

個別の批判点について

予備的コメントはこれくらいにして、これから個別の批判点に移る。トリトルが言うには、ベサヴィッセライ *Besserwisserei*（これを定義すれば「古代人よりも豊富な知識をもっている近代の学者」）にたいする私〔バナール〕の「性急な酷評」は、私が「ベサヴィッセ〔ライ〕*Besserwisse*[*rei*]の背後にひそむ方法論的・歴史記述的概念にたいして、根本的に無知であることを示している。この概念のルーツは、(ドイツというよりもむしろ)イタリアの思想、とりわけジャンバティスタ・ヴィーコ〔一六六八―一七四四〕の歴史哲学にある」(p. 304)[7]。

私は『黒いアテナ』第一巻でベサヴィッセライを近代の歴史記述の一般的文脈、とりわけ「史料批判」のなかに位置づけようと企てた。というのは、この「史料批判」のなかで、学者たちは時代精神《ツァイトガイスト》をあらわしていると考えられるものを選び出し、そうでないものを切り捨てたからである[8]。一八世紀末のゲッティンゲン学派の歴史家の発展について述べたとき、私はこの運動の中心人物の歴史家で人類学者のC・マイネルス〔一七四七―一八一〇〕について次のように書いた。「一七七〇年から一八一〇年のあいだに、マイネルスは以前あった「時代の真髄」という概念を時代精神という学問的理論に発展させた。彼はそれぞれの時代や地域はその状況や制度によって決定される独特の精神性をもつと主張した。同種の考えはすでにヴィーコの初期の著作にあったが、彼はこれを知らなかったようである」(*BA I*: 217[9]〔邦訳二五六―二五七頁〕)。私はこの節の注で「一八世紀のドイツ人がヴィーコをどの程度知っていたかについてはクローチェ〔一八六六―一九五二〕(1947 [*Bibliographia Vichiana*] Vol. 1, pp. 504-515)を参照」〔*BA I*: 477　邦訳五八三頁〕と述べた[10]。「史料批判」のヴィーコ的側面とその当然の結果のベサヴィッセライについて私が「根本的に無知」でないことは、このことからあきらかである。

古代資料の信頼性

私を批判する多くの人と同じように、トリトルは私が古代の歴史家の信頼性を過大評価していると主張する。彼が取り上げるのは、五世紀以前のアテネの民主主義を理解しようとする時、ローマ皇帝トラヤヌス〔在位九八―一一七〕

の時代を生きたプルタルコス〔四六頃―一一九以後〕の著作では困難だという例である。五世紀以前のアテネの民主主義という問題は私の研究とは無関係だが、しかし、〈「古代後期」の著作家たちがそれ以前の歴史を理解あるいは解釈しようとする時、困難があっただろう〉という彼の一般的論点について、私は喜んで認める。トリトルは私がヘレニズム時代の著述家を無批判に受け入れていると考えている。彼はその例として、『アレトゥーサ』誌に載ったイーディス・ホールにたいする私の返答を取り上げ、引用し、論評のいたるところで非難を繰り返している。しかしこの問題にたいする私の考えは、本書でもほかのところでも、何度も繰り返し述べてきた通りだ。[11]

トリトルはまた、私自身がベサヴィッセライを実践していると非難する。原則上、彼の言う非難はあきらかに正しい。なぜなら、私は〈古代モデル〉に戻れといっているのではなく、〈改訂版古代モデル〉を提示しているからだ。私はこの〈改訂版古代モデル〉に古代の多くの歴史記述を選択して入れているが、一九世紀と二〇世紀の間のいくつかの「前進」も考慮に入れている。

私〔バナール〕はベサヴィッセライだと、トリトルの挙げる例がある。ヘロドトスはフリュギア人が最古の民族だと考えていたが、近代の考古学と言語学にもとづいて、私がそれを簡単に切り捨てたという例が良い例だという。しかし困ったことに、トリトルが挙げている他の例ではそうはいかない。〈ホメロスは西暦紀元前九世紀の人だった〉と私〔バナール〕が言うとき、〈私はヘロドトスよりも知識がある〉と主張しているとトリトルは述べている。ヘロドトスがホメロスについて西暦紀元前約四五〇年に著述したとき、ホメロスが生きていたのは「四百年以上昔ではなかった」と主張したが、これはすなわち、〈ホメロスは〔前〕九世紀後半の人だ〉とヘロドトスが考えていたことになる。実際、私が〈ホメロスは〔前〕九世紀の人だった〉と考えている理由の一つは、ヘロドトスにこの記述があるからだ。トリトルは〈ヘシオドスの生きた時代はホメロスよりも昔だった〉と私が言及していることを見落とし、この問題で混乱してしまったのかもしれない（*BA I* : 86〔邦訳一〇〇頁〕）。トリトルはその後（p. 305）、私が二人の詩人の年代決定を昔にさかのぼらせていることには「裏づけがない」と述べている。実際は、この問題の私の立場について三ページ以上にわたる議論をしている（*BA I* : 86-88〔邦訳一〇〇―一〇二頁〕）。

私が「軽々に信じやすいこと」の例証として、トリトルは私が「ホメロスを歴史書として読んでいる」と述べている（p. 304）。これはあきらかに背理法の議論である。私は自分の研究を通じてホメロスを「叙事詩人」と考え、詩作が多くのレベルで行われることは必然であり、詩が多義性に満ちていることは免れないと主張している（*BA I* : 125〔邦訳一四九頁〕）。私の考えでは、神話の卓越した機能は、同時代の自然秩序と社会秩序の説明と、社会秩序の正当化にある。しかし私はまた、詩と神話のなかに正真正銘の歴史的データが含まれている場合がきわめて多く、時には詩と神話の実例については、たとえば考古学、同時代の文書、後世の言語学的パターン、その他独立した伝承などの他の資料から得られた証拠とつきあわせて検証する価値はあると確信する。トリトルが挙げている例のなかに、オデュッセウスがしかけたとされるエジプト襲撃がある。私はこの襲撃について、西暦紀元前一三世紀末と一二世紀のエジプト関するその他の資料から知られている文脈で考えているL・ロリマーと他の多くの学者の説に従って理解しており、彼らの説は妥当だと考えている。(12) しかし、私はこの説に反対する学者について言及せず、彼らに同意しない理由も述べなかったので、トリトルが私を叱責するのは誤りでない。

私が「軽々に信じやすい」ことは次のことにも示されていると、トリトルは述べている。私〔バナール〕は「疑問も（議論も）なく、西暦紀元前一三世紀のテーバイでヘロドトスが「カドモスのアルファベット文字」を見た」（*BA II* : 500〔邦訳八九八頁〕）ことを受け入れ、「ヘロドトスの主張を追跡調査せずに、彼がのちにこれらの文字がイオニア文字に似ていると言っているのを……あっさり省略している」（p. 305）。しかし、このパラグラフには私の著作『カドモスの文字』に言及した注があるのだが、トリトルは指摘していない。[13] 私はこの本のなかで、ヘロドトスが見たというトロイア戦争以前の碑文は存在もしたし、本物でもあっただろうという考えに私が傾いている理由を述べている。理由の一つはまさに、「この文字の大部分はイオニア語とはきわめて異なっていた」というヘロドトスの言葉にある。私は四〇ページにわたる詳細な議論をしたあとで、他のいくつかの根拠にもとづいて、イオニア語はギリシア語のすべてのアルファベットのなかで最古だったと結論した。[14]

トリトルは、私がヘロドトスに抱いている尊敬の念とトゥキュディデスに抱いている疑念は対照的だと述べている。彼によれば、私はトゥキュディデスを「民族主義者であり、すべての非ギリシア民族にたいする敵対心をあおる煽動家」(p. 305)と見ているという。トゥキュディデスの「このレッテル」は、『黒いアテナ』第一巻の一〇一頁から一〇三頁にあるとトリトルは述べているが、このページ――あるいは私の著作のどのページ――をひっくり返しても、トゥキュディデスにたいしても他の誰にたいしても、私は「敵対心をあおる煽動家」ということばは使っていない。トリトルが引用している箇所で私は次のように書いている。「この種の「民族主義」は紀元前五世紀初期のペルシア戦争の直後と、それに続くギリシアの勢力拡張期に典型的に見られたように思われる。なぜなら、この時期からギリシア人のあいだには程度の差こそあれ、「異邦人《バーバリアン》」に対する憎悪と軽蔑が見られるからである」(*BA I*: 102〔邦訳一二〇頁〕)。なんの変哲もないこの記述は彼が生きていた文化的環境を述べようとしたものであり、トゥキュディデスにたいする個人攻撃ではない。

「トゥキュディデス自身が彼とトラキアとの結びつきをあきらかにしているので、バナールの主張はこれによって台無しになるだろう」(p. 305)とトリトルは書いている。しかしこの主張は、たとえトゥキュディデスが自分の先祖にわずかながらトラキア人がいると得意になっていたとしても――実際には得意になっていなかったが――、あまりにも乱暴な主張だと思われる。[15] 私たちは彼がアテナイ貴族の一族に反旗を翻し、改宗者的熱意をもってペリクレスに従ったことを知っている。彼が仲間の市民たちと「異邦人《バーバリアン》」にたいする一般的な態度を共有していたことを疑う理由はない。

このほかにも、トリトルは私の考えを誤解している。彼は私が次のように主張したと書いている。「古代史家も近代史家の場合とまったく同じように、「穏健で無理のない」と読者が思うような控えめな表現で体系的に叙述に取り組んできたが、他方、彼らは同時に、「驚くような高年代で読者をびっくり仰天させること」も望んでいた」(p. 305) と私が主張したというのだ。私が体系的にという語を強調したのは理由がある。古代史家の傾向として、〈最大限に高年代化するよりも最大限に低年代化する傾向のほうが強かった〉というような主張を私は決してしていないからだ。どちらの傾向もあったと主張しているだけである。

トリトルは、口をきくヘビが出てきて、アレクサンドロス大王をシーワのオアシスに導くというアリアヌス〔二世紀のギリシアの歴史家。『アレクサンドロス大王東征記』の著者〕のあきらかな空想話に言及し、古代の歴史家の信頼性についてなおも異議を唱えている (p. 305)。しかし、このような荒唐無稽な話があったからといって、アリアヌスや他の古代の歴史家の著作をすべて簡単に切り捨てるべきではない。個々の話は、自然科学やその他の資料の証拠と照合されなければならない。さらに、「より科学的な」一九世紀の歴史家でさえ、いまではまじめに取り上げることができない見方をしていたことを忘れてはならない。なかでも最も重要な見方は、「人種的」階層制《ハイアラーキー》と「純粋な人種」という概念である。このような考えは、ギリシアとレヴァントおよびエジプトとの関係の再構築にとって、道案内をしたヘビの話よりもっと直接的な意味がある。

いわゆるアルクメネの墳墓でスパルタの遺物が発見されたというプルタルコスの報告

トリトルはさらに、いわゆるアルクメネの墳墓でスパルタの遺物が発見され、そこに文字を刻んだ青銅製の銘板があったというプルタルコスの報告について、私が「軽々に信じやすい」と批判している。私はこの碑文の文字は、おそらく「線文字Bか、あるいは線文字Aか、楔形文字だった」だろうと主張した（*BA II*：127〔邦訳二三八頁〕）。トリトルは次のように述べている。「バナールは、……既知ではあっても不明瞭なテクストを解明する場合、近代の学者と同じように、コヌピス［碑文を解読したとされるエジプトの神官］もいくらか苦労したという可能性を拒否している……」（傍点引用者）。実際には、私が否定するのはこのテクストがエジプト語で記されていた可能性である。なぜなら、「碑文がエジプト語のヒエログリフで書かれていたとすれば、コヌピスがあきらかに銘板の解読に苦労していたことは説明できないだろう」（*BA II*：127〔邦訳二三八頁〕）から。

トリトルは「バナールはこの記述の内容を文字通り真実だと受けとめている」と主張するが、この主張は私の記述とは大違いである。「プルタルコスの話で最も信頼できない部分は、コヌピスが碑文を次のように翻訳する箇所である」と書いているからだ（*BA II*：127〔邦訳二三九頁〕）。私は続いて、コヌピスは碑文を読めなかったが、彼の「翻訳」は、もしかすると、当時のギリシアの政治状況を反映していた可能性があると主張した。西暦紀元前四世紀初頭、ギリシアとエジプトのあいだに緊密な関係があったとすれば、同時代のギリシアの複雑な政治状況について教養あるエジプト人が知らなかったとは考えられない。ギリシアの状況は、ペルシアの脅威に直面していたエジプトにとっても死活的重要性をもっていた。

トリトルは熱く誇張した言い方で続ける。「テクストとその著者がこれほど濫用されているのは残念だ」（p. 307）。彼によれば、私のプルタルコス報告の扱いは、私が「歴史的方法」を把握できていないもう一つの実例だ。アルクメネの墳墓発掘をめぐって、プルタルコスの小論「ソクラテスの精霊について」*De genio Socratis* を抜粋・引用したのは私が最初でなかったと、ここで指摘しておくのは公平だろう。J・G・フレイザー〔一八五四―一九四一。『金枝篇』の著者〕もJ・シュワルツも、プルタルコスのこの小論を抜粋・引用している。[16] 彼ら同様、私も個々の記述が歴史的に事実だったかどうかの評価を試みた。一方、トリトルは次のように書いている。「バナールは、プルタルコスの報告が文学的フィクションかもしれないということを考えてさえいない」(p. 307)。実際には、私はこの議論の初めに、「この一節に何か意味があるとすれば、どう理解できるだろうか」と述べ、その後、「墳墓から発見された遺物が詳細に記述され、これといった特徴のない遺物だったことは、この発見の報告の妥当性を示しているように思われる」と書いている(*BA II*: 125-126〔邦訳二三六頁〕)。私がプルタルコスの報告について、文学的フィクションの可能性を考えたことははっきりしている。しかし、プルタルコスが書いていた問題の詳細に立ち入るなら、すでにかさばり過ぎている本がさらに分厚さを増したにちがいない。トリトルのように、私の著作は脱線が少なすぎるといっている人もいるが、脱線が多すぎるといっている書評者もいる。私は彼らに共感する。これまで私を批判した人で、本が短すぎると言った人は誰もいない！

証拠としての類推

私が類推を用いることをトリトルは「健全でない」と攻撃する。彼によれば、「類推は証拠の代用ではない」、類推は「過去を解明できるというよりもむしろ歪曲できる」(p. 308)。当然、私もそれは承知している。しかし私は、証拠がまったく曖昧だったり、まったく欠けている場合――青銅器時代の東地中海地域周辺の場合はほとんどそうだ――、ある状況や事件の因果的連鎖の可能性、あるいは妥当性を考えなければならない。このような状況のとき、類推は役に立つと信じている。したがって、たとえば、伝説上のセソストリスの征服が歴史的事実であったかどうかの可能性を考察する場合、私は使える資料を考慮に入れながら、比較できる軍事行動や進軍、輸送手段、踏破された地域を考察する。第一二王朝の軍事能力について私たちが知っていることも私は評価した。そこで私は次のように書いた。「このような軍事機構をもった国家がアジアを征服しなかったという本質的理由はまったくないように思われる。しかし、征服する能力があったからといって、実際に征服したということにはならない。そのためにはもっと証拠が必要である」(*BA II* : 206〔邦訳三五八頁〕)。

類推によってあきらかにできるのは、何が可能かということだけである。類推しなければ、あるシナリオの見込みは低くなり、類推すれば、別のシナリオの妥当性が高くなる。〈競合的妥当性〉を確立するには、確かに、直接の証拠の重要性のほうが類推よりもずっと大きい。すでに見たように、トリトル自身が類推を用いることを恥じていない。たとえば彼は、二〇世紀における古典学と地中海地域古代史の前進について、アインシュタインによるニュートン物理学の修正との類推で語っている。ここから私は、トリトルが〈競合的妥当性〉についての私の立場を認め、支持していると考えたい。トリトルは、アインシュタイン以来「科学は確実性を論ずることをやめ、いまでは蓋然性に目を向けている」(p. 308)と書いている。[17]

トリトルは、私がエジプト古王国時代と中王国時代の支配者を論ずる時に「ファラオ」という「時代錯誤の」用語をつかっていると攻撃するが、これは些末でばかげている。もちろん私は、*pr-ʿ3*(偉大な家)という語が使用されたのが新王国時代以降だったことは承知している。しかし、この語は聖書で使われているので、いまでは「エジプトの支配者」を意味する英語の単語になっている。この実例は多い。エジプト学者アラン・ガーディナーは彼の歴史書『ファラオのエジプト』でこの語を用い、古王国時代と中王国時代の個々の支配者をファラオと呼んでいる例もその一つで

ある。(18)

方法論の問題

トリトルの考えでは、私〔バナール〕の「方法論」は「はるかに混乱を招く」。なぜなら、私は自分の主張を「裏づけるために、修辞的な議論と言説を組み立てる傾向」があるからだ（p. 308）。これは漠然とした主張であり、その意味は前後の文脈を見てもほとんどわからない。というのは、これは彼の最初の論文の論調を和らげているからだ。つづいて彼が示す実例も、最初の論文での非難のほうがずっとわかりやすい。彼は最初の論文で、私〔バナール〕の「方法論」はきわめて不穏当だが、それは私の言説が「誤解を招き、不誠実でさえある」と述べていたからだ。(19) 彼が引用した言説は三例あった。ここではそのうちの二例について、彼の非難が不当であることを論証しよう。第一はホメロスとヘシオドスの年代にたいする非難であり、これについてはすでに論じた。

第二の非難は、ジョージ・バスによるゲリドンヤ岬沖の難破船の発掘と、難破船の乗組員はレヴァント人だったというバスの結論を、私が受け入れたと述べたことにかかわる。トリトルは、私が「バス論文は驚愕すべきものと考えられ、一般には歓迎されなかった」〔*BA II*: 467（邦訳八四六頁）〕と述べたことについて、これは誤解をまねくと考えている。次に彼は、私も『黒いアテナ』第二巻で〕ふれた、バスの著作にたいするG・カドガンの論評を取り上げる。彼は、バスの研究を論評したカドガンがこの著作について「買って読む価値は十分あり、多くの熟考すべき論点を含んでいる。これは偉大な業績である」（p. 308）と書いていたことをあきらかにする。しかしトリトルは、カドガンも論評で使った「驚愕すべき」ということばを引用し、彼の論評は「価値を認めながらも批判的」だったとも述べている。ところが、カドガンが一九六九年以降公刊した研究のなかに、バスの結論を熟考したことを示すものは一切ない。「バス論文は驚愕すべきものと考えられ、一般には歓迎されなかった」という私の言説の正当性を示すため、バス自身の考えを引用させていただく。

ゲリドンヤ岬沖の難破船（カナン船かもしれないしそうでないかもしれないが……）の報告書を発表したとき、私は〔難破船の〕外部の素材を精査した。そしてエジプトの墓に描かれた壁画から、銅貿易についてエジプト人は、カナン人あるいはセム人の扱う貿易だと考えていたことをあきらかにした。エジプト人は貿易船についてはカナン船だと考えていた。さらに、ゲリドンヤ岬沖の難破船とエーゲ海地域の全域で使われていた分銅の起源は、大部分が近東にあった。これらのことについて反対する議論はまったくなかった。しかし、私の本を論評した古典時代の考古学者は誰一人、私の意見に賛同しなかったことに私は気がついた……。銅貿易についてのあらゆる論文を読んでも、ゲリドンヤ岬沖の難破船の報告書は無視されている。この報告書をスマートに避けるやり方は、無視だからだ。二〇年後になってもまだ、私が提示した圧倒的な証拠を逐一詳細に論じ、それから「違う、事実はそうではない」と発言する学者は誰もいない。[20]

「私の本を論評した古典時代の考古学者は誰一人、私の意見に賛同しなかったことに私は気がついた」というバスの言明は誇張だったかもしれない。にもかかわらず、二〇年ものあいだ、カドガンやその他の古典時代の考古学者がバスの記念碑的な研究に真剣な関心を払うことができなかったというのは、間違いなく、これらの学問分野を支配していた学者にとって、バスの結論は一般に「歓迎されない」性質をもっていた。

トリトルは、私〔バナール〕がこのような反応を「陰謀」の結果と見ていると主張する。私はこの〔陰謀という〕狭い概念を使ったことはなく、ほのめかしたこともない。バスの著書にたいする敵意と無視の原因は、ギリシア中心の学者がそのなかで研究している枠組すなわち、パラダイムに合致しないという事実にあると私は主張している。

トリトルが指摘する私の「証拠操作」の第三の例は、コリン・レンフルーがその著『文明の出現』のなかで、ルンドバウ *Rundbauten*(丸い建物)にふれていることに関わる。トリトルは、〈これらの建造物の目的についてのレンフルーの態度は「あいまい」であり、彼は初期ヘラドス文化期のギリシアが生存維持型経済だと見ていた〉と私が主張しているのを否定する(p. 309)。彼は、レンフルーがルンドバウについて、彼の著作のなかで別々に二度――一度ではない――言及している事実に私がふれていることについては語らない(*BA II*: 136〔邦訳二五二頁〕)。レンフルーがルンドバウについて言及した第一の箇所は、「おそらく……、住居」だろうというところで、第二は、「穀物倉庫だったかもしれない」と述べたところである。[21] この矛盾から、私はこの構造物についてのレンフルーの考えは「あいまい」だと述べた。ところが、トリトルはレンフルーの第一の言及にはふれずに、第二の言及から議論をすすめ、レンフルーが書いたのは「生存維持型経済が拡大している構図」だと述べている(p. 309)。私にはこの言説がごまかしにみえる。なぜなら、ティリュンスのルンドバウが巨大な穀物倉庫だったことはほぼ確実であり、このことは生存維持型経済が拡大しているということだけでなく、陶器年代区分の初期ヘラドス文化第II期、つまり西暦紀元前三〇〇〇年頃―二四〇〇年のアルゴリス地方に、高度に組織化された国家が存在したことも示すからだ。ついでだが、地質考古学の研究はEHII期のアルゴス平原とその周辺の農耕について、この時期の農耕が青銅器時代の他の時期よりも盛んだったことはないとしても、同じ程度盛んだったことを示しているので、ここでも私の考えは強化される。[22]

ギリシアの起源はエジプトにあるのか

トリトル論文の第二節は、批評の観点から、私〔バナール〕がもともとは自分の枠組に二つの改訂――第一に〈ギリシア語は本質的にインド＝ヨーロッパ語である〉という改訂、第二に〈エジプト＝レヴァントによる植民地化は西暦紀元前一六世紀初期ではなく、一八世紀末期だった〉という改訂――を行ったという主張から始まる。もしもトリトルが『黒いアテナ』第一巻の序の最初の一四ページを読んでいれば、私のプロジェクトはそもそも最初から、〈古代モデル〉の復活ではなく、「改訂版古代モデル」の提案を目指したことはあきらかだろう（*BA I* : 2〔邦訳四三―四四頁〕）。〈ギリシア語は本質的にインド＝ヨーロッパ語である〉こと、〈西暦紀元前一六世紀初期に「植民地化」が行われたことはあり得ない〉こと――これは通説だが、〈改訂版古代モデル〉はこの通説と同じ意見であり、〈改訂版古代モデル〉にはつねに通説が含まれている。もちろん、私は批評に影響されないわけではないが、〔私の主張の〕根本はいまでも変わっていない。いやでたまらない著作を読んでいるトリトルは苦しいだろうと、彼には同情する。しかし、このような論点は私のプロジェクト全体の中心にあるので、彼が把握できなかったのは驚きである。

つづいてトリトルは、私には「水も漏らさぬ伝播論」の痕跡がみられると示唆する（p. 310）。ついで、彼は『黒いアテナ』の一節――西暦紀元前第三千年紀にエジプト人がウェセックスを植民地化できた可能性を強く否定した私の一節――を引用するが、これは修正伝播論に特徴的な否定なのに、これを「韜晦の修辞学」と見る。私にはこの問題でどうすれば彼を満足させることができるのか分からない。本人の私が〈自分は修正伝播論者である、私は修正伝播論者が書くように書いている〉と言っているのだから、そうでないという証拠が出てくるまで、なぜ本人の言うことを額面通り受け入れないのか。[23]

トリトルは私のセソストリス伝説の論じ方について、私がギリシア人歴史家〔の記述〕をあまりにも「文字どおり」

受けとめ、それにたいして何か疑問に思ったり、分析することがないと非難している（p. 310）。古代の著作家を無批判に文字どおりに受けとめているという、私にたいする一般的非難は受け入れることはできないし、この問題についてはすでに述べた。このケースでは、私は三ページ（*BA II*：200-202〔邦訳三五〇—三五四頁〕）を費して、セソストリス物語への異議を論じた。その結果、私はセソストリスのメソポタミア、インドあるいはペルシア征服が可能だったというディオドロスの主張に加えて、ファラオの兄弟が彼を焼き殺そうとしたというヘロドトスの「虚構の」話も受け入れなかった。また、セソストリス伝説が創られたのは、ペルシアとギリシアに征服されて傷ついたエジプトの誇りを癒すためだったということも、私が「妥当だ」と述べた事例として論じた。私はセソストリス物語に歴史的価値のある情報も内包されていると考えているが、これは恣意的なものではなく、説明した上での仮説である。しかし、私がセソストリス物語を受け入れたのは、むしろ、物語で語られている内容が考古学上・碑文上の証拠と一致するからであり、この証拠については詳細に議論した。このようなアプローチをとるのは私だけではない。人類学では、現在の構造の正当化として神話を純粋に捉え、広範にアプローチするが、このアプローチを評価したオランダのアフリカ史家J・ショフェレールスは次のように述べている。「しかし比較的最近、とりわけ歴史家たちのあいだで、〈社会の過去は意のままに操作されるものではなく、希少資源を扱うように慎重に扱われている〉という声が挙がっている」[24]。

第一二王朝の征服については、最近、新証拠がミト・ラヒーナ碑文によって利用できるようになっているが、トリトルはこれについて次のように主張する。私〔バナール〕は「疑うことを知らない読者を誘導し、碑文に問題はなく、碑文の翻訳と解釈に異議を唱えているのは「自分たちのほうが知識がある」と考えている学者だけだ、と思いこませている」（p. 311）。ところで、私は次のように書いている。

もとの石碑の碑文は最初の部分も最後の部分も欠けており、石碑上部の文はすべて欠落していた。〔発見された碑文は写真撮影されたが〕写真の左側は焦点が合っていなかったので、……碑文のテクストをさらに不明瞭なものにしている。……にもかかわらず、ファラグと……ポーゼナーは、……こうした欠陥があるとしても、できるだけ早い時期に公表すべきであると考え……た。碑文の完全な翻訳がないというのは驚くべきことではない。しかし、ポーゼナーとファラグは一部の碑文の内容に注をつけている」(*BA II* : 188〔邦訳三三二―三三三頁〕)。

次いでトリトルは、「バナールは碑文のテクストにある一つの単語の Sṯt がアジアを指すと主張し、このことがセソストリスの大軍事行動という彼の説を支えている」と述べている (p. 311)。碑文にある示唆に富む地名はこれだけではない。示唆に富む地名はほかにもあるので、私はこれらの地名について、他の補強的な証拠とともにこの前の章で詳しく述べている。

人種差別

その後、トリトルの論評は繰り返し論議される「人種」の問題に向かう。彼が追随するのはF・M・スノーデンの意見である。彼らが考えている私〔バナール〕の主張は、〈ヘロドトスはコルキス人について彼らは「色が黒く、……エジプト人とまったく同じように髪が縮れている」と記しているため、エジプト人とエチオピア人は区別できない〉というものだが、私はそんな主張はしていない。『黒いアテナ』第一巻 (p. 242〔邦訳二八五頁〕) でヘロドトスのこの一節に言及したとき、私はエジプト人の現実の「人種上の」位置ではなく、「エジプト人が外部から見られていた「人種上の」位置」を論じた。ついでながら、〈ギリシア人とローマ人はエジプト人とエチオピア人をはっきり区別できた〉

というスノーデンの議論を私は認めない。古典古代においては、エチオピア人という語はこんにちの「黒人《ブラック》」と同じくらい不確実な語だった。時たま、この語はステレオタイプ化された西アフリカ人に限定される場合があり、スノーデンは一般的に——常にではなかったが——はそんな風に解釈している。[25] しかし、この語〔エチオピア人〕はほかのところではもっと広く用いられた語だった。それにはギリシア人自身やローマ人自身よりも実質的に色の黒い人間が含まれていた。たとえば、スノーデンの少し前の著作『古代における黒人』を見よ。[26] 私にたいする批判を明言しているスノーデン説への形質人類学者の見解については、ショマルカ・ケイタの『黒いアテナ——「人種」、バナールおよびスノーデン』を見よ。[27]

トリトルは彼の論評の三一二ページの注で、ユルコが「古代エジプト人は黒人か、それとも白人か」のなかで論じた古代エジプト人の身体的特徴の同定について、これは「完璧な議論」だと述べている。ユルコの論文は半通俗的な雑誌『聖書考古学評論』のために書かれたが、論文ではこの主題についての形質人類学者たちの研究にふれていないので、完璧な議論ではない。[28] ついでにいえば、ユルコは〈エジプト人はアフリカ人である〉という見方の有用性に疑問を感じていない（*BAR*：63-65）。この問題の参考文献については、近刊の『「黒いアテナ」論争』のケイタの章を見よ。

トリトルは彼の注7で、エジプトとギリシアの「ルネサンス」を評価したモハメド・アリとイブラヒム・パシャの業績に一九世紀の西欧の歴史家が注目しなかったのは、「人種差別的態度」が重要な役割を演じたからだという私の考えを批判している。フィンリー〔一七九九—一八七五〕の『ギリシア史』の関連箇所を見逃した私を咎めている点で、彼は正しい。しかし、一九世紀と二〇世紀の歴史記述では、東地中海地域の歴史全体を通じて、このようなエジプト＝ギリシアのエピソードがほとんど注目されてこなかったという私の主張は変わらない。

続いてトリトルは、黒人の人種差別よりも白人の人種差別のほうがずっと脅威だという私の考えははるかに「やっかい」だと嘆く。ここでは、私たちの間に、権力の重要性についての〔認識に〕大きな違いがある。トリトルは「どんな種類の人種差別も私は憎む」〔*BA II* : xxii（邦訳一九頁）〕という私のことばを正確に引用する。したがって、たとえば、生物学的実体があると想定される人びと〔白人と黒人〕のあいだに、「氷」と「太陽」のようなコントラストがあるのは無意味であり、きわめて不快なことだと私は考えている。他方、北米とヨーロッパに住むきわめて少数で最も貧しい人びとの意見は、おそらくその他の住民にたいして思想的・政治的・社会的影響力を及ぼさないだろう。[29] 実際、私はこのような民族絶対主義を「人種差別」と呼ぶべきだとは考えない。なぜなら、多くの定義によれば、差別する側が権力をもっている場合にのみ、「人種差別」の可能性があるからだ。[30] 対照的に、大多数の人びととヨーロッパと北米の最も権力をもっている人びとが抱いている人種的偏見は、現代世界に破壊的な影響を与えることができるし、これまで与えてきたし、いまも与えている。このような〔人種的偏見的〕考え方がアカデミズムの「知識」の重要な部分によって是認されている事実は、この状況を一層悪化させている。しかもこの「知識」の大枠は、学者のあいだで人種差別と反ユダヤ主義が公然と行われ、常態だったときに確立した。私はアフリカ中心主義よりもヨーロッパ中心主義のほうがはるかに深刻で差し迫った問題だと考えているが、その理由は以上である。[31]

トリトルは、ヘロドトスがセソストリスについて述べている箇所のギリシア語エレウテリア *eleuteria*（「自由」）の重要性について、私が十分に論じていないと述べて私を二回非難している（pp. 311, 313）。彼が不満な点は二つある。一つは、私がこの重要でしかも言外にギリシア特有という含みのある概念を考察しなかった点。もう一つは、ヘロドトスの執筆は西暦紀元前五世紀だったという事実にたいする私の「驚くべき鈍感さ」が、「自由」を考察しなかったことであきらかになっている点。私は第二の批判について前述のヘロドトスとトゥキュディデスの議論で答えを試みた。第一の批判について議論すれば、すでに多すぎる主要テーマからふたたび逸脱しなければならない。もしも彼がギリシア人は西暦紀元前五世紀に「自由」を発明したと考えているなら――私には彼がそう考えているとみえる――、彼の考えは私たちの考えと根本的に異なる。古代のメソポタミア、シリア＝パレスチナそしてエジプトを含む他の多くの社会に自由が存在したことはあきらかである(32)。

私がオシリスとディオニュソスを同一視したのは――古代にはこの同一視に異論はなかった――、説得力がなく浅薄だとトリトル教授は見ている。なぜなら彼は、私が〔古代〕「末期」すなわちヘレニズム時代とローマ時代の資料に依存し、それ以前の時期については状況証拠にだけふれて同一視したと考えているからである。しかし実際には、この同一視はヘロドトスまでさかのぼることができる。ほかにも、アムンとゼウスが、イシスとデメテルが、昔から同一視されていたとすれば、この対応関係が西暦紀元前五世紀になってはじめて始まったと考える理由はない(33)。この問題については近刊の『「黒いアテナ」論争』でより詳しく取り上げる。

トリトルはまた、私がヘラクレスの起源にセム的痕跡があることを否定していると非難する。しかし実際には、ヘラクレスについてのエジプトの資料を検討するに先立って、私はセム的要素の証拠を調査するため数ページをついやした。ヘラクレスについての状況はきわめて錯綜している。私は『黒いアテナ』第二巻の序で次のように述べた。「ギリシア、とりわけテーバイの最も偉大な半神〔ヘラクレス〕を作り上げているのはメソポタミアや西セム、そしてエジプトの多くの要素であり、これについてはもっぱら第2章の一節で詳しく議論する。」（*BA II*：16〔邦訳七四頁〕）

トリトル教授がA・R・シュルマンの「中王国時代の戦闘場面」に言及したことに感謝している。私はこの論文を見落としていた。しかし実は、ヘラクレスが彼の功業を彼ひとりの力で、あるいはひとりの従者とともになし遂げた点で、彼はギルガメシュに似ていると私は述べ、ついで次のように続けた。「このことは、ヘラクレスをエジプトのファラオと区別すると思われる。しかし、テクストに書かれている宣伝では——ファラオを描いた図像でこれはさらに著しい——、征服したのはファラオ自身であり、軍隊の援助はほとんどなかったと記されていた」（*BA II* : 116〔邦訳二二一頁〕）。トリトルが引き合いに出しているのは新王国時代の戦闘図だが、そこには「大きな姿で刻まれたファラオがその影を戦闘場面全体に投げかけ、エジプト軍歩兵隊が突進攻撃をかけているところが描かれている」（p. 315）。この問題でトリトルと私はそれほどかけ離れているとは思わない。

他方、トリトルはエジプトの闘牛について、これはクレタ島の牡牛競技と「まったく異なる」と見ている。したがって彼は、両者はまったく無関係だと示唆している。エジプトの儀式についてはよく知られていないが、両者にあきらかな相違があることを私は否定しない。しかし、クレタ島の牡牛祭儀はその先例が新石器時代と初期青銅器時代にはなかったと思われるのに、最初の宮殿が現れる直前の西暦紀元前二〇〇〇年ころに突然出現した。そこに根本的問題がある。ヴァルター・ブルケルトはこれより三、四千年くらい以前のチャタル・ヒュユクとの関連を示唆している。[34]私はそれよりも、クレタ島の牡牛祭儀を同時代のエジプトの牡牛祭儀と結びつけるほうがはるかに理にかなっていると考える。というのは、この時期すなわち第一一王朝のあいだずっと、王によるモンチュ神祭儀、鷹と牡牛の祭儀がとくに顕著だったからだ。この時期のクレタ島には、ほかにもエジプトとレヴァントの影響が多かったことを私たちは知っている。エジプトにもクレタ島にも裏づける証拠がある——ミン**M(i)n**という名前は牡牛と王朝創始者と結びついており、牡牛祭儀は「曲がりくねった壁」と結びついている（*BA II* : 171-177〔邦訳三〇六—三一四頁〕）。

私は第6章でジェイサノフとヌスバウムに私の主張をぶつけるが、そこで示す〈ギリシア語のケル *kēr* はエジプト語のカー *kꜣ* に由来する〉という語源論にたいして、トリトルが意味上・音声上の異議を唱えるのは見当違いの正確さにもとづく。[35]

トリトルの第二節の最後のパラグラフの論理が私には理解できない。彼はそこで次のように述べている。

言語上の影響についての証拠を確立するには、まず第一に、ある言語の二〇％から三〇％が他の言語に由来するということを示す必要がある。次の段階は、音声上の類似性の論証でなければならない……。最後に、言語上の借用をあきらかにする最善の方法は、文法構造における並行関係の論証でなければならない——ところが、ギリシア語とエジプト語のあいだに、これはまったく存在しないように思われる。というわけで、バナールの言語分析は最も不満足なレベルの分析である。彼の言語の議論は、せいぜいのところ試験的議論であり、最悪の場合は偏った議論である（pp. 316-317）。

「二〇％から三〇％」という恣意的な数字をトリトルがどこで見つけたのか、私は知らない。「影響」とよばれるものをどのように定量化するのかについて、私にはこれほどの確信はない。ギリシア語におけるエジプト語とセム語からの借用語がギリシア語の語彙の三〇％以上に及ぶと私は確信しているが、これ〔が彼の数字と近いこと〕は偶然である。言語yが言語xからの借用語として受け入れた語が多ければ多いほど、語源とされる次の語を受け入れる敷居はますます低くなる——私はこのことを喜んで認める。私はさらに先を進んで、この可能性を評価するには、地理的距離、時間的重複、その他の接触の証拠についても考慮しなければならないと主張する。しかし、厳密に言語学の内部にとどまりたいと望むのなら、個々の語源の妥当性を評価するという方法——レンズバーグとレイが用いているこの方法をトリトルは非難する——を使わずに、どの程度まで語彙借用があったかという測定をどうやって始めることができるのか[36]。この問題についてのこれ以上の議論については、第6章を見ていただきたい。

立証と説得

トリトル論文の第三節は、チェスター・スターからの引用で始まる。この引用はまったく役に立たないと思う。スターが対比させるのは「過去の現実の再建を探求する」歴史家と、「知的技能と修辞的な技巧」を駆使し、「批判に耐えない雑多なあれこれを結びつけ、高くそびえ立つ空中楼閣をつくりあげる」著作家である（p. 317）。しかし、私たち歴史家を自称するものはだれでも、「過去の現実の再建」を——それが可能なかぎり——探求する。私たちすべてが用いるのは、このことを達成するための「知的技能」であり、また、私たちが拒絶する結論よりも、私たちの結論のほうがずっと真実に近いと、他の学者たちに説得するための「修辞的な技巧」である。

私はこの引用のなかに歴史的事実とフィクションというスターの明確な二分法を見いだすが、それと同時に、私〔バナール〕の考えは空想的で完全に人を誤らせるが、引用が暗示する自分の考えは正しいというトリトルの主張も見いだす。伝統的な歴史叙述は、空中楼閣の建設によって架橋されなければならないゆるやかな結びつきに満ちている。同じように、オルタナティヴの図式も、立証されていない仮説にもとづいている。しかし、なかには〈改訂版古代モデル〉のように、通説と同じか、それよりもっと信頼できる外的証拠と結びつくものもある。

テラ島とアトランティス

トリトルは私と意見が違うと主張するが、テラ島の頂部を吹き飛ばした大規模噴火の年代についての違いはきわめてわずかだ。私たちはどちらも、噴火年代はおそらく西暦紀元前一七世紀だろうということを受け入れている。氷芯と年輪からの年代決定は、それ以前の年代決定法よりも潜在的にずっと信頼できるということでも意見は一致する。

意見が異なるのは、彼が「バナールの主張するテラ島噴火年代も確実ではなく、その他の噴火年代もまた確実ではない」（p. 318）と主張しているところだけだ。もう一度繰り返しておかなければならないが、私のプロジェクト全体は〈このようなトピックについては立証を求めることはできないし、求めるべきでない〉という確信にもとづいている。したがって、たとえ私が示す噴火時期が氷芯や年輪による年代決定や放射性炭素年代測定法からの証拠に基づいているとしても、一七世紀噴火説を確実だと私が主張しているわけではない。しかし、噴火は西暦紀元前第三千年紀だった、あるいは第二千年紀だったというその他の説の根拠はもっと薄弱だ――これが私の主張である。

　プラトンのアトランティス神話とテラ島噴火を結びつける説は広く支持されており、私はこの説を受け入れているが、このとき、私がこの説を単純化しすぎているとトリトルは主張している（p. 318）。しかし第一に、アトランティス神話には少なくとも三つの歴史的事件すなわち、ヒクソスのエジプト侵略、テラ島の噴火、青銅器時代終末期の無秩序への間接的言及があるという私の主張は、彼が述べているよりもはるかに複雑である。ペルシア戦争におけるアテナイの役割が事件リストに加えられていないというトリトルの批判は正しいが、これについては、私は近刊の一般向けの本『モーセとムーサ』の第一二章で言及している。

　トリトルはまた、プラトンの対話篇「ティマイオス」に登場するクリティアスについて、私が誤っていると批判している（p. 318）。トリトルの主張によれば、J・K・デーヴィスはプラトンの対話篇の語り手は僭主のクリティアス四世だと主張している。しかし私はデーヴィスがはっきりそうだと言っているとは思わない。いずれにしても、私は語り手について、彼は僭主の祖父すなわちクリティアス三世だったと主張したジョン・ルースの後期の著作に従った[37]。

中国との関連

トリトルは注一〇で、彼の元同僚であるシン・チャン教授を引き合いに出し、彼はテラ島噴火が中国に影響を与えた可能性についての私の議論を「時代遅れのたわごと」と評したと述べている。この領域の私の研究は一九八四年と一九八八年のあいだに公表されたK・D・パングとH・H・チョウの研究に本質的に基づいているので、これは驚くべき記述である。[38]

トリトルによれば、おおやけのコメントではないが、シン・チャンは中国にシャーマニズムがあったという私の示唆にも異議を唱えている。シャーマニズムが儒教のアンチテーゼであることを疑う余地はない。伝統的な考えでは、シャーマニズムが欠けていることが中国文明の顕著な特徴のひとつであり、いまなおこの考えは根強い。シャーマニズムの主な特徴は神官や治療者の憑依、霊媒の肉体からの霊の遊離を含み、これらの現象は中国の民間宗教ではいまなお頻繁に起きている。[39] 私は『黒いアテナ』第二巻(p. 313〔邦訳六一五頁〕)で、シャーマニズムは「グノーシス」と結びついているというジョゼフ・ニーダムの議論を引用し、聖人や賢人はこれによって悟りを得て天に昇ることができると述べた。このような叙述は、道教の書物ばかりでなく、政治家の鑑とされている屈原の有名な詩、「離騒」にも見いだすことができる。

〈反乱は天の徴候《サイン》がなくても起きる〉、すなわち〈首尾よく権力を簒奪するために、簒奪者はこのような徴候をでっちあげ、反乱を正当化することができる〉——このことを私が否定しているとシン・チャンは考えているようだ。私はどちらも否定していない。西暦紀元前一七世紀と一二世紀の大規模な火山噴火は夏王朝没落と商〔殷〕王朝没落の重要な要因だった、そして、このような王朝の没落は〈天命〉——得ることもあれば、失うこともある——という政治概念の形成に決定的に重要だったと論じているにすぎない。やがて、この概念は中国思想で中心的な重要性をもつようになった。しかし、私が知る限り、およそ西暦紀元一〇〇〇年以来、このような破局的な気候の大変動と、その後の多くの人民蜂起や支配体制のダイナミックな崩壊のあいだに相互関係はみられない。

ヒクソスがギリシアに植民した可能性

地中海地域の問題とエーゲ海地域にヒクソスが植民した可能性の問題に戻る。嬉しいことに、トリトルは一部の書評者たちとは異なり、ヒクソスの植民という仮説が私自身の特異な異端説ではなく、私より前にフランク・スタッビングズが『ケンブリッジ古代史』の関連の章で提唱した仮説だと認めている。しかしトリトルはこの系譜を認めているにもかかわらず、この考えにきわめて敵対的であることにかわりない。エジプト第一八王朝の金の遺物の銀の含有量はミュケナイ出土の金の遺物のそれよりもずっと多く、そこには有意な差がある、また、トロス墓はヒクソス時代のずっと前からエーゲ海地域周辺や他の地域に存在した——と彼は主張して私を批判する。この主張の唯一の難点は、竪穴墓《シャフト・グレイヴ》で発見された遺物はエジプト製だった、あるいは、トロス墓がクレタ島とギリシアに登場したのは中期青銅器時代終末期だったなどと、私が主張していないところにある。ミュケナイの初期の墓の遺物はきわめて折衷的だが、クレタ島の影響が多いと私は見ている（*BA II*: 394-397〔邦訳七三五―七四〇頁〕）。初期ミュケナイ文化期のギリシアのトロス墓について述べたとき（*BA II*: 393〔邦訳七三四頁〕）、私はクレタ島で発見されたこのタイプの初期の墓を論じたこの著作〔『黒いアテナ』第二巻〕の第一章の議論に言及し、アーサー・エヴァンズと何人かの学者はこの墓がリビアに由来すると主張していると述べた（*BA II*: 68〔邦訳一四八頁〕, 551 n. 17〔邦訳四七九頁〕）。私はこの墓をもちこんだのはヒクソスだなどとはまったく主張していない。

トリトルは、意味論と音声のどちらの根拠からも、地名ミュケナイについての私の語源論に異議を唱えている。しかし、彼の意味論上の異議は、ミュケナイがカナン語の平凡な地名 Mḫnm（「二つの野営地」）に由来するという私の派生論が対象ではない(40)。むしろ、*mykos*（「キノコ」）から派生したという伝統的な派生論にたいする私の懐疑を彼は受け入れないのだ。キノコから派生した地名を奇妙だとは彼も認めているようだが――私の知るかぎりではこのような地名は世界中のどこにもない――、ギリシアの町の名前にはほかにも「カボチャ」という意味のシキュオン、「ホウレンソウ」という意味のピリウスがあると例を挙げ、彼はこの伝統的派生論を正当化している（p. 319）。他の文化でこのような地名はないようなので、このような地名はもともとの意味が失われてしまった民間伝承の語源論という可能性のほうがずっと高いだろう。したがって、ピリウスは **Pr-**（「――の家」）で始まる何百ものエジプト語の地名の一つに由来すると考えれば、その妥当性は小さくないと思われる。シキュオンはのちのヘブライ語 *šikūn*（「入植地」あるいは「地区」）に見いだされるカナン語、*škn*（「居住」）ときわめてよく似ている。

トリトルは、ミュケナイという地名を Mḫnm からの派生語と考える私の説にたいして、ギリシア語のカッパ *kappa* はセム語のカー *kha* とは無関係だと、音声学上の異議を申し立てている。実際には、セム語 *ḫ* をギリシア語に転写する場合、この語がどこに置かれようと、*k* と記されることが多い(41)。

私はヒクソスが西暦紀元前第二千年紀にギリシアに植民地をもっていたと考える学者たちの説を仮説として受け入れるが、トリトルはこのような私を否定するだけではない。加えて彼は、第二千年紀に「エジプト人植民者がギリシアに到着した」と私が主張していると、私を断罪する。実際には、これ〔第二千年紀植民説〕は考古学者テオドル・スピロプロスの説である。しかし、私はエジプトが当時ボイオティア地方と接触した証拠があると見ているが、主張しているのは「直接的な植民地化という形だった可能性はきわめて低い」（*BA II*: 152〔邦訳二七六頁〕）ということだ。トリトルは、非植民地的文化接触という考えは理解しがたいと考えていると思われる（pp. 320-321）。しかし、歴史は征服をともなわない文化的伝播の例にあふれている。中国にどっぷりつかった日本文化、ローマ帝国を越えて拡大したキリスト教、さらにいえば、こんにち世界大に進行しているアメリカ化がその実例だ。技術的レベルでは、ロシアのピョートル大帝は西洋の技術と習慣を導入し、日本の明治天皇の場合も同じことをした。

トリトルは写真と個人的な調査にもとづいて、いわゆるアムピオンとゼトスの墳墓は「ギリシアのほかの場所でも見いだせるトゥムルス・スタイルの塚」だと主張している(pp. 321-322)。これを発掘したスピロプロスによれば、このユニークな墓は念入りな階段状で、頂部は煉瓦積みだった。墓には葬送祭儀と関連したと思われるいくつかの地下通路があった。これらはすべて、驚くほどエジプトのピラミッドを思い出させる(*BA II*: 130-133〔邦訳二四二―二四七頁〕)。疑い深いサランティス・シメオノグロウはエジプトの植民地化というスピロプロスの仮説に強く異議を唱え、この墓を第二千年紀のトゥムルス墓の埋葬と関連づけようと試みている。そのため彼は、墓で発見された陶器と宝飾品の破片の年代を中期青銅器時代と見ている。[42] この問題で意見を発表した他の専門家は初期ヘラドス文化第II期というスピロプロスの年代決定を受け入れている(*BA II*: 563 n. 29〔邦訳四九八頁〕)。この時期の墓で、アムピオンとゼトスの墳墓にわずかでも似ているものはひとつもない。[43]

トリトルは古い議論をむしかえし、エジプト人はすべての異邦人《バーバリアン》に敵意をもっているので、彼らは旅行しない、また、旅行を渋るこの気持ちはエジプトへの熱い郷愁が語られる「シヌへの物語」で証明されると主張する(p. 320)。最初の点についていえば、ギリシア人とフェニキア人が広範にわたる旅をしたことを否定する者はいないが、彼らも異邦人には敵意をもっていた。エジプト人は旅行しないという考えは一九世紀には適切だったので、この時代の学者はこれをエジプト人の永久的な民族的本質と考えた。こんにちでは、大部分の学者の意見は民族性は変化しうるし、変化するという点で一致している。中国人は伝統的に中国の地で生きて死ぬことに強く執着したが、彼らは頻繁にベトナムと朝鮮を征服し、明王朝時代の皇帝は艦隊を遠くスリランカと東アフリカまで派遣した。過去五百年のあいだ、中国人は世界中を旅し、世界中に移住している。

「シヌへの物語」に戻る。郷愁はエジプト人に特有の現象ではない。イギリス帝国が拡大した時代の文学には「本国イギリス」への憧憬が満ちあふれ、古代ギリシアではノストス *nostos*（帰還）という概念はきわめて重要である。さらに、「シヌへの物語」の人気には相互補完的な二つの側面があるように思われる。物語では、エジプトが最高だということおよび、異国的な背景の魅力が語られていた。同じことは、中王国時代（西暦紀元前二〇五〇年―一七五〇年）の人気のあるもう一つの物語、「難破した水兵の物語」にも当てはまる。加えて、後世のウエン・アムンの航海物語にもこれはあてはまる。私たちは、エジプトには少なくとも新王国時代（西暦紀元前一五七五年―一二〇〇年）には戦艦があり、紅海とそれ以遠に公式の遠征隊が派遣されたことを知っている（*BA II*：**426-427**〔邦訳七八三―七八六頁〕）。

ほぼ九〇年前、偉大な金石学専門家ポール・フカールが指摘したように、デイル・エル・バハリにあるレリーフは、西暦紀元前第二千年紀にエジプトの艦隊がアフリカ沿岸を優に千マイル以上航海したことを示している。そのため、それよりずっと近い距離にあるギリシアへのエジプト人の航海について学者たちが否定するとは「信じ難い」[44]。

後期青銅器時代の東地中海地域周辺で広範囲の接触が存在したことについて、トリトルと私が意見が一致していることは嬉しい。これは注目に値する。トリトルはギリシア語にエジプト語とセム語から言語借用がかなりあったことを否定しているが、意見が一致している以上、それだけでもその否定は妥当性を欠いていると私には思われる。たとえば、トリトルはシトス *sitos*（「小麦」）の語源はアフロアジア語かもしれないという示唆を受け入れているが、これはたいへん喜ばしい。この貿易と文化交流において西セム人はきわめて重要だと私はみている。私は彼らの重要性をおとしめたいとは毫も思っていないので、彼には安心していただきたい。さらに、『黒いアテナ』では論じなかったが、私はほかのところで、初期鉄器時代にはフェニキアのエーゲ海地域にたいする影響はエジプトのそれよりもずっと大きかったと主張した。[45]

ラテン語のシミウス *simius*（「猿」）とギリシア語のシモス *simos*（「しし鼻の」）のあいだには関係がある。このことから私はギリシア人とローマ人のなかにアフリカの黒人と猿を結びつける人がいたと確信するようになったが、これには愕然とした。[46] 私はスノーデンと同じように、ギリシア＝ローマ古典時代は、彼の著書『肌の色の偏見以前』の表題で示されるような時代だったと考えたかった。しかし、私は渋々、セント・クレア・ドレークが彼の『ここかしこの黒人たち』のなかで述べたこと――すなわち、エジプト人、初期イスラエル人、初期ギリシア人は肌の色にたいする重大な偏見はなかったが、西暦紀元前六世紀と五世紀のあいだに、ギリシア人、ユダヤ人、ローマ人の態度が変化した――は正しいという結論に行き着いた。[47] ロイド・トムソンの『ローマ人と黒人』はこの問題を論じている。[48] 私が「ギリシア人とローマ人は、北ヨーロッパ人が一七世紀の黒人奴隷制以来とりつかれていたほど人種差別という妄念にとりつかれてはいなかったが、彼らが人種的偏見から自由でなかったことは疑いない」(*BA II*: 444〔邦訳八一一頁〕)[49] と述べたように、そこにはむかむかするような関連があった。残念だが、歴史は必ずしも私たちが望むようなものではない。

このような関連を私は活字にすべきだったのか。トリトルはすべきだとは考えていない。実際、私はしばらく躊躇した。しかし、ウィンスロップ・ジョーダンは彼の権威ある著作『黒人の上位に立つ白人』のなかで、一節すべてを注ぎ込み、アフリカ人と猿を結びつけるヨーロッパ人の認識を論じた。[50] 結局私は先に進んだが、それは次の理由からである。多くの点で、私は〔アフリカ人と猿を結びつける〕考えがナイーブだと認めている、しかし、私がいまなおそれにもとづいて研究している原理は、〈人びとは真理によって自由になること〉、そして、〈こんにち世界最大の社会問題だと私が確信しているヨーロッパの人種差別と私たちが戦わなければならないとすれば、私たちはその人種差別の奥深さと本質をできるだけ正確に評価しなければならない〉という原理なのだ。

青銅器時代の終末という問題で、トリトルは『黒いアテナ』第二巻の最後の数章を批判しているが、彼は一般に受け入れられている同定すなわち〈エジプト語のデネ Dene あるいはデニエン Denyen（Dn［n］）はホメロスのいうダナオイ人である、また、アカイア人はエジプトに侵入した蛮族エクウェシュ Ekwesh（iqwš）およびヒッタイト文書で言及されているアヒヤワである〉に納得していないから批判している（p. 325）。私が著作を通じて力説しているように、私が達成しようとしているのは確実性あるいは立証ではなく、競合的妥当性にすぎない。このような場合、同じ時に、およそ同じ場所で、およそ同じ行動をとった似たような名前をもった諸種族が同一の種族だった見込みはきわめて大きい――これが私の考えである。しかし、私はこの同定が確実だと考えているわけではない。このような同一視にはつねに議論の余地がある。新しい証拠が出てくれば、それに照らして修正しなければならない。

この最後の議論から、ふたたび、トリトルと私のあいだの決定的な違いが浮かび上がる。彼の考えでは、関連が立証できなければ、関連するという仮定はできないらしい。このことは、少なくとも私たちの関心を持っている時代と地域については受け入れられない。東地中海地域は狭く、時間的に重なっている時期が長かった。少なくとも初期青銅器時代以来、この周辺を船が航行していたことを私たちは知っている。したがって、なぜ互いが孤立していたと考えなければならないのか、私にはまったく理由が分からない。西暦紀元前三〇〇〇年と一〇〇〇年をはさむ二〇〇〇年間に、もしもエーゲ海地域と東地中海地域のあいだに実質上の接触がなかったとすれば、そのほうが驚くべきことだろう。エジプト、レヴァント、そしてギリシアに見られる類似の文化的特徴を別個のものと考えようとする人びとは、彼らの立場を正当化するため、このような特徴を関連づけたいと考えている私たちよりもすべきことははるかに多い。

最後にロレンス・トリトルに感謝したい。彼は私の知らなかったいくつかの文献を教えてくれた。それよりもっと重要だが、二人がともに関心をもっている問題点を彼があきらかにしてくれたことで、私にはかなりの学問的ワークアウトになった。そのため、私は『黒いアテナ』プロジェクトを続ける体力がついたと思う。

第4章　死のエジプト様式はどのようにギリシアに到達したか
……エミリー・ヴァミュールに答える

エミリー・ヴァミュールは一九七九年に出版された彼女の著作『初期ギリシアの美術と詩における死の諸相』のなかで、青銅器時代のあいだに、死についてのギリシアの見方に外部からどのような影響があったかについて、次のように書いている。

青銅器時代の思想と絵画のパターンには、肉体の家としての墓、新しい住処としての魂、棺の傍らに列をつくって並び、寄り添う形で示される哀悼、プシュケ *psyche*, 鳥のかたちをした魂、そしてスフィンクス＝ケル *ker* がある――だが、このすべてが、外部からの影響をうけずに、ギリシア本土で自発的に発展したものではなかった。当然、このような影響の源泉はエジプトにあった。なぜなら古代社会では、最も壮大で、最も記念碑的で、最も詳細な葬送の伝統はエジプトにあったからだ。しかし、エジプトの思想とその物質的形態が伝えられた仕組みについては、今もってまったくあきらかでない。(1)

この問題の解明を試みた私は、プシュケやケル *kēr* のような決定的に重要な概念がエジプトに由来することを多少あきらかにした。彼女はこれにびっくり仰天した。

彼女の古典教育の素養にとってても考古学的専門意識にとっても、『黒いアテナ』は容認できない脅威なので、ヴァミュールは悩んでいるようだ。つい最近まで、〔一九世紀ヨーロッパの〕歴史記述と古典学という学問のイデオロギーを論じた『黒いアテナ』第一巻の叙述について、慎重な言い回しだが賞賛する伝統派の評論家は珍しくなかった。他方、彼らは『黒いアテナ』第二巻とその考古学の議論については激しく非難する。ヴァミュールは〔一方で称賛、他方で非難という〕この公平なアプローチに従いたいと望んだようだが、なかなかその気になれないでいる。彼女は次のように述べている。「『黒いアテナ』第一巻の熱心な読者にとってさえ、バナールを激怒させた反ユダヤ主義の本質を理解するのは必ずしも容易ではない」(p. 269)。次いで彼女から見て、私〔バナール〕はこの問題で神経質すぎると思われるいくつかの実例を引き合いに出す。なかには、英語で書かれた二〇世紀の最も有名なギリシア古代史の著者J・B・ベリー〔一八六一―一九二七。アイルランド出身の古典学者で歴史家。『ケンブリッジ古代史』も編集した〕にたいする、私の不満も含まれている。ベリーは「スパルタ人について、彼らはヘロット〔古代スパルタで農奴にされた先住民〕との通婚を拒み、したがって彼らの「純粋」な血を保ったと書いた」(pp. 269-270)からだ。彼女がここで要約したベリーの主張は、彼の人種差別を十分に示しているようだ。しかし、私が『黒いアテナ』第一巻で引用したベリーのもっと長い文章は、彼の思想に別の重要な側面があることを示している。彼は次のように述べている。「ドーリス人はペロポンネソス半島にあるエウロータス川の豊穣な渓谷を手に入れ、そのうえ、外国人の血が混じらないようドーリス人の血統を純粋なままに保ちつつ、そこの住民すべてを従属させた……。ドーリス人を特徴づけていた優秀な資質は……私たちが「品性」と呼んでいるものであり、この資質がもっとも完全に発揮され、自己発展していったのは、同半島南端のラコニア地方においてであった。というのは、ラコニアにおいて、ドーリス人はもっとも純粋にドーリス的なままであったと思われるからである」[2]。この箇所では、疑う余地なく、著者および読者と想定される人びとは〔ドーリス人を〕「支配者民族」と同一視している。このことは、アイルランド生まれのプロテスタントだったベリーがヘロットを地元アイルランドのカトリックと類似する存在と見ていたと思われることからも重要である[3]。古代ギリシアと彼自身の時代との並行関係はこれだけではなかった。「品性」という語は、「利発な」下層階級とユダヤ人の入学を一方で排除し、他方で愚かな上流階級のイギリス人の入学を正当化するために、一九世紀と二〇世紀の大部分を通じてオックスフォード大学とケンブリッジ大学で使われていた婉曲語だった。ベリーは反ユダヤ主義的ではなかったにしても「人種的」純粋さを好んだのではないかという疑いがあるとしたら、彼の書いたスタンダードな歴史書の別の一節（一九七六年版でだけ削除されている）を読めばこの疑いは晴れるだろう。この一節で彼は次のように述べている。「フェニキア人が沿岸や島のあちこちで市場を開いていたことは疑いない。しかし、カナン人がかつてギリシアの土地で自分たちの家庭をつくったとか、セム人の血をギリシア住民の中に入れたとか、そんなふうに考えなければならない理由はまったくない」[4]。私はJ・B・ベリーを攻撃したが、そのときこの箇所を引用しなかった（*BA I*: 387〔邦訳四六五頁〕）のは、彼が多くの彼の研究者仲間よりもずっとリベラルだったからだ[5]。ここでこの一節を引用したのは、当時の古典学者にもその他の人びとにも共通する態度の実例を示すためであると同時に、とりわけ、同時代の反ユダヤ主義と人種差別が一方のレヴァントとエジプトが他方のエーゲ海地域と接触したという考え方に、どんな影響を与え歪曲したかを示すためである。

ヴァミュールの論評に戻る。彼女によれば私は考古学を軽視しており、彼女の怒りはそこに向けられる。「実際、彼の著書には発掘された証拠、諸文明の社会成層、社会組織、あるいは人工遺物への言及がほとんどないという意味で、考古学上の議論がほとんど含まれていない。それに比べて、伝承と言語学と年代修正についての議論ははるかに多い。バナールが考古学上の大半の議論を単純な断言で論じているのは残念だ」（p. 271）。ある意味で、彼女のこの主張は正しい。私は『黒いアテナ』第二巻の序で次のように書いている。

> 異なる種類の証拠をはっきり分離しておくという私の意図は、ほかの証拠に言及しないまま、ある証拠の重要性を指摘することは不可能とわかったので、完全に挫折した。紀元前二一世紀、クレタ島の宮殿時代の権力確立に、当時のエジプト中王国初期の中央権力が復活した影響がきわめて大きかったという私の主張を例にとろう。この主張は、当時のクレタ島への牡牛祭儀の導入と、牡牛祭儀のエジプトでの先行例と並行例とを結合して初めて説得的主張になる。同じように、私はミト・ラヒーナ碑文〔エジプトのメンフィス郊外の村ミト・ラヒーナで発見された碑文。第5章参照〕の重要性を吟味する場合、古典期ギリシアとヘレニズム時代の資料と考古学的証拠を、広範囲に見ておかなければならない必要性を感じた。こうして私は、学問的な厳密性を資料に適用する企てを放棄し、タイプの異なる多くの情報を同時に扱う「盛りだくさんの叙述」という方向に転じた。（*BA II*: 2〔邦訳五四―五五頁〕）

振り返れば、考古学上の証拠だけに頼るという以前の私の理想主義的な考えはなんとナイーブだったことか。どの地域を専門とする考古学者でも、「非考古学的な」証拠を軽視できる学者はほとんどいないが、東地中海地域を専門とする考古学者なら、この「非考古学的な」証拠を無視できる学者は誰もいない。たとえば、ある研究者はエミリー・ヴァミュールについて次のように述べている。「ギリシア史のこの最初期段階を研究するために、学際的アプローチを用いる価値はある。これはおそらく、彼女の得た最も重要な教訓だろう」[6]。ヴァミュール自身の『青銅器時代のギリシア』は本来考古学の著書だがこの著書には文書上の証拠への言及が満ちあふれている。線文字Bテクストやエジプト語テクストに始まり、青銅器時代にミュケナイ文化期ギリシアが崩壊して数百年後に書かれた、主としてホメロスや古典時代とヘレニズム時代の資料や記述に登場する神々や英雄に至るまでの文書上の証拠が用いられているのだ。したがって、他の証拠も認めつつ、文書記録がいくらか残っていて、祭儀・言語・後世の伝承に相当な数の手がかりがある時期の東地中海地域の考古学について私は書いているが、私がしていることはこれまで行われてきた実践以上ではない。にもかかわらず、私が他の多くの著者よりもずっと多くの非考古学的資料を持ち込んだことは進んで認める。他方、『黒いアテナ』第二巻の関心がもっぱら考古学だけだったと主張したことは一度もない。なんといっても、考古学と文書にみる証拠というのが第二巻の副題だからだ。

ヴァミュールがこの著作を好きかどうかはともかく、彼女と同じ考古学分野の他の専門家はこの著作を受け入れられないものだとは考えていない。彼らは相当な時間を費やしてこれを考察し、議論している。なかには、ポール・オストレーム、ジョージ・バス、パトリシア・バイカイ、エリック・クライン、スタート・マニング、イアン・モリス、サラ・モリス、ジェイムズ・ムーリー、テオドル・スピロプロスというこの専門分野の最も著名な人びともいる。

彼ら全員がかならずしも私の著作に同意してはいない。私も、著作で述べた考えが主流だとか、正統だとか主張してはいない。私はただ、ヴァミュールはその側面が少ないと見ているにせよ、議論する価値が十分にある興味深い考古学的な側面を考察していると主張しているにすぎない。

ヴァミュールの主張では、私は大部分の事例で「単純な断言」を用いているという。断言と主張は同じではない。断言は証拠がなくてもできるが、学者は賛成か反対の証拠がなければ主張はできない。私がすべての事例で試みてきたのは主張である。確かに、証拠が乏しい場合が多く、私が「フライングをした」場合もあったかもしれない。しかし、利用できる証拠がわずかで、その証拠があとで論破されるかもしれないとしても、証拠に基づいた作業仮説をたてることは役に立つと私は確信する。ただし作業仮説を立てたとき、それを具体化することは避けようとした。私は自分の知る限り、つねに主張の裏づけとなる根拠を強調するばかりでなく、その根拠の不足部分について強調することも怠らなかった。

「筋の通った」主張でさえ、間違いなく主観に影響されている。しかし、このことは、意見に甲乙のないことを意味するとは思わない。なかには、あきらかに他の結論よりも予言的・発見的価値が大きい結論がある。『黒いアテナ』で提起された考古学的側面を見ると、『黒いアテナ』第一巻が出版されて一〇年あるいはそれ以上たつうちに、青銅器時代を通じて、東地中海地域周辺で接触があったことを示す考古学上の証拠が増加したので、私は私の提案した多くの妥当性が高められたと確信する。(7)

ヴァミュールがミルトンの『失楽園』を引用している箇所は、彼女の論評のなかで最も奇妙である。

〔……堕天使ベリアルが立ち上がった。うまれつき威厳にみち、高邁《こうまい》で、勇敢な行動力を誇る者のように見えていたが、それは〕すべて偽りの虚飾にすぎなかった。弁舌も、いわばマナを降らせるといった趣があり、陋劣《ろうれつ》な理屈も巧みに言い繕って殊勝な議論に仕立てあげる術に長《た》けており、これにはどんな達識の者も見事に誑《たぶら》かされるのがおちであった。(p. 271)(8)

ミルトンを引用したことで、彼女は言外に何を意味しているのか。そこから始めよう。そもそもヴァミュールがミルトンを引用したのは、自分は干からびた専門的考古学者ではなく、教養の豊かな文化人であることを示すためである。これが『ニューヨーク・レヴュー・オブ・ブックス』紙の最初の論文で示されたイメージだった。しかし、この引用を玉に瑕と言ったのはミルトン学者のアール・L・ダッチスラージャーだった。彼は彼女が私の著作を酷評したことに完全に賛成だが、しかし、彼女が引用しているのは彼女の意図するルーシファ〔魔王〕ではなく、ベリアル〔堕天使〕を述べている箇所だと指摘した。[9] ルーシファとベリアルのどちらの悪魔がアカデミズムの敵対者〔バナール〕に取り憑いているのか——これがおおやけに議論されたが、これは私の知る限り一七世紀以来初めてだった！

しかし、その後ヴァミュールはこの失態を訂正し、『再考』では、この引用が間違いなくベリアルであることを示す一節を加えた（p. 271）。にもかかわらず、最初の論評で言外にあった意味すなわち、魔王《サタン》という意味は生き残った。彼女は私が偽りの説得力をもつベリアルでもあるし、神に反逆したルーシファでもあると見ている。ヴァミュールによれば、当初、私は考古学の主流からとりわけ愛されたが、やがてそれに反旗を翻した。彼女はあきらかに、私がおびただしい数の古典学者、古代史家、そして地中海地域考古学者に異議を申し立てた傲慢不遜な堕天使とみている。私は自分自身について、彼女が考えるほど反逆的ではないと思っている。私は数巻の著書を通じて、ヴァミュール自身を含めた考古学と古代史の専門家から受けた多大の借りを語ってきた。

さて、悪魔的な——と彼女が見ている——私の誘惑的な魅力にたいする彼女の攻撃を考察したい。彼女は他の多くの論評家たちと同じ攻撃を繰り返す。『古代』誌に匿名で掲載された論評は、「〔『黒いアテナ』は〕初心者や間抜けには向かない」と締めくくられている。[10] ある面で、〔『黒いアテナ』に向けられた〕関心は政治的である。すなわち、私の考えは黒人と「〈政治的に正しい〉派」のイデオロギー的好みに合致しているので、彼らが私の考えに説得されるかもしれないという恐怖がある。しかし、恐怖はこれだけではない。この分野に新規に参入した他の人びとに加えて、肌の色も意見もさまざまな研究者たちが私の考えに本質的妥当性があると感じていることは間違いない。「汚れのない《イノセント》」彼らは、〈エジプトとレヴァントがギリシアの文化と言語に文化的・言語的に重要な影響力を行使したかもしれない〉という命題のどこが間違っているのか、理解できないでいる。

重大な異議申し立てから身を護るため、アカデミズムの現状を擁護する人びとが用いる基本的な決まり文句は二つある。「まったくくだらない」と言うか、「そんなことはみんなが知っている」と言うかの二つだ。私は偶然この二つが結びついたことばをケンブリッジ大学の特別研究員社交室で耳にした。「彼の言っていることのなかには新しいこともあるし、正しいこともある。しかし残念だが、新しいことは正しくないし、正しいことは新しくない」。これは私の著書にたいするヴァミュールの態度と同じと思われる。彼女と『再考』の他の寄稿者たちは、私と専門家とのあいだに境界を引こうとしているが、これは次のように要約できる。〈バナールはギリシアにたいするオリエントの影響を過大視している。それに、このような影響があったことを古典学者と古代史家が否定したというのは正しくない〉。

一九六〇年代中期まで、ギリシアにたいするオリエントの影響の議論は十分でなかったかもしれないとメアリー・レフコヴィッツが認めるとき、彼女は多数派の代表と思われる。(11) ヴァミュールはもっと強気だ。「第一に、これまで誰も、ギリシアがエジプトと東方に借りがあることは疑っていない。シュリーマンは自分が中国の壺をトロイアで発見したと考え、大喜びだった。同じように、アーサー・エヴァンズ卿はクレタ島で「リビアの股袋《コッド・ピース》」が発掘されたのを知って満足し、自信をもって、クレタ島のトロス墓は近代にリビアで発見されたストーン・サークルに由来すると考えた……。実質的にすべての同時代の学者は〔東地中海地域内の〕あらゆる接触の徴候を歓迎している。いったい全体、バナールはなぜ、自分が最初にエジプトと東方に目を向けたと主張するのか」(p. 272)。

疑問に答えよう。第一に、私は一度も自分が「最初にエジプトと東方に目を向けた」と書いたことはなく、言ったこともない。私は『黒いアテナ』第二巻の献辞を「修正伝播論の第一人者」のゴードン・チャイルドに捧げた。『黒いアテナ』の第一巻と第二巻のいずれでも、私は一貫してアーサー・エヴァンズにふれ、お世辞は言わなかったにしても、好意的に言及している。また、私はサイラス・ゴードンとマイケル・アストゥアの大の崇拝者だと公言してきた。第二に、ヴァミュールは「実質的にすべての同時代の学者は〔東地中海地域内の〕あらゆる接触の徴候を歓迎している」と述べているが、ここにはコリン・レンフルーが率いるきわめて有力な考古学思想の一派が除外されている。なぜならこの学派は、新石器時代初期以後、エーゲ海地域にたいする東方からの重要な影響はまったくなかったと主張している（以下および *BA II*: 69-77〔邦訳一四九—一六一頁〕を参照）。さらにヴァミュールは、もっと昔の「修正伝播論者」すなわち、エーゲ海地域人の考えとギリシア人の考えのあいだの決定的な差がわからない。チャイルドやその他の人びとは、この地域にオリエントの影響があったことを喜んで認めるが、オリエントの影響が直接ギリシア人に及んだことについてはそれほど快く認めなかった。

アーサー・エヴァンズの主張を考察しよう。ヴァミュールは彼の著作を好意的にふれており、私もそれに言及している（*BA II*: 67-68〔邦訳一四七—一四八頁〕)。クノッソスの発掘でエジプト産とレヴァント産の素材から成る大量の証拠に出会ったエヴァンズにとって、エジプト文明と「オリエント」文明がミノア文化期のクレタ島に大きな影響を与えたことを否定するのはむずかしかっただろう。にもかかわらず、エヴァンズがこのような影響を歓迎したと述べているヴァミュールはまったく正しい。しかしエヴァンズは、エジプトあるいはレヴァントがギリシア文化に直接的な影響を与えたとは考えなかった。〈ミノア人〔クレタ島人〕はギリシア人でなかったばかりではなく、彼らはかつてミュケナイ人を植民地化していた〉という彼の考えは揺るがなかった。したがって、オリエントの影響はギリシア文明に到達する前に完全に濾過されてしまった。

ミュケナイ人の文化はミノア人からかなり借用した文化であり、アルカイック時代と古典古代時代のギリシア文化はこの文化が基礎になっている――私も当然同意見である――とマーティン・ニルソンのような学者たちが考え始めたとき、オリエントのギリシアにたいする影響という問題が深刻な問題になってきた。

ヴァミュールは見落としたと思われるので、ここでもう一度、当初『黒いアテナ』第二巻（p. 72〔邦訳一五四頁〕）で引用したレンフルーからの長い一節を繰り返そう。レンフルーは意味深長な表題の大作『文明の誕生――紀元前第三千年紀のキクラデス諸島とエーゲ海地域』のなかで次のように述べた。

> 伝播論者はエーゲ海文明がオリエントからの借り物だと広く主張している。しかし私はこの見方は不適当だと考えるようになった。伝播論は、考古学上の記録が実際になにを意味するかを説明できない。ゴードン・チャイルドの言葉を借りるならば、「野蛮なヨーロッパをオリエント文明の光で照らすこと」がヨーロッパ先史時代の唯一の統一的テーマだそうだが、もはや私たちはこの言葉を受け入れることはできない……。一〇〇〇年〔紀元前第三千年紀〕の間、南エーゲ海地域全域で、農業、工芸技術、社会組織、美術、宗教、貿易、人口など、あらゆる分野でめざましい変化が起きていた。こうした発展がオリエント文明の霊感の恩恵にほとんど与っていなかったことは明白である。しかもこの時期に、のちのミノア＝ミュケナイ文明の基本的特徴が決定されつつあった（傍点引用者）[12]。

宗教史家で神話史家のマーティン・ニルソンのような学者は、〈ギリシアに起源があるという本質がヨーロッパ文化全体にとって重要だ〉と考えており、レンフルーがこの見方を受け入れていることもあきらかである。したがって、彼の本には『文明の誕生』という包括的表題がついている。オスカー・モンテリウスとゴードン・チャイルド、そして彼らの弟子らは西暦紀元前二〇〇〇年以後のエーゲ海地域の文化に断絶があると考える傾向にあった。他方、レンフルーはニルソンと同じように、そこには本質的に文化的連続性があったと主張した。

この文化的連続性という概念は、一九五〇年代にマイケル・ヴェントリスが線文字Bを解読し、ミュケナイ人の言語がギリシア語だったことを論証したことに大きな刺激をうけた。[13] この時点で、古代ギリシア以前のエーゲ海地域と考えられている地域にオリエントの影響があったという、以前の寛容な考え方に異議が申し立てられた。ケンブリッジの考古学者フランク・スタッビングズのような学者は、この地域に物質的財のかなりの交流があり、ペロポンネソス半島東部ではヒクソスの侵略さえあったとの考えを捨てなかったが、にもかかわらず、これによるギリシア文化への長期的な影響は一切なかったという彼の考えは揺るがなかった。[14]

多少の文化交流があったと認められる分野では、オリエントからこのような財や知識をもたらしたのは旅するギリシア人だったことが強調された。ジョージ・バスは地中海地域の水中考古学の第一人者だが、彼はトルコ南部のゲリドンヤ岬沖での発掘にもとづいて、このような接触ではレヴァント人が積極的な役割を果たしたと示唆したが、彼の著作は意図的に無視された。[15]

個別の専門的学問分野では、借用問題についての受けとめ方のオープン度が一様でなかったことは驚くにあたらない。美術史家〔の関心〕は、西暦紀元前第二千年紀前半のミノア文化期と紀元前七世紀のいわゆるオリエント化の時期という二つの時期に集中する傾向があり、両時期に挟まれたいわゆるギリシア文明の形成期の数世紀の議論は回避されていた。にもかかわらず、美術史家はこのような問題について、大部分の古典学者と古代史家よりも偏狭ではなかった。神話学と文学の分野については、ギリシア的形態と一般的・世界的形態が比較される傾向があった。そして近東を論ずるばあい、ヒッタイト人から始めて、フルリ人、バビロニア人と進み、最後に西セム語の話者とエジプト人を考察するだけだった。古典時代のギリシア人自身は、自分らの宗教と神話について、大部分は前記の最後の二つ――西セム語の話者とエジプト人の宗教と神話――に属すると考えていた。[16]

一九五〇年代と一九六〇年代に、セム学者のサイラス・ゴードンとマイケル・アストゥアは〈ギリシア神話の特定の話や名前はセム語を話すレヴァントからの借用だった〉と詳細に主張したが、彼らの研究は古典学者によって大部分が簡単に切り捨てられた。

言語学については第6章で議論する。言語学は専門的学問のなかで最も硬直した分野である。青銅器時代と初期鉄器時代のあいだずっと、東地中海地域で優勢な二言語はエジプト語と西セム語であり、ギリシア語の語彙のうち〔語源が〕不明の六〇%がこの二言語によって説明できるだろう。この可能性を言語学者が検討し始めるときに初めて、ヴァミュールは彼女の学問〔古典時代の考古学〕のオープン度がわかるだろうと私は確信している。

ヴァミュールは、〈アーリア・モデル〉を作り上げたのは一九世紀の古典学者ではなく、古典時代のギリシア人だったと主張する。「〔バナールの〕主張によれば、彼らは人種差別主義者でおそらく反ユダヤ主義者だったので、ギリシア人は生まれながらに知的・芸術的優越性があると考えた。しかし、アジアとヨーロッパとのあいだに、民主的な〈西〉の「我ら」と帝国的王権下にある〈東〉の「異邦人《バーバリアン》」とのあいだに、最初に鮮明な対比を画したのはギリシア人自身だった」(p. 272)。当たり前だが、このようなギリシア人の見方、とりわけヘロドトスの見方を私は十分に知っている。

ヘロドトスの『歴史』はあきらかに、ギリシアとアジアの対立にもとづいている。ペルシア戦争以後、これは〔著作家の〕テーマになり、ギリシア人の一般的な自尊心あるいは好戦的愛国主義は高まった。だからこそなおさら、〈ギリシア人を植民地化したのはフェニキア人とエジプト人であり、ギリシア人は宗教を後者のエジプト人から受け取った〉というヘロドトスと彼の同時代人たちの主張に注目しなければならない。

当時、ギリシア人自身が自分たちを最高の民族だと考えていたのは当然である。しかし、これを額面通り受け入れる人は、西暦紀元一八世紀末になるまでほとんどいなかった。ギリシア賛美の拡大、〈古代モデル〉の否定、一九世紀初期の〈アーリア・モデル〉の出現は、新しい現象と考えられなければならない。この新現象は、一九世紀ヨーロッパの自信、他の諸大陸の諸民族にたいする絶対的優越性の意識、当時の〈「人種」的本質は永久不変〉という歴史的信念など、一般的コンテクストのなかに置かれなければならない。したがって、現在の勝利を過去に投影したい欲求と、ギリシアの業績もギリシアの反アジアのイデオロギーもこの目的のために強調したい欲求が蔓延した。

ヴァミュールは次のように主張する。「バナールは、エジプト文化およびヒエログリフで記されたエジプトの言語と楔形文字で記された古代近東の諸言語とのあいだに、本質的な相違はないと考えている、あるいは、考えていると思われる。彼の本の長い段落は、一方の単語は他方の言語の単語から派生したという主張から成っている」(p. 273)。彼女のいう「長い段落」は私の本に見あたらないが、私が〈エジプト語と古セム語系諸言語は、多くの同系語を共有している〉という通説を受け入れていることは確かだ。ヴァミュールは筆記文字の意義を誇張する。エジプト語とセム語はどちらも、アフロアジア語族に属する語派である。さらに、エジプト語とセム語のあいだには、双方向で語の借用があったという証拠が豊富に存在する。(17) 両文化の接触はレヴァント、とりわけ大港湾都市ビュブロスで最も密接であり、エジプト人は何世紀ものあいだ、ビュブロスの君主をエジプトの市長として扱った。このエジプト＝セム文化の混合地帯はエーゲ海地域と直接的接触があった土地なので、とりわけ重要だった。

ヴァミュールは次のようにも主張している。「バナールはエジプトと近東の都市国家および王国とのあいだに本質的な違いはなかったと考えている」(p. 273)。どうしてそう考えるのか、私はまったく困惑する。実際には、私は発表した二つの論文で、フェニキアの都市国家がギリシアのポレイス *poleis* のモデルを提供したと主張している。[18] ヴァミュールには信じられないようだが、私は二巻ある『黒いアテナ』のどちらの巻でも、カナンとレヴァントの都市国家の集団的構造がファラオの統治制度とは全面的に異なると頻繁に言及している。たとえば、私は青銅器時代のシリアの港ウガリットについてアストゥアが次のように述べた箇所を引用している。「ウガリットでは大商人層は上流階級だった――彼らは最大の土地所有者であり、顧問および行政官として玉座をとり囲み、マリヤンヌ *mariannu*――戦車の御者――として軍隊のエリート部隊で軍務についた。ウガリットのマリヤンヌに匹敵する存在を探すとすれば、貴族階級、それも初期のローマではなく中世のヴェネツィアの貴族階級だった。ただし、ウガリットにおける社会関係はヴェネツィアの商業的寡頭制支配の厳格さと排他性とは無縁だった」(*BA II*: 437〔邦訳八〇〇頁〕)。この箇所の私が、〔レヴァントの都市国家は〕エジプトの君主制と「本質的な違いはなかった」と見ていると、ヴァミュールは本当に考えているのだろうか。

ヴァミュールはなぜこれほど多くの誤りをおかしたのか。

エミリー・ヴァミュールのような著名な学者が論評でこれほど多くの誤りをおかしたのは謎である。誤りのなかには彼女の全体的な主張に影響しない取るに足りないものもある。たとえば、彼女は私からの引用をまじえて次のように書いている。「バナールは有力な古代語としてベルベル語もつけ加えている。すなわち、「アトラス、アトランティック」の語源として彼は、西暦紀元一九世紀以前には慣用が実証されていないベルベル語の語根 *adrar* すなわち、山を挙げ、「しかし、この語が古語ではないと考えなければならない理由はない」〔*BA II*：299（邦訳五九五頁）〕と主張する」（p. 273）。実際には、私は長い議論のすえに——飽き飽きするほど長い議論ではなかったが——、*adrar* をアトラスの語源と主張する学者の説を受け入れなかった。私は次のように結論したにすぎない。「要するに、アトラス／アトランティスという名前の一つの語源がベルベル語の **Adrar** であったことは大いにありうると思われる。しかし、アトラス／アトランティスのいくつかの側面は **Adrar** では説明できないので、この語がアトラス／アトランティスの唯一の語源とは思われない」（*BA II*：300〔邦訳五九七頁〕）。

したがって、かつて何人かの学者は〔アトラス／アトランティス＝ベルベル語説を〕受け入れたが、私自身ははっきりとこの説を拒否した。にもかかわらず、ヴァミュールはこれを私の立場だと考えている。さらに彼女は、私がベルベル語を「有力な言語」と見ていると述べているが、私はそうは述べていない。実際には、これまで出版された『黒いアテナ』の一三一一ページのうち、私がベルベル語の語源論にふれたのはたった一回——このとき——だけである。ベルベル語からの借用語の可能性については、地中海地域の一体性について書いたフェルナン・ブローデルの読者なら誰もこの可能性を除外しないように、私も除外はしない。しかし、私にはベルベル語からの借用語を見破る言語学的能力はない。〔ベルベル語からの借用語をめぐる〕このような思想的・文化的オープン度はヴァミュールとはまったく対照的である。彼女はベルベル語を語源とするギリシア語があるという提案について——ベルベル語を語源とする北アフリカの地名があることでさえ——、本質的にばかげているとみているようだ。さらに、彼女は彼女の読者がこの見方を共有するのを当然だと決め込んでいる。

私の立場を誇張するために彼女が用いる一般的アプローチは背理法である。たとえば彼女は、ミュケナイの竪穴墓《シャフト・グレイヴ》に埋葬されていたのはヒクソスだったという考えを辛辣に長々と論じたあげく、次のように結論する。〔バナールは〕「彼らが〔ギリシアに〕到着すると、彼ら〔の名前〕はエジプト語のヒクソス *Hyksos*（「異国の地の支配者」）からギリシア語のヒケタイ *hiketai*（嘆願する者）に変わった（*BA II*：364〔邦訳六九〇頁〕）〔と主張している〕――ところが、この語の語根がギリシア語 *hikneomai, hiko*「私は追放あるいは殺害された後に、嘆願する者として到着した」であることは、十分に立証されている」（p. 277）。

簡単にいえば、私がヒクソスという名前と結びつけるのはゼウス・ヒケシオス Zeus Hikesios すなわち、ゼウス（嘆願する者）の称号であり、ゼウス（嘆願する者）はアイスキュロスの戯曲『嘆願する女たち』に威圧的存在として登場する。ヒクソスはヒケシオスを連想させるため、ヒクソスとヒケシオスの関係はことばのもじり、すなわちパロノメイジア *paronomasia* だと私は見ている。この語根 *hikō* にははっきりしたインド＝ヨーロッパ語の語源はない。しかし、この語根の語源を私がエジプト語に求めようとしたことは絶対にない。

ヴァミュールによれば、「ギリシアの神パンはナイル川の魚パ・イン *pa in* の名を採って命名された」という私の主張がもう一つの論点である（p. 273）。しかし実のところ、私の説明はまったく異なる。私はパンという名前について、それにはおそらく神聖なパロノメイジアが含まれており、いくつかの源泉があるだろうと指摘して次のように述べた。「また、それよりもずっと大きい可能性は、パンという名前がエジプト語の ***p3ʾim***（うめき声）の影響を受けているというものである。音声学的には、ギリシア語のパン、パノス（ナイル川の魚）はエジプト語の ***p3ʾim***（魚）と並行関係にある」（*BA II*：171〔邦訳三〇五頁〕）。おそらくたんなるヴァミュールの不注意だろうが一般的な誇張のパターンではある。

このような最も意図的で最も重要な誤解の実例が、考古学にかかわるというのは驚くにあたらない。たとえば彼女は、古王国時代のあいだに、エジプトはボイオティア地方を征服したと私が確信していると述べている（p. 275）。しかしこれは事実ではない。[19] 彼女の主張では（p. 275）、私はクレタ島の宮殿についてひたすらエジプト的だと見ているというが、実際には、多くの中東地域から影響があったと私は繰り返し述べている（*BA II*：158-162〔邦訳二八七—二九二頁〕）。またヴァミュールは、北と南を対置するエジプト人の地理の考え方について私が考察していないと主張する（p. 274）が、そんなことはない（*BA II*：251-253〔邦訳四二八—四三〇頁〕を参照）。彼女は私について、私が「ギリシア神話の絶対的な歴史的価値について子どものようなほほえましい信頼」を寄せていると述べているが、この点はもっと重要だ。この本でもまたほかのところでも、私は繰り返しこれがまったく事実でないと説明してきた。

こうして彼女の意見をみてくると、ヴァミュールの批判にたいするはるかに重大な異議に行きつく。彼女は、私が「青銅器時代エーゲ海地域の専門家と古典時代の考古学者について、……無知で偏見をもった人種差別主義者だ」（p. 270）と考えていると述べているが、この言説はこれまでみてきた彼女の意見に反している。彼女はこの言説のすぐ前で、その異常な主張とは絶対に無関係な私の著作から一節を引用している。私はコリン・レンフルーと彼を支持する人びとの極端な孤立論的見方に全面的に反対だが、過去二五年のあいだずっと、この見方は大きな影響力があった。にもかかわらず、この極端な孤立論的見方は、よりバランスのとれた東地中海地域考古学の主流――ヴァミュールは主流の著名な代表者だ――の見方ではない。

実際、二〇世紀考古学にたいする私の信頼と尊敬は、『黒いアテナ』第二巻の第一ページに〈考古学者V・ゴードンを追憶して〉という献辞を記したことからあきらかである。私はこの本の結論の始めに次のように書いた。『黒いアテナ』プロジェクト全体の主要なポイントは、〈学問上の人種差別と反ユダヤ主義の影響に反対する〉ことだったが、ここに最大のパラドクスがあるように思われる。気がついてみれば、私は本書で頻繁に、人種差別が最高潮だった一八八〇年―一九四〇年に活動した学者の考え方を擁護していた。しかし、彼らの考え方は一般に、人種差別と直接かかわりのない問題についての考え方だったと言わなければならないが」（*BA II* : 522〔邦訳九三三頁〕）。唯一の例外は〈ファラオ、センウスレト／セソストリスによるアナトリアとカフカスの征服〉についての私の仮説だが、そのほかのすべての私の主要な主張の基礎は、考古学専門家と古代史家からの示唆にあった。

ヴァミュール自身、初期の著作で古王国時代のエーゲ海地域におけるエジプト人使節の存在を指摘している。私は『黒いアテナ』第二巻の一四九ページ〔邦訳二七一頁〕で、トルコ西部で発見された第五王朝のエジプトの遺物を含む、黄金の埋蔵物の起源にかんする彼女とコーネリアス・ヴァミュールの考察を引用した。「彼ら〔エジプト人たち〕は、エジプト以遠の地中海沿岸地域に外交や貿易のため使節を送ったのだろうか。……信任のあかしとしてこの印章を携えてきた使節は結婚したのだろうか、殺害されたのだろうか、あるいは国外で印章を奪われたのだろうか[20]」。私に想像力の翼があったとしても、これほど高くまでは飛べない。

美術史家で考古学者のヴァンス・ウォトラスはクレタ島の宮殿の土台に近東の植民地化があると示唆するが、私はそこまでは踏み切れない[21]。しかし、二〇世紀初期のドイツの古代史家で、私とヴァミュールがともに敬服している百科事典的知識と洞察力のあるエドゥアルト・マイヤーが主張した説、すなわち〈ヒクソスはクレタ島を占領した〉は信奉している。

ヴァミュールは、竪穴墓《シャフト・グレイヴ》に埋葬されていたのがヒクソスの支配者だったという私の説にショックを受けている。しかし、前述したように、少数だが相当な数の人びとがこの説を主張している[22]。テラ島大噴火の年代について、彼女が古い年代の西暦紀元前一六二八年説に傾いていることは嬉しい（p. 276）。私は『黒いアテナ』プロジェクトの最初からこの古い年代で研究をしているが、それは私の共同研究者で年輪年代学者のピーター・クニホウムのおかげである。通説では噴火は一五〇〇年頃とされるので、この年代修正は重要である。とりわけ年代修正が重要であるのは、島の噴火によって埋もれたフレスコ画が、いまではエジプトの新王国時代というよりも、第二中間期のものと考えられなければならないからだ。一般にこの第二中間期には、エーゲ海地域とその他の東地中海地域とのあいだにかなりの接触のあったことが認められている。このような接触について著作を出した学者たちは、テラ島のフレスコ画がクレタ島・エジプト・レヴァントの影響を反映する高度に洗練されたコスモポリタン的な社会を描いているという点で意見が一致している。いまでは、このようなフレスコ画が後者の二地域〔エジプトとレヴァント〕でヒクソスが支配権をもっていた時期に描かれたことを私たちは知っている。(23)

最近、ヒクソスの首都だったアヴァリスとガリラヤ地方のテル・カブリでクレタ島タイプのフレスコ画が発見され、これによって西暦紀元前一七世紀の東地中海地域周辺で、かなりの文化的接触があったという構図が確認されている(p. 276)。私が述べたように(*BA II*：437〔邦訳八〇〇―八〇一頁〕)、西暦紀元前第二千年紀の大部分のあいだ、クレタ島美術は中東全域で賞賛の的だった。しかし実際に私もふれたが、一八世紀末のクレタ島に新らしく重要なモチーフ――「空飛ぶギャロップ」、翼のあるスフィンクス、グリフィン――が導入された。この三つのモチーフがすべてシリア起源だということは妥当だろう(*BA II*：364-365〔邦訳六九一―六九二頁〕)。さらに、私たちはヒクソスの使用した言語が西セム語だったことを知っている。また、ミノア文化期のクレタ島でセム語系言語が話されていた見込みはかなり大きい。下エジプトのヒクソス支配者たちが、エジプト文化の多くの側面を身につけていたことも知られている。したがって、この時期のあいだに、エーゲ海地域にセム語とエジプト語の語彙と宗教が導入されたという推論は乱暴ではない。実際、そうでなかったと言うほうが驚くべきことだろう。最近このような絵画の多くが第一八王朝初期の宮殿に属することがあきらかになったが、このことは、エーゲ海地域とその他の接点を持っていたアハホテプ女王(第一八王朝の最初のファラオ・アハモセの母）によって、あるいはアハホテプ女王のために、絵画制作が依頼された可能性の高いことを示している。[24]

エミリー・ヴァミュールの鋭い批判にたいするこの長い答えを締めくくるにあたって、私の著作は彼女が主張しているような「あらゆる専門的職業」を拒否するものでないことを繰り返したい。私は、修正伝播論というきわめて筋の通った原理にもとづいて研究していたアーサー・エヴァンズ、エドゥアルト・マイヤー、ゴードン・チャイルドら、二〇世紀初期の学者たちに追随しているにすぎない。しかし、〈インド＝ヨーロッパ語を話す「ヘレネス」〔古代ギリシア人〕がエーゲ海地域に住んで以後、近東の影響は長く続いたため、その後のギリシア文明に近東は大きな影響を与えた〉と確信している点で私は彼らと異なる。

彼らと私の意見が異なるのはなぜか。また、このような偉大な学者の研究を最新化しなければならないと考えているのはなぜか。それには三つの大きな理由がある。第一に、彼らへの影響が避けられなかった人種差別と反ユダヤ主義を割り引いて考える必要がある。彼らは〈かつて近東はエーゲ海地域に影響を与えた〉という考えに偏見を持たなかったとはいえ、このような人種差別的雰囲気から、とりわけ、セム族とエジプト人がヘレネスに影響を与えたということを認める気にはならなかった。

第二に、一九五〇年代に線文字Bが解読されたことにより、後期青銅器時代のエーゲ海地域の言語、固有名詞、宗教〔用語〕はギリシア語だったことがはっきりした。したがって、いわゆる暗黒時代を通じて、実質的な文化的連続性があったことはあきらかである。したがって私たちは、〈ミュケナイ文化期のエーゲ海地域にたいする近東の影響は、その後のアルカイック時代と古典時代のギリシア文明に影響を及ぼしただろう〉と考えることができる。

第三に、過去四半世紀間に、考古学上の驚くべき発見、とりわけゲリドンヤ岬とカシュ岬の難破船、およびテラ島その他の壁画の発見があった。このような発見は、青銅器時代の数世紀間の東地中海地域の諸文化が文化交流を促進する連動的な経済・政治システムの一部だったことを示している。さらに、この時代はエジプトとレヴァントが偉大であり、彼らは富と政治権力を持っていたため、文化の支配的な流れは南東部からエーゲ海地域に向かったと思われる。

第5章　単なる錯覚か

……イーディス・ホールに答える

書評者が議論を単純化するのは避けられない。しかし、彼あるいは彼女が議論を歪曲することによって批判の対象がわら人形〔架空の議論〕になるため、書評者の批判への興味が失なわれる境界はある——どんなにはっきりしない境界であっても。私はイーディス・ホールの批評の大部分はこのケースだと考える。私は彼女への返事のなかで、このタイプの誇張の大きな例を三つとりあげる。第一は、私が〈古代モデル〉を擁護することによって近代の学問を簡単に切り捨てているという、彼女の誇張した主張である(p. 346)。本書でもそのほかの場所でもたびたび述べてきたように、実際に私が提起したのは〈改訂版古代モデル〉であり、このモデルには多くの近代の学問的業績が組み込まれている。

同じように、彼女は次のように誇張する。「[バナールが求めているのは]〈ギリシア人自身が自分たちについて、エジプト人あるいはフェニキア人の末裔だと純粋に信じていた〉と私たちが認めることである」(p. 335)。さらに(p. 340)、「ギリシア人のすべてがずっと、自分たちはエジプト人とフェニキア人の末裔だと確信していたのか」(傍点原文)と問いかける。どんなところでも私がこのような示唆をしたことは一度もない。私の主張は、古典時代とヘレニズム時代のギリシアの通説では、ギリシアの王族のなかに、エジプト人あるいはフェニキア人の末裔もあったということにすぎない。(1) 私はエジプトとフェニキアのギリシアへの植民という伝説と、ギリシア人の始まりは現地住民すなわち「ペラスギ人」だったという他の起源神話が相容れないとは考えない。

第三の歪曲は、私が神話を文字通りに受けとめているという彼女の示唆である。もちろん、この点で彼女は『再考』の他の多くの寄稿者と似ているが、しかし彼女はこれに加えて、私が二〇世紀のあいだの神話学の精緻な研究を認めず、神話がどんなに支離滅裂で内的矛盾を抱えているか、見ようとしていないと述べる。

民族の起源についてギリシアの神話と伝説〔の記述〕は多様で矛盾しているが、ひとつの理由は、西暦紀元前第三千年紀と第二千年紀のギリシアが実際にきわめて錯綜していた状況だったからだ、と私は考えている。もうひとつの理由は、起源神話はたんなる歴史ではないからだ。神話は他の多くの目的すなわち、美的・イデオロギー的・政治的目的にも役に立つ。きわめて当然だが、ホールもこれを強調する。したがって、『黒いアテナ』で私が主張するように――また、何度も述べるように――、古代と近代の資料は両方とも、このようなすべての側面を念頭において批判的に読まなければならない。

私の著作を受け入れるからと言って、ホールが述べるように、「神話にどのような働きがあるのか、私たちがそれを理解する助けになる二〇世紀の精緻な理論」(p. 347) を放棄する必要はない。神話には入り組んだ複雑な構造があり、近代の学者たちの興味深い説明が可能な部分があるのは事実だが、だからといってこの事実は、私が関心をもっている問題――〈神話に何か含まれているとすれば、そこには歴史的根拠のある資料が含まれているかもしれない〉という問題――とほとんど、あるいはまったく関係ない。

あきらかに、すべての起源神話に核心的真理が含まれているわけではない。なかには完全なフィクションの神話もある。他民族から借用した神話もある。他方、多くの起源神話に「歴史的」要素が含まれていることも同じくあきらかである。ギリシアの起源神話はこのケースに当てはまる可能性がある。ギリシアの神話と伝説は、植民と文化的影響についてふれているが、太陽と月の起源のような自然科学的法則に反することは一切ふれていない。この事実はその可能性を強めている。

伝説として伝えられている話は、まったくあり得ない話ではない。ギリシアとエジプトおよびレヴァントの距離は、日本と中国の距離と同じくらい近いが、地中海は黄海よりもはるかに危険が少ない。少なくとも西暦紀元前第四千年紀以来、エジプトとカナン／フェニキアにはかなり都市化し繁栄した時期があり、彼らはエーゲ海地域に達することができる航海手段をもっていた。差し迫ったイデオロギー的必要のあった一九世紀初期まで、学者は権威にたいする尊敬に加え、〈古代モデル〉のもつこの本質的妥当性から、このモデルを基本的に真実だと受け入れていた。

ホールは、私の議論には「論理的に不合理な推論と方法論的欠陥」があると主張し、〈ギリシア人が彼らの「民族的起源」と考えていたかもしれないこと〉を〈現実に起きたこと〉と私が混同していると述べている（p. 336）。これは事実ではない。私はこの二つを『黒いアテナ』の全ての巻で区別している。『黒いアテナ』第一巻の結論では、〈古代モデル〉が誤っているかもしれないし、近代の学問が正しいかもしれないと主張し、次のように述べた。「［アーリア・モデルの］着想が罪と誤謬のなかで胚胎したからといって、かならずしもそれが無効になるわけではない」（*BA I*: 442〔邦訳五三二頁〕）。にもかかわらず、神話のなかにある歴史的核心と思われるものを「最も重要な頼みの綱」――ホールによれば私はそう主張しているのだが――と考えるべきではない――これが私の信念である。しかし、この歴史的核心と思われるものについては、重要な情報源としてその他の情報すなわち、考古学、言語学、青銅器時代の文書と絵画と関連させて考察すべきである。このような他の情報源の調査から、私は植民についての古代の伝承はおそらく正しいだろうと確信する。したがってこのケースでは、神話の核心に「真理」があると確信する。にもかかわらず、〈ギリシア人が彼らの過去について考えていたこと〉と「現実に起きたこと」が一致する場合があれば、それは偶然であり、必然ではない。私はこの二つについて、頭のなかでも著作のなかでも明確に区別しようとつとめている。

民族性についての私の二次文献の知識は表面的で、この概念の私の用法は単純だと述べているホールは全く正しい。しかし、これにたいする彼女の反対提案ははるかによくない。というのは、彼女の提案はマックス・ヴェーバーの甚だしく時代遅れの区分——「客観的」あるいは「生物学的」民族性と「主観的」民族性という区分——にもとづいているからだ(p. 336)。この区別が役に立つとはまったく思わない。二〇世紀の最初の三〇年間とはまったく異なる時代の二〇〇〇年のいま、エトノス *ethonos* を「生物学的」実体と主張するのは困難である。「人種」はエトノスにはならない。完全な例外ではないが、一つだけ例外的な状況がある。人種差別的奴隷制確立後のヨーロッパ北部と北アメリカの状況がその例外だが、その結果、強迫観念的な人種差別が発展した。このような社会で、他の人と著しく異なるタイプの肉体の持ち主が直面するのは、民族の構成員として受け入れられるのが難しいということだ。しかし、このような社会においてさえ、たとえばイギリス人的エスニシティ、フランス人的エスニシティ、ドイツ人的エスニシティに対応するような「客観的、生物学的」基準はまったく存在しない。古代の東地中海地域では、ヨーロッパ北部あるいはアフリカ中部の、一風変わった肉体的外見の持ち主にたいして、揶揄すると同時に畏怖し恐怖する気持ちがあったかもしれない。しかし、エジプト人的エスニシティ、フェニキア人的エスニシティ、あるいはギリシア人的エスニシティには、客観的もしくは生物学的基準はほとんどなかった。他方、このようなほとんどすべてのエスニック集団には類似する共通の基盤があった。とりわけ、言語や方言、慣習、イデオロギーが共通だった。これらにはすべて、多かれ少なかれ、順応性があった。したがって、エスニシティは本質的に主観的なカテゴリーである。いずれにせよ、私はこの問題が〈改訂版古代モデル〉に影響するとは認めない。〈ギリシア人はエジプト人とフェニキア人の末裔と想定される民族だ〉と私が見ているというのは、前述のように、ホールのばかげた誇張にすぎない。

カドモス

さて、ホールの特定の節をいくつか見ていこう。第一に、カドモスとテーバイ建国についての節(p. 337)から始める。『黒いアテナ』第一巻(p. 19〔邦訳六一頁〕)で私が記述を省略したので、〈ホメロスはカドモスのテーバイ建国に言及している〉という誤解を読者に与えたとすれば申し訳ない。私はホメロスの詩句を読み、アムピオンとゼトスによるテーバイ建国の話をホメロスが語っていると述べただけだが、混乱は予期していた。しかし、少なくとも私はそのあとで(*BA I*:85〔邦訳九九頁〕)、カドモスとダナオスの植民地化にふれて、「ホメロスは植民地化については沈黙していた」とはっきり述べた。ホール教授、ゴンメ教授、K・O・ミュラー教授に連なる系統の学者は、〈カドモスらについてはポイニクスあるいはポイニケスとの関連で言及されているが、だからといって、ポイニクスは必ずしもフェニキア人を指さない〉と理解しており、私もこの線に沿って理解している。しかし、後世にギリシアのテーバイとフェニキアが、そしてポイニクスとエウロペが頻繁に関連し、加えて、カドモスとエウロペの語源がセム語だということはきわめて妥当であり、また、西暦紀元前七世紀に描かれたエウロペの図像が「オリエント的」だったことを考えると、テーバイの「カドモスの一党」に言及したホメロスと、エウロペはゼウスが「塩水〔海〕」を越えて連れ去った「高貴なポイニクスの娘」だと述べたヘシオドスが、すでに伝えられていた伝承に従っていた見込みは圧倒的に大きい。その後、この伝承の多くは立証されている。

「アイティオプス Aithiops」という語が「ポイニクス Phoinix」と並行関係にあるというホールの議論はかなり重要だ。彼女の主張によれば、アイティオペス Aithiopes という名称は「西暦紀元前六世紀末期に民族誌が登場するまで」(p. 337)、世界の最果てに住む伝説上の民族を指すにすぎなかった。この主張は、一方の古典学者と他方の考古学者および東地中海地域研究者のあいだに、重要で興味深い不一致を生んでいる。古典学者たちが研究している枠組はいまなお一九世紀初期と中期につくられた〔アーリア・〕モデルだが、この枠組では、西暦紀元前八世紀と七世紀の「ギリシア」はホメロス、ヘシオドス、そしてオリュンピア競技祭で始まり、その後の数世紀間にギリシア人の自己意識と他者認識が生まれたにすぎない。

もっと長期的な時間の広がりを研究している考古学者は、いまでは、青銅器時代のエーゲ海地域の住民がアフリカとアフリカ人についてかなり知識があったことを知っている。スピリドン・マリナトスは、西暦紀元前一七世紀に描かれたテラ島の壁画のひとつに、アフリカ黒人の像が描かれていたと主張した[2]。この事例の彼の主張が正しいかどうかはともかく、壁画に詳細に描かれたアフリカの動物相や植物相から、当時のエーゲ海地域で「エチオピア人」が知られていなかったというのは事実上不可能である。後期青銅器時代のキプロス島でも黒人が描かれている[3]。

アイティオペスという語は、このような人びと〔黒人〕を述べるために用いられた公算がもっとも高いようだ。ヴェントリスとチャドウィックは、線文字Bに何回か登場するアティジョクォ A_3tijoqo をホメロスに出てくるアイティオプスと結びつけているが、これは妥当だろう[4]。彼らとシャントレーヌは、ミュケナイ文化期の名前であるシマ Sima とシモ Simo を後世の名前のシモス Simos, シモン Simōn, シモス Simmos, シミアス Simmias と関連させ、そしてシマとシモをシモス *simos*（「しし鼻の」）という語に関連させており、これも妥当だろう[5]。西暦紀元前六世紀の詩人クセノパネスはアイティオペスについてシモイ *simoi* だったと述べている。[6] ホメロスは〈東のアイティオペス〉について彼らは黒人だと述べ、ときにはメソポタミア東部のエラムに住む「ネグロイドの」住民だと述べることもあった。また、このエラムの住民とホメロスに登場する半神でエチオピア人のメムノンは特別な関係があった。（この問題は ***BA II*** **: 257-269**〔邦訳四三八―四五六頁〕できわめて詳細に議論した。）

青銅器時代が終わってギリシアが復興するアルカイック時代が始まるまでの時代は「暗黒時代」という誤解を招く名前が付けられているが、この時期のギリシアには多くの文化的連続性がある。私はその根拠を他の章で述べた。[7] したがって、ギリシアが外の世界について知っていた知識の一部分が残っていたことは疑いない。後期青銅器時代ばかりでなく初期鉄器時代にも、エーゲ海地域と近東の接触についての考古学上の証拠が相当あるので、西暦紀元前一〇世紀から六世紀の幾何学模様時代とアルカイック時代のあいだでさえ、〈ギリシアは一般的な広い世界、とりわけアフリカについてぼんやりした感覚しかもっていない〉という考えの妥当性はずっと小さくなる。[8] アフリカの黒人との接触も続いていた。たとえば『オデュッセイア』では、オデュッセウスの伝令使エウリュバテスは色が黒く縮れ毛だったと記され、ヘシオドスはエチオピア人が北のスキタイ人とは対極的だと考えていた。[9] 全体として、アイティオプスという語は確かにユートピア的意味で用いられていたが、この語が私たちが黒人と呼ぶ、現実に存在した人びとと関連がなかったと考えなければならない理由が私には見いだせない。したがって、ホールの次のような主張は根本的に誤っている。「アルカイック時代の叙事詩に出てくる伝説上のある民族は、東あるいは西のさいはてに住み、その名称は〈日の出や日の入りの太陽の光が反射しているような輝くような眼と顔〉を意味した。西暦紀元前六世紀に民族誌が勃興したとき、彼らと同一視される民族がいて、それが遠方に現実に存在する肌の黒い諸民族だったという主張は……まったく妥当だ」（p. 337；傍点引用者）。収まりは悪いが巧妙な説明である。しかし、彼女のこの説明が正しい可能性は小さい。前述の証拠からみて、〈青銅器時代と初期鉄器時代のあいだずっと、アイティオプスという名前と肌の黒さは何の関連もなかった〉という彼女の主張にはスノーデン教授と実質的にすべての近代の学者に異を唱えており、ばかげている。

ダナオス

アイティオプスの次に、ホールはアルゴスの伝説上の建国者ダナオスの問題に移り、一連のさまざまな反証を提出する。〈イオはイナコスの娘である〉と述べたのは年代記編者のカストルと多くの悲劇作者だけだったので、この説を唱えた私の杜撰さを指摘する彼女はまったく正しい。彼女が述べているように、ヘシオドスとアクシラオスの報告によれば、イオの伝承上の父はどのような人物かわからないが、ピエレンという人物だった。私がこのことを省いたことを白状する。一方、考慮に入れたいもう一つの過失は、アポロドロス（II. 1. 3）とパウサニアス（II. 16. 1）がイオの父はイアソスという人物だったと主張したことにふれなかった過失だ。しかし、このような怠慢が私の一般的議論に影響を与えるとは思えない。それよりも、ヘシオドスはイオが身ごもった土地について、主流の伝承が伝えているナイル川河口ではなく、エウボイア島の近くだったと記述していることの方がずっと関連がある。この島と詩人〔ヘシオドス〕は幸せな関係ではないにしても密接な関係があり、エウボイア島 *Euboia*——この語源は *bous*（「牛の」）と考えられている——と牝牛のイオが関連するなら、イオがこのエーゲ海地域の地〔エウボイア島〕で身ごもった説明は比較的容易にできる。にもかかわらず、私はここでは譲歩し、ホールの主張を認める。私がこの点を提起すべきだったことについても同意する。しかし、だからといってこれが〈ギリシアの有力な伝承では、イオとダナオスがエジプ

ト と関連している〉という主張のダメージになるとは思わない。

「イオの末裔はエパポス〔ゼウスとイオの子でエジプト王〕からダナイスたち〔ダナオスの娘たち〕へ、そしてもちろんヘラクレスへと続くが、これとは別に、それに代わる神話が存在していたかもしれない。この伝承は、現地ギリシア本土の色彩が濃く、エジプトとほとんど無関係だった」(p. 338 ; 傍点引用者) とホールは考えている。私はこの考えについてもっと疑いを持っている。エパポスという名前の語源がエジプト語にあったというのが妥当だとすれば (*BA I* : 92〔邦訳一〇七頁〕を参照)、私があきらかにしようとしてきたように、ヘラクレスがエジプトと大いに関係があったのが事実だとすれば、そして、〔ヘラクレスの〕系譜がギリシアの外にあったことが実質的に立証されるとすれば (*BA II* : 109-120〔邦訳二一一—二二七頁〕)、彼女のこの推論はまったく根拠がないと私は考える。西暦紀元前七世紀と六世紀のギリシアにエジプト化傾向があったという説に私は賛成だが、これは立証ではなく競合的妥当性による説である。したがって、〈ダナオスとイオがエジプトと結びついているという考えは、このような遅い時期〔西暦紀元前七世紀の六世紀〕に形成されたにすぎない〉という主張に私は反証を挙げることができない。私が試みてきたのは、〈その見込みは到底ありえない〉ことを示唆する証拠を集めることだ。

私のダナオス論にたいする彼女の攻撃を追うと、次のような言及もある。「この時期 (西暦紀元前六世紀) に重要なプロセスがあったが、バナールはこれを知らないようだ。このプロセスのなかで、多くの伝承上・神話上の人物が異国の民族と場所と結びつくようになった。このプロセスはギリシアの〔他地域への〕植民地化と関連していた」(p. 338)。

もちろん私がこの図式を知らないはずはなく、よく知っている。これは一九世紀と二〇世紀の古典学の中心テーマだった。実際『黒いアテナ』第一巻 (p. 310〔邦訳三六六—三六七頁〕) では、私はこの図式の始まりについて明確に言及している。このプロセスはオリエントとの接触による〔ギリシア〕神話形成の一要素だったかもしれないが、接触が立証されたのはこの時期以後である。私は『黒いアテナ』プロジェクトを通じて、〈この種の「後期の」シンクレティズムは伝説形成の主要な要素ではない〉、そして、〈これは一九世紀と二〇世紀のギリシア中心主義と〈豊富な知識《ベサヴィッセライ》〉によって完全にゆがめられてしまった〉と主張している。

私の考えはマーティン・ニルソンおよびコリン・レンフルーの考えと多くの点で異なるが、にもかかわらず、本質的な一点で私は彼らの考えに追随する。それは、ギリシアの宗教と神話の伝承には、青銅器時代にさかのぼる強力で大いに分岐したルーツがあるという点だ。しかし私は、二人が試みようとしている主張すなわち、彼らの関心対象である〔ギリシア〕形成期の第二、第三千年紀に、エーゲ海地域はその他の近東地域から孤立していたという主張については彼らと考えが異なる。対照的に、どちらも長期にわたる千年紀で、エジプト、レヴァント、エーゲ海地域のあいだにかなりの接触があったことを示唆する相当な証拠がある。物的遺物が示しているように、文化の優勢な流れは〔南東のエジプトとレヴァントから〕北西〔のギリシアの〕方向に向かった。なぜなら、エジプトとレヴァントの方が〔ギリシアより〕富、権力、洗練において勝っていたからと見るのが妥当だからだ。〈ギリシアはその他の東地中海地域と早期に接触していた〉というギリシア人の主張を私が信ずる気になっているのは、この関連を初めて否定した近代の学者の人種差別と反ユダヤ主義に私は不信感があるからだ。ホールはこの点を認め、次のように述べている。「〈古代のギリシア語話者の社会とセム人と黒人の社会とのあいだの文化的接触は、これまでも軽く見られ、いまなお軽く見られているが、その理由の一つは近代の人種的偏見にある〉というバナールの主張は正しい。これはほとんど疑いない」(p. 335)。

ホールによれば、私はギリシア人著作家のなかに、〈外国が起源と目されてはいるが、実は現地〔ギリシア〕が起源の半神がいた〉と主張した人びとの存在を「終始一貫忘れている」そうである。しかし、私は彼らを忘れてはいない(たとえば、*BA I*: 90〔邦訳一〇四―一〇五頁〕を参照)。とはいえ、私はこのような物語がオリエントの植民と文化的影響の伝説に比べてそれほど注目すべきでないと考えている。一般に、西暦紀元前五世紀と六世紀のギリシア人は外国嫌いだった。とりわけ多くの場合、ペルシア人と同盟したフェニキア人とエジプト人が嫌いだったことが知られている。そのため、ギリシア文明の多くが南東方向から到来したことを〔彼らが〕認めるとすれば、これは驚くべきことである。このような外国人嫌いの気持は、ギリシアに古い文明を接合することによってギリシアに文化的深さを与えたいという願望に勝るとも劣らなかったと思われる。その結果、おそらく、近東からの文化的借用を誇張するよりも、それを最小化する傾向が生まれたと思われる。外国の植民の話を伝える著作家のなかにも、不満をあらわにする著作家がいたことがこれを示している(*BA I*: 90〔邦訳一〇四―一〇五頁〕, 104〔邦訳一二一―一二二頁〕)。

このような考察は、私とホールのもうひとつの意見の不一致につながってくる。それは一方の〈古典時代、ヘレニズム時代、ローマ時代のギリシア人の相対的信頼性〉対、他方の〈一九世紀、二〇世紀の古典学者の信頼性〉という問題である。彼女の主張では、ストラボン、パウサニアス、プルタルコスのような「後期の」著者の「判断能力は、私たちの判断能力よりもほとんど、あるいはまったくすぐれていない」が、〔バナールは彼らを〕「極端に軽々しく信じている」(p. 339)。私がこれまで何度も書いてきたように、古代の著作家にせよ近代の著作家にせよ、私たちはどちらについても慎重に扱わなければならないが、このような問題では後者の主張にはより懐疑的でなければならない。まず第一に、私が〈アーリア・モデル〉と呼ぶ学問的枠組を作った学者は、一九世紀と二〇世紀に解読された文字と考古学上の発展との関連性が想像できなかった。したがって、〈アーリア・モデル〉の創始者の青銅器時代についての知識は、古代「終末期」の著作家とくらべてもはるかに少なかった。キリスト教とイスラムが勃興し、西ローマ帝国が崩壊するという文化的断絶が重なる以前、すなわち古代「後期」に生まれた著作家の時代には、青銅器時代の物的・言語学的・制度的痕跡が多く残っていた。〈アーリア・モデル〉の枠内で研究した二〇世紀の学者は、一九世紀の先輩よりもはるかに多くのデータを有し、いくつかの点で彼らの知識は古代後期の知識さえしのぐかもしれないが、私はこのことが一般に正しいとは認めない。近代の学者の感覚は、ストラボン、パウサニス、プルタルコスが彼らの記述対象だった社会に抱いた感覚と同じではありえない。

近代の学者のなかには、古代人よりもはるかに体系的な知識を持ち、自然科学の一般的理解で優位に立つ者がいることは疑いない。しかし、〈アーリア・モデル〉の創始者は民族の身体的な特徴と人種にたいする強烈な〔偏見のある〕信念の持ち主であり、一九世紀末と二〇世紀の学者が活動をした社会は人種差別と反ユダヤ主義が跋扈する社会だった。そのため、私たちが関心のある領域では、近代の優位性が重要視されすぎだと私は考える。

私〔バナール〕は〈アーリア・モデル〉について、これに「歴史的真理」の核心が含まれると述べる一方で、この一九世紀の「神話」にはよいところがまったくないと主張するのは矛盾すると、ホールは興味深い問題を提起している。実際、私は〈アーリア・モデル〉のなかにも「真理」の核心はあると考えている。たとえば、〈かつてギリシアの北方のどこかに、インド＝ヨーロッパ基語の言語あるいはインド＝ヨーロッパ基語の方言集団が存在した〉という〈アーリア・モデル〉の主張を私は認める。したがって、ギリシア語がインド＝ヨーロッパ語であることは疑いないので、移住がなかったとしても、エーゲ海地域にたいする北方からの重要な文化的影響があったことは間違いない。これは西暦紀元前一九〇〇年以前におきたにちがいないが、これ以外については、いつ、どんなふうに、どんな道を通って起きたのか、私には分からない。〈アーリア・モデル〉の核心にあるこの二つの歴史的事実は、〈古代モデル〉を「改訂」した〈改訂版古代モデル〉のもっとも重要な要素である。

▩アテナイの文献資料

最後にもう一度、〈私〔バナール〕はアテナイ人の宣伝に取り込まれてしまった〉という非難について考察しておきたい[10]。アテナイ人は自分たちの祖先が現地ギリシアの生まれだということを誇りにしていた。そのため私はダナオスとカドモスをめぐる伝説を強調したのと同じようには、〈ケクロプスとエレクテウス〔いずれもアテナイの伝説的王〕はもともとエジプト人だった〉という伝説について強調しなかった。そのかぎりでこの非難は正しいだろう。ホールは、〈ケクロプスがエジプト人だというのは「おそらくヘロドトスの時代には流布していただろう」〉という私の記述（*BA I*: 79〔邦訳九一頁〕）を裏書きする、西暦紀元前五世紀のテクストが見出せないと異議を申し立てている（p. 342）。彼女の異議はまったく正しい。私はテクストを見出せない。だからこそ、私はまさに、「おそらく」という語を使ったのである。

しかし、私の仮説は西暦一世紀にエジプト人がディオドロス・シケリオテス〔シチリアのディオドロス〕に語った話を投影しているだけではない（*BA I*: 110-111〔邦訳一三〇―一三一頁〕）。この仮説はいくつかの要素にもとづいている。第一に、プラトンの報告によれば、西暦紀元前六世紀と思われるが、このころのサイスとアテナイとのあいだには特別の関係があった[11]。次いで、この世紀の中期には、僭主ペイシストラトスはその僭主政治のためのプロパガンダにエジプト＝リビアのイメージを利用した。さらに、彼はアテナイでアテナ祭儀を奨励したが、これはこの僭主の同時代人でサイス王朝のファラオのアマシスが、エーゲ海地域のほかの場所でこの女神の祭儀を奨励したことと関係したことはほぼ確実だった[12]。このようなすべてのことが、西暦紀元前六世紀にアテナイがエジプト、とりわけエジプトの首都サイスと緊密な関係があったことを示唆している。アテナイでもサイスでも、同じ女神――エジプトではネイト、ギリシアではアテナと呼ばれた――が崇拝されていた（*BA I*：51-53〔邦訳なし〕を参照）。このような状況証拠から、ヘロドトスの生きた五世紀に〈ケクロプスの生まれはエジプト人だった〉という話がギリシアで流布していたという主張は、おそらく確実だと十分に確立できると私は考えている。私が正しいとすれば、西暦紀元前六世紀と五世紀の同時代の政治状況はこのような伝説におそらく影響を与えただろう。しかし私の主張は、〈このような圧力の結果このような物語が生まれた〉ということだけではない。〈この〔ギリシアとエジプトの〕関連にはおそらく一定の歴史的事実があった〉し、他の手段でこれを確認することもできる。

古典時代とヘレニズム時代のボイオティア人が〈テーバイのカドモスと彼の王朝はフェニキアと結びつきがあった〉と考えていたことを示す証拠は豊富にある。この証拠はアテナイの悲劇作品に限らず、地名、神話、祭儀にも含まれている。[13] したがって、アテナイの悲劇に反テーバイの偏りが見られることはあきらかだが、悲劇詩人が歴史的実体の全くない資料を利用したと考えなければならない理由はない。

ホールがヘロドトスとアテナイ人を勝手に除外するとしても、この状況はペロポンネソス半島東部でも同じくはっきりしている。ここでは、尊敬すべきボイオティア人ヘシオドスが証拠を提供する。[14] パウサニアスは、アルゴリス地方に「エジプト人」が到着したという現地伝承をとりわけ詳細に語り、エジプト人が持ち込んだと考えられる祭儀について書き記している。[15] ヘラクレイダイ〔スパルタのドーリス人貴族〕について、スパルタ王らはヘロドトスが述べているような「シリアあるいはエジプトの」末裔と考えていた公算は高い。これを示すのが「一種の小さい階段ピラミッド」の形をした西暦紀元前七世紀の民族記念碑的建造物メネライオンである。[16] 西暦紀元前三〇〇年ころ、スパルタ王アレイオスはスパルタ人とユダヤ人は血縁関係にあるという書簡をエルサレムの大祭司に送った。[17] 一世紀後、スパルタ最後の王が名乗った名前はナビスであった。彼がスパルタ人であったこと、そしてほぼ確実に、スパルタ二王家のうちの一王家出身であったことは疑いない。にもかかわらず、ナビスという名前がギリシア語でないことは確実である。この名前はカナン語 *nåbî* ∨（「預言者」）かエジプト語 *neb*（「君主」）のどちらか一方、あるいは、両方に由来する名前だったかもしれない。[18] シーワのリビア＝エジプト的なアムン神の神託にスパルタ人が傾倒していたことも豊富に立証されている。[19] 私はあとで、スパルタ独特の制度の名称のなかに、後期エジプト語を妥当な語源とするものがあると主張する。このことから、西暦紀元前九世紀と八世紀のスパルタの支配者たちが彼らとエジプトとの関係の論証に熱心だったことがわかる。[20] 以上のすべてから、〈ペロポンネソス半島東部の王はエジプト人やシリア人の末裔である〉と述べた大昔のヘロドトスの記述は正しかったという確証が得られるだろう。[21]

ホールと私は、時間の尺度の点でも大きな違いがある。前述したように、彼女はギリシアの始まりを西暦紀元前八世紀と考える古典学の伝統に従う傾きがある。私の考えは、東地中海地域全体で見るなら、ギリシアの起源は西暦紀元前第二千年紀あるいは、第三千年紀とするほうが好ましい。この違いは、東方からやって来た神ディオニュソスのギリシア到着伝説について、ホールと私の対照的な意見のなかにはっきりあらわれる。古代には、ディオニュソスは一般に神々のなかでもっとも新参の神と考えられていた。したがって近代の学者は、彼の祭儀はアルカイック時代（西暦紀元前七五〇年―五〇〇年）に始まったと考える傾きがあった。しかし、ピュロスで出土した一三世紀の二枚の粘土板にこの名前〔ディオニュソス〕が記されていたため、この仮説は無効になった。しかも、そのうちの一枚の表面には「ワイン」を示す記号も記されていた。[22] 私の考えでは、ディオニュソスがその他の神々の祭儀が確立した後に東方から海を渡ってやって来たという伝説は、後期青銅器時代のオシリス、タンムズ、アッティスの恍惚的祭儀と大いに関連する可能性がある。しかし、ディオニュソス祭儀の痕跡はエーゲ海地域では西暦紀元前第二千年紀初頭から発見されているので、状況はもっと複雑である。[23]

結　論

ホールの結論にたいする私の基本的な意見の相違を述べて、この章を終わる。彼女の結論はこうだ。「私たちは二つの神話［〈改訂版古代モデル〉と〈アーリア・モデル〉］のいずれの歴史的有効性も拒否し、真に重要な三つの質問に立ち返る必要がある。その三つの質問は、〈一体全体だれが彼らをギリシア人だと考えたのか〉、〈彼らはなぜそう考えたのか〉、〈二〇世紀末のいま、私たちにとってこの問題がそれほど重要になっているのはなぜか〉である」（p.347）。

このように質問を限定すべきではない。ホールの興味深い質問と『黒いアテナ』で提起した質問がなぜ両立しないのか。その理由が私には理解できない。ホールの質問と私の質問の両方をセットで問うべきである。ギリシアの神話と伝説について、構造的＝機能的側面の吟味も歴史的側面の吟味も拒否すれば、〈ギリシアは純粋なヨーロッパである〉という神話は無傷のまま残る。〈ギリシアは純粋なヨーロッパである〉というこの神話は、政治的に望ましくないばかりでなく、歴史的にも誤りだと私は考えている。歴史的価値のある要素は〈古代モデル〉にも〈アーリア・モデル〉にも含まれるが、この可能性はその他の資料からの証拠に照らして吟味しなければならない――このように私は確信する。

いくつかの理由から、古代ギリシア文明の文化的起源と構造は二〇世紀末の私たちにとって重要である。第一に、こんにち、ヨーロッパ文化は世界の支配的な文化であり、この文化の形成に古代ギリシア文明は直接的・間接的に中心的役割を演じた。さらに、ファシストから自由主義者、共産主義者に至るまで、政治的意見の異なるあらゆるヨーロッパ人が、〈古代ギリシアは世界に哲学、美術、科学、民主主義を与えた〉とみなす点では一致している。ヨーロッパ人とその他の地域にいるその末裔は、このような望ましい文明の産物を排他的に所有するため、この起源神話を広く利用している。この独占的利用によって、ヨーロッパの軍事的・政治的・文化的力の他の諸大陸への拡大が強化・正当化されている。

〈古代ギリシア文明の偉大さはその折衷主義から生まれた。古代ギリシア文明は純粋な「ヨーロッパ」文化ではない。古代ギリシア文明の決定的な構成要素は、アフリカ的要素とアジア的要素にある。「ギリシアの」哲学、美術、科学、民主主義は近東から導入された〉という理解を人びとが受け入れると、考えてみたまえ。このような理解は、南西アジアと北東アフリカの諸民族ばかりでなく、ヨーロッパの諸民族を含むすべての民族に基本的で有益な効果をもたらすだろうと私は考えている。しかし、もしも「折衷的ギリシアという神話」が空疎で根拠のないものならば、非ヨーロッパ人たちのあいだに幻滅とより大きな文化的劣等意識をもたらし、有害無益だろう。エーゲ海地域とその他の近東地域のあいだの接触の問題では、一般に、近代の学問よりもギリシアの伝承のほうが信頼できると私は確信する。その確信がなければ、私は『黒いアテナ』を出版することはなかった。

第Ⅲ部　言語学

第6章が本書の最長の章になるのは事実である。堅い決意で最長の章にした。第一に、本章は『再考』に収録されたジェイ・H・ジェイサノフとアラン・ヌスバウムの論文への返事である。彼らの論文は内容があり、〔私にたいする〕多くの個別の異議申し立てが含まれている。私はその大部分に答える必要があると感じている。第二に、『再考』の彼らの章は、同書の他の寄稿者の拠りどころであるばかりでなく、多くの書評者の拠りどころでもある。しかし、この二つのいずれよりもずっと重要なのは、私の歴史プロジェクト全体にとって、言語についての議論が中心的だという事実である。私が主張するように、一方のエジプト、レヴァントと、他方のエーゲ海地域との接触が頻繁で緊密だったとすれば、言語の交流はこのような接触を確実に反映する。私はまた、古代エジプト語と西セム語というアフロアジア語族の二言語からギリシア語が大幅に言語を借用していることは、文化接触が強烈だったことを示していると主張する。この主張が多少循環論的だとは認めるが、私の主張を裏づけている支柱――考古学、文書、ギリシアの伝承、ギリシアの言語――はそれぞれが自立した存在であり、それを合わせれば、私の主張は論駁できないと確信している。

一般に、学者はいま、〈最初の三つのタイプの証拠〔考古学、文書、ギリシアの伝承〕は、青銅器時代と初期鉄器時代のあいだ、東地中海地域周辺の接触が大きかったことを示し、接触の程度は二五年前に考えられていたよりもはるかに大きい〉という点で合意している。しかし、言語〔第四のタイプの証拠〕についてはそうではない――少なくとも、ジェイサノフとヌスバウムのようなきわめて伝統的な言語学者はそう述べている。彼らは〈ギリシア語のなかに、相当数のエジプト語とセム語の単語があると見るのはばかげている〉と主張し、一般には、青銅器時代の東地中海地域周辺の文化関係の復元像が受け入れられている現在の状況のなかで、言語は変則的な存在だと考えている。

彼らが『再考』への論評を依頼された主な理由については、本書の序ですでにふれた。彼ら以前に私の著作のこの部分について依頼された二人の論評者の場合、彼らが『黒いアテナ』プロジェクトに共感していたことはあきらかである。しかしだからといって、ジェイサノフとヌスバウムを非難できない。一九七〇年代末、私はジェイサノフと初めて会ったが、多くの言語――すべてがインド＝ヨーロッパ語族の言語だったが――を知っている彼に魅了された。彼も私に惹かれたが、私が〔イギリスの〕ケンブリッジから来たからだ。当時、彼も（マサチューセッツ州の）ケンブリッジから来て、異郷の〔ニューヨーク州の〕コーネルで孤独だった。数カ月間、彼は私の調査を手伝ってくれた。彼は私のプロジェクトについて、ばかばかしい仮説をどこまで展開できるかという知的遊戯の企てにすぎないと思ったと私は考える。私が組織して、近隣の大学からソール・レヴィン、ジョゼフ・パイア、ポール・ホッパーらの歴史言語学者も参加したディスカッション・グループにも、彼は何回か出席した。しかし、私の取り組みが真剣だと知ると、ジェイサノフはまず、私のプロジェクトに冷淡になり、やがて激しい敵意をもつようになった。そして、コーネルの私の同僚たちに私の研究を認めさせまいと、できる限り妨害した。数年遅れでコーネルにやって来たアラン・ヌスバウムが彼に加わった。

しかし、反感は純粋に個人的なものではなかった。読者は思い出されるだろうが、本書のエジプト学の導入部で、私はエジプト学者の丁寧な批判に大いに感謝の気持ちを述べた。残念なことに、言語学をめぐるこの論争では、それと同じ気持ちや雰囲気はない。エジプト学者の論調が丁重だった理由の一つは、彼らが自分たち自身の立場の不確実さに敏感だったからだ。この点、ジェイサノフとヌスバウムは彼らと違うどころではない。二人はプロフェッショナルであることを自認し、私の著作は、少なくとも彼らの分野ではナンセンスだと「科学的に」知っている。

彼らによれば、私は「科学的」言語学の基本原理を理解していないし、理解しようとしない有害なアマチュアである。彼らは私が歴史言語学の大原則――すなわち、〈異なる言語に類似する単語があるからといって、その単語に関係があるわけではない〉――を侵害していると非難している。彼らの主張では、このような関係を立証するためには、音声上の規則的な対応が論証されなければならない。ジェイサノフとヌスバウムは、インド゠ヨーロッパ語族内部の言語学的研究はこの程度の規則性を達成していると、精密で明快な実例を示している。さらに彼らは、言語甲から言語乙への言語借用にはそれ自体の規則性があると主張する。したがって、たとえば、エジプト語の一語あるいは一音素に、ギリシア語の四あるいはそれ以上の異なる語を対応させる私の提案は正統的ではない。古代エジプト語の母音は学者によって再建されているのに、私がそれを無視し、自分勝手に可能性の範囲を拡げていると彼らは非難している。彼らはまた、いくつかのセム語がギリシア語に入っていることは長い間認められていることで、エジプト語からギリシア語に入ったと認められた語さえあるのは事実だが、私はこの事実を軽く扱うことによって、自分には独創性があり、古典学者は無知だと私が誇張していると不満を述べる。

興味深いことだが、私が提起したアフロアジア語を語源とする語のうち、ジェイサノフとヌスバウムがインド゠ヨーロッパ語の語源を示すことができたのは二、三例にすぎない。その他の語には、インド゠ヨーロッパ語の語源もないし、その他の言語の語源もないと彼らは認めている。しかし彼らは、このことすなわち、インド゠ヨーロッパ語の語源もその他の言語の語源も〈ない〉ということが問題とは考えていない。〈インド゠ヨーロッパ語族の諸語で説明できる語彙が四〇パーセント以下だという点で、ギリシア語は異常だ〉という私の主張を彼らは受け入れないからだ。ジェイサノフとヌスバウムによれば、ギリシア語のなかの非インド゠ヨーロッパ語的要素は、東地中海地域周辺に存在したその他の多くの死語が発見・解読されなければ、また、発見・解読されるまでは、説明する必要はない。

次章で、このような異議申し立てへの返事を試みる。

第6章　〈音法則に例外なし〉はすべてに優越する〔訳注1〕

……………ジェイ・H・ジェイサノフとアラン・ヌスバウムに答える

ジェイサノフとヌスバウムに答えるまえに、彼らが『再考』の論文につけた標題「ことば遊び《ワード・ゲーム》」について考察したい。〔訳注2〕〈ことば遊び〉とはたんに私の提案を指すだけでなく、言語学という学問、あるいは歴史言語学そのものである。異なる言語のあいだに、あきらかな音声上・意味論上の類似がある場合、学者はその間の関係を探求してきた。(1) 時には、並行関係に助けられ、この関係のあいだにすばらしく正確な関係があると仮定できる場合もある。想像上の語形の再建と音声上・意味論上の大規模な移行《シフト》によって、この関連を説明しなければならない場合もある。ジェイサノフ、ヌスバウム、そして私が〈ことば遊び〉から与えられるのは、尽きることのない魅力、歓喜そして挫折である。

〔訳注1〕この章題（*Ausnahmslosigkeit über Alles*）は、「すべてに冠たるドイツ」として知られるヴァイマール共和国からヒトラーの第三帝国のあいだのドイツ国歌の歌詞――Deutschland über alles――からの着想と思われる。
〔訳注2〕『再考』に二人が寄稿した共著論文の標題は "Word Games : The Linguistic Evidence in BLACK ATHENA."

本章は『「黒いアテナ」批判に答える』のなかで最も長い章だが、このように長くなった理由を正当化する必要があると思う。まず第一に、多くの評論家が気づいているように、〈エジプトとレヴァントは古代ギリシア文明の形成に文化的に大きな影響を与えた〉という私の仮説にとって、言語学上の主張は中心にある。私が初めてサイラス・ゴードンとマイケル・アストゥアの著作を読んだのは一九七〇年代だったが、このとき私は、南西アジアとエーゲ海地域の神話に緊密な並行関係があるという彼らの主張が正しいとすれば――正しいと思われたが――、言語上でも緊密な接触があることは明白だろうと結論した。実際、私はこのことを二〇年以上をかけて見いだした。したがって、言語学的議論はつねに私の研究の中心にあった。

この問題は私のプロジェクトにとって重要だが、にもかかわらず、『再考』に収録された言語についての章はたった一章にすぎない。他方、たとえば、私が十二、三回の文章で、ばらばらに言及したドイツの作家J・G・ヘルダー〔一七四四―一八〇三〕については、『再考』ではまるごと一章が充てられている。その他の大部分の『再考』の寄稿者は、言語についてのジェイサノフとヌスバウムの章を引き合いに出し、彼らの主張に従っている。この事実だけでも、この章にかなり詳細な返事をする十分な理由になる。さらに、この論文の性格から、返事の必要はなおさら大きくなる。なぜなら、ジェイサノフとヌスバウムが気がついていない二〇世紀の言語学の現状について、他の寄稿者――そしておそらく多くの読者――が知らないと思われるからだ。

ジェイサノフとヌスバウムの論文について、エジプト学者ジョン・レイは〔血まみれの私の死体への〕「優雅な一刺し」だと述べた[2]。セム学者ピーター・T・ダニエルズは彼の「ことば遊び」の書評――これは決して私に好意的書評ではない――のなかで、もっと別の書き方で次のように述べた。「この〔二人の〕論文のトーンは、……論評を発表するというよりも……歯に衣着せぬ議論を並べたてたというほうがずっとふさわしい。おそらく、彼〔ジェイサノフ〕は勇猛果敢な右翼言語学者として記憶されたいと望んだのだろう[3]」。これは誇張されたコメントかもしれないが、ジェイサノフとヌスバウムの立場が一九世紀の言語学のもっとも厳格な伝統、すなわち青年文法学派の伝統に近いことは疑いない。[4] 彼らの章には、「私たちが管理する事実にもとづいて」(p. 178；傍点引用者) というような、高みから見くだす物言いがある。この章はまたきわめて伝統的なやり方で補強されている〔私は第一巻 (*BA I* : 6〔邦訳四八頁〕) で線文字Bの解読者ヴェントリスのような「建設的な外部からの変革者」と荒唐無稽な歴史を著したヴェリコフスキーのような「変わり者」を区別した。ところが彼らはそれを取り上げ、私を「変わり者」だとあてこすっている〕。「ほかの人びと〔変わり者〕は失なわれた大陸《コンティネンツ》を論ずるが、バナールは失なわれた子音《コンソナンツ》を論じて首尾よく——つまり不首尾だが——やりとげている」(p. 201) というのは軽くない冗談だ。

その他の多くの『再考』の著者と同じように、ジェイサノフとヌスバウムは背理法のテクニックを用いる。私の考えを攻撃するのは困難だと悟ると、二人のインド＝ヨーロッパ語学者は私の考えを誇張し、安易で間違った標的を創りだす。彼らは、神話とヘロドトスの『歴史』——この二つを彼らは同一グループと見ている——に私が過度の尊敬の念を抱き、「一七五〇年以後に生まれた不運」(p. 177) を背負った近代の歴史家の誰にたいしても、私が不信感をもっていると主張する。しかし何度も述べてきたように、私は——私の研究を論評する大部分の人びととは異なり——、すべての資料、つまり一九世紀と二〇世紀の資料にたいしても批判的でなければならないと考えている。古典作家、神話、伝説にたいする私の態度については、本書のほかのところで議論する。[5]

第二の批判だが、どの読者にとっても、私の本の基礎が近代の学問にあることははっきりしているにちがいない。私が利用した考えや情報は、必ずしも通説を擁護する人びとから来たものではない。しかし、『黒いアテナ』で提起した独創的《オリジナル》な歴史的仮説というものは滅多にない。『黒いアテナ』シリーズの独創性《オリジナリティ》は、以前はばらばらで周辺的だったものをまとめ、中心的な情報にしたことにある。私は頻繁に、二〇世紀の多くの学者たちにたいする大きな尊敬を表明してきた。一般に私と同意見の学者、たとえばマイケル・アストゥア、ヴィクトル・ベラール、ヴァルター・ブルケルト、ゴードン・チャイルド、アーサー・エヴァンズ、ポール・フカール、サイラス・ゴードン、エドゥアルト・マイヤー、オスカー・モンテリウス、ピーター・ウォルコット、マーティン・ウェストにたいしてばかりではない。マーティン・ニルソン、コリン・レンフルーのような、しばしば私と意見の異なる学者への尊敬も表明してきた。インド＝ヨーロッパ語言語学の創設者であるウィリアム・ジョーンズ、ラスムス・ラスク、フランツ・ボップにたいして、私は大きな賞賛の気持ちを抱いているが、それればかりではない。青年文法学派の創始者――彼らはジェイサノフとヌスバウムと密接な関係がある――も大いに賞賛する気持ちがある。

▓青年文法学派

アウグスト・レスキーン、カール・ブルークマン、ヘルマン・オストホフ、ベルトルト・デルブルック、その他の青年文法学派の主な活動根拠はライプツィヒであり、この学派は一八七〇年から一九〇〇年のあいだ隆盛をきわめた。彼らのほとんどは一九世紀的人間だった。青年文法学派の方法はオーギュスト・コント〔一七九八―一八五七〕の実証主義にもとづいていたが、彼らの最も重要なモデルはチャールズ・ライエル〔一七九七―一八七五。スコットランドの地質学者〕の「斉一説的」地質学〔過去の地質学現象は、現在と同一の作用によって行われたと考える説〕に由来した。ライエルの図式は、現在の観察過程を過去に投影させ、着実な進展と規則性を強調した。[6] 青年文法学派にとって、言語学は言語の歴史だった、また、言語学の歴史はインド＝ヨーロッパ「語族」の歴史だった。この学派のドイツ人学者の主張によれば、言語変化のあらゆる局面は「音法則に例外なし」(*Ausnahmslosigkeit der Lautgesetze*) の法則によって合理的に説明できた。[7] 一般に、このアプローチは大成功し、この「法則」によって語族のおよそ七〇パーセントから八〇パーセントを説明することができた。

しかし、青年文法学派のアプローチには重要な限界がある。ジェイサノフとヌスバウムはこの「法則」が万能でないことを認めるが、「特定言語」については適用すると考えている。しかし彼らは、この法則は音声学には適用されるが、意味論には適用されないという指摘を怠っている。この限界を別にするとしても、音韻論には規則性が見いだせるが、形態論には見いだせないという点に注意しなければならない。形態論では、他の語形からの類推は頻繁に、予測された変化と異なる。[8] さらに、この類推を受け入れ、「法則」を適用する場合はつねに、説明できない「残余の」移行《シフト》、すなわち変化に抵抗する部分がかなり残る。この点についても、ジェイサノフとヌスバウムはふれていない。

このような残余は、音の移行《シフト》の規則性を乱すいくつかの要素の結果である。一つの要素はいわゆる「音表徴素論」だ。音表徴素は、一定の経験や状態を特定の音素と結合する。音表徴素の一部は次のような一連の語――〈**slip, slide, slop, sleasy**〉あるいは〈**flash, splash, dash, crash, mash, hash**〉――にみられるようにオノマトペ〔擬声語〕だが、たとえば、〈**fly, flow, flutter**〉のような音連結、あるいは、あまり近い関係の音連結ではないが〈**glitter, gleam, glow, gold**〉、または、不協和音で反復性の音連結〈**flutter, fritter, putter, glitter**〉のように、オノマトペが不要な語群もある。このようなすべての語形については、意味をとりまく周辺の音連結、すなわち「サウンド・シンボル〔音表象、音表徴〕」だと言えば一番よく理解できるだろう。したがって、サウンド・シンボルはそれぞれ源泉は異なるかもしれないが、このように結合する傾向があり、「規則的に」枝分かれしたと思われる。[9] このような場合、すでに述べたように、意味論的には規則性はずっと少ないが、音声学上の「確実さ」に影響をあたえる。このような現象が起きるのは、当然、英語だけではない。とりわけ、古代ギリシア語には、音表徴素的形態素〔モルフィーム〕がある。たとえば、音表徴素

loi- は次の語すなわち、*loigós*（「喪失、破壊、死」）／*loidoréō*（「侮辱」）／*loimós*（「疫病」）／*loipós*（「後ろにとどまる」）／*loísthos*（「最後」）のなかに見いだせる。このような語形は、語形変化系列として説明できるものもあるが、説明できないものもある。また、古代には、*loimós*（「疫病」）は *loigós*（「喪失、破壊、死」）と *līgós*（「飢饉」）の交雑だという説があった。[10] この種の混合について、青年文法学派は「混交」だとして侮蔑的に言及したにすぎなかった。

残余の源泉についてのもう一つの説明は、近代の学者による「語彙拡散」説である。この説によれば、なかには規則的な音の移行《シフト》をする語がある一方で、音声学上の理由はまったくあきらかでないが、影響されない語があったり、異なる方向に枝わかれする語もある。たとえば、「**meat**」は「**meet**」と韻をふむが、「**great**」の場合、もともとは同じ二重母音 **-ea-** をもっていたと思われるが、いまでは「**mate**」と韻をふむ。[11] しかし、ジェイサノフとヌスバウムは論文「ことば遊び」では古い枠組のなかで研究を続けており、そこには完全な一致があるとほのめかし、「この種の「散発的な」変化は規則性の原理ではまさに認められないことだ」(p. 181) と述べている。

もっぱらインド＝ヨーロッパ語に関心を集中した青年文法学派は、彼らが——地質学モデルを用いて——「基層」と呼んだ言語を除くと、その他の言語との接触の可能性についてはまったく注意を払わなかった。この基層は、インド＝ヨーロッパ語を話す人びとに征服された非インド＝ヨーロッパ諸語がインド＝ヨーロッパ諸語に与えた、現実の、あるいは想定上の影響から成っていた。[12] 青年文法学派が非インド＝ヨーロッパ諸語への関心を欠いていたことは容易に説明できる。第一に、ロマン主義的傾向が強烈な時代に生きた彼らは、純粋さが創造的な力をもち、内的発展が最も重要だと信じていた。なかには「有機体論」や生物学的類推を利用する先輩もいたが、彼らはそれを公然と非難し、「言語を話者と社会的コンテクストから独立した「事物」として扱い続けた」、さらに彼らは、「独立した事物」としての言語は混合しないと信じていた。[13] 第二に、青年文法学派はインド＝ヨーロッパ諸語の話者が歴史上もっとも活動的な人びとだと見ていた。したがって彼らは、あまり能動的でない人びとが彼らの言語にかなりの影響を与えたかもしれないとは考えなかった。第三に、接触は変化の加速と、もっと悪いことに変則性の加速につながる可能性があったため、言語接触の研究は、地理的に緩漫な発展というイメージを乱す危険があった。

学問上の父祖がそうだったように、ジェイサノフとヌスバウムの研究はもっぱらほとんどインド＝ヨーロッパ語族の研究に絞られている。そして彼らの論文「ことば遊び」では多くの紙幅を使い、諸語族内部と、とりわけインド＝ヨーロッパ語族における伝統的で妥当な復元古語の歴史的発展を詳細に論じている。彼らは言語接触の理論について、とりわけ、同系でない諸言語の接触、あるいは遠い関係にある同系の諸言語の接触について、相対的にわずかしか紙幅を使っていない。論評対象の主題〔がインド＝ヨーロッパ語族のギリシア語と、アフロアジア語族のエジプト語や西セム語であること〕を考えると、これは驚くべきだと思われるが、彼らが研究している伝統に照らせば当然である。

現代のギリシア宗教研究の第一人者ヴァルター・ブルケルトは、このような伝統的なインド＝ヨーロッパ語学者の精神がギリシア語に与えた影響について、次のように書いている。

> ギリシア語の言語学はほぼ二世紀にわたってインド＝ヨーロッパ語学者の専門領域だった。しかしその成功は現実を歪曲しているおそれがある。標準的なすべての辞書では、ギリシア語の単語の語源を示す場合、定義によりインド＝ヨーロッパ語の語源を示すことを意味する。インド＝ヨーロッパ語の最も遠い関連語――たとえばアルメニア語やリトアニア語――でさえ忠実に記録された。しかし、セム語からの借用語かもしれないという可能性はとるに足りないと判断され、棄てられるかついでに言及されるかのどちらかであり、典拠は明示されなかった。ギリシア語の語彙の大部分はインド＝ヨーロッパ語のなかに適切な語源が見つからない。これはよく知られ

ている。しかしギリシア語の語源を探す場合、よく知られているセム語系の諸言語との関連を探すかわりに、推定上のエーゲ海地域の基層言語、あるいは、この言語分野の大部分はよく知られていないが、並行関係にあるアナトリア語系言語と関連づけるやり方が流行になっている。ベロッホでさえ、ロドス島のゼウス・アタビュリオスという語にあいまいだがアナトリア語の響きがあるという説に味方し、この語とパレスチナのアタビュリオン＝タボル山との関連を切り離したがった。この事例の反ユダヤ主義は明白だった。ほかの事例では、反ユダヤ主義が目に見えない形で作用している場合が多い。第一級のインド＝ヨーロッパ語学者でさえ、驚くべき判断の誤りをおかしている。(14)

ブルケルトの記述は伝統的な歴史言語学のなかに蔓延する傾向に正当な注意を向け、それが使っているモデルは複雑に入り組んだ格子やマングローブのようなモデルではなく、一本の樹幹から枝が分岐する系統樹モデルであり、それが好むのは諸言語内部の、あるいは諸語族内部の、自然発生的な発展だと述べている。(15) インド＝ヨーロッパ語学者はもっと社会言語学的考察をするほうがよい。したがって〔そうすれば〕、彼らは他の諸言語から〔インド＝ヨーロッパ語へ〕の干渉の可能性あるいは見込みに寛大になるだろう。

ジェイサノフとヌスバウムはひたすら青年文法学派の伝統のなかで研究してきている。小さい本だがジェイサノフの本の題名は『インド＝ヨーロッパ語の状態動詞と中間態』であり、ヌスバウムのもっと大部の著作は『インド＝ヨーロッパ語にみる頭と角』である。(16) 後者の著作でヌスバウムは、インド＝ヨーロッパ語の語根 *k̂[h]er（「頭」）と *k̂[h]ṭ-n-（「角」）を研究している。この著作で、彼が彼の教師、同僚、査読者と同じように他文化に目をとざしていることはあきらかであり、重大だ。彼は「角」を表すセム語の語根が *qarn だという事実について議論するどころか、言及してもいない[17]。

借用語の規則性

言語接触の議論では、ジェイサノフとヌスバウムは借用に「高度の整合性」があると強調する。彼らは英語の「chant」および「chamber」を例に挙げ、これらの語が古フランス語の鼻音化母音、「*chant*」(čãt) および「*chambere*」(čãbrə) の規則的な形態変化だと見ている (p. 185)。歴史的な順序〔シーケンス〕は、彼らがいうほどはっきりしていない。これらの数世紀で、アングロ＝ノルマン語にたいする中英語の影響は、他のフランス語諸方言で生じていた鼻音化母音の進展と鼻子音の消滅を遅らせたり妨げたりしただけかもしれない[18]。とはいえ、英語の「chant」および「chamber」が古フランス語の「*chant*」(čãt) および「*chambere*」(čãbrə) に規則的に対応していることは疑いない。しかし、俗ラテン語の *cantare* および *camera* からのラテン語とロマンス語の借用語は、この音声パターンと一致しない。俗ラテン語の *camera* は、現在でも法律用語の *in camera*〔非公開で〕に使われており、私たちがカメラと呼んでいる現在の写真機は *camera obscera*(唯一の光源の小穴にレンズをはめ込んで外の像をうつしだす暗箱、カメラ・オブスクラ)に由来する。これよりもずっと音声学的にはっきりした派生語が「*cantare*」から生まれている。北部フランス語でカーンという音を指す cant／イタリア語の「cantata」／「chant」がそれだ。最後に、現代フランス語の命令形 *chantez* (ʃã'te) に由来するという水夫のかけ声「shanty」の例がある[19]。

このような借用語に音声学上の整合性がみられることはまったく正しい。しかし、借用語にそれが起きるのは同一期間に同一の諸方言で起きた場合だけである[20]。現実の世界では、言語変化と地域方言は多様である。さらに、借用語の経路は、文学の言語、民衆の接触、宗教の儀式、貿易、奴隷、戦争など、さまざまだ。時期や経路が異なれば、借用パターンが同一でないことも頻繁に起きる。前述の事例でいえば、私たちはロマンス語諸方言の発展と借用の時期についてかなり詳細な知識をもっている。仮に、私たちがラテン語の *canere*（「歌う」）と *camera*（「丸天井」）および、英語の「chant」、「cant」、「cantata」、「shanty」、「chamber」、「camera」だけを知っているとしよう。この場合、これらの語は意味論的に漠然として、音声的に似たようなグループだが、伝統的なインド＝ヨーロッパ語学者が求める正確な規則性はないだろう。しかし、これらの語はすべて、ロマンス語からの借用語なのだ！　実際には、ギリシア語が古エジプト語と西セム語を借用したのは、少なくとも一五〇〇年にわたって多くの異なった方法で起きたのだろうが、筆記文字に難点があるため、借用の可能性について私たちが持っている情報はずっと少ない。したがって、私が提案する「不規則性」あるいは「厳密さの欠如」にジェイサノフとヌスバウムは不満だが、これはまったく予測されたことだ。

　前述したように、青年文法学派の関心は単語の音であり、単語の意味ではなかった。しかし、彼らとその末裔が認めているように、単語の音は「科学的な」厳密さに従わない。他方、語族の内部での音変化に規則性はあるが、単語の意味はそのような明確な指針にまったく従わない。また、予測できない意味の変化もしばしば起きる。たとえば、「古代中国語のハオ *hǎo* すなわち「愛」は、近代になって「好い」という意味に変化した。ゲルマン諸語のなかにも、英語の「think」〔考える〕が「thank」〔感謝する〕へ、「*sælig*」（「幸福な、祝福された」）という古い形が「silly」〔愚かな〕へ変化したように、意味は大幅に変化する。二言語あるいは多言語のあいだに語彙上の関係があるときには、さらに大きく変化する。似たような単語だが意味が大きく違う単語、すなわちフォアミ *faux amis*（「偽りの友」）がフランス語と英語には多い。たとえば、フランス語の「*prétendre*」（第一義的意味は「主張する」）と英語の「pretend」〔……するふりをする〕、「deceive」〔欺く〕、あるいはフランス語の *smoking* と英語の「タキシード」の例がそれだ。スコットランド英語の単語だったが、やがて英語になった「glamour」〔妖しい魅力〕、「enchantment」〔魅了すること〕は古フランス語の *gramarye, grammarie*（「学識、魔力」）に由来する。また、このような古フランス語そのものの語源は、変則的だが、ラテン語の *grammatica* およびギリシア語の *grammatikos*（「学問のある、優秀な学者」）だった。にもかかわらず、ジェイサノフとヌスバウムの私の提案への批判のなかで、意味論的側面の批判は驚くほど限られている。

東アジアの言語にみる並行関係

ジェイサノフとヌスバウムは論文「ことば遊び」の数カ所で、私〔バナール〕の言語能力について述べ、私がいくつかの東アジアの言語ができることに注目している。したがって、私はすぐれて比較言語学理由から、彼らが東アジアの例を引いたことに好印象を持つ。彼らは次のように述べている。「私たちの古代中国語の発音についての大半の知識は、西暦紀元三世紀に漢字が体系的な方法で日本語と朝鮮語に翻訳されたことに依拠する」(p. 185)。

彼らの主張は、四世紀のずれ――決定的な時期は三世紀でなく七世紀だった――を別にすれば、一般に正しい。しかし、このルールを立証する例外のすばらしい実例については、詳細に見ておく価値がある。第一に、日本語、朝鮮語、ベトナム語のすべての言語は中国の漢字を採用したので（これは借用語が音だけを表すと思われる状況とは異なる）、借用語の語彙の正確な語源が何であるかを同定するのは容易である。第二に、中国の影響は七世紀以前にも以後にもあったが、このとき〔七世紀〕、中国文化は日本にどっと入ってきたので、日本語に中国語の語彙があふれた。

ここで私たちは、六世紀末と七世紀初めの中国の政治的・言語的状況を見る必要がある。この状況の大部分は確実に知られており、さらに多くの再建も妥当だろう。中国では、数世紀にわたる分裂状態が終わり、西暦紀元五八九年、隋王朝の創始者である隋の文帝が国土を再統一した。強力だったが短命に終わったこの王朝は中国北西部出身であり、首都を長安——現在の陝西省西安——に定めた。[21] しかし、この統一によって中国中央部と南部の結びつきが強められた。このとき、黄河と揚子江をむすぶ大運河が掘られた。文化的には隋の文帝は東部と南部の知識人階級を新しい首都に移住させ、彼らの方言〔呉音〕が標準的な発音になった。六〇一年、この発音は政令によって編纂させた厖大な同韻語辞典『切韻』で体系化された。しかし二、三世代たつうちに、地元長安の中国北部の方言〔漢音〕がふたたび台頭してきた。やがてこの北部の方言は、西暦紀元六一八年に隋王朝を打倒した唐王朝の標準言語になった。[22] 隋王朝末期、日本の朝廷を通じて、多くの中国語が日本語に取り入れられた。しかし、日本語およびその他周辺地域の言語に大部分の借用語が取り入れられた時期は、長期間続いた強力な唐王朝のあいだだった。[23] 唐の宮廷の言語の再建は、いまに残る中国語の方言のなかから、二つの重要な方法で可能である。第一に同韻語辞典から再建できる。第二に、ほとんどすべての中国語の方言は唐時代の言語にまでさかのぼれるという事実から再建できる。

日本語の側から〔の再建〕では、私たちはとりわけ幸運である。日本語に借用語が導入されたのは一世紀のあいだだったが、日本の学者はこの間の借用語の発音の違いについて、呉音と漢音の二つに分類してきた。前者の呉音は、『切韻』に収録された多かれ少なかれ隋時代の標準語にもとづいた古い発音であり、後者の漢音は唐の宮廷で使われていた言語からの借用語だった。[24] したがって、中国の資料とあわせて考えるなら、ジェイサノフとヌスバウムが主張するように、日本語や他の諸言語への借用語はこの段階の中国語の再建にとってきわめて役に立つ証拠を提供している。

にもかかわらず、日本語の（漢字の）音読みは、隋時代の呉音と唐時代の漢音という二つに分類できない場合も多い。書かれた文字の場合、語彙の正確な起源は確実だが、この文字がどの時期に、どんな手段で、なにを媒介にして導入されたのか、それを語ることは困難あるいは不可能である。[25] たとえば、中国のボードゲームの *weiqi*〔圍棋〕の第二音節が、なぜ日本語ではゴ *go*〔碁〕と発音されるのか、その理由はだれにも分からない。

したがって、七世紀の特定の二つの言語のあいだに、数十年さかのぼることができる借用に規則性があったことは疑いない。〔東アジアにおける〕この事実と今昔の学者による〔語彙の〕正確な分類は、古代東地中海地域に見出される状況とは完全に異なる状況をつくり出した。これは二重に並みはずれた状況である。私たちにはエジプト語＝レヴァント語＝ギリシア語についての情報はほとんどない。もしも中国＝日本の文化的・言語的状況について、それと同じくらい私たちの情報が少なかったなら、私たちが知っている〔日本の〕文化的・言語的構図ははるかにあいまいで混乱したものになっただろう。たとえば、現代中国語でリウ *liù* と発音する「ヒバリ」あるいは「タヒバリ」にあたる漢字〔鷚〕の例がある。この漢字については、日本〔の漢和辞典〕には八つの異なる音読み――リゥー、ル、ボー、ヒゥー、ム、キュ、グ、リョー――が載っている。〔訳注3〕したがって、私の考えはジェイサノフとヌスバウム（p. 187）とは異なる。エジプト語 *nṯr* は中国語 *liù* よりも音声的にもっと複雑なので、〔このエジプト語を借用した〕ギリシア語に「音声上明確に異なる用法が五つあった」としても、まったく問題ないと考えているからだ。さらにジェイサノフとヌスバウムは、〈〔エジプト語に由来する〕ギリシア語の借用語のなかで、いわゆる〔ヒエログリフの〕ハゲワシのアーレフ――エジプト学者はこの音を *ꜣ* と表記する――はいくつかの使われ方をしている〉という私の提案にたいして、同じく根拠のない異議を申し立てている。私は *nṯr* についても *ꜣ* についても、本章の後半部分でもういちど議論する。

〔訳注3〕「鷚」は諸橋轍次著『大漢和辞典』（巻一二、大修館、一九八六年／一九五九年、八七一―八七二頁）に収録され、訓読みは「ひばり」、音読みは「リウ」、「ル」、「ボウ」、「ム」、「ビウ」、「キウ」、「グ」、「レウ」と記されている。著者バナールは訳者あての私信で、「鷚」についてのこの記述は Andrew Nathaniel Nelson, "The Modern Reader's Japanese-English Character Dictionary," Second Revised Edition（『最新漢英辞典』）, Charles E. Tuttle Company, 1986/1962, p. 978 を参照したと述べた。Nelson ではこの漢字は多くの音読みを持つ例として挙げられている。

したがって、一般に、〈中国、朝鮮、日本〉の関係と〈エジプト、レヴァント、ギリシア〉の関係にみられる並行関係は役に立つように思われる。しかし、ジェイサノフとヌスバウムが示唆した意味で、役に立つというのとは異なる。〔東アジア地域と東地中海地域は〕どちらの場合も、外部の文化を受容した側が使用していた言語は、もともと外部の言語とは無関係、あるいはせいぜい遠い関係しかなかった。〔東アジア地域と東地中海地域は〕どちらの場合も、その地域のあいだに接触があったことを示す考古学的・図像学的・歴史的証拠がかなりある。日本文化とギリシア文化はどちらの場合も、その独自性を保持し、発展させた。にもかかわらず、日本とギリシアはどちらも、より古くより洗練された大陸の文化にどっぷりつかっていた。日本もギリシアも、彼らのもともとの言語の基本構造はそのままだったが、語彙の五〇%以上は外部に由来した。(26) 日本の場合、私たちはこの外部からの語彙のほとんどすべてが、直接的・間接的に中国から由来したことを知っている。私はこれまで、この並行関係がそれにとどまらないと主張してきたし、これからも以下でそうするつもりだ。〈ギリシア語のなかの非インド＝ヨーロッパ語的要素の大部分は古代エジプト語と西セム語に由来する〉というのが私の主張である。

地中海地域ふたたび

青年文法学派の忠実な学徒としてのジェイサノフとヌスバウムは、言語学について流行遅れの実証主義的用語すなわち、「科学的」、「前科学的」、「非科学的」という語を用いる。(27) このような語を彼らが使う根拠は、インド＝ヨーロッパ語族とその他の語族内部の大多数の事例でうまくいく、このうえなくすばらしい音声学的正確さにある。しかし、彼らはこのような達成で満足することなく、そのうえさらに、歴史言語学全体を地質学や天文学のような観察にもとづく「ハードな」科学と同一平面上に置く。たとえば、彼らは次のように書いている。「エレボス *erebos* について、言語学者が〔他の語族ではなくて〕印欧語族の同系語との比較を「選ぶ」のは、ある意味で地理学者が地球は丸いという考えを選ぶのと似ている」(p. 183)。エレボス *Érebos* の語源については、これまでゆうに一世紀を超える間、学者たちがセム語説とインド＝ヨーロッパ語説の相対的メリットについて議論と論争を続けている事実があるが、ジェイサノフとヌスバウムはこの事実に言及しない[28]。このような実証主義的傲慢は、二人の著者が再建した立証されない語を実体化することで、仮説上の〔語形〕変化の長い連鎖を反駁できない事実にしてしまう。彼らの命題のなかには真実もあるかもしれない。しかし、それほど確実でない命題もあるので、より妥当な説明による異議が申し立てられるなら、確実でない命題は放棄すべきである。古代アフロアジア語を記した筆記文字について、これが不十分で不確実だと指摘するのは正しい。しかし次のこともこれと同じくらい正しい。すなわち、インド＝ヨーロッパ語の言語は多様なので、そのなかに――実際に関連するかもしれないし関連しないかもしれないが――、インド＝ヨーロッパ語学者が音声学上・意味論上の並行関係(後者の意味論的並行関係はきわめてあいまいなことが多い)を見いだすことは可能だ。したがって、たとえば、あるギリシア語の単語と、あるヘブライ語と古プロイセン語〔一七世紀に死滅したインド＝ヨーロッパ語族のバルチック語派の言語〕が並行関係にあるとして、古プロイセン語を選択すれば自動的により確実、あるいはより「科学的」、ということではない。ヘブライ語と古プロイセン語の両方の可能性を比較しなければならない。

前述の議論で強調したが、インド＝ヨーロッパ語学者のこのような科学主義によって、もっとも誤解を招く結果が生まれる。すなわち、科学主義の結果、〈借用語とされる語の音声学的対応は、語族内部に強力な語源がある他の借用語と同じくらい正確でなければならない〉ことが必要条件になる。しかし一九世紀以来、このような厳格さを言語間の接触に適用することが適切でないことは明白になっている。一九〇〇年代の最初の三分の一の間、古代東地中海地域研究を支配した博学な学者エドゥアルト・マイヤーは、厳密さが少なくとも名前〔の研究〕に影響を与えたので、厳密さのもつ危険性についてはっきり述べた。「外国語のこのような固有名詞の翻訳と筆記文字について、私たちは言語科学の点からみた正確さを期待すべきでない[29]」。

ジェイサノフとヌスバウムが見当違いの正確さを求める傾向にある実例として、〈セム語とエジプト語の有声閉鎖音は「体系的にギリシア語の有声閉鎖音による表示がなされていた」〉、および〈「必要な変更を加えられるなら」、これとおなじことが有声でない閉鎖音についてもあてはまる〉(p. 188)という彼らの主張が挙げられる。しかし『七十人訳聖書』やヨセフスの著作に出てくるヘブライ語の名前のギリシア語への転写あるいは、エルマンとグラポウの権威ある『エジプト語辞典』(一九二六年―一九三一年)に収録された一般に承認されたエジプト語からの借用語を一瞥すれば、この主張は完全に真実でないと彼らに示すことができるだろう。よく知られた例を挙げる。西セム語の *gåmål* がギリシア語の *kámēlos*(「ラクダ」)になった例と、エジプトの都市の名前 **Ḥt kȝ Ptḥ**(プタハの霊の家)、すなわちメンフィスがアイギュプトス *Aiguptos*(「エジプト」)になった例だが、これらについて疑う者は誰もいない[30]。実際、西暦紀元前一五〇〇年以降の後期エジプト語では、「有声音素と無声音素の対立が徐々に中和されてきたことがよく知られている[31]〔異なる語を同一の音声として表すことを〈中和〉という〕」。

しばらく青年文法学者と彼らの亜流に戻ろう。ある語族内部で「音法則に例外なし」〔が通用する〕というのは「高貴な嘘」である。実際、これ〔「音法則に例外なし」〕は間違っている。しかし、にもかかわらず、歴史言語学者は規則性がすぐにあきらかにならない領域で規則性の探求を奨励するので、この法則はきわめて役に立ってきた。しかし、言語間の接触を見ると、音法則に例外なしの欠点はこの長所に匹敵するか、それを上回る。最近、ヴァルター・ブルケルトはこのテーゼを発展させ、〈インド=ヨーロッパ語には他言語からの借用がある〉という提案に異議を申し立てているインド=ヨーロッパ語学者を攻撃した。

批判者による否定的考察のうわべは慎重で、方法論は厳格である。言語学者は閉じた体系のなかで確立された音声進化の法則を堅持できるが、大半の借用語は音の偶然の類似性から推論される。しかし、問題はまさに方法論にある。ギリシア語の場合、いずれにしても私たちが知っているのは文学作品のギリシア語だが、ギリシア語に適合しない外国語が使用されることは絶対にない。音声と活用形が完全に同化された場合にだけ、外国語は受け入れられる。したがって、借用語を見いだす方法はまったく存在しない。借用語は模倣し、隠れて入り込み、現地のギリシア語の語根や接尾辞に順応する……。この変身に通俗的な語源論がその役割を果たす。音声進化の規則を確立することは不可能である。(32)

一般に私の考えはこの言説と同じだが、私自身の立場はこれほど極端ではない。第一に、前述したように、〈限定的だが規則性は存在する、したがって、借用語を見出す方法は存在する〉と私は考えている。第二に、ギリシア語に取り入れられた借用語のなかには、同化されずに残っている語がある。たとえば、アルファ *alpha*, ベータ *beta* などの文字の名称、あるいはオナル *onar*（「見ること、夢」）など、これらはすべて不変化詞である。この事実はそれ自体、このような語が借用語であることを強く示している。にもかかわらず、〈外国語からの借用語の大多数は、ギリシア語の音声と形態のなかに完全に吸収されるようになった〉というブルケルトの主張はまったく正しい。分別あるこの考えは言語接触についてのすべての近代理論に適合するが、そのため、ジェイサノフとヌスバウムの次の主張は価値が下がる。「ギリシア語のなかにある真の借用語は大部分が孤立した語である。語源が印欧語にないという意味において孤立しているばかりではない。より単純なギリシア語の単語や語根に語源が見出せないという意味でも孤立している」(p. 189)。

このようなすべての文章は、古代ギリシア語の辞書編集者が借用語の可能性を考察するとき、一般に探求したのが、孤立したはっきり異国風とわかる語だけだったことを示している。新しく採用された語は、長いあいだ外国的な外観を保ち、いくらか「異国風」なところが残っていた。ブルケルトが指摘するように、その他の借用語は吸収され、「土着化し」、複合語と派生語を発展させた(33)。したがって、「より単純な……語や語根」はそれ自体が借用語かもしれない。ジェイサノフとヌスバウムは続ける。金を指す借用語以外に、*khrū́sō(私は光る)という動詞が存在しないのが「特徴的である」。とりわけこの語がそのケースだ。権威あるリデルとスコットの『ギリシア語英語辞典』のなかには、セム語に由来することが間違いないギリシア語、クリュソス *khrūsos*(金)から合成された複合語が多数収録されている(34)。このクリュソスをベースに、前置詞と組み合わせることによって、*enkhrūsóō*(金めっきをする)や *epikhrūsóō*(金をかぶせる)のような動詞もつくられた。同じように、カナン語 *bûṣ*(エジプトの高級リネン)に由来するギリシア語 *býssos*(薄い織物あるいは布地)から、*býō*, *embýō* そして *epibýō*(詰め込む、ふさぐ)という動詞がつくられた。このような動詞をギリシア語の現在時制で用いる場合、あたかもそれが形態的特徴であるかのように、アフロアジア語の語根の最後の子音が脱落した。

ギリシア語のカドス *kádos*(壺)が西セム語のカド *kad*(壺)に由来することはあまねく認められている(35)。ギリシア語にはこれに類する語が多数ある。たとえば、*kētharion* あるいは *kēthis*(投票用の壺)、*keithion, kheithion, keition,* およびミュケナイ語 *kati* である。このすべての語が異なるタイプの瓶をあらわすことはあきらかだが、インド＝ヨーロッパ語の語源形を見いだすことはできない(36)。ギリシア語のなかで最も造語能力のある多くの語根、たとえば、*árkhō*(導く、始める)や *xenos*(「よそ者」)はインド＝ヨーロッパ語に妥当な語源形がなく、借用語から派生したのかもしれない。したがって、借用語を調べる場合、あきらかに異国風な語と孤立した語に限るべきだというジェイサノフとヌスバウムの主張はまったく誤りで、もっと広範に研究すべきだというブルケルトはまったく正しい。

「いずれにしても、この種のミニマリズムはセム語との結びつきがはっきりしていないとき、セム語とのすべての結びつきを拒絶するが、全体として、このミニマリズムの仮説が〔妥当する〕可能性は最も小さい」というブルケルトの結論も正しい[37]。

ギリシア語――言語移行の結果か、言語接触の結果か

ここでは、エジプト語、西セム語、そしてギリシア語の関係を現代の言語接触理論のコンテクストのなかで考察したい。ギリシア語史の研究者は、ギリシア語の方言間の音声上の関係について詳細で精緻な研究をしてきた。しかし、ギリシア語がインド＝ヨーロッパ基語系統の言語だということをあきらかにしたことを別にすれば、全体として、ギリシア語の起源についての考察では彼らの態度はきわめて曖昧である[38]。曖昧な態度には理由がある。一つは単に証拠がないからだ。にもかかわらず、ギリシア語の起源の問題に近代的アプローチが適用できなかった伝統は長い。これにはイデオロギー的基礎があると私は見ている。一八世紀末と一九世紀初期の古典学の創始者の一人はヴィルヘルム・フォン・フンボルト〔一七六七―一八三五〕だった。ほかにも多彩な才能があったフンボルトだが、彼は偉大な言語学者であり、複雑に入り組んだ言語混合が彼の専門だった。ところが、フンボルトは「サンスクリット語系諸言語」すなわち、インド＝ヨーロッパ語系諸言語は他のすべての言語とは質的に異なる言語であり、インド＝ヨーロッパ語系諸言語はすべての言語よりも優れていると確信していた[39]。さらに、のちに「古典学」として知られるようになる古代の学問 *Altertumswissenschaft* という新分野の学問の概略を述べるなかで、彼はギリシア語が卓越しているのは、外国

の要素との混交がないところだと断言した。[40] ほかのところでも、全体としてギリシアの歴史と文化は他の諸文化よりも無条件に上位にあり、「私たちはギリシア人から世俗を超越した何か――ほとんど神に近い何か――を獲得している」と主張した。[41]

さて、二一世紀が始まったいま、私たちはもはやギリシア語を特別扱いするのではなく、他の言語と同じように扱い、他の混合言語と比較しなければならない。その方法は、サラ・グレイ・トマソンとテレンス・カウフマンが『言語接触、クレオール化および系統言語学』で提起した枠組のなかで検討するのがよい。この著作は、これまでのところこの主題についての最良の調査として広く受け入れられており、なかでもジェイサノフはこれを熱狂的に支持している。[42] トマソンはこの本の最初の節で一般的な言語接触について論じ、混合言語と思われる言語を測定するものさしの作成が役に立つと考えた。彼らの著作は、接触の程度が次第に増加する事例の記述から始まる。このプロセスは、住民が彼らの言語を捨て、別の言語を採用する言語移行〔シフト〕で頂点に達する。[43] 接触と移行を区別するのは、本質的には観測者の視点である。まず、外来言語が現地言語に影響を与える。次いで注目の的になるのは、外来言語に取って代わられた現地言語の影響を受けた、外来言語そのものである。このような変化は、植民する側が、彼らの言語を政治的・社会的には従属的だが、人口の多い住民の側に強制する文脈で典型的に起きる。これを図式的に述べよう。

世代一――現地言語Xの話者集団と来住者言語Yの話者集団がいる。彼らはモノリンガル集団である。おそらく各集団は他の言語について〔使用知識はないが〕理解知識はある。

世代二――少なくとも一集団はバイリンガルになる。母語のX語話者とX語なまり（と構造）のY語話者がいて、母語のY語なまり（と構造）のX語話者がいる。

世代三――X語話者とY語話者の全員が世を去る。X語とY語のなまりは残り、識別できる。

世代四――（おそらくは人数が多いために）X語なまりのY語話者が優勢になる。全住民のあいだでこの発音が標準になる。(44)

したがって、過去を振り返ると、接触の結果できる混合言語は、影響をうけた側の言語の諸側面に移行《シフト》が起きる言語とは別のものである。大半の事例では、接触によってもたらされる変化は語彙から始まる。まず名詞、ついで動詞と修飾語が変化し、やがて不変化詞、前置詞、後置詞に変化が及ぶ。その後、統語論〔句、節、文を作る場合の単語の配列や関係〕、形態論、そして最後に、音韻論上の変化が起きる。他方、言語に大規模な移行がおきる場合は、新しい語彙を受け入れてから長期間経過したのち、以前のイントネーション、音韻論、統語論が保たれる傾向がある。この事例はオークニー諸島〔スコットランド北方の島々〕とシェトランド諸島〔スコットランド北東の島々〕に見ることができる。これらの諸島では、西暦紀元一五、一六、一七世紀の間に、アバディーンのスコットランド英語がノルン語〔中世ノルド語〕に取って代わった。現在も少数のノルド語〔スカンディナビア諸語〕の単語が生き残っているが、これら諸島の方言とスコットランド本島の言語が異なるのは、島々の方言に驚くほどスカンディナビア語のイントネーションが残っているという点だけである。対照的に、これと同じ時期にスウェーデンがフィンランドを支配したとき、フィンランド語はもともと平坦なイントネーションだったが、一部のフィンランド人はこれをそのまま残してスウェーデン語のあらゆる側面を採り入れ、同時に、スウェーデン人植民者自身はこの平坦なフィンランド語のイントネーションを採り入れた。同じように、アイルランド英語に吸収されたアイルランド語の単語は驚くほど少なかったが、アイルランド語的なイントネーションと音声構造は強く残り、また、「If it's a thinking in your inner heart」という歌の文句〔意味は「あなたの心がそう思うなら」〕にあきらかに見られるように、アイルランド語的な統語論も一部に残っている。[45]

トマソンとカウフマンが意味する言語接触では、語彙の多くあるいは大半が外部から持ち込まれるが、現地の言語構造は保たれるというきわめて大きな共通点がある。これはスワヒリ語、英語、その他の言語についても、朝鮮語、ベトナム語、日本語についてもいえる。[46]このほかに、このパターンのとりわけ印象的な二つの実例を古ジャワ語すなわちカウィ語とコプト語に見出すことができる。カウィ語は、ギリシア語の純粋性を主張したフンボルトが晩年に熱中した言語だった。カウィ語はマレー語だが、そこに大量のサンスクリット語とパーリ語の語彙が流れ込んでいたことをフンボルトは正しく把握していた。[47]他方、コプト語はエジプト語の最終形態である。コプト語の音韻論、形態論、統語論、基礎的語彙は基本的に現地〔エジプト〕のものだが、名詞と動詞は高い比率で、また不変化詞はその多くが、ギリシア語に由来する。[48]もしも関連する時期のエジプト史を知らなければ、数世紀のあいだ、少数派のギリシア語話者が多数派のエジプト語話者より優位にあったという結論が導き出される可能性がある。言語学上の証拠を用いて、〈エジプト語話者がギリシア人より優位にあった〉という説を提起すれば、これはきわめて妥当性を欠くだろう。しかし〈アーリア・モデル〉の支持者は、ギリシア語に見出されるきわめて類似の混合パターンを考察し、この種の主張をすべきだと私たちに求めている。

ギリシア語に言語の混合があることについては誰も疑わない。問題はこれが移行の結果なのか、接触の結果なのか、である。ギリシア語の起源について〈アーリア・モデル〉の支持者は、彼らの立場を明快に語らないが、暗黙のうちに前ギリシア語からギリシア語に移行《シフト》したと考えている。対照的に、〈改訂版古代モデル〉を用いる私は接触の結果と考えている。

ギリシア語が成立する以前にインド＝ヨーロッパ基語に起きた音声変容のなかには、エーゲ海地域の基層言語の結果と考えられる変容もあるかもしれないが、これは説明にならないだろう。なぜなら、このような多くの変化――たとえば、インド＝ヨーロッパ基語の強勢閉鎖音の *p, t* そして *k* からギリシア語の有声閉鎖音の *b, d* そして *g* への移行《シフト》――は、その他の多くのインド＝ヨーロッパ語系諸言語に共有されたからだ。[49] ほかにも、西暦紀元前第二千年紀中期の東地中海地域周辺で、他のインド＝ヒッタイト諸語にも非インド＝ヒッタイト諸語にも影響を与えた変化――たとえば、唇軟口蓋音のブレイクダウンと、頭字と母音間の *s*>*h* への移行――があったが、このような現象が現実に起きた時期はあまりにも遅いので、エーゲ海地域の基層言語と関連させることはできない。

トマソンとカウフマンは、個々の語彙を彼らの借用語のものさしに当てはめる以外に、より密接な接触から生まれる構造的・形態的影響を認めている。[50] 実際、ギリシア語の形態には、双数形の斜格語尾 *-(o)iin*, 接尾辞 *-eus*（という人）、所格 *-de* および *-then* などのように、数は少ないが他のインド＝ヨーロッパ語には見られない変則性がある。にもかかわらず、全体としてのギリシア語の音韻論と形態論はインド＝ヨーロッパ語にきわめてよく適合する。しかし、同時に、この言語にはきわめて重要な非インド＝ヨーロッパ語の語彙がふくまれている。ジェイサノフとヌスバウムは、「ギリシア語の多数の単語には……申し分のないインド＝ヨーロッパ語の語源が欠けている」と認めている（p. 185）。オックスフォード大学の彼らの同僚で、インド＝ヨーロッパ語学者のアンナ・モパーゴ＝デイヴィスの概算によれば、ギリシア語のなかのインド＝ヨーロッパ語の単語は「四〇%以下」だ。[51] このパターンを移行〔シフト〕の結果と考えるのはむずかしい。なぜならそのためには、仮説上の前ギリシア語すなわち、非インド＝ヨーロッパ語を話すエーゲ海地域の住民が彼らの言語のかなりの語彙をそのまま持ち続ける一方で、その音韻論と形態論を捨てる必要があるからだ。このような展開は、前述した通常の移行に反するだろう。

インド北部では、インド＝ヨーロッパ語話者が非インド＝ヨーロッパ語を話していた現地住民を圧倒したと思われる。その状況を見てみよう。サンスクリット語とその他の同系言語は、現地住民がインド＝ヨーロッパ語の形態論とその語彙のほとんどすべてを受容したときに移行《シフト》が起きたことを示している。[52] しかし、現地語の音韻論は失われず、侵略者自身がそれを採用した。対照的に、インド南部で生き残ったドラヴィダ語族の諸言語は、接触はあったが移行はなかったことを示している。これらのドラヴィダ諸言語は、多数のインド語派言語〔サンスクリット語、ヒンディー語、ウルドゥー語、ベンガル語など〕の単語と形態統語論的なパターンの一部を受け入れたが、ドラヴィダ諸言語の基本的な文法構造と発音を保持した。[53] ギリシア語のインド＝ヨーロッパ語的要素とサンスクリット語に見いだされるその要素は、〈ギリシア語の場合はインド＝ヨーロッパ語の音韻論と多数の非インド＝ヨーロッパ語の語彙をもっている〉が、他方、〈サンスクリット語の場合は非インド＝ヨーロッパ語の音韻論と圧倒的な数のインド＝ヨーロッパ語の語彙をもっている〉という点で、正反対の状況にある。実際、ギリシア語の基盤はインド＝ヨーロッパ語だが、そこに見られるパターンはドラヴィダ語族の諸言語のパターンと著しく似ている。したがって、おそらくギリシア語に見られる混合も移行ではなく、接触の結果と見るべきだろう。

ごくまれに、少数派のバイリンガル集団がそのアイデンティティを維持するため、大部分の音韻論と統語論の保持をあきらめて、基本的な語彙を保持するという状況がある。目的論的視点から見れば、このような言語は「滅びつつある」といえるが、この過程は数世紀間続くことができる。[54] この例は、イギリスでのロマーニー語や、一九二一年――一九二二年に小アジア半島から追放される以前にトルコで話されていた近代ギリシア語――一九一六年にある作家が書いているように、「身体はギリシア語のままだったが、魂はトルコ語になっていた」――に見いだすことができる。[55] では、イギリスのロマ（ジプシー）は彼らの言語の語彙を除くほとんどすべてを捨てているが、古代ギリシアの前ギリシア人もこのケースに相当するのだろうか。

私の答えはノーである。このような状況下の少数派あるいは社会的下位集団は、日常生活の単語を保持しつづけるが、前ギリシア語の話者と仮定される住民の場合、これはあてはまらない。実際、ギリシア語の場合、モパーゴ＝デイヴィスの概算による、すべての語彙のなかのインド＝ヨーロッパ語の要素は四〇％以下という数字と、言語学者モーリス・スワデシュが作成した、基礎的アイテムの短い〈一〇〇単語リスト〉――このリストは少なくとも理論上はすべての言語に適用できる――に見いだされる七九％という数字との対照はきわだっている。[56] さらに注目しなければならないのは、スワデシュのリストにある、インド＝ヨーロッパ語でもあり、また明らかに非インド＝ヨーロッパ語の語でもある同義語の単語で、インド＝ヨーロッパ語のほうが古いと思われる三つの単語の存在である。[57]

全体として、〈アーリア・モデル〉が提案する言語移行《シフト》の見込みはきわめて小さいだろう。なぜなら移行だとすれば、前ギリシア語を話す住民がその複雑な語彙を保持する一方で、その音韻論、形態論、日常生活の語彙を放棄し、征服者が話すインド＝ヨーロッパ語の音韻論等々を取り入れる必要があるからだ。他方、古代ギリシア語に見いだされるパターンは、言語接触後に予想されるパターンそのものである。古代ギリシア語の語彙全体と基礎的〈一〇〇単語リスト〉のあいだの〔数字の〕不一致も、ノルマンの征服以後のイングランド〔における中英語の語彙〕にみられる不一致と同じである。概算値に変動はあるが、中英語の語彙の七五％はフランス語が語源だったのにたいして、スワデシュの基礎的アイテム〈一〇〇単語〉リストにみる、この言語〔フランス語〕の占める割合が一〇％以下だったことははっきりしているようだ。[58]

ギリシア語の混合の端緒を移行の結果ではなく、接触の結果と考えるなら、ギリシア語形成期の西暦紀元前第二千年紀のあいだ、ギリシア語に最も重要な影響を及ぼした可能性が大きい言語は古代エジプト語と西セム語だろう。古代エジプト語と西セム語は、文書上の証拠からも考古学上の証拠からも、この時期の数世紀間にわたって東地中海地域で優勢だったことが知られている民族の言語だった。(59)

ジェイサノフとヌスバウムが提起した異議に戻ろう。彼らは他のインド＝ヨーロッパ語によって説明できないギリシア語の単語が多数あることを認めるが、説明できない単語はインド＝ヨーロッパ語族のすべての語派に多数あるからという理由で、この異常さを否定する。ここで彼らは、モパーゴ＝デイヴィスが明言した意見に逆らっている。モパーゴ＝デイヴィスはギリシア語の語彙のなかのインド＝ヨーロッパ語の割合を研究し、その後、「四〇％以下」という「驚くべき」低い割合の数字を見出した。(60)

ジェイサノフとヌスバウムは譲歩し、『リグ・ヴェーダ』に高い割合で残っているサンスクリット語と比べると、ギリシア語のなかでインド＝ヨーロッパ語として受け継がれてきた語［の割合］は低いが、これはラテン語の場合とおそらく同じだろうし、立証された最古のインド＝ヨーロッパ語のヒッタイト語の場合よりもずっと高い」(p. 185)と主張する (p. 185)。最後の論点から始めよう。ヒッタイト語が話されていた地域は言語学的にきわめて多様なアナトリア中部と東部だった。この地域の言語にはいくつかの非インド＝ヒッタイト語も含まれていた。さらに、ヒッタイト帝国の中核だったハッティ人〔ヒッタイト人以前に住んでいた非インド＝ヒッタイト語を話した民族〕の領土は、何千年もの間、南西アジアの経済と文化世界の一部だった。ヒッタイト語は主として楔《くさび》形文字で筆記されたが、セム語がヒッタイト語に大きな影響を与えたことを疑う者はいない。ジェイサノフとヌスバウムはラテン語についてインド＝ヨーロッパ語の割合はギリシア語と「おそらく同じだろう」と述べているが、これはきわめて曖昧である。というのは、私と同じように、彼らがこの問題でなにも調査していないことはあきらかだからだ。にもかかわらず、ラテン語の場合、ローマ文明が非インド＝ヨーロッパ語の話者エトルリア人からの多くの宗教儀式、習慣、単語を組み入れたことが知られているので、かなりの借用があった可能性は大きい[61]。さらに、〔ローマ文明と〕フェニキア人、とりわけカルタゴとの接触を考えるなら、ラテン語の語彙にたいするセム語の影響は、ヒッタイト語（および、私の主張ではギリシア語）の語彙にたいするのと同じように大きかった可能性がある。いずれにしても、ヒッタイト語もラテン語も、接触の結果、非インド＝ヨーロッパ語からの借用語が相当あったことははっきりしている。

〈どの言語にも、それが属する語族による説明ができない単語や、明確に借用語だと認められない単語が含まれている〉というジェイサノフとヌスバウムの一般的論点について、私は全面的に賛成する。ギリシア語の語彙のうち、インド＝ヨーロッパ語に語源があるのは四〇％以下だが、私はただ、アフロアジア語族に由来する語彙が四〇％あると主張しているにすぎない。したがって、語源が説明できないまま残っているギリシア語の語彙は、さらに二〇％ある。〔ギリシア語の場合、インド＝ヨーロッパ語を語源としない語彙が六〇％〕残っているが、たとえば、インド＝ヨーロッパ語の一語派のゲルマン語の場合にそれだけ残っているとすれば、この数字は大きいかもしれないし、大きくないかもしれない。しかし、私たちはゲルマン基語の話者が接触した非インド＝ヨーロッパ語について実質的に何の知識もないが、古代エジプト語と西セム語については多くを知っている。

中間的結論

この節では、私の答えを五つの結論として述べる。第一に、一九世紀のインド＝ヨーロッパ語の言語学は当時広まっていた人種差別、反ユダヤ主義、純粋を求めるロマン主義者的願望の影響を受けて発展したが、これは〔諸言語の〕自然発生的な系統樹モデルによく表れている。したがって、外部からの実質的な影響は不承不承考察されるにすぎなかった。唯一の例外はイデオロギー的に受け入れられるモデル、すなわち、インド＝ヨーロッパ語話者の征服者にたいする被征服民族の諸言語からの基層的影響のモデルだけだった。このようにしぶる消極的姿勢は、とりわけ、一九世紀初期以来、最も完全で少なくとも最も完全に均衡のとれたヨーロッパ語と考えられていたギリシア語の場合に大きかった。

私の第二の中間的結論は、言語接触を論ずるとき、歴史言語学者が語族内部で一般に得た音声的正確さはふさわしくないが、借用語の時代、場所、その方法が綿密に文書で証明できる場合は別である。第三の結論は、意味論上の発展は決して明快でないか、あるいは、正確に予想できない。第四の点は、言語の混合が存在することは古代ギリシア語ではあまねく認められており、これを説明するとき、移行《シフト》の結果ではなく接触の結果だというほうがはるかに妥当だろう。第五に、接触説を受け入れるなら、最も確率の高い非インド＝ヨーロッパ語的要素の源泉はエジプトとレヴァントである。考古学と文書による証拠がはっきり示すように、問題となっている時期のあいだずっと、この両地域とエーゲ海地域のあいだにはかなりの相互作用があった。

全体として、古代エジプト語やセム語からギリシア語に入った借用語を発見して驚いたり、(インド＝ヨーロッパ語の内部に語源が皆無あるいは、語源の論拠が弱い場合に) 厳格で一方的な立証を求めたりするよりも、むしろ、借用語が豊富でないとすれば、このことに驚くべきだろう。したがって、このような借用語の試験的な受け入れや拒否は、確実性ではなく競合的妥当性を根拠にしなければならない。

異議の細目

以上でジェイサノフとヌスバウムの全体的枠組にたいする私の一般的批判を終わり、これから異議申し立ての細目に移る。詳しく理由を述べて答えると、答えはつねにもとの言説より長くなる。したがって、すべてのケースを取り上げることはできない。ジェイサノフとヌスバウムの場合、私に異議を申し立てないケースでも、私のアジアアフリカ語語源論を受け入れているわけではないが、私も彼らと同じように、ここで答えないからといって、彼らの異議申し立ての正当性を認めているわけではない。しかしそうであっても、この章のこの部分でとりわけ重要だと考えるいくつかの例を考察するのは価値があると考える。読者がこれからの詳細な議論をフォローされたいかどうかはおまかせする。

ここで、ジェイサノフとヌスバウムは私が提案したエジプト語語源説についてと同じようにセム語語源説を軽蔑していることにふれておかなければならない。[62] 序で述べたように、エジプト語語源説とセム語語源説を二重に否定する彼らの考えは『再考』の他の寄稿者の考え方とずれている。なぜなら、他の寄稿者はエジプトからの大規模な影響があったという私の提案に強硬に反対するが、南西アジアから影響があったという考えは受け入れると主張するからだ。しかし他の寄稿者はジェイサノフとヌスバウムの言語学の主張に依存しているため、彼らの言語伝達の議論とその他のすべての文化的側面の議論とのあいだに重要な食い違いが生まれる。〈ギリシアは南西アジアから文化的借用をした〉ことに共感を示す『再考』の寄稿者と古典学者は、この矛盾を避けるために、「私たちは言語学上の主張を使わない」と呪文のように繰り返すほかに道はない。しかし、一般に情報が不足しているなかで、潜在的に価値のある情報源をなぜ無視しなければならないのか。理由がはっきりしない。

〔1〕 ‐ントス、 ‐ソス／‐トス -NTHOS, -SSOS / -TTOS

ジェイサノフとヌスバウムは、〈ギリシア語はインド＝ヨーロッパ語を話すギリシア人《ヘレネス》による前ギリシア人《ヘレネス》の征服に続く言語学上の移行《シフト》によって生まれた〉という一九世紀と二〇世紀初期の通説を受け入れている。したがって彼らは、一九二七年の論文で古典学者J・ヘイリーと考古学者カール・ブレゲンが発表した有名な主張――*-nthos* と *-ssos*／*-ttos* という要素が含まれる地名の分布は初期青銅器時代（すなわち、征服があったとされる以前）と対応し、これらの地名は前ギリシア人《ヘレネス》の定住を示す指標であるという主張――に従っている（p. 186）[63]。

この対応関係は、初期青銅器時代の遺跡ばかりでなく後期青銅器時代の遺跡にもいえるので、この理論は考古学的根拠に乏しい。これよりさらに重要なことがある。それは一九二四年、*-nthos* についての仮説を言い出したパウル・クレッチマーが、インド＝ヨーロッパ語の語幹にこれがつけ加えられていることを指摘し、このとき彼はこの仮説を断念したので、*-nthos* が地名を表すという主張の説得力も同じく薄れたことだ[64]。したがって、このような地名はずっと昔の古代ギリシア以前の言語の生き残りであり、また、インド＝ヨーロッパ語話者の波が押し寄せるような移動を生き延びたと仮定することはできるが、にもかかわらず、このような地名はそれ自体で、前インド＝ヨーロッパ語の基層言語の存在を示すものではない。古い仮説は一般に放棄されてしまったので、ジェイサノフとヌスバウムが古い仮説を弁護するとは、彼らの伝統主義にも驚かされる。一九五八年、偏見の少ないインド＝ヨーロッパ語学者オズワルド・セメルヌイは次のように述べた。

> 一九一六年に二つの主要なテーゼが確立したと思われた。第一は、ギリシア本土とエーゲ海地域の一帯に分布する *-νθος*（*-νθα*）と *-σσος* という多数の地名は前ギリシア語だった、もっと正確には、エーゲ海＝アジア語だった、インド＝ヨーロッパ語でないことは確実だ、というテーゼである。第二は、全体としての「ミノア」文化は非ギリシア的、非印欧的だったというテーゼである……。しかしそれ以降、このテーゼの擁護派はどちらのテーゼを

擁護するについてもますます困難になっている。主としてクレッチマー教授の不屈の研究によって、非印欧語すなわち、エーゲ海＝アジア語の基層言語という想定に言語学的土台が据えられたが、この土台はほぼ完全に除去されてしまった。[65]

八年後、セメルヌイは次のように繰り返した。

すでに見たように、私たちの世紀〔二〇世紀〕の前半、とりわけメイエやデブルンナーのような指導的な学者たちはセム語の影響を最低限にとどめた……。このいわゆるエーゲ海地域の基層言語は、ギリシア語の語彙にあるすべての外国的要素の、唯一でないとしても主要な源泉と考えられた。接尾辞 *-ssos* / *ttos* と *-nthos* が主たるものだが、これがついていれば基層言語とされた……。こんにちでは、この形は、どちらかといえばもともとアナトリア語すなわち、インド＝ヨーロッパ語だっただろうと思われる。[66]

しかし、セメルヌイは同じ論文の始めの部分で、ギリシア語 *asaminthos*（「入浴」）はアッカド語 *namasitu*（「入浴」）に由来し、*plinthos*（「煉瓦」）もアッカド語 *libintu*（「煉瓦」）に由来したと述べている。[67] このような接尾語を持つその他の多くの単語や名前が、セム語とエジプト語に由来するというのが妥当であることを私は少しも疑わない。したがって、その語源が何であるにせよ、エーゲ海地域周辺でインド＝ヨーロッパ語、セム語、エジプト語が使われていたとき、これらの接尾辞は「生きていた」。したがって、ジェイサノフとヌスバウムが〔その存在を〕示唆する、インド＝ヨーロッパ語でもアフロアジア語でもない失われた謎の言語〔エーゲ海地域の基層言語〕をつきとめるため、*-ssos* と

-nthos および、これらの接尾語がついている語幹を利用することはできない。

独立した謎の基層言語については、これがクレタ島や他のエーゲ海地域周辺の場所で発見された音節文字の線文字Aで書かれた言語だという示唆があり、ジェイサノフとヌスバウムはこの示唆に共感する。彼らは線文字Aを「読むことはできない」(p. 186) と書いている。ここでもまた彼らは間違っている。正統派で厳密なジョン・チャドウィックでさえ「線文字Aと線文字Bの音節文字記号は、両者の音価がまったく同一でないとしても、きわめて似た文字とみなされるという考えに与する主張」を受け入れる傾向があった。[68] ついでだが、線文字Aについてサイラス・ゴードンはこれをセム語系言語の筆記文字であると考えるが、この解釈には二つの重要な反論がある。しかし線文字Aの筆記文字を判読すれば、一つの反論は解消する。もう一つの反対論は、東セム語と西セム語は同一言語のなかにあらわれないという主張だが、北シリアのセム語であるエブラ語の発見で解消した。エブラ語には、以前は東セム語か西セム語かどちらか一方に限られると見られた単語が含まれている。[69] したがって、エブラ語のテクストが書かれた少なくとも西暦紀元前第三千年紀には、東セム語と西セム語の区別は——学者は当然明確に区別したかったが——、それほど厳重ではなかった。

線文字Aのテクストの解釈には多くの問題が残っている。中期青銅器時代と後期青銅器時代のクレタ島の言語に見られるアナトリア語的、エジプト語的、その他の要素についても同じことがいえるだろう。しかし、ゴードンは線文字A粘土板にいくつかのセム語の単語があると説得的に論証した。[70] 線文字Bとともに粘土板に刻まれたギリシア語のなかにセム語の単語があるので、これは大いに考えられる。西暦紀元前第三および第二千年紀のあいだずっと、クレタ島と南西アジアが接触したことを示す考古学上・文書上の証拠があり、また、クレタ島およびギリシア本土の官僚構造とメソポタミアおよびシリアのそれがきわめて正確に対応しているのは事実である。[71] 全体として、ゴードンと彼の信奉者にたいするジェイサノフとヌスバウムの軽蔑は完全に見当違いだ。いまでは、ゴードンの弟子が米国のセム語研究で優勢である。古代セム人がアメリカまで航海したという師匠の主張に従う弟子はほとんどいないが、にもかかわらず、ほとんどすべての弟子は青銅器時代の中期と後期に東地中海周辺に密接な文化接触があったという彼の意見を受け入れている。

接尾辞 *-ssos* / *ttos* に実体があるのかないのか、私は説明できない。しかし、*-nthos* についてはいくつか異なる説明ができると考える。まず、線文字Bの **Korito** すなわちギリシア語のコリントス **Korinthos** のように、*-nthos* は歯音［t］のまえに単純に鼻音［n］を採用したと説明できる。(72) また、これはエジプト語の *nṯr* の翻訳と私はみている。ジェイサノフとヌスバウムは（**p. 187**）、エジプト語の *nṯr* が、「ギリシア語のなかに五つの異なる語の音としてとり入れられている」という私の説はばかげたとんでもない説だと見ている。しかし前述のように、日本語に取り入れられた中国語からの借用語、英語に取り入れられたロマンス語からの借用語と比較すれば、この数字［五］それ自体、問題はない。

したがって私たちは、エジプト語から派生してギリシア語になった［五つの］ケースをひとつひとつ見ていく必要がある。第一のケースは *nṯr*＞*nitron*（硝石）［＞は *nṯr* から *nitron* が派生したことを示すマーク］の事例である。この派生については誰も異論はない。第二のケースは *Nṯr*＞*ánthos* の事例だが、これについては多少の説明が必要だ。*ánthos* の語源はインド＝ヨーロッパ語だという説では、これは仮説上の語根 ***andh** あるいは ***anedh**（突き出る、芽が出る、花が咲く）から由来したと考える。辞書編集者のジュリアス・ポコーニーは、この語根が *ánthos* それ自体に由来すると述べ、トカラ語の **ānt**（「平野」）のような語形に無理にこじつける。(73) この音連結のなかで、*ánthos* と意味上の並行関係を有する可能性があるのは、不死をもたらすと考えられた魔法の「ある種の植物」、サンスクリット語の *ándhash* だけである。最新のギリシア語語源辞典の著者ピエール・シャントレーヌは、*ánthos* と *ándhaḥ* のあいだの

結びつきを疑問視している。(74)

ánthos はエジプト語 *nṯr* の派生語だという主張は、ずっと強力だ。音声上、末尾字 *-r* は中エジプト語でも不安定だった。(75) *nṯr* の *-r* はコプト語 *nute* ではまったく消滅している。とはいえ、ギリシア語の場合、末尾字 *-r* はもともと存在したのかもしれない。*anthos* 周辺の音連結の語には——*antharion*（「吹き出もの」）、*antheros*（「花のような」）、*antherikos*（「アスフォデル」〔ギリシア神話で極楽に咲いている不死の花〕）および「麦の穂」）のような——、末尾に *-r* のついた語がいくつかある。最後に挙げた〈麦の穂〉は、エジプトではオシリスの、ギリシアではエレウシスの密儀の、神聖なシンボルだった。したがって、この語根 *nṯr*（「神の」）はまったく適切だろう。このような大部分の例で、*-r* が形態論の問題であることは事実だろうが、これがどこかで脱落した語根の一部だったという可能性は残る。

添頭字 *i* (a/i) もエジプト語ではありふれた字だが、この場合も、二重子音で始まる単語だったのだろう。(76) この痕跡はコプト語の語形 *enthēr*——「神々」を意味する複数形——に見ることができる。(77) エジプト語の *n* と *ṯ* がギリシア語に翻訳されて、*n* と *th* になったことにはまったく問題がない。

意味論的に、*nṯr* と *anthos* とのあいだには素晴らしい適合性がある。一九世紀のエジプト学者ハインリヒ・ブルクシュは、エジプト語 *nṯr* は「周期的な出現によって事物を創造・生産し、事物に新しい生命を与え、青春の若さを回復する作用をもつ力」だと主張した。(78) この考えは、二〇世紀のエジプト学者によって継続して裏づけられている。(79) ギリシア語では、*ánthos* の意味は、「成長、若枝、花、青春の盛り」だということが認められている。

さらに、エジプト人は花について宗教的に深い意味をもつと見ており、これを示す多くの徴候がある。生け贄や奉納物をささげている絵のほぼすべての場面で、花は目立つ場所に置かれている。石棺の先端部に花を結んで飾り、拝んでいることも多い。花で神々や聖者を表現したことも、エジプト語の宗教テクストからあきらかである。さらに、エジプト学者ハンス・ボネットが述べているように、「花の持つ意味はそれにとどまらない。花にはもっと深い意味がある。花束のなかに神々自身がおられる」[80]。

アルカイック時代と古典時代のギリシアにおいても、花と死者は結びついていた。イオニア人のアンテステリア祭〔アンテステリオン月（二月後半から三月前半）に行われる祭り〕は、花が咲き始める二月におこなわれた。祭りでは、死者のケレス *Kēres*（「死者の霊」を指す。この語源はエジプト語だが、この問題については後述する）が彼らの墓からよみがえり、街を歩くと考えられた[81]。これは復活と不死が関連していることを示している。

第三のケースは、ギリシア語のクサントス *xánthós* は *snṯr*（コプト語では *sonte*）からの派生語だという事例があり、この説は *ánthos*<*nṯr* という語源論の説明を強化する[82]。*Snṯr* は語根 *nṯr* に使役の *s* がついた語であり、意味は「神聖化する」だった。しかし、*snṯr* は「火と香によって清める」という特別の意味を帯びた語で、とりわけ、香として用いられたのはシリアのテレビンノキの樹脂だった[83]。次に私たち〔の関心〕は、歴史言語学者ヤーコプ・グリムが主張した（「ことばと物」）を結びつける手続きすなわち、言語と他のタイプの証拠を関連させる語源学の手続きに向く[84]。トルコ南部の海岸ウル・ブルン沖で発見された西暦紀元前一四世紀の有名な難破船から、青銅器時代の間を通じて、大量の *snṯr* がギリシアに輸入されたことが知られている[85]。樹脂には茶色から黄色までさまざまな色合いがある。

ギリシア語のクサントス *Xánthós* は「茶色、黄色」そして「神聖な」を意味し、とりわけ毛髪について用いられる。この語にはよい匂い、とりわけ調理した肉のよい匂いと、*latax* すなわち、水盤に流れ込む水の最後の数滴という意味もある。この語の頭字が *x* だということから、音声学上から異議申し立てがあり、また、ミュケナイ語の名前カサト **Kasato** が *Xánthos* を意味する可能性があるという異議も出ている。しかし、*ks* の最初の字 *k* は破裂音というよりも軽い摩擦音だったかもしれない[86]。したがって、*ks* のようなエジプト語とセム語の不確実な歯擦音をもつ借用語が、ギリシア語へ転写——この場合はギリシア語の *ps* へ転写——された可能性を除外することはできない[87]。*sntr* > *xanthos* は意味論的にうまく適合するケースである。インド＝ヨーロッパ語で、この競争相手になる語源はまったく知られていない。

第四のケースは、ギリシア語のサテュロイ **Satyroi**（「サテュロス」〔ギリシア神話で酒神ディオニュソスの従者で好色な半人半獣の怪物〕）とサトライ **Satrai**（トラキアの一部族の名前）が *sntr* の派生語だという事例である。辞書編集者ジャルマー・フリスクの仮説は、このような名前はギリシア語のなかから生まれたか、あるいは北方のイリュリア語〔イリュリア語は死語で、現在のアルバニア語と同系の言語とされている〕からの借用語だったという説だった。ピエール・シャントレーヌはこの二つの名前は関連した語で、ギリシア語には借用語として取り入れられたと見ていたが、確実な語源はわからないと述べ、慎重だった。サテュロスとサトライがいずれもディオニュソス祭儀と関連があったこと、また、男根崇拝祭儀と結びついていることについては、すべての学者が同意している。ダーダネルス海峡にアビュドスという地名があるが、この地名が示すように、北エーゲ海地域周辺の名前にエジプトの影響があったという考えはそれほど途方もないものではない。エジプトのアビュドスはオシリス祭儀の中心地であり、エジプトのオシリス神はギリシアのディオニュソス神に相当した。アビュドスからアナトリア海岸に沿って六〇マイル行くと古代都市プリアポス **Priápos** がある。プリアポスの町はアビュドスとランプサコス——プリアポスとアビュドスの中間にある都市——で男根崇拝祭儀《プリアピック・カルト》を結びつける。プリアポスの語源はインド＝ヨーロッパ語にはない。しかし、プリアポスのきわめて妥当な語源と解釈できる語はエジプト語 **Pr ʒb(t)** である。なぜなら、**Pr ʒb(t)** はエジプトの町アビュドスの別名であり、とりわけ、その町で崇拝されたオシリスの巨大な男根の名前だからだ[88]。

したがって、エジプト語の地名は北エーゲ海地域やその近辺に見いだされるばかりでなく、なかには、とりわけオシリス＝ディオニュソスおよび男根祭儀と関連する地名もある。このような結びつきがあるので、サテュロスとサトライの語源がエジプト語だという意外さは消える。

この語源論にたいする音声学からの大きな異議申し立てはない。語中字の *-n-* はしばしば、エジプト語の単語や名前をギリシア語に転写するとき脱落する。[89] ギリシア語の内部で、この字は時々後続の歯音字と同化された。[90]〔エジプト語から派生してギリシア語になった第五のケースは〕*-n-* が残った語と消えた語の事例であり、意味論的関係のある語すなわち、*katharós* と *kántharos* に見ることができる。シャントレーヌはこの二語の語源を示していないが、*kántharos* は「基層語」に由来するというのが彼の仮説だ。*Katharós* は「清潔にする、清める、純粋な」を意味し、*kántharos* は「スカラベ、魚の種類、小舟の種類、植物、牡牛神アピスの舌のマーク、大きな取っ手のあるカップ」を意味する。セメルヌイは、最後の意味の *kántharos* はアッカド語 *kanduru*（「大きな取っ手のあるカップ」）に由来すると述べており、妥当な説だろう。[91] しかし、この語源説を受け入れるとしても、その他のいくつかの語の意味は説明できないまま残り、困惑する。そのなかの二つ、「スカラベ」と「牡牛神アピスの舌のマーク」だが、これはあきらかに、エジプトばかりでなくエジプトの宗教とのつながりがある。したがって、このギリシア語 *kántharos* の意味論に必要なのは、曖昧であると同時に宗教的でもあるエジプト語の語源形《エティモン》だろう。私はこの語の語源はエジプト語 ***kꜣ nṯr**（「聖霊」）に見いだすことができると考えている。エジプト語にアステリスク〔*のしるし〕がついているのは、この語形をエジプト学者が認めていないからだ。しかし、頻繁に用いられるヒエログリフ  の読みは従来、単に **kꜣ** （「魂」すなわち「霊」）の代替である。このヒエログリフの下の部分 （**iꜣt**,「基準」）は、通常は **nṯr** という語が示す神々を指す場合に広く用いられる記号だ。したがって、***kꜣ nṯr** という組み合わせの語が  の記号だった可能性は大きいだろう。コプト語の **ktēr** すなわち *kater*（「子牛」）はアピスと結びついているので、この仮説は強化される。***kꜣ nṯr**（「聖霊」）が語源であり、そこから *kantharós* と *kathársis* のような語が派生したという説も大いに妥当性があるだろう。

最後に、接尾辞 *-nthos* そのものについてだが、Nṯr はエジプト語では接尾辞として用いられる語だった。ギリシア語にはこの接尾語をもつ——*huákinthos*（「ヒヤシンス」）や *terébinthos*（「テレビンノキ」）のような——いくつかの単語があり、その語源がエジプト語だったというのは妥当だろう。(92) エジプト語 *nṯr* から翻訳されたギリシア語が五つある、〔訳注4〕それぞれに競合的妥当性がある、これらにたいする異議申し立ては見いだせない、ということはすなわち、エジプト語とギリシア語には関係がなかったというよりも関係があったらしい——これがこの節の結論である。

〔訳注4〕ここで論じられたエジプト語を語源とする五つのギリシア語について、エジプト語＞ギリシア語のかたちでまとめると次の通りである。

① *nṯr*＞*nitron*
② *nṯr*＞*ánthos*
③ *snṯr*＞*xanthós*
④ *sntr*＞「サテュロイ」*Satyroi*（「サテュロス」）および *Satrai*（「サトライ」）
⑤ ***kꜣ nṯr**（「聖霊」）＞*katharós* および *kántharos*

〔2〕象形文字 , ꜣ

エジプト語を語源とするギリシア語を論じた私が、エジプト語文字ꜣ——「二重アレフ」——には異なる音価があると述べたのにたいして、再び仰天したジェイサノフとヌスバウムが言うには、私には厳密さが欠けている。ギリシア語 *kā́r* / *kḗ* はエジプト語 **kꜣ** に由来するという私の説を取り上げた彼らは次のように書いている。「音声学上の観点から見ると、この等式が成立する見込みは薄い。バナールは繰り返し〈エジプト語を借用したギリシア語では、ꜣが *r* になることがあった〉と主張するが、しかし、ここでもまたほかのところでも、これを裏づける証拠は少しもない」

(p. 195)。

ここで再び問わなければならない。この違いは観察者が違うからか、それとも状況自体が違うからか、と。いままでは、他のアフロアジア語族の同系語とセム語の名前のエジプト語への翻訳から、ꜣはもともとはふるえ音の流音であり、*l*, *r* ときには *n* と聞こえた音だったことを私たちは知っている。[93] ꜣはある時点で――おそらく西暦紀元前第二千年紀後半の新王国時代のあいだだろう――、子音としての力を失い、単なる母音に変化したということも私たちは知っている。[94]

以前の学者はギリシア語の流音がꜣから派生したという可能性を一切考えなかった。理由は二つあった。第一に、二〇年ほど前まで、大部分のエジプト学者はꜣを声門閉鎖音だと考えていた。[95] 第二に、言語学者はミュケナイ文化期のギリシアにアイギュプトスという名前が存在したことは認めていたが、西暦紀元前第二千年紀にエジプト語からの借用語がギリシア語にあった可能性を考察したことはなかった。したがって、ギリシア語の単語の語源を確定するときに彼らが用いたのは、きわめて後期のエジプト語の音価だけだった。いまでは私たちは、テクストと考古学の両面から、東地中海周辺では第二千年紀のあいだずっと頻繁な接触があり、この時期の線文字Bの粘土板にセム語の借用語が見いだされることを知っている。したがって、ꜣが流音だった時期と単なる母音になった時期の両方で、エジプト語の単語からの借用があった可能性は排除できない。

ジェイサノフとヌスバウムは、〈ギリシア語 *kā́r* / *kḗr* はエジプト語 *kꜣ* からの派生語だ〉という説に異議を申し立て、印欧基語のいわゆる「標準的想定」としての「根名詞《ルート・ナウン》」を持ち出し、次のように述べている。「*kḗr は「根名詞」であり……文字通り「切断、終了」を意味する（参考までに……〈私は切る〉を「根名詞」で書くと keírō である）」(p. 196)。しかし、実際には、「標準的想定」はそれほど単純ではない。一九六一年、古典学者D・J・N・リーは *kḗr*

の解釈史を編纂し、その伝統的な解釈は「宿命および死」だったと主張した。リーによれば、一九世紀末に死や終了を強調する解釈が現われたが、これは「語源学者がプロクルステスさながら、この語に〔死や終了という意味を〕強引に押しつけた」にすぎない。この新解釈が強調されて発展し――とリーは主張する――、*kḗr* と *keírō*（終了）および *keraḯzō*（取り壊す）を結びつけた。リーは、この語の力点は――良いにせよ悪いにせよ――「宿命」におかれるべきだと主張した。そして彼は、「宿命」が「切る」あるいは「くじを引く」という意味の *keírō* からの派生語だと考えた。[96] シャントレーヌはリーの主張の最初の半分と「宿命」という意味の重要性を受け入れたが、そのほかの彼の提案には追随しなかった。そして彼は *kḗr* の語源は「依然としてはっきりしない」と結論した。

私は『黒いアテナ』第二巻（pp. 263-264）で次のように述べた。

> ギリシア語のケル *kḗr* は……豊富で複雑な宗教的意味をもっている。この語が「宿命、非運、非業の死」を意味するようになったことは疑いない。しかし、……ホメロスも、この語をそれとは別の意味、すなわち、個人の運命、あるいは個人の「魂」という意味で使っていた。『イリアス』の一節によれば、ケル *kḗr* は生まれながらにある人間に定められている運命であった。[97] ある人間に生まれながらに定められている運命というこのケル *kḗr* の意味は、死者の魂が生者をふたたび訪れるというアテネのアンテステリア祭〔ディオニュソスに捧げられた祭りで、毎年アッティカ暦の第八月（太陽暦では二月―三月）に行われた〕の古い定式表現――「ケルども *kḗres* は出て行け、アンテステリア祭は終った」――に残っていた。[98] したがって、ケル *kḗr* の中心的なもとの意味は、個人の魂という意味だったと思われる……。

一方、普通は *ka* と表記されるが、カ *kꜣ* はエジプトの神学にとって中心的概念であり、意味論的に豊かな広がりをもっている。ヒエログリフの𓂓は拡げた腕、あるいは抱擁する腕をあらわし、カ *kꜣ* のもともとの意味は、存在するもの同士の関係——たとえば神と神、神と人間、人間と人間の関係——を意味していると思われる。父親と息子という意味では、とりわけ王という文脈で見ると、人間的・制度的な連続性と不死を暗示していた。こうしたことから、カはのちに亡霊という意味をもつようになったと思われる。古王国時代になってからもカの意味は発達し、人が死ぬ時に出会う霊的伴侶すなわち分身《ドッペルゲンガー》を意味するようになったが、そこから「運命」を意味する用法が広まったと思われる。[99]

したがって、音声学上は、*kḗr* は *keirō* から派生し、*kḗr* は *kꜣ* から派生した、とほぼ言える。意味論の領域でも、エジプト語の *kꜣ* とギリシア語の *kḗr* は著しく近いので、このギリシア語の語源はインド＝ヨーロッパ語ではなく、アジアアフリカ語だ、という説のほうがあきらかに有利である。

〔3〕エレボス ĒREBOS

少数だが、同じように妥当性のある語源を二つ持つ語がある。こんにち、このような語でよく知られているのは「台風 typhoon」である。語源学者はこの語の語源はアラビア語とペルシア語の *tūfān*（旋風、大洪水）か、広東語の *tai fung*（「大きな風」）か、そのどちらかだと考えている。おそらくこの語源は一つと思われるが、一つの意味が他の意味ときわめて「混交」（前述参照）するようになったため、どちらが最初の意味だったのか識別できなくなったのだろう。ギリシア語のエレボス Ērebos（地下の暗い所、夕暮れ）もこれと似たような事例だろう。この語の語源については、セム語の場合とインド＝ヨーロッパ語の場合の相対的な長所をめぐって、一世紀をはるかに超えた論争が続いているという事実があるが、これについては前述した。(100) 私はセム語説に与し、ジェイサノフとヌスバウムはインド＝ヨーロッパ語説に与している。

ジェイサノフとヌスバウムはエレボス Érebos の語源について、「暗闇」を意味するインド＝ヨーロッパ語の語根 **$*h_1reg^wos$**（すなわち、現代の多くの学者によれば **$*H_1rek^wos$**）と見ている（p. 183）。彼らはサンスクリット語、ゲルマン語、アルメニア語に見い出される語形を根拠に、仮説としてこの語根を創りだした。最も重要なのはアルメニア語の語形である。なぜなら、彼らはこの語形——*erek*（「晩」）——について、これは他のインド＝ヨーロッパ語系諸語では失われてしまったが、喉頭音の子音があったという証拠になる語形と考えて、これによってエレボス Érebos の語頭添頭音 *e-* を説明するからである。ほかの学者はこの並行関係について別の説明をしている。ジェイムズ・クラックソンは近著『アルメニア語とギリシア語の言語学的関係』のなかで、この二つの語頭添加母音は、喉頭音が残った場合あるいは、よくある改新《イノベーション》の場合のどちらにせよ、直接的関係はないと否定している。彼は、この並行関係は単に、アナトリア語（およびエーゲ海地域の言語？）の場合、語頭に *r-* を避ける傾向があるからだと見ている。ジェイサノフとヌスバウムが喉頭音を仮定したのは、おそらく、インド＝ヨーロッパ語の語源であることが間違いない多くのギリシア語の単語が、*r-* で始まっているからだろう。(101)

さらに、エレボス Érebos の語源問題は、スラヴ語と古英語のもうひとつのインド＝ヨーロッパ語の語根——すなわち、**erebh-* と **orebh-*（「暗い」、「黒ずんだ」あるいは「嵐の」）——に見いだすことができるので、問題はさらに複雑になる。ジュリアス・ポコーニーはこの音連結に *érebos* を含めない。(102) しかし、仮説の語族基語〔語族祖語〕として、マクロ言語学上の諸言語群である「ノストラティック語族」——このなかにインド＝ヨーロッパ語族もアフロアジア語族も含まれる——を推進しているアラン・ボンハードは、**erebh-* とセム語の ʻrb（「太陽が沈む」あるいは「暗くなる」）を結びつけている。[103] 彼はどちらもたった一つのノストラティック語族の語根に由来すると考えている。**ʽrb** がセム語に深く根付いた語であることは疑いない。さらに、中クシュ語派に属するビレン語とサーホ語に *araba*（「黒い」）および *orbā*（「黒い斑点のある雌牛」）という語が見い出されるので、アフロアジア語を全体として見れば、*érebos* はありふれた語だった可能性がある。このため、この語がセム語にとり入れられたインド＝ヨーロッパ語からの借用語だった見込みはずっと薄くなる。[104]

ジェイサノフとヌスバウムは私がアッカド語の語形 *erebu*（「日没」）をもちだすことに異議を唱えている。対照的に、彼らはカナン語の語形 ***aribu** を組み立てる。私の推測では、この語形は *ǵariba*（「黒である」）に見られるアラビア語の母音パターンに由来する。三子音語の語根の有声音化については、このほかに、*ǵaraba*（「沈む、太陽の」）、*ǵarb*（「西」）のように多く見いだすことができる。実際にはカナン語はヘブライ語に先行して有声音化したので、ヘブライ語 *^ereb*（「晩」）を標準的なカナン語に復元すれば ***^arb** になる。

セム語から Érebos の頭字 *e-* を派生させるには、二つの方法が可能である。ジョン・ペアマン・ブラウンが示唆する第一の方法では、西セム語の語形 *^ereb* そのものがセゴール〔ヘブライ語アルファベットで「エ」と発音する短母音〕になった。[105] この場合、セゴール化に *^arb* > *^ereb* という変化が含まれるが、一般に、これはヘブライ語では後期にあらわれる変化と考えられている。しかし、その他のカナン語の方言からの証拠ははっきりしない。いずれにしても、私はエレボスの語源について、ジェイサノフとヌスバウムが指摘しているように、アッカド語 *erebu* だというアストゥアの説に傾いている。[106] ギリシア語にはアッカド語の語形が出現するが、これは三つの方法で説明できる。第一に、立証されてはいないが、アッカド語のテクストにはシリア＝パレスチナで用いられた語が残されている。第二に、すでに述べたように、古代シリアの言語であるエブラ語の発見は、東セム語と西セム語とのあいだに厳然とした区別をつけるべきでないことを示している。第三に、関連する西暦紀元前第二千年紀のあいだずっと、アッカド語はシリア＝パレスチナにおける外交上の言語であり、文学上も重要な言語だった。

要するに、『黒いアテナ』第二巻（p. 93〔邦訳一八七頁〕）で述べたように、*érebos* には二つの妥当な語源が存在する。意味論上の理由から、私はセム語語源説を選ぶ。しかし、インド＝ヨーロッパ語に語根 *reg^{w}os（*rek^{1w}os）が存在することはほとんど疑いない。クラックソンとミシェル・ルジューヌは頭字の *e-* について、頭字に *r-* がくるのを避けるためにすぎないと主張しているが、彼らの主張は *e-* を古代の喉頭音 *h$_{1}$ の反映と考えるジェイサノフとヌスバウムの説の確実性を減ずる。にもかかわらず、*érebos* のなかのギリシア語の語頭添加母音は、インド＝ヨーロッパ語からでもセム語からでも説明できる。

意味論上、セム語語源説を選ぶ理由は、エレボス Érebos と、西方の暗い死者たちの黄泉の国との関連が明瞭だからである。意味論のこの領域には、インド＝ヨーロッパ語を語源とする語はほとんどない。しかし、セム語とエジプト語を妥当な語源とする派生語の数はかなり多い[107]。

〔4〕ハルマ HÁRMA

エレボス Érebos の場合、強力な語源が二つある。だとすれば、ハルマ *hárma*（「二輪戦車《チャリオット》」）の場合、きわめて弱い語源が二つあるか、あるいは語源がまったく見いだせない。私は『黒いアテナ』第一巻で、*hórmos*（「鎖、首飾り」）は「網、精緻な細工」という意味で西セム語の *ḥrm* が語源であり、ヘルミオネ Hermiónē という神聖な山の名前は、これまた神聖な山の名前であるカナン語のヘルモン Hermon が語源だと主張したが、一〇年後のいまもこの主張に変わりはない。しかし、*hárma*（「二輪戦車《チャリオット》」）の語源については、*ḥrm* が語源だという確信はもはやない。しかし、私はこれと同じく、*hárma* は「ギリシア語であり、その語形、変化形、意味が、インド＝ヨーロッパ語だということに何の問題もない」(p. 195) というジェイサノフとヌスバウムの主張も受け入れない。実際、一連の仮説を駆使して彼らが行き着いたのは、インド＝ヨーロッパ語の語根 ***ar*（「適合する、ひとつに合わせる」）だけだった。

〔5〕デイロス DEILÓS, ドゥロス DOÛLOS

doûlos については、一般に、ギリシア語に取り入れられた非インド＝ヨーロッパ語からの借用語だと認められている。しかし、ジェイサノフとヌスバウムはこの事実に言及しない。*deilós* と *deídō*（「私は恐れる」）のあいだに関係があることは認められるにせよ、語源とされるインド＝ヨーロッパ語はきわめて不確かである。[108] 私は *doûlos* を「隷属民あるいは奴隷」と解釈しているが、彼らはこの解釈が巧みな粉飾だと強硬に異議を申し立てている。実際には、スタンダードなギリシア語辞書のなかで、リデルとスコットは *doûlos* を「生まれながらの農奴あるいは奴隷」と定義している。これで十分だと思うが、この語の意味を詳細に論じたシャントレーヌは次のように書いている。「**Th. 8. 28** および **E. *Iph.* A 330** に見られる用法からみると、この語の意味が「生まれながらの奴隷」だということはあきらかでない。この語に一般的な意味があるとしても、ミュケナイ語の粘土板に頻繁に見られるこの語の用法からは、正確な意味は出てこない。」

ここでも、ジェイサノフとヌスバウムはインド＝ヨーロッパ語の言語学者たちの職業上の危険、すなわち、見当違いの正確さに屈している。セム語の語根 **dl** (l) は「吊す、あるいは吊り下げる」を意味するが、「卑しく、弱く、貧しく、みじめな状態に陥らせる」という意味もある。この二つの意味を結びつける環は「従属的」という意味だが、これは妥当だろう。このように、フェニキア語には *dl*（「貧しい」）という語がある。ヘブライ語にも、*dal*（「卑しい、弱い、貧しい」を意味し、裕福な人と対置される〔状態〕）および *dallāh*（貧乏人）という語がある。これらの語は *doûlos*（隷属状態にある人）と意味論上の並行関係にあるので、インド＝ヨーロッパ語のなかに競争相手がないところでは、とりわけ強力な語源候補になる。

deilós の「主要な」意味は、大部分の辞書では「臆病な」である。しかし、ヘシオドスとホメロスのなかでさえ、この語は「みじめな、悲惨な、下劣な、卑賤の生まれの」という意味で頻繁に使われており、「臆病な」との関係は薄い。[109] 辞書編集者が「臆病な」という意味を選ぶ最も簡単な説明は、「臆病な」という意味が *deídō*（「私は恐れる」）とより適合するという事実があるからだ。他方、フリスク、シャントレーヌ、その他の人びと（ジェイサノフとヌスバウムもそうだ）は、この語を *deilós* と結びつけたいと考えている。ここでも、意味論上、インド＝ヨーロッパ語よりもセム語を語源とする説のほうが有利である。

さて、音声学に戻る。ジェイサノフとヌスバウムが主張するように——この主張に私も賛成だ——、*doûlos* の頭字は d^w だった。しかし彼らはさらに、〈ミュケナイ語の語形 *doero* が示すように、*doûlos* の語源は「**do(h)elos* (< **doselos?*)」だ〉と主張する。ジェイサノフとヌスバウムは仮説の語形を円括弧で囲っているので、円括弧のない語形 **do(h)elos* には実体があるという偽りの印象を与える。類似の語順 *doelos* <（*dohelos?*）を提案したジョン・チャドウィックは、これがホータン語（多数あるイラン語派の一言語）の *dahā*（「男」）とサンスクリット語の *dāsah*（同じく「男」）を意味する）と関連すると述べた。これらの語形は仮説ではなく現実の語形だが、意味論上のつながりが薄いことは別として、*o* すなわち「円唇音化《ラウンディング》」についても、*doelo* / *doûlos* の末尾にある *r* / *l* についても、説明できない。

「円唇音化《ラウンディング》」をセム語から説明する場合に直面する困難は、これに比べてはるかに少ない。線文字Bと線文字Aに代表される言語における音素〔フォニーム〕d^we の存在は、この音をあらわす記号があることによって強められている。

しかし、この記号は *doero* には用いられない。セム語に円唇閉鎖音があった可能性は、セム語系の古代エチオピア語にこれが存在し続けたことで増している。ロシアの卓越した歴史言語学者I・M・ディアコノフは、セム基語には円唇音と円唇軟口蓋音が存在したと主張した。(110) エブラ語およびアッカド語のアッシリア語方言では、二人称代名詞と三人称代名詞に交替があり、動詞 *kuānum*（「存在する、堅固である」）が屈折する——ということは、アジア系のセム語では、この円唇音化がギリシア語よりも遅い西暦紀元前第二千年紀まで生き残ったことを示している。(111) 硬口蓋化歯音の存在は知られているが、これが円唇化歯音に匹敵するかどうかの問題はもっと難しい。アフロアジア語言語学の専門家カールトン・ホッジは、セム基語の、少なくとも中位の位置にある円唇化歯音について復元している。(112) 円唇化歯音の痕跡はアムハラ語と他のセム語系の古代エチオピア語に残っているようだ。(113) 西セム語のアルファベットでは時折、*vav* あるいは *w* の文字を用いて、「空洞」動詞の円唇音化を示すということも可能だった。(114) しかし、このような慣行が体系的でなかったことはあきらかである。いくつかの証拠が示すように、*dl(l)* が円唇音化された場合もあった。「吊すこと、とりわけ水中に吊すこと」という基本的意味をもつ *dl* は、*dålåh*（「水を吸う」）と $d^{e}l\bar{i}$（「バケツ」）に見いだすことができる。この場合、d^w の存在は、アッカド語の語形——*dalū, dālu*（「バケツ」）——の交替および、おそらくこれのコピーであろうシリア語 *daulā* に見出せる。以上の語には、〈おそらくは絡み合うであろう垂れ下がった縄〉という意味が含まれている。旧約聖書の士師紀に出てくる、サムソンを誘惑して罠にかけた妖婦の名前デリラでさえ、アラビア語の *dalāl*（「媚態」）と結びつくのかもしれないが、*dll* が語源だった可能性もある。**Dll** はギリシア語にも反映しているようだ。**Dll** に母音の *o* と *e* がついたギリシア語——*dólos*（「罠をかけて魚を釣る、だます」）のようなインド＝ヨーロッパ語の語源がない語や、*délear*（「餌で魚を釣る、罠で捕らえる」）——が借用語だったというのも妥当だろう。(115) したがって、*doûlos* と *deilós* の語源はどちらも、セム語の仮説の語形 $*d^w elo$ だろうという説の妥当性は完璧で申し分ない。

二人のインド＝ヨーロッパ語学者〔ジェイサノフとヌスバウム〕が *d^welo* の語頭の字 *d^w を説明できなかったことはさておき、〈*doûlos* と *deilós* の語源はセム語である〉と考える理由は〔二つ〕ある。第一に、語源のセム語は意味論上素晴らしい適合性があるが、「男」をあらわすインド＝ヨーロッパ語からの派生論は漠然としている。〔第二に〕音声学上、セム語語源説はインド＝ヨーロッパ語語源説では説明できない *l* が説明できる。*deilós* には「みじめで悲惨な卑しい階級」という基本的意味があるので、この語は *deídō*（「恐怖」）とは区別され、*doûlos*（「奴隷」）と結びつけられなければならない――私がこの確信に行きつくには、この *l* と語の意味論〔の後押し〕があった。

〔6〕バシレウス BASILEUS

ジェイサノフとヌスバウムは、〈*basileús* はエジプト語 *pꜣ sr*（「役人」）の派生語である〉という私の語源論に強硬な異議を唱えている。このエジプト語の発音はたまたま楔形文字に転写されているので、西暦紀元前一三世紀にはパシヤラ *pasiyara* だったことがわかっている。(116) 著者二人にとっての問題は、この語源の意味論ではないようだ。なぜならこの語の意味は、新王国時代のエジプトと同時代の後期ミュケナイ文化期のギリシアのいずれにおいても、のちのギリシア語の「王」ではなく、「高官」だったと思われるからだ。彼らにとっての問題は音声学である。第一に、ジェイサノフとヌスバウムは「議論の余地なく借用語だという場合、エジプト語の *p* が *b* と表現されることは決してない」と述べている（p. 196）。しかし前述したように、有声閉鎖音と有声でない閉鎖音の区別は当てにならない。とりわけ、ギリシア人はエジプトの都市の名前 Prwꜣ̓y.t をブト Boutō と訳し、エジプトの神 ͗Inpw をアヌビス Anubis と訳した。(117) 第二に、*pꜣ* のあとに *sr-* が続く語の場合、**bas-* と訳されることに彼らは異議を唱える。借用語と認められるすべての語で、*pꜣ-s* がギリシア語で *ps* になることは間違いない。しかしこれらの事例では、エジプト語の定冠詞が *p* に短縮されてしまったようだ。とはいえ、ここで問題となっている *pasiyara* からわかるように、この語には母音が残っている。したがって、語頭の閉鎖音に無声音 *s* が及ぼす影響は小さくなるだろう。ここでもジェイサノフとヌスバウムの正確さは見当違いである。

彼らの最も重大な異議は、問題の称号〔バシレウス〕が線文字Bでは *qasireu* と書かれている点にある。すなわち、ジェイサノフとヌスバウムは語頭の音について、唇音 *p* というよりも円唇軟口蓋音 k^w と見ているからだ。確かに、線文字Bで *q* と転写される記号はもともとは円唇軟口蓋音だった。しかし同時に、ヘシオドスとホメロスの詩は、彼らが詩作した西暦紀元前一〇世紀と九世紀よりも前に、円唇軟口蓋音が完全にブレイクダウンしていたことを示している。ジョン・チャドウィックは「円唇軟口蓋音の発音については推測の域にとどまるが、円唇軟口蓋音がミュケナイ語に残っていたことについては大方の意見が一致している」と認めている。[118] セメルヌイの場合、それほどの確信はない。彼は「円唇軟口蓋音の音を示しているとされている語が、[テクストが書かれたときにも]相変わらず円唇軟口蓋音だったかどうか。これははるかに難しい問題だ」と述べている。[119] ジェイサノフとヌスバウムの主張を要約すると、「〈インド＝ヨーロッパ基語の円唇軟口蓋音は線文字Bではすでにブレイクダウンしていた〉という彼［私］の主張を支持することは、経験上まったくできない」（p. 196）という主張である。ジェイサノフとヌスバウムは線文字Bについて、これは言語だ（が、この言語を書き表す筆記文字のことではない）と失言しているが、これに加えて、彼らの立場はあまりにも単純である。第一に、彼らが「長い余談」と述べている箇所は「私の主張」を裏書きする。私の主張を簡単に切り捨てる彼らの根拠は、「古くから唇音であると証明されている音を円唇軟口蓋音の記号を用いて書き記す、あるいは、古くから円唇軟口蓋音であると証明されている音を唇音の記号を用いて書き記す、というような例は一つも知られていない」(p. 196) というものだ。インド＝ヨーロッパ語に語源があると証明されている唇音が、これまで、円唇軟口蓋音を用いて記されていないのは事実であり、私はこの事実を疑ったことはない。しかしジェイサノフとヌスバウムは、「古くから円唇軟口蓋音であると証明されている音を唇音の記号を用いて書き記す」ことは一切なかったと述べているので、彼らは不誠実である。〈*u* および *y* の前の円唇軟口蓋音は非円唇化して軟口蓋音 *k* になる〉という例は複数ある。[120] ジェイサノフとヌスバウムは脚注に逃げる形でふれているが、*ke* / *pe* という交替の例もある。彼らはこれについて、〈二つの円唇軟口蓋音が一つの語になった結果、非軟口蓋化した〉と正統的に説明している (pp. 204-205 n. 18)。

私がこの問題を書いたのち、オリュンピアに近いカフカニアで西暦紀元前一七世紀にさかのぼる線文字Bの新しいテクストが発見された。[121] 筆記文字が考案(というよりもギリシア語に採用)されたのは、この世紀もしくはそれ以前だったというのが通説であり、私もつねにこの通説に従っているが、このテクストによってこの通説が確認された。[122] この時期と大部分の線文字B資料が書かれた数世紀間のあいだに、正書法が確立し、口語が変化した可能性はある。とりわけ、文字の筆記で従来の方法が保持される一方、話しことばで円唇軟口蓋音がブレイクダウンした可能性はある。だとすれば、西暦紀元前一五世紀と一四世紀のあいだに、*qa* が *pa* の代替として用いられ、エジプト語の称号 *pasiyara* がエーゲ海地域では **pasireu* と発音され、**qasireu* と筆記されたのかもしれない。「余談」のなかで私が述べたように、日本語やヘブライ語のような他の言語では、外国からの借用語を表記する場合、普通はあまり使わない記号——あるいは記号の体系——を用いるが、これは標準的とはいえないとしても、よくあることである (*BA II* : 506[123]〔邦訳九〇七頁〕)。全体として、〈西暦紀元前一四世紀と一三世紀に、円唇軟口蓋音はそこなわれずにそのまま残っていた〉という通説によって十分、借用語についての語源論は簡単に切り捨てられる、という議論を私は受け入れない。この時期までに、*qa>pa* という唇音化があったと認めるなら、妥当な語源論は可能である。*qasireu / basileus* の最終文字、*-eu(s)* の問題を解決するのは比較的容易である。ギリシア語で「というもの、あるいは、という男」を意味する接尾辞 *-eus* の起源については、白熱した論争がある。ヨアヒム・シンドラーはこの主題について書いた古典学者だが、彼はこれ以外のインド＝ヨーロッパ語のなかに、直接的並行関係をもつ接尾辞がないと認めると同時に、この接尾語が付いている語幹の大半が非インド＝ヨーロッパ語だと認めている。にもかかわらず、彼はこの接尾辞がインド＝ヨーロッパ語だと主張する。[124] 同じ問題に直面したセメルヌイとペルピロウは、これはギリシア語のなかの改新《イノベーション》だと見ている。[125] エジプト語の分詞と「関係詞的な語形」に見出せる接尾辞の *-w* は、名詞として使われると、「というもの、あるいは、という男」を意味するので、［ギリシア語の接尾辞］*-eus* については、これをエジプト語からの借用語と考えるならば、説明は簡単にできる。[126]

　この接尾辞 *-w* は、とりわけ *sr*（「役人」）という語に復元された。エジプト学者のアドルフ・エルマンとエルマー・エーデルは、この完全な読みは *sìrw* あるいは *srìw* と考えている。[127] 一九二三年に「オリエント学者」ウィリアム・オルブライトは、エジプト語の *û* は西暦紀元前一三〇〇年以前のある時点で、*ew* になったと主張した。[128] 現代の学者は、長強勢音 *u* が長強勢音 *e* に転換した初期段階は西暦紀元前一二〇〇年ころと見ているので、これはその考えと一致するだろう。[129] したがって、語の末尾の *-sileus* は *sìrw* から直接派生したと考えられるだろう。また、単に *sil* であり、ギリシア語の接尾辞 *eus* として考えることもできるだろう。[130] *qasireu / basileus* が *pasiyara* ＋ *w* から派生したという説は、その意味論的な卓越さから、また語源を見つけだそうとする他のすべての企てが見事に失敗に終わったことから、とりわけ魅力的主張である。シャントレーヌは次のように述べてはいるが。「バシレウス *βασιλεύς* の語源を探求するのは無駄である」。

〔7〕クドス KUDOS

クドスについてのジェイサノフとヌスバウムの議論は快調に始まる。「バナールはことば巧みに［この語は］「神の栄光」を指し、セム語の語根 *qdš*（「神聖な」）に由来すると述べている。しかし、状況はここでも彼に不利である。単に「誉れ」を意味するこのギリシア語の単語には、本来、「神聖な」あるいは「聖なる」という意味はまったくない」(p. 196)。

ここで彼らが述べているのは権威あるリデルとスコットの辞書に出てくる定義だが、しかし、叙事詩のテクストでの使われ方を照合すれば、別のことに気がつく。これについてシャントレーヌは次のように述べている。「*Kudos* は……摩訶不思議な力、光り輝く力の発散であり……、神はこれを戦士や……王に与える。……光り輝く力の発散というこの概念はゼウスの形容句 *kudei gaiōn* に見られるが、……この古語は神々の、あるいは神々からそれを与えられた人びとの、光り輝く力の発散を表現することばである」。

kudos とセム語の *qds*（これは「神聖な」、あるいは「神通力、軍事的勝利のために用いられることもある神通力」、および「際立たせる」を意味する）とのあいだの、意味論的適合性は抜きん出てすばらしい[131]。ゲリー・レンズバーグは、ここには音声上の並行関係が強く存在すると指摘し、「ヘブライ語の *qadōš*（「聖なる」）は、*qudš として再建できる祖形《プロトフォーム》に由来する……」と明らかにした[132]。

このように、意味論的適合性のすばらしさは明白である。にもかかわらず、ジェイサノフとヌスバウムは *kudos* を借用語と見ることに反対し、その理由を次のように述べている（p. 196）。「サンスクリット語その他の言語との比較が示すように、*kūd-os* : *kū-ró* : *kūd-i* という不規則な共時的交替のパターンは、集合的にカランドの法則として知られている、一組のインド＝ヨーロッパ基語の古い派生規則の結果である。このタイプの交替は、ギリシア語の歴史ではあまりにも早い時期に廃れてしまったので、カランドの法則がはたらいている単語の語族は、実質上つねに親言語からの直接的遺産である」(p. 196)。ヌスバウムの博士論文は、もっぱらカランドの「法則」に関わる論文だった。この学位論文には、インド＝ヨーロッパ語族の色々な言語に共通する交替パターンは別として、時間的経過についての主張がまったくない。さらに、ヌスバウムはこの論文のなかで、「法則の」途方もない複雑さを強調している。[133] おそらくそのために、彼は学位論文では括弧をつけて「法則」と書いたのだろう。〔しかし、『再考』の〕彼らの章では括弧をつけておらず、彼はこのカランドの法則について、「一組のインド＝ヨーロッパ基語の派生規則」と述べているにすぎない。彼の学位論文では、いくつかの単語に見られるかなりの規則性について、この「法則」は相互に関連した形態論上の特性がある、と述べているにすぎない。ヌスバウムによれば、交替間に通時的な優先順位をつけることはできない。[134]

カランドの「法則」をめぐる状況はきわめて混乱している。そのため、このような語の変容が廃れてしまった年代の決定がむずかしいのは言うまでもなく、この法則の侵害がいつだったかを言うのもむずかしい。〈C（子音）／C（子音）〉と〈C／C／r あるいは C／C／i〉のあいだに起きた頻繁な交替は、*alábaston* / *alábastron*（雪花石膏）と *balaústion* / *balaústrion*（「野生ザクロの花」）という後世の借用語にみられるように、西暦紀元前第一千年紀までは十分に残っていたようだ。〈C／Ci〉も同じようにありふれた交替であり、アフロアジア語からの借用語と認められている語 *Kádos* / *káddikhos* あるいは、ジェイサノフとヌスバウムが引用した非インド＝ヨーロッパ語の実例 *erébinthos* / *erebinthiaios* に見出される。この事例に見られる交替は、どちらのケースも数が限定されていると強調されるにせよ、「実質上つねに」というヌスバウムの定式文は、借用語の存在を可能にしている。実際、このような古い交替のなかで最も有名なものの一つ、すなわち *aîskhos* / *aîskhros*（「醜い、卑しい」）は、シャントレーヌのいう、いわゆる語源が「不確実な」語である。[135] 要するに、カランドの「法則」に見出すことができる規則性がいつなくなったのか、その時期ははっきりしない。

これ〔カランドの「法則」〕にもとづいた体系的な排除は不可能なので、語源についてはそれ自身がもつ真価にもとづいて判断しなければならない。*Quds* は、少なくとも西暦紀元前第三千年紀まで年代をさかのぼることができるありふれたセム語の語形である。このような歴史と、レヴァントとエーゲ海地域のあいだに接触があったことは周知なので、一般にギリシア語の形成期と認められている第二千年紀前半、ギリシア語がこの語形を借用したことは容易にあり得る。ジェイサノフとヌスバウムは、「*kudos* にはインド＝ヨーロッパ語のりっぱな語源がある。この語と古教会スラヴ語〔九世紀に聖書の翻訳に使われた〕の *čudo*（*čudese* は属格）〈驚異、驚嘆すべきこと〉は同系だ」（pp. 196-197）と主張する。熱心さのあまりと思われるが、ここで彼らが言っていることはつじつまがあわない。かつて彼らは、「このギリシア語の単語には、本来〈神聖な〉あるいは〈聖なる〉という意味はまったくない」と述べたからだ。もちろん、シャントレーヌにはこの影響は及ばない。彼は次のように述べている。「この〔語の〕意味から、古教会スラヴ語の *čudo* に行き着く人がいる……。しかし、スラヴ語が想定する発音は **qeu* である（これはギリシア語 *kudos* には見いだせない[136]）」。そこで、シャントレーヌの関心はもっと可能性の低いインド＝ヨーロッパ語の語源説に向かう。

〔8〕ティマ TĪMÁ, ティメ TĪMḖ

〔言語学分野の〕ここでの論争にはいくつかの困難がある。私はその責任の大部分を負わなければならないが、その一つが『黒いアテナ』プロジェクトの言語に関する著作『黒いアテナ』第三巻が出る前に論争がおきているという困難である。したがって、『黒いアテナ』第一巻と第二巻でいくつかの実例を主張したとき、私は実例の背後にあるすべての議論に立ち入って論じたのではなく、議論のついでにふれたにすぎない。*tīmḗ* について、私がエジプト語 **dit mꜣꜥ* とデモティック〔民衆文字〕*tymꜣꜥ* からの派生語だと主張し、語の意味は「正しいとする、義と認める」だと述べたのはそのケースにあたる（*BA I*: 61〔邦訳なし〕）。

この説にジェイサノフとヌスバウムは意味論と語形の両方から異議を唱えている。彼らは、意味論上、ギリシア語の *tīmḗ* は「真理《まこと》」および「義と認めること」と一切関係ないと主張する。彼らによれば、「この語は神や王に捧げられる栄誉、……褒美、償いを意味する」(p. 198)。一般には「義と認める、賞賛する」を意味するコプト語の語形 *tma(e)io* に私は言及しなかった。しかし、この *tma(e)io* はギリシア語 *makariousi*（「祝福された」、神から与えられた栄誉）、*timân*（「栄誉を与える」）、そして *timian poein*（「栄誉とする」）の翻訳に用いられる語でもあった。

マアト *mꜣꜥt* は、エジプト文化において中心的で幅広い重要な概念だが、ジェイサノフとヌスバウムはこの概念についても考察できない。この語は「真理《まこと》」と「正義」を意味するだけではない。宇宙の秩序も意味している。〈*di(t) mꜣꜥt*〉――〈*mꜣꜥt* を捧げる〉すなわち〈*mꜣꜥt* を与える〉――は多くの機能を持つ王の儀式であり、その一つはファラオ支配の正統性を確立し確認する機能だった。[137] *Tīmḗ* はヘシオドスの作品に見いだすことができる語であり、「神々への贈り物あるいは奉納物」を意味する。*tīmḗ* と関連するギリシア語の単語は、*di(t) mꜣꜥt* とも重なる。〔たとえば〕*Tīmēsis* は「判断、評価」を意味する。*tīmōréō* は「復讐する」あるいは「罰する」を意味し、これは *di(t) mꜣꜥ*（正義をもたらす）の基本的な意味とうまく適合する。「賞賛」という意味は「栄誉」としての *tīmḗ* とうまく適合する。全体として、エジプト語とギリシア語のこの単語の範囲はきわめて広いが、意味論的適合性の良さが際立っている。

〈*tīmḗ* と *tīō*（私はあがめる）は、基本的に関連する〉という点で、私はシャントレーヌ、ジェイサノフ、ヌスバウムと同じ意見だが、私たちの考えている結びつきは同じではない。〔私以外の〕三人は、この二語はいずれも、サンスクリット語の語根 *ci* / *cāy*（「注目する、観察する、尊敬する」）と結びついた仮説上の語 ***k*ʷ*i*** から派生したと考えている。しかし実際には、シャントレーヌとデンマークの辞書編集者ジャルマー・フリスクが指摘したように、この関係はかなり複雑で、あまり信頼できない。なぜならこの語は、*tinō* という別の動詞——この動詞の基本的意味は「復讐」だと二人の学者は解釈する——と部分的に混同されるからだ。彼らがこの語と関連させるのは、語形についてはサンスクリット語の *cinute*（「観察する、気づく」）と、意味については *cā́yate*（報復する、罰する）である。シャントレーヌは、同じ見出し語〔*tinō*〕を説明したほかのところで、この語にはもともと「身代金、罰金を支払う」というもう一つの意味があり、そこから「罰する、報復する」という意味が派生したと述べている。[138] ここでもまた後期エジプト語との並行関係がある。「彼らがもたらすべきものを生じさせる」という意味の、〈動詞の *dit inw* デモティックの *ty inw* コプト語の *tnnou*〉がその並行関係だ。[139]

私〔バナール〕ならば——とジェイサノフとヌスバウムは皮肉をいう——、*tiō* の語源はエジプト語 (*r*)*di*(*t*)（「与える」）だと言うかもしれない。当たらずとも遠からず。実際、私は *tiō* について、これは〈立証された中期エジプト語の *dit ʿꜣ*, デモティックの *ty ʿꜣ*, コプト語の *taeio*（「偉大にさせる、名誉を与える」）〉から派生したと考えている。エジプト語が語源なので、*tīmē*, *tiō* そして *tinō* のあいだの結びつきと違いが説明できる。このエジプト語説は、サンスクリット語とインド＝ヨーロッパ基語に結びつけるような、不確かで錯綜した薄弱な仮説よりもはるかに直接的であると同時に、意味論上・音声学上確実に優れている。

〔9〕シポス XÍPHOS

シポス *xiphos*（「剣」）は文化的に重要な語だが、インド＝ヨーロッパ語に既知の語源はないので、「……ギリシア語が［この語を］なにか別の言語から借用した可能性がないわけではない」（p. 199）と、ジェイサノフとヌスバウムは認める。彼らはまた、この語はエジプト語の *sft*, コプト語の *sēfe*（「剣」）からの借用語だという古い説があることも認めるが、現代の学者がいまもなおこの説を支持していることについてはふれていない。[140]〔それどころか〕ジェイサノフとヌスバウムは、エジプト学者R・H・ピアスが述べた専門的な根拠にもとづいて、あきらかに妥当なこの語源論を否定する。ピアスがエジプト語語源説を否定した第一の理由は、コプト語の語形が示しているように、中期エジプト語の母音は長強勢音だが、シポス *xiphos* の母音は短いからだ。ジェイサノフとヌスバウムはこれとの関連で、私がアラン・ガーディナーの一節――「古い時代の言語の母音と子音は時間が経過すると変化する。そのため、新しい時代の語は、せいぜい、古い時代の語を推論する基礎として役立つことができるだけである」（*BA II* : 371〔邦訳七〇一頁〕）という結論部分――を引用していることに強硬な異議を唱えている。[141] 彼らはガーディナーの「本当の立場」はこれではないと否定し、別の一節――「学者はコプト語から、多数の語におけるもとの音価の位置と音量〔傍点著者〕を決定することに首尾よく成功してきた。しかし、音質〔母音特性〕を突き止めることはそれほど容易ではない」――を選びだす。[142] しかし彼らは、ガーディナーがこの議論を「複雑な推論の過程によって」ということばで始めていることにふれていない。前述の私の引用から分かるように、ガーディナーは「推論」に疑念を持っていた。ガーディナーは著書の索引の見出しで、「中期エジプト語の母音化については大部分が未知だ」と述べている。[143]

現在でさえ、中期エジプト語の発音が当てにならないことは、学者としての生涯をこの研究と体系化に打ち込んでいるアントニオ・ロプリエーノが例証している。彼は次のように述べている。

> 方法論的必要条件と言語学的証拠のあいだに乖離があるので、近代の学者はエジプト語の歴史研究の底流にある二つの現実の区別を迫られてきた。（1）第一の現実は言語体系である。コプト語の語形は先行するエジプト語すなわち、従来「コプト語以前のエジプト語〔前コプト語〕」と呼ばれた言語から派生したが、言語体系〔そのもの〕はコプト語の形態音韻論上の諸規則をきちんと適用した結果生まれた。（2）第二の現実は語形である。語形は現実のエジプト語のテクストすなわち、「エジプト語のヒエログリフ」から生まれた。「エジプト語のヒエログリフ」が「前コプト語」にくらべてはるかに不規則だというのは事実だが、これには二つの理由がある。第一に、エジプト語は絵画的な言語体系〔だからである〕……。この問題にはもう一つの側面もある……。再建された「コプト語以前のエジプト語」は理想化された言語体系である。たとえ再建のための規則がすべて間違いないとしても——これ自体疑わしいが——、この冗長な体系は実際の歴史的現実を映し出す鏡ではないだろう。……エジプト語の実際の歴史的現実は、おそらく、再建された「前コプト語」よりも不規則だろうが、「エジプト語のヒエログリフ」よりもずっと多様だろう。[144]

ロプリエーノのここでの関心は形態音韻論だが、人工的で理想化された「前コプト語」にたいする彼の非難は、音韻論そのものにたいしても有効である。したがって、再建「前コプト語」の *sft* における母音の長さは、語源にたいする重大な異議申し立てとはならない。

エジプト語語源説を否定するシャントレーヌが、母音の長さについての議論に言及しないのは正しい。ジェイサノフとヌスバウムは、〈双数形〔二個あるいは一対のものを指す語形で、単数形・複数形とは異なる〕*qisipee* のなかにミュケナイ

語のシポス *xiphos* の語形がある〉、したがって〈シポスの語源は *sft* ではあり得ない〉というシャントレーヌの異議をとりあげているが、この異議のほうがずっと重大である。しかし私が『黒いアテナ』第二巻で指摘したように、これをあまりに厳密に解釈するのは問題である（pp. 369, 605〔邦訳六九八—六九九頁、九六七頁〕）。$*k^{w}s$ で示される円唇軟口蓋音がブレイク・ダウンし、**psiphos* という語形になったと考えなければならない。この変則的語形についてセメルヌイは、「後続の唇音によって、k^{w} の唇音要素が後ミュケナイ語の異化作用を受けた」結果であると巧みに説明する。しかし彼は、これと並行関係にある変則的語形を示すが、それが確実でないことを認めている。[145] *qisipee* の頭字 *qi* は軟口蓋音と歯擦音と韻を踏むだけかもしれないが、借用言語における不確実な歯擦音の存在を示すのかもしれない。

まず〈シポス *xiphos* と *sft* のあいだには意味論的に完全な適合性がある〉。次いで〈シポス *xiphos* が借用語だという一般的合意がある〉。そして〈考古学上の証拠は剣が南東の方角からエーゲ海地域に到来したことを示している〉。だとすれば、線文字Bから提起される音声学上の問題はあまりにも漠然としているので、この問題はシポス *xiphos* の語源が *sft* だという完璧に妥当する説の障害にはならない。このように考えているのは私ひとりではない。ベルトラン・エメダンジェも同様に考えている。[146] 最後にブルケルトの主張を繰り返しておきたい。「いずれにしても、セム語［私はこれにエジプト語をつけ加えたい］との結びつきが明瞭ではっきりしたものでなければすべて拒否する、というミニマリズムが残る。概して、これはもっとも可能性のない仮説である」。[147]

〔10〕キリオイ KHĪLIOI

私がギリシア語キリオイ *khīlioi*（「千」）の語源は同じ意味のエジプト語 *ḫ3ʾ* だと考えていたとき、念頭に浮かんだのはブルケルトの主張だった。ジェイサノフとヌスバウムは「この意味だけは申し分がない」（p. 199）と認めている。

この語源論に音声学上の無理はない。しかし子音構造には厳密な並行関係はあるが、標準的なコプト語の語形 *šo* が示すように、初期のエジプト語あるいは「前コプト語」では **ḫal / r*——すなわちロプリエーノの言う **XaR*——だという点で、音声学上では不完全である。[148] にもかかわらず、のちのエジプト語の母音化にʕが与えた影響は複雑であり、借用は不確実なので、母音の違いという障壁は乗り越えられる。[149] しかし、このことはジェイサノフとヌスバウムが私を攻撃する根拠ではない。彼らがインド＝ヨーロッパ語の語源の強みと考えているものこそ、彼らの異議申し立ての根拠である。彼らは次のように述べている (p. 199)。「ギリシア語方言の語形は……疑いの余地なく、ギリシア基語 **khéhliyo-*＜**khésliyo* を指し示している……。サンスクリット語 *sa-hasriya*「千倍の」とは厳密な対応関係があり、……ギリシア語の語形の原型も考え合わせると、インド＝ヨーロッパ基語の形容詞 **ĝheslíyo* という形が確定する。……*khī́lioi* の語源〔がインド＝ヨーロッパ基語であること〕は絶対に間違いない」(傍点引用者)。

次いで彼らは私がシャントレーヌの辞書を誤解していると非難する。辞書のこの部分を執筆したのはシャントレーヌの弟子J＝L・ペルピユだったが——彼らのこの指摘は正しい——、彼はこの語源に「多くの形式上の問題点を見いだしている」。実際に、見出し語そのものに「形式上きわめて問題」という句があらわれる。ジェイサノフとヌスバウムは〈唯一の問題はインド＝ヨーロッパ語内部にある〉という奇妙な根拠で私の主張を否定する。しかしだからといって、どんな種類の説明も、複数の競合的な説明があるならば、語源は「絶対に間違いない」ということにはならない——この事実は変わらない。いずれにしても、ジェイサノフとヌスバウムはペルピユとは意見が異なり、単独の真の語源が存在すると主張する (p. 200)。

〔このように〕ジェイサノフとヌスバウムの意見は辞書編集者と異なるが、違いはこれにとどまらない。彼らは *khī́lioi* というギリシア語の語形について、これがギリシア基語の **khéhliyo* ＜ **khésliyo* を指し示していることは疑いの余地がないと主張する。これにたいしてペルピュは、このような語の原型が「このような語によって提起される」と書いているにすぎない（傍点引用者）。おそらく、*sa-hasriya* というサンスクリット語が知られていたので、*_khésliyo_ という語の再建が促進されたと思われる。すでに見たように、二重の仮定による語 *_ĝhesliyo_ の再建は、このサンスクリット語、その同系のアヴェスター語〔東イラン語系言語〕、仮説上のギリシア基語 *_khésliyo_ とつながっていた。したがって、想像上で語を構築していくことは循環論法であり、議論はますますおそまつになる。これにたいして、エジプト語語源説はもっと間違いがない。ジェイサノフ、ヌスバウム、私の三人は、*ḫꜣ* と *khililoi* のあいだの意味論上の適合性が「申し分ない」ことで一致している。*khililoi* の *kh* と *l* はどちらもエジプト語と並行関係にあるので、このエジプト語語源説には圧倒的妥当性がある。

〔11〕ナオス NĀOS, ネオス NEṒS およびナイオ NAÍŌ

この語は「神殿」にあたるとジェイサノフとヌスバウムは書いて、彼らは慇懃無礼に、これは「動詞 *naiō*（私は住まう）と関連するが、バナールは——たまたま正確に——この語をこの動詞と結びつけている」と述べている。私はナオスもナイオもその語源はセム語の語根 *nwh*（住まう）にあると考えている。「他のインド＝ヨーロッパ語の諸言語のなかに、*neṓs* と *naiō* の同系語として問題のない語は思い当たらない」(p. 200) と彼らは譲歩している。[150] しかし、この語の語源は *_nas_ あるいは *_naswos_ という語根で「なければならない」という理由から、私のセム語語源説に彼らは反対する。ここでもまた、ジェイサノフとヌスバウムは彼らの想像上の構図を具体化するというわなにはまっている。彼らのいう語形が実際に立証されたことはない。ところが、借用語ということになれば、その結果、さまざまな方言の語形を申し分なくうまく説明できる。ゲーリー・レンズバーグが指摘しているように、ヘブライ語では、

nåwåh は「住まう、住む」を意味し、*naweh* は「住まい、住居」を意味するばかりでなく、*naweh* はとくに「神殿、社《やしろ》」を意味する場合に用いられる。[151] *nāos, neṓs* および *naiō* のセム語語源説には、音声学上の素晴らしい一致があり、これに勝るインド＝ヨーロッパ語はない。意地を張って純粋に仮説上の構想をよしとするのはよくない。

〔12〕固有名詞

ジェイサノフとヌスバウムは、私のギリシア語の固有名詞の語源論について「当てにならない」し「学問的訓練に欠けている」と批判する（p. 190）。私はこれにたいして、彼らは「ガラスの家にいる人……」だと答えよう。エーゲ海地域の伝統的な地名研究はいま大混乱の状態にある。この問題についての著作研究は、フィックの『ギリシア語以前の地名――ギリシア先史時代の情報源として』が一九〇五年に出て以来、一冊も出版されていない。フィックの著作では、音声学の分野についてほとんど論じられず、意味論の分野についてはまったく議論されていない。たとえば、ギリシア語の川の名前イアルダノス **Iárdanos** の語源について、フィックはカナン語 **Yardēn** すなわちヨルダンかもしれないということを否定したように、彼の地名論の体系では、セム語が明白な語源であっても、考察は拒否された。[152] イアルダノスはあきらかに借用語だが、ジェイサノフとヌスバウムはこれを否定しようとしている。これについては以下の議論を参照。フィックの試み以来、ブレゲンとヘイリーの不運な試みを別にすれば、ギリシア語の地名は古典学者たちからまったく放置されている。

ジェイサノフとヌスバウムはこの怠慢を正当化し、「原則上、名前の意味はほぼ何でもありだ」（p. 190）と述べている。名前はたんに名前として反復される場合も多いが、もともと、とりわけ地名のばあいには必ず意味があるので、このアプローチは受け入れられない。私たちが地名の意味を理解できない理由は、多くの場合、たんに地名を構成している言語について私たちが知らないか、あるいは気がついていないからだ。にもかかわらず、ある名前の語源はある未知の言語だろうと推定する以前に、この名前が既知の理解できる言語で説明できるかどうか、確認しなければならない。

ギリシア語の地名研究がまったく進歩しなかった理由は、一九世紀と二〇世紀の学者がこれらの地名を前ギリシア人の失われた言語の遺物と考え、多くの地名は古代エジプト語あるいはセム語によって妥当な説明ができるという可能性を考察しなかったからだと私は確信する。

私のアプローチは「学問的訓練に欠けて」はいない。私が強調する判断基準は三つある。第一に音声学上の満足のいく一致、第二にアジアアフリカ語の地名が語源であるという立証、第三に名前のもとになった語源と地名の地形的特徴との一致。これまで学者が考慮してこなかったのは最後の基準である。

〔a〕テルプサ／テルポサ Telphoûsa / Thelpoûsa　ジェイサノフとヌスバウムは、多くの場合、私が提案した語源論について「悪くないかもしれない」と述べるだけで簡単に片づけ、真面目な代替案は出さない。たとえば、彼らは「テルプサ Telpoûsa とテルポサ Thelpoûsa というボイオティア地方とアルカディア地方の瀑布あるいは泉の名前の意味について、「瀑布」、「旅人の休息所」、あるいはそのほか、一千もの可能性があるだろう」(p. 191) と主張する。この語の音声学的に妥当性のある語源については、私はいくつかの根拠にもとづいて、立証済みの地名 **T3lbyw** すなわち、「リビア」だと考えている。この語源論は、彼らが述べているように、リビアに崖、瀑布、オアシスがあるという事実にもとづくだけではない。ギリシアとリビアには、神話上も地名上も強力な並行関係があるという事実があり、この事実にもとづいてもいる。ここに荒々しい神ポセイドンがからんでいる。この神と関連して、リビアでは湖の名前であり、ギリシアではテルプサから流れ出している小川の名前トリトン Tritōn もからんでいる。リビアのトリトンの近くにラトン Lathōn あるいはレトン Lētōn という川がある。アルカディア地方のテルプサはラドン川 Ladōn のほとりにある。ラドン川には、ボイオティア地方のテーバイのそばを流れるイスメノス川という別名がある。『黒いアテナ』第二巻（pp. 92-98〔邦訳一八五―一九五頁〕）では、リビアと、これらのボイオティア地方およびアルカディア地方の地域のあいだにある、その他の多くの神話上・地名上の並行関係について論じた。(153)

〔b〕イアルダノス Iárdanos

ジェイサノフとヌスバウムは、イアルダノス Iárdanos あるいはイアルデノス Iárdēnos の語源について、カナンの川の名前ヤルデン Yardēn すなわち、ヨルダンであるという説の信用を失墜させようと試みる。ギリシア語に *y*>*h* という移行《シフト》が起きたのは、一般に西暦紀元前一三〇〇年頃にさかのぼるというのが彼らの根拠だ。これはそれ以前のギリシア語の借用語が *Hardanos と表記されたことを意味する。移行が確立したというこの年代はあやしいが、たとえこの年代が正確であるにせよ、これよりあとの時代にこの語が導入されたとすれば、問題はほとんどない。イアルダノス Iárdanos という名前の川はペロポンネソス半島北西部のエリス地方にあり、ほかにも同じ名前の川がクレタ島東部にある。エリス地方が青銅器時代末にかけて東方からの影響がきわめて大きかった地域だったこと、および、クレタ島東部が鉄器時代初期にフェニキアからかなりの影響を受けていたことを私たちは知っている。

二〇世紀初期の古典学者で『金枝篇』の著者J・G・フレイザーは、イアルダノス Iárdanos の語源はセム語だと確信していた。彼はイアルダノス Iárdanos がエリス地方の沿岸にある潟湖、カイアファ Kaiápha に注ぎ込む二つの短い川の古名だったことを指摘し、これによってこの語源論を補強した。この二つの川は、のちにアキダス川およびアニグロス川として知られた川だった。アニグロス川は火山性ガスの悪臭が漂う川だった。フレイザーは、近くの洞窟に住むアニグロスのニンフによってレプラが癒されたというパウサニアスの記述と、シリア〔アラム〕の将軍ナアマンがヨルダン川でレプラを癒されたという聖書の話が酷似していることをあきらかにした。[154] アニグロスという名前の語源は語根 *ngr*（「泉、流水あるいはオアシス」）に由来するセム語であり、この語根は南西アジアと北アフリカの数多くの地名——ナガラ、ニギラ、ニグライなど——に見出すことができる。[155]

〔c〕コパイス Kōpaïs

潟湖カイアファ **Kaiápha** の地名から、私たちがこれと似た地名コパイス **Kōpaïs** に行き着くのは当然である。コパイスはボイオティア地方にある浅い大きな湖の名前であり（干拓される前には多くの水鳥が棲息していた）、カイアファもコパイスも、私の推理では、その語源はエジプト語の語根 *qbḥ*（「冷たい、淡水の、泉、清める」）と一連の地名——Qbḥ（「湿地帯」、「冷たい／淡水の町」）および Qbḥw（「湖、池、あるいは水鳥の棲む湿地」）——である。

ジェイサノフとヌスバウムは、コパイ **Kōpaï** は湖のほとりにある町の名前であり、コパイスという名前の川はこの湖から流れ出していると考え、これを根拠にこの語源論に異を唱えている（p. 193）。コパイス・リムネ **Kōpaïs límnē** については、彼らはこれが「コパエ湖の伝統的な美称」であることに同意するが、彼らによればこの真の意味は「コパエの近くにある湖」だという。しかし、彼らにはコパエの意味は見当がつかない。エリー、ウィンダミア、ジュネーブの場合と同じように、湖の名前と湖畔の町の名前は頻繁に混同される。コパイの最も明白な語源はエジプト語 Qbḥ であり、このエジプト語の意味は、「湿地帯」という意味であると同時に冷たい／淡水の町という意味でもあることが立証されている。*Qbḥ* を語源とする議論は、コパイスをこの湖のもう一つの名称のケフィシアン **Kēphisian**——そこにケフィシアス川 Kēphisisás が流れ込む——と結びつけるだろう。ケフィソス Kēphis(s)ós は川の一般的名前だが、この語は地下を流れる川や清めを指すときに用いられる。[156] *Qbh* はエジプト語で「清める」を意味する。この音連結は、カイアファの潟湖そのものによって完結する。

〔d〕メトネ Methṓnē, モトネ Mothṓnē およびメタナ Mēthana

この三都市の名前の語源はエジプト語 *mṯwn*（「闘牛、闘牛場」）だという私の提案に、ジェイサノフとヌスバウムは人を傷つけるような軽蔑的な態度をとる。私がこのように提案するのは、これらの都市はすべて劇場にふさわしい湾沿いの立地だからだと彼らは主張する。私にはこの一致と音声学上の素晴らしい適合は十分驚くべきだと思われるが、実際に結びつきがあることを示すより多くの証拠を示そう。まず第一に、*móthos* / *móthon*（「激しい戦闘の音、動物と動物の戦い」）と *mothṓn*（「みだらな踊り」）という二つのギリシア語は、エジプト語 *mṯwn* がギリシアで知られていたことを示している。[157] 第二に、Mṯwn はエジプトの都市名だということが立証されており、おそらく現在のメイドゥーム Meidum と思われる。そして第三に——私が『黒いアテナ』第一巻（p. 50〔邦訳なし〕）で指摘したこの点をジェイサノフとヌスバウムはふれていない——、このギリシア語の名前と劇場との関連を強力に補強するのがメッセニア地方のメトネ／モトネから出土した硬貨であり、硬貨にはこの町の港が劇場として描かれている。[158]

〔e〕ラリサ Láris(s)a

ジェイサノフとヌスバウムの主張は、「ラリサ Lárisa」のケースではとりわけ杜撰である。彼らは「バナールが言及する「肥沃な」ラリサは、古代において、その名前を有する唯一の町ではなかった。ラリサという町がもう一つ、同じくテッサリア地方の山腹の小高いところにあった」（p. 191）と述べている。

実際には、私は「多くの」ラリサイ **Láris(s)ai** があったと述べている（*BA I*：76〔邦訳八七頁〕）。そのなかの二つのラリサに、ホメロスはエリボラクス *eribōlax*（「深き土壌の」）という形容句をつけている。さらに、テッサリア地方のもう一つのラリサ（クレマステ **Kremasté**）があった場所は「山腹の小高いところ」ではなく、パウサニアスによれば「海のそば」にあった。[159] この町は斜面にあり、わずかな海岸線を見下ろせる場所だったことはほぼ確実だった。加えて、西暦紀元前一世紀／西暦紀元一世紀の地理学者のストラボンが注目したように、どのラリサも豊かな沖積層の土壌に位置していた。[160] クセノポンはパウサニアスとストラボンよりも早く、スミルナの北にある豊かな平野の端にある小アジア半島のイオニア地方のラリサについて、この町がエジプト人の町としても知られていたと報告した。[161] エリス地方とアカイア地方の境界沿いにペロポンネソス半島最大の平野があり、その北部地域の水を排水したのはラリソスという川だった。パウサニアスはこの土地を見て、ナイル・デルタを思い浮かべた。[162] ラリサは都市の名前だが、肥沃なアルゴス平野を威圧するアルゴスのアクロポリスの名前として、それ自体、城壁と高台と関連があるのはきわめて印象的深い。このような理由から、ステパノス・ビザンティオスは、この名前と山脈が関連するという理由からではなく、これはもともと「城塞」を意味したと記している。[163]

エジプト語 **R-ꜣḥt** もまた都市の名前である。これは「肥沃な土地への入り口」を意味し、肥沃なデルタ地帯東部の多くを支配したヒクソスの首都アヴァリスの名前だったようだ。ジェイサノフとヌスバウムはこの語源論の音声学には異議を唱えておらず、いずれにしてもこの説には説得力がある。**R-**（「口」あるいは「入り口」）はコプト語では *ro* であり、中期エジプト語あるいは前コプト語では **la* あるいは **Ra* を指す。こうして、ギリシア語 *laíra*（「路地」）の語源は、エジプト語 *r-wꜣt*（「路、道路」）だという有力な語源論が出てくる。*r* と *l* の次に *ꜣ* をつけた語、すなわち *rꜣ* と *lꜣ* が等しいことは前述した。**R-ꜣḥt** に戻ると、語の先頭と中間の字 *ḥ* が消滅するのは転写や借用語にはきわめてよく起こる。また、エジプト語の末字 *-t* はギリシア語では *-is* とされる場合が多い（i͗rt / Iris, St / Isis を見よ）。ギリシア語の *oasis* はエジプト語の *wḥꜣt*（「オアシス」）から派生したことはあまねく認められており、そこにこの両方の移行《シフト》が見られる。したがって、ギリシア語で ***Lar** とされている語をエジプト語に再建すれば **R-ꜣḥt** であるという仮説はありうる。

〔f〕ラケダイモン Lakedaímōn　この語はエジプト語やセム語からの借用語ではなく、翻訳〔語義〕借用〔英語の dumbbell を日本語で「唖鈴」というように、外国語を文字通りに翻訳すること〕のケースだと私は考えている。翻訳〔語義〕借用は、外国の単語の語形と意味が受け手の言語に移されるのではなく、ただ単に、現地語の形成のモデルを提供するにすぎない。ラケダイモン **Lakedaímōn** の語源は *lake*（「吠える」あるいは「齧《かじ》る」）に **daímōn**（「霊」）をつけ加えたものだというのが私の考えである。[164] 語根 *lak* をもつギリシア語には二つの動詞――*laskō*（「金切り声をあげる、絶叫する」）および *lakizō*（「引き裂く」）――が含まれている。この動詞はいずれも動物と関連があり、*lakizō* はとりわけオオカミと関係がある。したがって、私はラケダイモン **Lakedaímōn** はエジプト語 **Kꜣ i͗npw** すなわちカノボス／カノポス **Kanōbos / Kanopos**（「山犬の頭部をもつ神アヌビスの霊」）の翻訳借用と見ている。ギリシア人が用いた「カノプス」という名称は、スパルタに最も近いナイル川の最も西寄りの港の名前だった。エジプト人はナイル川のこの支流を単に **Kꜣ** と呼んでいた。アラン・ガーディナーは、この **Kꜣ** と地理学者プトレマイオスがこの支流の名前だと言ったアガトダイモン **Agathodaímōn** とのあいだには、並行関係があると考えた。[165] ギリシア神話では、カノプスはスパルタ王メネラオスの船の舵取りであり、メネラオスはトロイアからの帰途嵐にあい、ナイル川河口のカノプスに漂着した。

ラケダイモンの語源についての私の説に、ジェイサノフとヌスバウムは三つの異議を唱えている。第一に、動詞＋名詞で構成される複合語はつねに形容詞だと彼らは述べる。この断定を受け入れるとしても、*lakedaimonos* と *lakedaimónios* は立証された形容詞だが、これらの語はラケダイモンより以前からあった可能性がある。同じように、〈ダイモンという第二の部分は動詞の目的語であり、それとは対照的な動詞の主語ではない〉という彼らの主張は、見当違いの正確さの例である。ギリシア語文法の権威であるH・W・スミスは、「このような複合語に現実に格関係が存在するとはギリシア人は考えていなかった。存在する格関係は純粋に論理的なものである」と書いている。(166)

ジェイサノフとヌスバウムの第三の主要な異議は、ラケダイモンという語を私がラケ＝ダイモンと〔二つの部分に〕分節化したことに向けられている。彼らは「ミュケナイ語の人名 *ra-ke-da-no* は……ラケド＝アノル *Laked-ānōr* と読むことはほぼ確実であり、……ラケダイモン *Lakedaimōn* の正しい分節化は、ラケ＝ダイモン *Lake-daimōn* ではなく、ラケド＝アイモン *Laked-aimōn* だ」(p. 193) と主張する。この仮説を唱えたのはオズワルド・セメルヌイだが、ジェイサノフとヌスバウムはこのことを明かさず、この説にみせかけの「科学的」有効性を与えている。実際には、一般にセメルヌイの仮説は特異な仮説と目されている。ジェイサノフとヌスバウムが彼ら自身の語源論を敢えて提案しないのは賢明だが、しかしセメルヌイが提案したのは、最初の分節はもともと Laked- ではなく、Lakōn すなわちラコニア人と関係する Laken- であり、アイモン Aimōn はハイモネス Haimōnes――ステパノス・ビザンティオスによるとギリシアのテッサリア地方その他の地域の住民だった人びと――と結びつけるべきだという説だった。(167) この説にチャドウィックは二の足を踏み、シャントレーヌはこの説は「独創的」だが疑問は残ると述べた。セメルヌイは彼の仮説を述べるまえに、「古代人も近代人も、この語の分節化については、*Λακε-δαιμων* だということで一致している」と認めている。(168)

ラケダイモニアン〔ラケダイモン人〕Lakedaimonians が獲物を引き裂くイヌやキツネを連想させるという考えは、スパルタ人の生活の多くの局面とよく適合する。たとえば、子ギツネを盗んだ典型的なスパルタの少年がいたが、彼は盗みが露見することよりも、自分のはらわたを子ギツネに食いちぎらせるほうを選んだという奇妙な話をプルタルコスが伝えている。[169] この話はイヌ類への尊重と同時に、ギリシアのアヌビスに相当する神で盗人の神ヘルメスへの尊敬も示している。スパルタの町の中央広場には幼いディオニュソスを抱いたヘルメス像が置かれており、この像はローマ時代の硬貨に市を象徴するものとして用いられた。[170]

神話研究者によれば、ラケダイモンはタイゲトス Taïgétos の息子であり、タイゲトスはスパルタの西にある山脈の名前だった。この語源が後期エジプト語 Tꜣ(w) igrt ――「死者の国」、「ネクロポリス」、アヌビスの領土――だというのは妥当だろう。この山脈は町のほぼ真西にあるばかりでなく、山頂の一つがピラミッドの形に著しく似ている。[171] 一方のスパルタと他方のエジプト、イヌ、死とのあいだには、多くの祭儀上・言語上の結びつきがあり、これについては『黒いアテナ』第一巻で多少言及したが、『黒いアテナ』第三巻でもっと詳しく述べるつもりである。[172] しかし、最も印象的な結びつきはラケダイモンと並行関係にある名前――すなわち、スパルタそれ自体――との結びつきである。スパルタの有力な語源はエジプト語 *spꜣt*（「行政区」すなわち「州」）である。アヌビスとの関連はこの神の古い称号「Spꜣ(t) の支配者」に由来する。[173] このように祭儀・図像学・言語学の濃厚なコンテクストでは、私が説明したように、一般に受け入れられているラケダイモンのラケ＝ダイモンという分節化および *lake-* とイヌとの関連は、セメルヌイの説よりもずっと妥当性が高いだろう。さらに、個別の諸要素に誤りはあるかもしれないが、私が提案した音連結の一般的意味は、ジェイサノフとヌスバウムがスパルタ人とラケダイモニアン〔ラケイダイモン人〕を一般名称扱いで謎のまま放置しているのにくらべれば、ずっと望ましいと思われる。

〔g〕ミュケナイ Mū̆kênai, ミュケーネ Mū̆kḗnē

後期青銅器時代の大都市ミュケナイの語源は、古代にはミュケス *mū̆kēs*（「キノコ」）だった。現代の学者のなかに、いまなおこの考えを支持する学者がいるのは驚きである。[174] 彼らに比べれば、ジェイサノフとヌスバウムははるかに慎重である。彼らは、ミュケナイが **Maḥănáyim*（「二重の野営地」）に由来するという説を攻撃しているにすぎない。**Maḥănáyim* は聖書に頻繁に登場する語だが、ウガリット語ではこの語は *Mḫmn* として見いだされる。ジェイサノフとヌスバウムは、まず、この都市がなぜこのような名前でなければならないのか、その理由はまったくないという根拠で異議を唱える。続いて彼らは次のように述べている。「より重要なことは、語尾部分の *-ēnai* / *-ēnē*（これよりも古い形は *-ānai* / *-ānā*）はギリシア語の地名で繰り返される部分であり、バナールがこれに注目していない――注目を拒んでいる――という点である。「ミュケナイ」〔の語源〕を分析するとき、その *-ēnai* / *-ēnē* という語尾を、それに対応する語尾 *-ānai* / *-ānā*――この語尾をもつ地名に *Messā̆́nā̆́*「メッセネ」と *Kurā̆́nā̆́*「キュレネ」がある――から切り離してしまうような分析は信用できない」(p. 193)。

彼らがこのような議論を力説する理由は、おそらく、ミュケナイについての彼らの語源説がミュケス *mū̆kēs* 説ではないからだろう。地名を議論するとき、彼らはどの場合も代案を示さない。『黒いアテナ』の言語についての巻が未刊なので、ここでも彼らの批判に答えるのはむずかしい。実際には、私は語尾 *-ēnai* を知っており、これをギリシアに幅広く存在する都市名から切り離せるとは考えていない。このような都市名はテーバイやデルポイであり、Thêbai の *-ai* やデルポイ Delphoi の *-oi* の語尾のように、通常の場合、当惑するとはいえ、複数形と考えられている。[175] このようなすべての都市名は、セム語の双数 *-áyim* からの間接的派生語かその類推からの派生語、あるいは、縮約連結形がある語 *-ê* だと私は考えている。[176] *-ēnai* をもつ都市の名前は、その語幹に最終文字の *-n* がある。

サイラス・ゴードンは、青銅器時代のカナン地方では都市の二重性が重要だということをあきらかにした。彼はこれと、当時の東地中海地域周辺に見いだされる城砦《アクロポリス》と下町という二重性をもつ都市の特徴を関連させているが、これは妥当だろう。[177] したがって、聖書では、Qîryåtáyim（「二重の都市」）や Maḥănáyim（「二重の野営地」）のような名前が頻繁に立証されている。Mŭkênai と **Maḥanáyim* の音声学上の対応はよい。この名前は都市が持つ軍事的意味とも適合する。ミュケナイがこれよりもさらに古い都市——アルゴス、ティリュンス、そしてレルナ——とともに、アルゴス平野をみおろす場所に位置しているという事実は、意味論上の調和を素晴らしいものにする。ミュケナイの語源論の競争相手がキノコだけとすれば、確実に、セム語語源説に競合的妥当性がある！

〔h〕テーバイ Thēbai

状況が本質的に混乱しているため、私がテーバイという名前をもつ諸都市の語源を明確に述べなかったことは認める。中期エジプト語の *dbt*（「社《やしろ》」あるいは「棺」）と *ḏbꜣt*（「蓋付き収納箱」あるいは「箱」）は、あきらかに異なる二つの単語である。カナン語の「イグサ製の櫃」あるいは「蓋付き収納箱」の語源は後者のエジプト語だった。*Ḏbꜣt* はデモティックで *tbt* と書くが、*dbt* はデモティックの筆記文字で *tbi* とも記された。いずれの単語もコプト語では *taibe* あるいは tēēbe になった。*Ḏbꜣt* にはとくに「宮殿」という意味があり、Ḏbꜣ（コプト語では Tbo）は上エジプトで最も注目されるエドフという地名になったばかりでなく、デルタ地帯の諸都市——このなかにはおそらくヒクソスの首都アヴァリス／テル・エル・ダバアも含まれている——の名前にもなった。[178]

『黒いアテナ』第一巻（p. 51〔邦訳なし〕）で述べたように、テーバイ Têbai が「宮殿」すなわち「君主の座」を意味するという考えは、ギリシア中の、とりわけボイオティア地方における、この語の用法を説明するだろう。さらに、ヒクソス時代を通じてテーバイが「エジプトの首都」と見なされていたとすれば、エジプト人自身はこの都市に決してその名前を用いなかったにもかかわらず、ギリシア人はなぜ新しい第一八王朝の首都をテーバイと呼んだのかという謎が解明されるだろう。

「櫃」を意味するテーバイ **Têbåh** についてのカナン人の物語に、ギリシア神話が影響を与えていることは、状況を混乱させている。アストゥアは、軛をはずされた若い雌牛が導いたというテーバイ建国伝説と、イスラエル人の契約の櫃が運ばれる物語のあいだに、込み入った並行関係があることをあきらかにした。[179] したがって、ジェイサノフとヌスバウム（p. 191）には失礼するが、これを関連させた西暦五世紀のヘシュキオスを頼みにする必要はない。彼らは次のように述べている。バナールの「暗黙裡の想定では、〈アーリア・モデル〉以前には、テーバイという名前とほとんど立証されていないギリシア語 *thîbis*（「バスケット」）との同一視が「一般に受け入れられていた」という」（p. 190）。実際には、私はただ、*thîbis* と地名の **Thêbai** はいずれも、直接的・間接的に、*dbꜣt* および *dbt* に由来すると「想定」しているだけだ。

この語源論にジェイサノフとヌスバウムが申し立てる主要な異議は、この都市の名前が線文字Bでは **Teqa** と記されているという点にある（p. 192）。私は前述の議論で、後期ミュケナイ時代には *qa* と書いて *pa* と読んだと述べた。しかし、私は『黒いアテナ』第二巻で述べたように、この都市の名前は *pasiyara / basileus* よりも前に採用されたかもしれないので、問題が起きるケースかもしれない。

〔i〕アテネ Athênē, アテナイ Athênai　興味深いことに、ジェイサノフとヌスバウムはこの語の重要性を正しく力説するが、にもかかわらず、〔*BAR* の〕彼らの章は「バナールの主張を長々と反駁する場ではない」（p. 194）と主張する。[180] したがって私は、私の語源論——ギリシアの都市〔アテネ、アテナイ〕と女神〔アテナ〕の名前はエジプト語のḤt Ntに由来するという説——にたいする、彼らの攻撃の概要に反論するしかない。Ḥt Ntは逐語的には「〔女神〕ネイト Nēïth の神殿」である。そしてこれを敷衍することによって、Ḥt Ntはこのエジプトの女神祭儀の中心地の宗教的名前すなわち、西デルタ地帯にある下エジプトの都市サイスの名前になった。さらに、注目しなければならないのは、西暦紀元前七世紀末と六世紀にはサイスがエジプトの首都だったことである。[181]

二人の著者の批判は、語尾部分の *-ēnai* / *ēnē* を私が説明できないと見ていることから始まるが、この問題については前述した。彼らが Ḥt Nt と Athḗnē / Athḗnai のあいだに認めている唯一の音声学上の類似は、*n* よりも *t* が前にあるということだけである。この二文字はエジプト語では分離できないが、ギリシア語の語にはそのあいだに強勢を受けた長母音が存在しているので、これでさえ欺瞞的だと彼らは主張する。

最後の論点は後でふれることにして、まず、音声学上の対応のいくつかを列挙しよう。Ḥt（「家あるいは神殿」）はもともと Ḥwt と発音した。しかし、ジェイサノフとヌスバウムは、線文字Bに見られるアイクピティヨ Aikupitiyo がエジプト語 Ḥt kꜣ Ptḥ に由来することは同意している。このことは、*ḥ* が中和され〔異なる音素を同一の音声として現わすことを中和という〕、母音は *a-* とだけ聞こえたことを示している。このケースでは、末字の *-t-* が消滅したが、ほかのいくつかの翻訳では、少なくとも自鳴音〔閉鎖音や摩擦音と母音との中間音。m, n, l など〕の前では *t* あるいは *th* として残された。たとえば、次の例を参照せよ。

・エジプト語＞ギリシア語の場合……Ḥt(tꜣ) ḥr ib＞Athribis
・エジプト語＞コプト語の場合……Ḥt Rpyt＞Atrēpe あるいは Athrēbe
・エジプト語の女神ハトホル Ḥt Ḥr（「ホルスの家」）はコプト語で Ḥathôr である、
・コプト語の Athôr はギリシア語で Arthur である。[182]

したがって、Ḥt Nt の語頭の母音と最初の子音は Athḗnē / Athḗnai のそれと対応する。ジェイサノフとヌスバウムが指摘しているように、これに続く長母音——ホメロスの Athēnaíē は強勢を受けていない——が問題になるが、克服できない問題ではない。エジプト語の場合、書かれていない語頭添加母音は頻繁にあった。西セム語にはアテナときわめて似た女神の名前アナト ʻAnåt があるので、このケースではその可能性が大きくなる。(183) そのほかに、もしかすると、母音の長さはヴァッカーナーゲルの第二法則としても知られている法則の結果、ギリシア語の発展のなかで生まれたのかもしれない。この法則では、複合語の第二要素の語頭の母音は長音になった。(184)

-n- についてはまったく問題ない。Nt のもともとの母音化は *-ā* だったと思われる。この母音の音質は、聖書に出てくるヨセフのエジプト人妻アセナト ˀAsᵉnat による示唆がある。アセナトという語はおそらく、エジプト語の n(y) s(y) Nt すなわち「Nt の女」が語源だろう。(185) この音量は、Nt についてプラトンが Nēïth と翻訳していることからわかる。プラトンとその他の翻訳では、Nt は Nit- あるいは Neth となるので、もともとの形は出わたり《オフ・グライド》〔わたりはAからBの音に移るときに自然に生ずるつなぎの音。出わたりはある音から休止または後続音に移るとき自然に生ずるつなぎの音〕のある *Nāịt だということもわかる。

ギリシア語の場合、わたり《グライド》はかならずあらわれるというものではない。ドーリス方言 Athā́nā とミュケナイ語 Atana にわたりは存在しない。しかし、ホメロスのことばづかいは時々、線文字Bに書かれたことばよりも古かった。彼は Athēnaíē という語を用いており、アッティカ方言には Athēnaía という語形がある。(186)

私はジェイサノフとヌスバウムの精神を念頭に、見当違いな正確さという厳しい危険のなかで、仮に次のような順序を考えている。西暦紀元前二〇〇〇年頃、中期エジプト語の語形 *ḤataNāịt が $*H_2$atanāịt としてギリシア基語に採り入れられた。(187) インド＝ヨーロッパ基語の喉頭音の消滅にともない、この語形は *Atanāịt となり、そのあと末字の閉鎖音が除去され、*Atanāi̯(a) になった。ヴァッカーナーゲルの第二法則に従えば、二番目の -*a*- が *ā* になり、*Atanāi̯(a) という語が生まれた。アッティカ方言の語形 Athēnaíā とホメロスの Athēnaíē はイオニア方言の *ā*>*ē* という移行《シフト》にともない発展した。線文字Bの厄介さを考えれば、Atana がどんな音だったかを正確に知ることはできない。しかしドーリス方言 Athā́nā は、このケースでは、音声学上の表示が正確な綴り字によってあきらかになっている。にもかかわらず、Athēnā と Athēnē という語形は、通常の縮約により、Athēnaíā と Athēnaíē に語源を求めることができる。説明できないまま残る素性《そせい》は *theta* だけである。アテナイという都市の名前も同じように形成されたが、ここには都市の「複数／双数」の語尾すなわち、-*ai* が残っている。

この順序は寸分違わずに正確ではないかもしれないが、たとえ意味論上・図像学上の完全な並行関係がないとしても、Ḥt Nt / (Ḥ)atNāi̯t と Athēnaíā との音声学上の対応は注目すべきだろう。このような対応があるので、この意味論は論理的に議論の余地がない。ジェイサノフとヌスバウムはこれに反対する途方もない説を提案することで自分たちのやり方を押し通そうとしている。彼らは次のように書いている。「Athā́nā の語源について、たとえば、紀元前第二千年紀中期からこの語形だったという立証のあるアナトリアの都市の名前アダナ Adana ではなく、むしろ Ḥt Nt を採りあげなければならない理由について、その原理がまったく示されていない」(p. 194)。

アダナについては『黒いアテナ』第二巻 (pp. 418-420〔邦訳七七二―七七五頁〕) で論じているので、ジェイサノフとヌスバウムがここでも私の議論を歪曲していることは明白である。Ḥt Nt が選ばれるのは音声学上の理由からだが、それは、アダナよりもこの語のほうが古い語形の Athēnaíā と Athēnaíē をはるかに容易に説明できるからである。[188] しかし、Ḥt Nt をアテナイ〔アテネ〕およびアテナと結びつける歴史上・意味論上・祭儀上・図像学上の大量の証拠に比べれば、これは些細な点である。これにたいして、アダナにはこの種の証拠の拡がりが完全に欠けている。

「「オリーブ園」、「岩山」、あるいはその他無数のもっともらしい説明と同じように、「ネイト Nëit の神殿」についてもアプリオリな仮定はできない」（p. 194）と、ジェイサノフとヌスバウムは主張している。この主張は正しいが、ある言語のどの単語がこれに相当するのか、このような地名にある女神の名前が結びつく理由は何か、これについて彼らはまったく説明しない。

彼らの攻撃は一層激しさを増し、次のような文章がある。聖アウグスティヌスは異教徒の神々を悪魔《デーモン》と述べているので、「バナールの論理に従うなら、「アテナ」の直接の語源はヘブライ語 *śåṭån*「サタン Satan〔大悪魔〕」（旧表記では Sathan）を女性化した変異形と考えたとしても完全に正統的と思われる」（p. 194）(189)。

私たちがここで論じているのは競合的妥当性である。第一に、Ḥt Nt がアテナとアテナイ〔アテネ〕という名前の語源として選ばれるには、意味論上の強力な理由がある。ネイトもアテナも、戦争、機織り、知恵の女神である。ヘロドトスとプラトンは、ネイトとアテナは名前は二つだが、同一の神格をもつと考えていた。前者のヘロドトスは、彼がエジプトからきたと見ていたギリシアの神々のリストからアテナを排除していない(190)。

前述したように、Ḥt Nt はサイスの宗教上の名前だった。したがってこの語源論は、ギリシアの女神アテナが彼女の祭儀をとりおこなう都市〔アテナイ〕の名前をもっている理由を明快に説明できる。ファラオの文書では、Ḥt Nt が Nt 自身を指すことばだったことが立証されていないが、あいまいではあるが、このことを示す実例をローマ時代の碑文に見いだすことができる(191)。しかし他の多くの文化と同じように、エジプトにおいても、神や女神の住まう場所が彼らの呼称になるというのは異例ではなく、このほうがはるかに重要だ。たとえば、Pr ʿ3（「偉大な家」、神々しいファラオ）および Pr W3ḏyt（「女神ウアジェト W3ḏyt の家」）を見よ。Pr W3ḏyt はギリシア人がブトと呼んだ都市の名前であり、同時に、女神自身を指すのに用いられた名前でもあった(192)。同じように、Pr B3styt——ギリシア名はブバティス——は、東部デルタ地帯の、雌ライオンの姿をしたバスト女神祭儀の中心地の名前であり、この女神自身の名前でもあった。[193]

前述したように、下エジプトにおけるネイト祭儀の中心地はサイスであり、サイスの市民はアテナイ市民に特別の親近感をもっていた。西暦二世紀、歴史家のペルガモンのカラクスは「サイスの人びとは彼らの都市をアテナイと呼んでいた」と記しており、この対応関係はあきらかである。もしもサイス人がḤt Ntをサイスの名前だと考えていたとすれば、この箇所は非常によく意味がとおる。[194]

私が提案する語源論は、前世紀にパーシー・ニューベリーとアーサー・エヴァンズがきわめて明瞭なかたちで確立した図像上の結びつきを補完するにすぎない。彼らは、ネイトのしるしは数字の8の形をした盾だが、これは武器と関連しており、この盾は、ミノア文化期のクレタ島で広く描かれた、いわゆる盾の女神の起源だったことを論証した。[195]この女神を描いた証拠は、西暦紀元前一七三〇年——一六七五年頃、陶器年代区分の中期ミノア文化III期のものが最もはっきりしている。しかしエヴァンズは、彼女のシンボル〔盾〕はすでに、初期ミノア文化III期の西暦紀元前二〇五〇年——一九五〇年にはあったと主張しており、これは妥当だろう。[196]これがクレタ島からギリシア基語の話者に急速に伝わったと想定すれば、この時期は前述の言語借用があったもともとの年代と対応するだろう。

盾を持つ神が女神だということは分かっている。ミュケナイで発見された石灰岩製彩色記念銘板では、この神の腕と首が白いことがあきらかで、（エジプトにならった）ミノア文化のしきたりでは、これは女性を示しているからだ。ニューベリーとエヴァンズよりも前に、古典学者エドワード・ガーディナーはこの記念銘板をパラディオン、すなわちアテナ祭儀と関連する武装姿の立像を描いたものと考え、盾の女神をアテナそのものと同一視した。[197]比較的最近、クノッソスで、子どもの焼かれた骨の遺物が数個発見され、これが盾の女神とあきらかに関連することから、この結びつきは強固になった。なかでも最も注目すべき発見は三つのモチーフで飾られた壺だった。第一のモチーフはゴルゴネイオンすなわち、アテナの恐るべき分身のゴルゴンの顔だった。この顔はアルカイック時代と古典古代時代にはつねに女神のよろいの胸当てに描かれたモチーフだった。第二は顔のないゴルゴンの胴体のモチーフであり、第三は数字の8の形をした盾のモチーフだった。[198]

このように、西暦紀元前第四、第三千年紀のエジプトから第二千年紀のクレタ島とミュケナイを経て、第一千年紀のよく知られたギリシアの女神まで、図像上の発展をたどることができる。この過程は、ネイトとアテナの伝説上の関連と私が提案する語源論のどちらにも正確に対応する。

しかし、この一連の連鎖に加えて、もうひとつ興味深いことがある。ニューベリーとエヴァンズはエジプトのネイトとギリシアのアテナのあいだに図像上の結びつきを示しただけではない。彼らはネイトとリビアの——古代と近代の——文化のあいだに、図像上の連結があることも論証した。[199] サイスはエジプトとリビアの境に位置していた。そしてヘロドトスは明確に、アテナとリビアおよび女性間のレスリングの習慣には関連があると述べている。[200] この関連から、私は私の著書に『エジプトのアテナ』ではなく、もっと包括的な書名を選んだ。それが『アフリカのアテナ』だった。すでに何回か述べたが、この書名を最初に提案したのは私だが、出版社は『黒いアテナ』の書名を強く推した。

さて、このリビアとの結びつきに戻ろう。リビア人はエジプト人にṮḥnwとして知られていたが、アーサー・エヴァンズは彼らに特別の注意を払っていた。Ṯḥnwはナイル川デルタ地帯の西に住む人びとであり、彼らはその「Ṯḥnw油」とファヤンス焼きで知られていた。ニューベリーはこの油とオリーブ油を同一視した（オリーブはアテナの神聖な木であり、これもまたアテナと関連する）。また、ファヤンス焼きはエジプト語で*ṯḥn*と呼ばれていた。エヴァンズはこのエジプト語とファヤンス焼きの結びつきについて、リビアのオアシスで見つかったファヤンス焼き製造に必要なナトロン（炭酸ナトリウム）が供給されたからだと説明した。[201] アラン・ガーディナーもṮḥnwについて書いた。彼の指摘では、彼らはキレナイカに住むリビア人であり、エジプトの絵画では以前彼らは「白い」と考えられており、衣服は異邦人風だが、体つきはエジプト人と似ていた。[202] ガーディナーはさらに、Ṯḥnwはもっと南のファイユームか、その近くにも住んでいた可能性を考察した。[203] 彼はこの問題についての注で、古王国時代にNt Ṯḥnwへの言及があると述べている。[204]

五年前、私はもうひとつの証拠を発見した。これは私の論文の役に立つが、書名の『黒いアテナ』には困惑の種を提供する。その証拠とは、サイスでPr ṯḥnという名前の神殿が立証されたことだった。古代エジプトの地理に詳しい学者アンリ・ゴーティエは、この語を「水晶の家」あるいは「ファヤンス焼きの家」と解釈した。[205] この名前はほかでも用いられているが、最も有名な例はサイスにあるオシリス神殿だった。Pr ṯḥnとパルテノンParthénōnの音声学上・意味論上の並行関係は際立っている。さらに、この意味で、第二六王朝（サイス朝）のときにNt ṯḥnへの言及がある。神聖なことば《パロノメイジア》のもじりだが、ネイトNēithはあきらかにṮḥnwと関連すると同時に、彼らの土地の産物*ṯḥn*（「ファヤンス焼き」）と関連していた。[206] 形容詞としての*ṯḥn.t*は「光り輝く」、「きらめく」、「宝石」、ファヤンス焼きの色の「青緑」と定義されている。これはあかるい空の色で、緑色の鉱石である孔雀石のかたちで地上にあらわれる大空のかけらの色でもあったようだ。[207] ギリシア語*Parthénos*は「若い女性、処女」を意味し、とりわけ処女の女神アルテミスとアテナに用いられた。このエジプト語〔*ṯḥn.t*〕とギリシア語〔*parthénos*〕の単語には共通するいくつかの意味がある。どちらも「花盛りの」、「幸福な」を意味する。*Ṯḥn*(*t*) は「神々の輝く眼」および瞳の部分を表す語としても用いられた。ギリシア語*parthénos*には「弟子」という特別な意味がある。

アテナには、オプタルミティスOphthalmîtisとオクシデルキスOxyderkîsのように、眼にかんするいくつかのエピクレシス〔異名、添え名〕がある。とりわけ、ホメロスが用いた形容句グラウコピス Glaukōpis は、アテナにたいしても他の恐るべき生物〔ゴルゴン〕にたいしても使われ、「輝く青白い眼」を意味した。この語の語源が *glaukós*（「灰色」あるいは「あかるい青色、恐ろしい、輝く」）であることは明白である。実際、ジェイサノフとヌスバウムは *glaukós* にもインド＝ヨーロッパ語の語源がないと認めている（p. 185）。しかし、この語の語源はエジプト語の *gꜣgꜣ*（「眼を眩ませる、驚かせる」）であり、書くときは決定詞の眼を加える。(208) *Glaukós* は大きな目をした獰猛な鳥 *Glaûx*（「フクロウ」）とも関係がある。フクロウと並行関係にあるのがネイトの鳥の、猛禽類のタカである。*Gꜣgꜣ* はゴルゴン Grogô の語源として素晴らしい。ゴルゴンはゴルゴピス Gogōpis という語形とも結びつく。ゴルゴンの顔と眼はそれを見る者をすべて石に変えた。アテナとゴルゴンの古くからの密接な関連については前に述べた。(209)

「ピラミッド・テキスト」の三一七項には、「偉大なるもの（女性）に緑の眼」をもたらしたのは、ネイトの息子でワニの神ソベクだと書かれている。(210) この箇所はネイト自身について語られていると考えるのが妥当だろう。前述した第五王朝の碑文の場合、Nt Ṯḥnw ということばの次に「Nt の眼」が続く。「これはおそらく、この時期にリビア人の崇拝を受けたネイトの一側面だろう」と、エジプト人のエジプト学者ラマダン・エル・サイエドが示唆しているが、妥当なところだ。(211) プラトンは、パルテノンのペイディアス作のアテナの眼には青白い宝石が嵌め込まれていると記し、キケロは、ローマ神話でアテナに相当するミネルヴァの眼の理想的な形はきらきらした薄青色の眼だと考えた。(212) ディオドロスは、アテナの眼は青いという「ギリシア人の考え」を「愚かな説明」だとして否定した。彼によれば、この女神がグラウコピス Glaukōpis と呼ばれる本当の理由は、「空気は〔見かけ（プロス・オプシス）が〕青みがかっている〔エン・グラウコス〕」からだった。(213) 実際には、この二つのイメージは互いに排他的ではない。また、きらきらした青い眼のアテナが時折描かれていることを否定する理由もない。モンゴルや中国のように、圧倒的多数の住民の眼の色が茶色である多くの社会では、青い眼は伝統的に獰猛さのしるしと見られてきた。ギリシアでは、古代でも近代でも、青い眼は「邪悪な眼」と関連づけられ、あらゆる種類の悪い特性を示していた。とりわけ、グラウコピス Glaukōpis は、彼女がもたらす恐怖がアテナの眼の青白さによって倍加することを意味した。[214] 同じことはエジプトのネイトについてもあてはまっただろう。ともかく、ネイトと青緑色の「ファヤンス焼き」および輝く空との関連、また、*ṯḥn(t)* と眼との関連は、後期の伝承ではベールにおおわれているが、彼女の眼も青いと考えられていた可能性を示している。[215] パウサニアスは明確に、アテナの眼が青いという話はリビアから来たと述べている。[216] したがって、ここには女神の青い眼はアフリカが起源だというパラドクスがあるかもしれない。これは確かに、『黒いアテナ』という書名を複雑にしている。しかし、これは私の全体的な主張と私が選んだ書名『アフリカのアテナ』に力を与える。とりわけ、これはさらに、二人の女神と二つの名前――Ḥt Nt と Athēnaía――を結びつける驚くほど豊富な証拠のネットワークを提供する。

結論

ジェイサノフとヌスバウムの議論は、エレボスの語源論の強調から始まる。なぜならこの語は、私がアフロアジア語の語源だと主張している単語のなかで、彼らが間違いなく、これはインド＝ヨーロッパ語が語源だと直接導くことができるたった一つの実例だからだ。とはいえ、この語の語源もセム語だということははっきりしている。彼らが提起するそのほかの語源論はすべて、欠点があるか、少なくとも複雑な状況にある。彼らが議論した大部分の単語とすべての地名について、インド＝ヨーロッパ語ではなんの説明もできないことは、彼ら自身が認めている。

彼らに答えたこの章の最初の節で、私はギリシア語のなかにあることばの混合について、これは言語移行《シフト》の結果というよりも、言語接触の結果として起きたという説明のほうがずっと妥当だと主張した。さらに、この主張が妥当ならば、ギリシア語が借用した語の源泉は、おそらくエジプト語と西セム語だった可能性が最も大きいだろう。私たちが伝説と歴史の記録から知っているこの二つの言語は、西暦紀元前の二つの千年紀の大部分のあいだ、東地中海で優勢な言語だった。

私はオズワルド・セメルヌイ、ヴァルター・ブルケルト、その他の人びとの主張にもふれた。少なくとも一九世紀後半まで、当時一般的だった人種差別、反ユダヤ主義、そしてヨーロッパ的純粋への願望は、伝統的なインド＝ヨーロッパ語学者に大きな影響を与えた。はっきりそれとわかる貿易品や外来語を別として、ギリシア語がセム語あるいはエジプト語から語を借用した可能性について、主導的な学者の考察は極端に気乗り薄だった。

最後に、私たちはふたたび、ジェイサノフとヌスバウムが純粋な最も厳密な孤立論を主張した青年文法学派的伝統の最後の擁護者の仲間だということに注目しなければならない。ヌスバウムは、もしも私の応答が『再考』に収録されるのなら、自分は寄稿しないと言った三人の学者の一人だった。結局のところ、彼は正しかったと私は思う。

第Ⅳ部

歴史記述

古代ギリシアの起源についての歴史記述は私のプロジェクトにとって最も重要なので、『黒いアテナ』第一巻ではもっぱらこの問題を論じた。一九世紀の文献学者と古典学者がギリシアの起源について叙述し説明したとき、彼らはなぜこのような基本的誤りをおかしたのか。その理由を私は、彼らを社会的・思想的マトリクスのなかに位置づけることによってのみ説明することができる。私の著作のこの部分は以前から一般に受け入れられており、そのためあきらかに、『再考』の編者はこの問題について新しい論文が必要と考えた。それがロバート・パルターとロバート・ノートンの論文である。パルター論文は大部で広範囲にわたっている。これにたいして、ノートン論文は短く、一つのトピックすなわち、ヨハン・ゴットフリート・ヘルダーについての私の議論を扱っている。私は彼らの批判への返事とあわせて、『再考』に収録されていない、ジョシネ・ブロックによる私への批判にも答える。彼女の論文は、まず『思想史雑誌』に発表され、次いで『タランタ』誌の『黒いアテナ』特集号に載った。

三人の学者は全員、私の著作は浅薄で二次資料に依存していると見て、異議を唱えている。ノートンとブロックはその原因について、プロパガンダ的で「政治的」だと彼らが考える、私のアプローチにあると見ている。パルターは無知に起因すると見ているが、私はこのほうが的確だと思う。私は快く、自分が好む以上に二次資料に依存したことを認める。しかし、これは広範囲に及ぶどの著作の場合も避けられない問題だ。調査に一次資料を使わなかったために私が間違ったというのでないならば、この問題を私の調査の信用を落とすために用いるべきではない。ノートンもブロックもこのような誤りの小さい実例を発見しているが、少なくとも、この実例で私の全体的図式が影響を受けることはないと私は考えている。

私の研究にたいするパルターのもう一つの大きな異議は、彼によれば、私が思想史の複雑さを十分に理解できていないということに向けられる。とりわけ、彼は私が一八世紀と一九世紀初期には人種差別もあったが反人種差別もあったことを認識できていないと考えて、それを批判する。この時期に人種差別はあったが、ともかく同じくらいに反人種差別もあったのだから、同じ敬意をもって扱うべきだと彼はほのめかす。

第IV部の三番目の章〔第9章〕は、オランダの雑誌『文化と歴史』に発表した私の論文「イギリスの功利主義者、帝国主義、〈古代モデル〉の没落」の転載である。この論文では二冊の歴史書――まずジェイムズ・ミルの『英領インドの歴史』、次いでジョージ・グロートの『ギリシアの歴史』――を考察する。

ガイ・ロジャーズは歴史記述についての彼の章で、『黒いアテナ』第一巻における私のグロート論を攻撃した（あいにくなことに彼は一九八八年に最初に発表した前述の論文を読んでいない）。ロジャーズは正しくグロートの急進的な政治活動と進歩的な態度を強調し、私がグロートを反ユダヤ主義者で人種差別主義者と呼んだことにショックを受けている。この非難に私は第8章で詳細に答える。同じ章で私は、ロジャーズが『再考』の彼の章と結論の終わりで私の人格と心理的ニーズについて述べたコメントにたいして簡単に答える。

『再考』の出版後に私の著作が出たとき、思想史家スーザン・マーチャンドとアントニー・グラフトンはこれを批判し、「今のところ、バナールが引き起こしているのは騒ぎであり、歴史的主張ではない」と述べた。(1) たんなる騒ぎが批評家たちの興味深く詳細な歴史的主張をどうして刺激するのか。私は理解に苦しむが、このような一部の主張についてもここで答える。

第7章　正確さ　および／または　首尾一貫性か

……ロバート・ノートン、ロバート・パルター、ジョシネ・ブロックに答える

この本を公けの手に委ねながら、いま私の胸の裡《うち》に、ある惧《おそ》れが忍び入ってくる。このなかには、じつに多くの研究、労作が注ぎこまれてはいる。だが、もしや多くの人々は、この本を、事実の証明が不完全な即興の作と見なしたりはしないだろうか、という気持がそれなのだ。しかし、それもやむをえまい。まだ自分が十分にものにしえていない分野の上でも、ときには冒険も敢えてしなければならないのは、いかにしても文化問題を取り扱うことを志した著述家の天命である。……こうして、私は書いたのである。

——ヨハン・ホイジンガ『ホモ・ルーデンス』の序文(1)

『再考』の大部分の章の関心は、数千年以前に起きた古代の話題や事件である。対照的に、私がここで考察するノートン、パルター、そしてブロックの三論文は、近代ヨーロッパ人の歴史叙述についての私の主張を批判している。ロバート・ノートンの章は短い。そこではもっぱらドイツの思想家ヨハン・ゴットフリート・ヘルダー（一七四四年—一八〇三年）についての私の解釈に焦点が当てられる。パルター論文はずっと内容があり広範囲なので、本章の中間にある長い節でより多くのスペースを使い、形式をととのえて答える。最後に論ずるのは、ジョシネ・ブロックによる、ドイツの古典学者カール・オットフリート・ミュラー（一七九七年—一八四〇年）についての私の議論への批判

である。ブロック論文は『再考』が世に出たあと出版された。それなのに、なぜこの本で答えるのか。その理由は以下で議論する。

これらの論文はすべて知的で、博学で、洞察力のある論考である。にもかかわらず、三論文が提起する大部分の争点は比較的マイナーであり、全体として、私の主張の全般的構造に影響はない。したがって、著者は彼らの議論が私の主張を論破すると見ているが、私は彼らの議論が私の主張に深みと繊細さを加えると考えている。

詳細な返答を始める前に、一般的問題をいくつか考察しておきたい。私にたいする批判の大部分は、本質において、一八世紀と一九世紀のさまざまな人物にたいして私が行った、あるいは行ったと思われている「人種差別」という非難に反駁しようとしている。〈古代モデル〉から〈アーリア・モデル〉へ歴史記述が移行した唯一の原因について、それは人種差別だとは『黒いアテナ』ではみていないので、本書の読者がこれを知れば、驚くかもしれない。一八世紀のエジプト好きも一九世紀のギリシア賛美者もともに人種差別に影響されていた。彼らは古代エジプト人を「人種的」に分類する傾向があり、二つのグループの本質的違いはその分け方にあった。古代エジプト人を賞賛する大部分の人びとは、エジプト人を「名誉」ヨーロッパ人と考えた。他方、古代エジプト人を嫌う人びとは彼らをアフリカ人あるいは東洋人《オリエンタル》と見なし、したがって彼らを文明の埒外の存在と考えた。とはいえ私は、古代エジプト人への敬意の程度を決定したのはいつでも「人種的」分類だったとは主張していない。ときには逆の場合もあった。肯定的あるいは否定的意見のあとで、別の根拠から「人種的」分類が形づくられた。しかし、どちらにしても、古代エジプト人が「ヨーロッパ人の」地位を失うと、いつでも彼らの名声は急激に失墜した。したがって、一八世紀と一九世紀の思想を理解しようとするなら、私たちは「人種」を真剣に考慮に入れなければならない。

一七世紀末以降、ヨーロッパの思想家は、彼らの考える、ヨーロッパが他の諸大陸に優越する根拠をヨーロッパのキリスト教ではなく、とりわけ恵まれたその地形、気候、そして「白人」住民という方向に移行させた。私はこの章の後半で、この考え方と北米先住民の絶滅との結合についてと同時に、この考え方と同時期の人種差別にもとづいた奴隷制との結合についても議論する。一六八〇年代以降、ほとんどすべての上流階級のヨーロッパ人は、彼らの大陸が文明、科学、啓蒙という、関連する三つの新しい概念が生れた唯一無比の場であると考えていた。ここで強調しなければならないのはこの点である。

啓蒙の一七、一八世紀からロマン主義と実証主義の一九世紀へという変化は、新しい「科学的な」人種差別を強烈かつ顕著に増進させたにすぎなかった。人種差別にたいするキリスト教による、あるいは人類愛と普遍的理性の啓蒙思想による抑制はますます小さくなった。しかし興味深いことに、私がこの章で答えようとする最初の二人の批判者、ノートンとパルターの一般的関心は一九世紀よりも啓蒙の一七、一八世紀にある。

ロバート・ノートン

私のヘルダー論にたいするロバート・ノートンの論文は、三論文のなかで最も紳士的である。実際、私たちの意見の相違は相対的に小さい。ヘルダーは才気煥発で影響力のある思想家だが、私は彼が、私の関心対象である歴史の最前線にいる人物とは考えていない。ヘルダーに最初にふれた主要な文章（*BA I*: 206〔邦訳二四三―二四四頁〕）で、私は次のように述べた。

新しいロマン主義と進歩思想の立場からすれば、……民族的特性およびその精神は、土地とその民族の属性であり、時代特有の精神によって変化する。……しかし民族には、自身の特有・不変のエッセンスがあり、これを失うことは決してない。ロマン主義運動のこのような傾向を身につけていた偉大な人物はヨハン・ゴットフリート・ヘルダー〔一七四四―一八〇三。ドイツの哲学者〕であった。彼は新ギリシア文化主義にとっても言語学の発展にとっても重要な関係があった。彼自身は終生啓蒙主義的普遍主義者であり続け、ドイツ人だけではなく、すべての民族はそれぞれの特性を見出し、発展させるべきだと考えていた。にもかかわらず、彼をはじめとする一八世紀末～一九世紀初頭のドイツの思想家たち――たとえばカント〔一七二四―一八〇四〕、フィヒテ〔一七六二―一八一四〕、ヘーゲル〔一七七〇―一八三一〕、シュレーゲル兄弟〔一七六七―一八四五、一七七二―一八二九〕などを含む――の歴史的、地域的特殊性への関心、あるいは合理性や「純粋理性」に対する軽蔑心などが、その後二世紀にわたって継続する排外主義と人種差別の強固な基盤を提供した〔傍点は本書で付した〕。

このようなヘルダーについての見方はけっして私の独創ではない。ノートンのヘルダー擁護論を論ずるまえに、思想史家アイザィア・バーリンのヘルダー論を見てみよう。バーリンは次のように述べている。

合理主義・科学の方法・可知の法則の持つ普遍的権威に対するこの反対運動を遂行しながら、彼ヘルダーは、個別主義、ナショナリズム、文学・宗教・政治上の非合理主義の成長を促し、それによって次の世代における人間の思想・行動を変貌させるのに主要な役割を演じた、とされているのである。

右の解説は、ヘルダーの思想について最も著名な論文の二、三に見られるもので、大筋においては正しいとはいえ、簡略の度を越えている。(2)

ノートンはいま引用した私の『黒いアテナ』第一巻からの一節にもとづいて次のように主張する。バナールが示唆しているのは、ヘルダーの「真の動機はドイツのなかの外国——なかでもフランス——の影響に反対すること……〔だった〕。したがって、ヘルダーが寛容と独立のプログラムとして奨励したのは、実は、巧妙に偽装した敵意とナショナリズムそのものだった」(p. 405)。

私はそのようなことは一切示唆していない。ヘルダーは実質的に彼の世代のすべてのドイツ人知識人と同じように、フランスによる文化的吸収をおそれていた、したがって、彼は防衛的な文化的民族主義者だったというのが私の考えである。また、すべての民族にたいして、寛容と文化的独立を理論的に奨励するヘルダーの誠実さを私が疑っていないことは、私の本の引用であきらかである。[3] さらに、ヘルダーの著作と一部の彼の同時代人の著作がのちの「排外主義と人種差別」に「堅固な基盤を提供した」という私の言説は——と、ノートンは主張するが——、「人種差別は……ヘルダーを創始者と見る歴史記述の暗黙で不可避の結果だった」(p. 405) ことを意味しない。この帰結は偶然であり、決して必然ではない。

ノートンは述べている。「バナールを読んだのち私たちが予期することとは反対に、ヘルダーはエジプト人にたいする最高の賞賛しか抱いていなかった」(p. 406)。ここでノートンがもってまわった言い方をしなければならなかったのは、ヘルダーのエジプト人にたいする態度という主題について、実際、私は何であれ一切書いていなかったことを示している。ヘルダーは、エジプト人が通常は文明人のなかに含まれていた啓蒙時代と、エジプト人が文明から除外された、よりヨーロッパ中心的なロマン主義の時代との間にある移行期の人物と見ることができる。そのため、私は彼の古代エジプト人にたいする態度がどんなものかを予測できなかった。事実、この問題についての彼の立場は揺れていたが、これは驚くにあたらない。ノートンの寄稿仲間パルターはこのドイツ人思想家がエジプト人を軽蔑していたという別の一節を引用している（p. 374）ので、実際にはヘルダーはエジプト好きだったというノートンの主張と矛盾する——『再考』の寄稿論文のなかには多くの矛盾が見いだされるが、これはあきらかにその一例である。

ノートン、パルター、ブロックの三人はすべて、私が二次資料を信頼し過ぎると不満を述べている。私が小論文《モノグラフ》を書いたのなら、彼らの不満が正しいことは確かだろう。しかし、総合的で全体を通観する研究書の場合、研究対象のすべてのトピックについて徹底的に研究することは不可能である。一次資料に当たらなかったという非難を私はあまり気にしないが、一次資料に当たらなかったことで私が間違ったという非難は真剣に受けとめる。ノートンは私の著書の次の一節を引用し、私が間違ったと指摘する。「一八世紀においても、「忌まわしい習慣という瑕疵をもったカルタゴは、〔ローマの雌狼に襲われる〕ジャッカルに譬えられるべきだ」とヘルダーが言ったと伝えられている」（*BA I*: 359〔邦訳四二九―四三〇頁〕、傍点はノートン）がその一節だ。

ノートンが〔ヘルダーの〕原文を確かめると、「ジャッカル」はほめことばではないが、ヘルダーが非難したのはカルタゴの野蛮ではなく、ローマの野蛮だったことが分かった（p. 409）。この一節で私は、二次資料すなわちアカデミックなジャーナリスト、ゲルハルト・ヘルムの叙述を信頼したので誤った。ヘルムはギュスターヴ・フローベールのモレク神〔フェニキア人の神で、この神に彼らは子どもを生け贄として捧げた〕についての記述に言及し、その後次のように書いていた。「これはぞっとするような記述で、世界が今日までフェニキア人とカルタゴ人について抱く誤ったイメージを反映している。このイメージに大きな衝撃を受けたヨハン・ゴットフリート・ヘルダーは、テュロスの植民地をジャッカルにたとえた。雌オオカミのローマ人はこのジャッカルを退治しなければならなかったのだ」[4]。

私は当然、ヘルダー〔一七四四―一八〇三〕の死後長い時間がたってから、フローベール〔一八二一―一八〇〕がこれを書いたことを知っていた。しかし私は、フローベールの著作は厳密に古典資料に依拠しているので、ヘルムはその資料のことを言っているのだと決めこんだ。にもかかわらず、私がヘルダーに彼自身のことばで語らせなかったのはかなり杜撰である。しかし、だからといって、不正直ではない。なぜなら私は注で次のように書いたからだ。「これを疑うべき理由はないが、原文に当たることはできなかった」（*BA I*: 499 n.80〔邦訳五六三頁〕）。

次いでノートンは、私がカルタゴの全滅を「ユダヤ人問題の最終解決」の前例として関連させていると示唆する。ノートンの引用は私の一節のほんの一部にすぎないが、この一節は一八七〇年以降、プロシアが自らをローマと同一視し、反対にイギリスをカルタゴと同一視した問題に関わる。この節で続いて考察したのは、「カルタゴはローマに破壊されて二度と再建されなかった」という一九世紀末の誤った通説である。

続いてノートンは、私が「ヘルダーは遠まわしに大陸の黒人全体の絶滅を支持し〔ていると示唆し〕、一層悪いことに、これを敷衍することによって、あいまいだがヘルダーに二〇世紀の出来事の責任を負わせている」（p. 408）と述べている。〈ヘルダーはカルタゴは絶滅に価すると考えていた〉と私が考えていたと誤解したノートンは、〈ヘルダーはアフリカ黒人全体の大量虐殺《ジェノサイド》を「遠まわしに支持し〔ている〕」〉というのが私の考えだと飛躍する。これは異常でもあり、ばかげてもいる。現代のスウェーデン人作家スヴェン・リンドキストの考えによると、ホロコーストの直接の前例は、アフリカ、アメリカ、オーストラリアの「劣等種」を絶滅したいという、一九世紀の北ヨーロッパの理論的欲求と現実に起きた絶滅であって、ロシアとウクライナにおけるスターリンの容赦のない集団化——これを直接の前例と主張するドイツの歴史家者もいる——ではないが、私は彼と同じ意見である。[5] しかし、これらすべてはヘルダーの死後長い時間がたってから起きた事件だった。

アイザィア・バーリンは、ヘルダーの非合理主義とその帰結について、初期の見方を完全に覆してはいないと私も考えている。さらに、ノートンはわずかの注意しか払っていないとはいえ、ポール・ローズはその著書のなかで、ユダヤ好きと受けとめられたヘルダーのいくつかの考えの虚飾をあきらかにしている。[6] これらのことをすべて認めるとしても、ヘルダーが民族の大量虐殺《ジェノサイド》を——遠まわしにでも——提唱したというような示唆を私は笑止千万だと考える。ヘルダーのカルタゴにたいする態度についての私の誤った言及は率直に撤回し、ノートンが私に注意を喚起してくれたことに有難く感謝する。しかし、前に引用した『黒いアテナ』第一巻で述べたようなヘルダーについての私の一般的評価は変わらない。

■ロバート・パルター

一つの問題に関心があったノートンとは異なり、パルターは多くの戦線で攻撃をかけている。彼はあきらかに私の著作の批判に多大の情熱と労力をついやした。広範囲の知識を持つ学者としての彼は、いくつかの欠点を発見している——重大な欠点もそれほどでない欠点もあったが。さらに、知識人としての彼は、私の研究と直接の関係はないが、本題から逸れた、それ自体魅力的ないくつかの問題に関わることに抵抗できなかった。

彼の論文に答えるまえに、基本的な一致について述べておきたい。私〔バナール〕は「古典時代の歴史記述に関係する歴史の「完全な調査」をしてはいない。このことは確実だ」(p. 350) と彼は述べており、これは絶対に正しい。「完全な調査」をしたなどと私は一切主張していない。私を擁護してくれるのはこの章のエピグラフにあるホイジンガのことばだ。なぜなら、偉大な学者と関わりがあるのは嬉しいからだが、主として、ホイジンガは私よりもはるかに雄弁に私の状況を語ってくれているのだから。

同じように、自分の考えに科学的パラダイムの地位を与えたいと私は考えていない。トマス・クーンは、新しい一組の思想が有効で関心をひくものになるには、この思想が「再構築された研究グループに解決すべきあらゆる種類の問題を提示」しなければならないと主張しているが、私はこの主張が正しいと考えている。(7) 私の場合、当然、故意に不完全にしたわけではない。不完全さは大きなカンバスに太い筆で描こうという企ての避けがたい結果だった。

パルターは正しくまた繰り返して、資料が恣意的に選択され、統一性が欠けていると私を非難する。しかし、彼自身の論文は合理的な順序で論理が展開するモデルではない。たとえば、一八世紀中期と末期の著作家の古代エジプト人観をかなり詳細に考察したあとで、彼は一七世紀末のニュートンの古代エジプト人観を述べている(pp. 361-363)。どちらも矛盾したエジプト人観なので、これらを思想史上きちんと順序づけ、分類するのは困難である。あまりにも捉えにくくつかみどころがない見方だからだ。さらに、どんな時代にも、一風変わった矛盾の多い思想を持つ人はいるとパルターが強調するのは正しい。

パルターの論点は多数あり、多岐にわたっている。そのため、私の彼への答えが大まかになるのは避けがたいが、論点を四つの項目に分類する必要があると思う。まず第一に私が受け入れられない主張。次にまったく問題がないところで彼がけんかを売っている主張。さらに、私の研究のなかに彼が見いだした小さい誤り。最後に、彼が見いだした大きい弱点。その四つである。

受け入れられない主張

パルターが攻撃するのは、「古代と近代に、エジプトとオリエントは哲学の中心地だったと考える分厚い伝統」があったという私の主張である。彼の主張では、これは「彼〔バナール〕の想像の産物である。私たちは人びとのエジプトにたいする態度とギリシアにたいする態度が同じだった時代をヨーロッパ史のいかなる時代にも期待すべきではない」(p. 377)。

私は期待すべきだという意見に賛成だが、あきらかに、さまざまな意見があるのが普通である。にもかかわらず、〈ギリシア人は彼らの知恵と哲学を「エジプトとオリエント」から得た〉と述べている中世やルネッサンス時代の資料から、それは疑わしいと述べた文章をパルターが引用できないのは偶然ではない。(8)〈イスラエルはエジプトよりも前からあった、したがって、イスラエルはエジプトよりも優れている〉と正統的キリスト教徒は主張したが、相対的に新しい文明であるギリシア文明については、彼らが真剣に問題にしたことは一度もなかった。したがって、哲学の起源はギリシアにあったという一八世紀の主張は、私が述べたように「大胆不敵な考え」(*BA I*: 216〔邦訳二五六頁〕)である。(9)

近代初期の思想をめぐるこのような競合的主張を評価する場合、サー・アイザック・ニュートン〔一六四二―一七二七〕を考察するのは重要である。パルターも私も、ニュートンの古代エジプト観を理解するのはきわめて困難だということを認めている。また、ギリシアはエジプトに借りがあると、ニュートンはつねに考えていた、という点についても同じ意見である(p. 363)。しかし、古代エジプトにたいする彼の態度がそれとわかるほど変化したかどうかについては意見が異なる。(10)私は、青年のときのエジプト好きが老年にはエジプト嫌いに変わったと見て、ニュートンのエジプトにたいする敵意の増大はスピノザ〔一六三二―七七〕とジョン・トーランド〔一六七〇―一七二二〕が推進した「急進的啓蒙」にたいする反動と結びついていると考える。この解釈にたいしてパルターが引用するのは、老年期のニュートンが抱いたいくつかのきわめて異端的な考えを指摘した、近代のニュートンの伝記作家R・S・ウェストフォールである。(11)しかし、ウェストフォールは晩年のニュートンが没頭した年代記研究の目的を説明することができない。ウェストフォールは実感をこめて、なかでも最も重要な『古代諸王国に関する正された年代記』について、「退屈きわまりない著作」で「明白な論点も形式もない」と述べている（*BA I*：191〔邦訳二二七頁〕を参照）。ニュートンの態度の変化についての私の解釈は、彼の最後の著作の退屈さを消し去ることではない。私の解釈では、この著作の目的はエジプトの年代を新しくして、イスラエルの歴史がエジプトよりも古く、優越していることを確立することだった。

ニュートンのこの考え方は当世風ではなかったと私は考えている。しかしパルターは、「〔一八世紀の〕イギリスとフランスの流行思想の中心にあったのは、……疑いなくエジプト賛美だったと思われる」（*BA I*：170〔邦訳二〇三頁〕）という私の主張に異議を唱えている（p. 352）。にもかかわらず、彼はそのあとで（pp. 361-362）、妥当と思われる「代表的意見の抽出例」として、ユダヤ人よりもエジプト人に好意的だった一三人の学者のリストを受け入れている。そしてパルターは、「イギリスでは一八世紀を通じてずっと、エジプト人対ユダヤ人という問題に焦点をあてる傾向が強まっていたと思われる」と続ける。（前述のように、全体としては、どちらの陣営の学者もギリシア人を真の古代人とは考えていなかった。）パルターのこの文章は、これと同じページにある次のような彼自身の主張と矛盾する。「イギリスの文脈では、バナールが主張しているエジプト好きを示す偽りのない唯一の証拠は、イギリスの歴史家ウィリアム・ミットフォード〔一七八四―一八一〇〕の著作だけだ」（p. 361）[12]。

パルターは、私が反対潮流の思想一般、とりわけ、一八世紀の〔主流だった〕人種差別と〔反対潮流の〕反人種差別の思想がわかっていないと批判する。彼は、エジプト好きとエジプト嫌いという対立する勢力があったと私が指摘する企てに反対する。「一七六七年には、ギリシア人はエジプト人よりも優れていると言い出す者がイギリスに現れた」（*BA I*：211〔邦訳二五〇頁〕）と私〔バナール〕が述べたのにたいして、彼は、バナールは「古代エジプトと古代ギリシアにたいする態度の変化に同意したのは誰だったのか、はっきり述べていない」（p. 352）と論評する。実際には、私はこのうえなくはっきり述べている。すぐ次の文章で私は、「この年、もう一人の〔スコットランドの〕アバディーン出身のウィリアム・ダフが書いているように……」と続けているからだ。したがって、私は個人の特定ばかりでなく、ギリシアに特別な親近感をもち、「退廃的な」南の社会を軽蔑したスコットランド東部のグループも特定している。[13]

ニュートンの思想は近代初期の思想を考察するうえで本質的重要性がある。これとちょうど同じように、エドワード・ギボン〔一七三七—九四〕の思想も一八世紀後期における古代世界の歴史記述にとって中心的重要性がある。ギボンは若い頃、エジプトの伝説上のファラオであるセソストリスの征服に関心をもっていたが、後年、このような空論に関わるのを退けた。これを考察したパルターは次のように述べている。「私自身、老いてきた学者として、「理性ある無知」というギボンの成熟した態度はじつにあっぱれだと考える」（p. 352）。私の立場は『黒いアテナ』第二巻に述べたが、ギボンの記述——「遠い雲間に隠れてしまっている古代のギリシア、ユダヤ、エジプトの歴史の関連性について、熟年の私にはもう推測できない」——はきわめて含蓄に富んでいる。私は次のようにつけ加えた。「〔ギボンが研究を諦めた〕一七七〇年代以来、言語学と考古学は進歩してきているので、このような議論は少なくとも部分的に退けることができる」（*BA II*：273〔邦訳四六一頁〕）。ギボンが古代エジプト人を嫌悪する議論を展開したことはあきらかだが、にもかかわらず、私はこのほかに、その後、彼の初期の著作を撤回する文章を知らない。彼は書いていた。「誇り高いこれらのギリシア人は、不運にも森の住人だったので、あらゆるものを外国人から獲得した。文字の使用を教えたのはフェニキア人だった。芸術、法、人間を動物よりも高尚な存在にするすべてのものについて、ギリシア人はエジプト人に借りがあった。彼らに最後にもたらされたのは宗教だったが、ギリシア人は宗教を採用するとき、無知が知恵に敬意を表すように感謝を捧げた……。ギリシア人はこの宗教を多くの点で誤解した。彼らは外来の混ぜもので宗教を変えてしまったが、基盤は残った。したがって、エジプトがもたらしたこの基盤は寓意だった」[14]。このような感想は、最終的には古代後期における似たような多くの言説に由来するが、一八世紀中期には完全に正統的な感じ方だった。同じくギボンは、彼が人種差別的だったことでも正統的だった。たとえば、彼は次のように書いている。「［西アフリカで黒人がポルトガル人と］最初に出会ったとき、黒人は白人の優越性を感じて、それを認めたと述べており、このことは好奇心を刺激する」[15]。彼は、多少は控え目に奴隷制の擁護もしたが、奴隷貿易廃止については賛成と反対が半ばする複雑な気持ちだった。賛成多数で議会を通過した奴隷貿易廃止法案について、彼は一七九二年五月の手紙のなかで次のように述べた。「もしもこれが人間性に駆られてのみ推進されたのであれば、たとえこれが誤っているにせよ、私自身は（投票権があったなら）多数派に投票しただろう。だから不愉快になるわけにはいかない。しかし、怒号する奴隷制反対の声やおびただしい奴隷貿易反対の請願書のなかに、新しい民主主義のパン種はあるのだろうか。人間の権利という考えや生まれながらの平等という考えは、そこにないのではないか。私はそれを恐れる」[16]。したがって、ギボンのなかで、古代エジプトへの敬意、エリート主義、彼の時代の典型と思える人種差別が結びついていたことはあきらかである。

ドイツ人の態度に戻る。パルターはやや矛盾した二つの角度から、ゲッティンゲン大学教授クリストフ・マイネルスと「史料批判」との関係を論じた私を攻撃している。第一に、私〔バナール〕は新ゲッティンゲン学派の史料編集の形成にマイネルスが果たした役割を「おそらくは誇張した」と彼は書いている。彼の指摘では、ハーバート・バターフィールドは彼の「歴史研究の科学的革命」のなかでマイネルスに言及しなかった（p. 382）。これは驚くべきことではない。ナチスが利用した学者には言及しない、という申し分のない理由がバターフィールドにはある。ジョシネ・ブロックは彼女の論文のなかで、ナチスがマイネルスを人種差別の先駆者として賞賛したというまさにその理由から、私〔バナール〕はマイネルスに焦点をあてたのであり、その目的はゲッティンゲン大学と史料批判を中傷するためだった、と示唆している。(17) しかし、史料批判はマイネルスの方法だったというリュシアン・ブラウンの二次的研究に多く依存した私は、マイネルスを史料批判を展開した中心人物として描いたのだと、パルターは認めている（p. 383）。にもかかわらず、私は史料批判を「マイネルスの革新」の一つとして述べてはいるが、この言説は、全体としてのゲッティンゲン学派というコンテクストのなかに置かれたものだ（*BA I* : 247〔邦訳二五六―二五七頁〕）。

パルターは、史料批判という新しい技術を推進した学者として、私が〔クリスチャン・ゴットリープ・〕ハイネ〔一七二九―一八一二。ドイツの古典学者〕に言及するのは首尾一貫していないという非難もしている（p. 382）。パルターのこの箇所の読みはきわめて杜撰だ。私は、「ハイネはソクラテスの方法を用いてセミナーを発展させ、「史料批判」を推進した」と書いたのだ。(18) ハイネ自身が史料批判を発展させたという主張ではまったくなかった。これは小さいが重要な違いである。

もっと基本的なレベルで、パルターは私の史料批判についての議論そのものに疑いをもっている。実際には、この問題をめぐる私たちの立場の違いは小さい。彼は私が書いたことを引用しながら次のように述べている。〔バナールが言うには〕このような〔史料批判の〕過程では、「年代記編纂者と対置される歴史家にとって、どの史料にどの程度の重きを置くかの判断は避けられないものになっている。」〔次にパルターは私のことばを次のように言いかえる〕「問題が起きるのは、時代精神に反するとして、いくつかの史料が無視されたり退けられたりするときである。このように〔と、パルターはふたたび私からの直接引用に戻る〕「歴史家は自分の望むいかなるパターンの歴史像も強要できるのである」」（*BA I* : 218〔邦訳二五七―二五八頁〕; Palter, p. 384）。

彼は続ける。「バナールは主観的に定義された「時代精神」の導入、あるいは直感的に把握された「時代精神」の導入は濫用されやすいと主張するが、これに同意する人はいるかもしれない」(p. 384)[19]。いいかえれば、パルターと私は〈史料批判は役に立つが、〔何らかの理由で〕歴史上のテクストの選択あるいは排除がなされる場合——よしんばそれがなされたとして、その場合——は、史料批判が無害だということはめったにない〉という点で一致する。しかし、彼は史料批判には生産的な利用法があると述べているので、ここで私たちの意見は異なる。彼によれば、伝承テクストに書かれたある出来事について、後世の人が昔の人よりもよく知っていると主張する場合、このテクストの「拡大解釈」に「疑いをもつ」べきである(p. 384)。私は懐疑主義者というわけではないが、すべての史料を慎重にとり扱わなければならないと考えている。しかし、昔の資料を詳しく読み込んだと見えることが、実際には、「後世の」著作家がその他のテクストや口承を勝手に用いた結果かもしれない。ヘレニズム時代やローマ時代に利用できた資料だけが今も失われずに残っている、という考えはあきらかにばかげている[20]。

マイネルスに戻る。彼の人種不平等についての考えは極端だったかもしれないが、パルターが認めるように、彼はゲッティンゲン社会の中心的で有名なメンバーだった。たとえば、一七八七年、化学者で急進派のトマス・ベドーズ〔一七六〇—一八〇八〕は、ハラー〔一七〇八—七七〕、マイネルス、ハイネらが書いた「大陸の重要な著作」が手に入らないと嘆く手紙をオックスフォード大学のボドリーアン図書館の図書館員に送っている[21]。この世紀中期のあいだずっと、ゲッティンゲンの自然科学を支配したのはきらめく才能の持ち主、スイス人解剖学者アルブレヒト・ハラーだったが、彼は一〇年前の一七七七年に世を去っていた。この時期に華々しく活躍したのはアイヒホルン〔一七五二—一八二七〕、ミヒャエリス〔一七一七—九一〕、シュレッツァー、ガッテラー、シュピットラーそしてブルーメンバッハ〔一七五二—一八四〇〕だった。しかしベドーズの見るところ、ゲッティンゲン学派の傑出した学者はマイネルスとハイネの二人だった。一八世紀末のゲッティンゲンを歴史的に評価する場合、マイネルスは除外できないし、除外してはならない(p.

380)。

もう一つ重要な問題がある。「一七世紀以来、北ヨーロッパ、アメリカおよび各地の植民地の人種差別の激しさと蔓延は、……基準をはるかに超えていた」(*BA I*: 201〔邦訳二三八頁〕)という私の言説にたいして、パルターは異議を申し立てている。彼の論評は冷笑的だ。「いったい何を基準にするのか。それ以前のすべてのヨーロッパ史が基準なのか。記録に残るすべての歴史が基準なのか。どうやって人種差別の程度を評価するのか」(p. 365)。

この問題はフランク・スノーデンがかつて書いた論文に登場しており、興味深い。人種差別が始まったのは一七世紀であり、古代ギリシア・ローマの時代には存在しなかったと示すことがスノーデンのライフワークである。スノーデンによれば、「しばしば注目されているように、反黒人の人種差別が発達した、あるいは激しさを増したのは、黒人と奴隷が同義語になって以降だった」[22]。残念だが、私は古代ギリシア古典時代の「人種」関係について、スノーデンほど明確に言い切ることはできない。私は次のように述べた。「あらゆる文化は、見かけの異なる人びとに対して多少の偏見を、えてして好意よりは反感をいだくものである。……一五世紀にはすでに「北ヨーロッパでは」、……黒い肌と邪悪・劣等のあいだには、明瞭なつながりがあると考えられていたことに疑いない」(*BA I*: 201〔邦訳二三八頁〕)。したがってここでは、一七世紀末と一八世紀の人種差別がこれまでになく新しいものであり、空前の激しさだったと主張するパルターの立場は珍しい。私の立場の方が完全に伝統的だ。

系統的に「人種」を分類する試みと「啓蒙」という概念は、ほぼ同時期の一七世紀の最後の四半世紀に始まった[23]。これは偶然の一致ではない。なぜなら、この時代は一七世紀前半の血なまぐさい争乱が終わり、その後、ヨーロッパはますます繁栄・拡大し、その他の大陸への進出を目撃した時代だったからだ。ますます自信を深める時代のなかで、ヨーロッパ人は彼らの優越意識の基盤と、他の諸民族を奴隷化し抹殺する権利の基盤を転換し始めた。これまでの基盤はキリスト教だったが、それを文明・科学・啓蒙という三つの新しい概念に要約される、世俗的なヨーロッパ大陸というイメージへ転換したのだ。これについて、社会学者のノルベルト・エリアス〔一八九七―一九九〇〕は次のように述べている。

しかし、「文明化」という概念の一般的機能とは一体何か、また、どういう共通性の故に、人間のこれらすべてのさまざまな態度と業績がまさに「文明化されている」と言われるのかを吟味してみると、まず実に単純なことが見出される。すなわち、この概念はヨーロッパの自意識を表わしているのである。それはまた国民意識とも言えるかもしれない。要するにこの概念は、最近の二、三百年のヨーロッパ社会が、それ以前の社会あるいは同時代の「もっと未開の」社会よりも進化して持っていると信じているものすべてをまとめている。この概念によってヨーロッパ社会は、その独自性を形成するもの、自分が誇りにしているもの、すなわちその技術の水準、その礼儀作法の種類、その学問上の認識もしくはその世界観の発展などを特徴づけようとする。[24]

まさにこの数十年間に、ヨーロッパの奴隷制度は完全にまた拭いがたく肌の色と結びつくようになっていた。そして「白い」肌の色は、「ヨーロッパ」――これについてはさまざまな定義があった――に住む自由で文明化していると推定される人びとの特質とされ始めていた。幅をきかせるようになったこの思想には多くの名前があるかもしれない。しかし、「人種差別」という名前が申し分なくふさわしいと私は考えている。一八世紀研究アメリカ協会が人種差別についての書物を刊行したときの編集者ハロルド・パグリアロは、次のように述べている。「あきらかに、本巻に収められた人種差別についての諸論文は、一八世紀の白人の集団――白人の個人も同様である――が社会的必要から集団としての有色人種に注目せざるをえないときはいつでも、有色人種は白人と平等だということを否認する方法と、否認の理論的支柱を見いだしたことを示している[25]。

この巻では、続く「一八世紀の人種差別」についての討論のなかで、ウィンスロップ・ジョーダンは「人種差別《レイシズム》」ということばの使用に反対だと主張し、「人種に基づく態度」あるいは「自民族中心主義《エスノセントリズム》」のほうが好ましいと述べているが、「自民族中心主義」が「人種差別に行き着く見込みはきわめて高い」ことは認めている。リチャード・ポプキンはこの意見に賛成せず、もしも「人種差別」ということばがこのような信念の「体系的な正当化」を意味するなら、これは一八世紀に存在したと述べた。同じ討論で、ハーバート・マルクーゼ〔一八九八―一九七九〕はこれを認める一方、権力の重要な一面について次のようにつけ加えた。「優位にある白人種以外の人種は、この事実そのものによって先天的に劣等であるとみなす「理論」――これが人種差別と言えるだろう。……被差別集団は、有する権力において、優位にある白人集団と同等ではあり得ない[26]」。ロバート・パルターは暗黙裡に、一八世紀の人種差別と反人種差別が同等の大きさをもつ勢力だったと述べている (p. 367)。しかし、ここでも彼は例外的存在だと強調しなければならない。「ロック〔一六三二―一七〇四〕、バークリー〔一六八五―一七五三〕、ヒューム〔一七一一―七六〕、ヴォルテール〔一六九四―一七七八〕、フランクリン〔一七〇六―九〇〕、ジェファソン〔一七四三―一八二六〕、そしてカント〔一七二四―一八〇四〕のような啓蒙の偉人の多くが、こんにちではショッキングなほど人種差別的な言説を述べていることに哲学史家は気づきはじめている」とポプキンは書き、今では大多数の学者が彼に賛同している[27]。

パルターはべつのところで、この啓蒙の偉人のなかで最悪の人種差別主義者の一人、デイヴィッド・ヒュームに情状酌量の余地を与えようとしているが、ヒュームは悪名高い注のなかで次のように主張した。

黒人および、一般に白人以外の全ての人種（人類には四種類か五種類の異なる人種がいる）は、先天的に白人より劣等ではないかと私は思っている。肌の白い民族のほかに、文明化された民族はいない。行動や思索で卓越した個人もいない。彼らのあいだに独創的な製品は一切ない。芸術もなく、科学もない。他方、古代のゲルマン人や現代のタタール人は最も粗野で野蛮な白人だが、彼らでさえどこか卓越したところをもっている。剛勇、統治形態、あるいはそのほか細かいところで。自然がこれらの人種のあいだにもともと区別をつけたのでなければ、多くの場合国と時代が異なっているにもかかわらず、このように一律で恒常的な相違は生じなかっただろう。(28)

パルターはこの言説を軽く扱おうと試みて、ヒュームは奴隷制反対論者であり、この注は近代の学者が考えるほど大きな影響はなかったと述べている。(29) あとで論ずるが、人種差別的な考えと奴隷制廃止の考えは頻繁に結びついていた。しかしヒュームの注について、パルターは量と質を取り違えている。パルターが述べるように、ジェイムズ・ビーティ〔一七三五―一八〇三〕やその他の人びとがヒュームの主張に反対したことは間違いないが、しかし、この注が次の世紀に人種差別と奴隷制の、あの重要な正当化として残ったのは、思想家ヒュームに傑出した権威があったからだ。(30) 一九世紀の最初の一〇年間に、人種差別にも奴隷制にも勇敢に反対したグレゴワール師〔一七五〇―一八三一〕が主要な敵として選び出したのはヒュームとジェファソンだった。北アメリカの奴隷所有者層は奴隷が解放されるまで、奴隷解放後はそうでなかったにせよ、この二人への信頼は続いた。(31)

前述したポプキンのリストの最後はイマニュエル・カントである。彼の「純粋」哲学を見れば、のっぴきならない証拠がよりはっきりする。カントは論理学、形而上学、道徳哲学の講座で講義するよりも、むしろ、「人類学」の講座で講義するほうが多かった。内省的なのはヨーロッパ人だけであり、内省的でない非ヨーロッパ人は、「正確には」人間でないと彼は主張した[32]。

しかし、カントにとって、「劣等」人種にはそれぞれ違いがあった。彼はアメリカ先住民は教化できないと考えたが、黒人は訓練できると考えていた。ただし、「使用人としてのみ」だったが[33]。カントにとって、打擲は訓練の一環であり、その場合、「鞭のかわりにささらの竹棒」の使用を勧めた。そうすれば、「黒人は死ぬことはないだろうが、苦痛にひどく苦しむだろう。〔黒人の皮膚は厚いため、鞭でたたくくらいでは十分な苦痛を与えることにはならないからだ[34]〕」。ポプキンはこれらの思想家について「人種差別的でけしからん《ショッキング》」と述べたが、彼が言うのは「人種差別的でぞっとする《ショッキング》」という意味である。

いくつかの異なる社会を研究し、この問題についていくつかの研究を読んだうえでの確信だが、ヨーロッパ近代の人種差別は度が過ぎている。しかし、私の本は人種差別一般の研究ではないので、この問題の詳細について私は踏み込まない。パルターがこの命題を真剣に疑うのなら、私はセント・クレア・ドレークの名著『ここかしこの黒人たち』**St. Clair Drake**, ***Black Folk Here and There: An Essay in History and Anthropology*** を読むことだけはお願いしたい。〔ウィンスロップ・〕ジョーダンの『黒人の上位に立つ白人』**Winthrop Joudan**, ***White over Black: American Attitudes Toward the Negro, 1550-1812***〔歴史・伝記部門で第二〇回（一九六九）全米図書賞を受賞〕の再読もお願いしたい[35]。

〔私は『黒いアテナ』第一巻（*BA I*: 201-202〔邦訳二三九頁〕）で次のように述べた〕「人種差別は、一六五〇年以後、双子というべきアメリカ先住民の抹殺とアフリカ人の奴隷化をともなって、北アメリカの植民地化の増大によって大いに激化した。抹殺も奴隷化も、〔西欧の〕プロテスタント社会に道徳問題を突きつけた。なぜなら、神の前の万人の平等と個人の自由がこの社会の中心的価値だったからだ。この価値〔の存続〕が激しい人種差別によって危うくなるかもしれなかった」。私のこの言説は経済的決定論であり、間違っているとパルターはほのめかし、次のように続ける。「奴隷制が人種差別を生んだのか、それとも人種差別が奴隷制を生んだのか、という問題は、奴隷制をめぐる激論が戦わされているアメリカ史の大問題だが、彼〔バナール〕はあきらかにこのことを知らずに、この問題について彼の立場を明確にしている」(p. 366)。

パルターは奴隷制が人種差別を生んだと私が無邪気に信じていると主張するが、そうではない。私はじっくり考えた上で「激化した」という語を用いた。「激化」という語は、定義上、無からではあり得ない。もしもパルターが私の著書のこの部分を注意深く読んだなら――あるいは、喧嘩を売りたいと思ったのでなければ――、この問題はニワトリが先かタマゴが先かというような因果関係のわからない性質の問題であることを私が十分に知っており、ジョーダンの著作についても私が十分に知っていることが分かっただろう。さらに、私はすべての奴隷制が「人種的」相違にもとづいていたというばかげた主張をしたことは一度もない――あるいは、そんなふうに考えたことはない。私は、北ヨーロッパとその植民地では、一七世紀末にはこのような考えだったと主張しているにすぎない。したがって、パルターは「人種差別イデオロギー」がないところで奴隷制が機能した多くの社会のなかで、「アフリカ内部にある、広範で大規模な奴隷制」(p. 366;傍点原著者)をことさら選んで述べているが、これは完全に蛇足である。

これまで、パルターの私の著作にたいする批判のなかで、私が受け入れられない論点のいくつかに答えた。次に、二人のあいだに重要な不一致があるとは考えていない論点を見ていこう。

論争の必要がない論点

私は歴史家ウィリアム・ミットフォード〔一七四四―一八二七〕について、彼は「進歩概念を拒否した一貫した保守主義者」（*BA I*：187〔邦訳二三二頁〕）だと書いた。パルターはこれに異議を唱える。彼によれば、私はアルナルド・モミリアーノの衣鉢をつぐべきだった。なぜなら、モミリアーノはミットフォードについて、「バイロン〔一七八八―一八二四〕や若き〔トマス・バビントン・〕マコーリ〔一八〇〇―五九〕は敬意を表しつつも国王の権利を嫌悪していたが、……〔彼は〕それを断固擁護した人物」（p. 361）だったと「より率直に」述べているからだ。ミットフォードに関して、私とモミリアーノのあいだの距離は無視できる。さらに、一八二四年にマコーリが『ナイツ・クォータリー』誌に発表した猛烈なミットフォード批判についての私の叙述でこの距離はさらに縮まる。私は次のように書いた。「ミットフォードの『ギリシア史』は、保守主義の立場からギリシアの民主主義をあざ笑うことによって、その「五巻組みの小冊子」をトーリー党への贈り物にしてしまった」（*BA I*：323-324〔邦訳三八五頁〕）。

パルターは私が引用したモンテスキューのことば――「エジプト人は世界最高の哲学者だった」〔『法の精神』第一五編第五章〕――についても異議を申し立てる。彼の指摘では、文脈上、この言説が皮肉で言われたことはあきらかだ（p. 353）。しかし、私も同じように、彼のこの言説が変則的だということをはっきりさせている、なぜなら、私はモンテスキューが本質的にヨーロッパ中心主義者と見ているからだ（*BA I*：170〔邦訳二〇四頁〕）。この短い一節が興味深いのは、これがモンテスキュー自身の意見ではなく、この時代の一般通念を表しているからである。

クリスチャン・ゴットロープ・ハイネが一八世紀末のゲッティンゲンで「中心的人物」だったことについて、パルターと私は同じ意見である。しかしパルターは、私がハイネを人種差別主義者だと主張しているとほのめかす。また、ハイネが「こっそり」ではあるが、彼の同僚のクリストフ・マイネルスの紛れもない人種差別的思想をどんなに「精力的に退けた」かを示すため、彼は骨を折る（p. 380）。ここでパルターが伝える私の主張は誤っている。私はハイネをそれほど非難していない。私が引用したフランク・マヌエルのハイネ評価はこうだ。「彼〔ハイネ〕の学識には文句のつけようがなかった。テキスト校訂は、周辺分野の研究を別にすれば、偉大な伝統に沿ったものだった。彼を含めてこれまで何世代にもわたるドイツの学者を鼓舞してきた精神は、一八世紀に彼と同時代の文人をとりこにしたロマン主義的なギリシア精神《ヘレニズム》と何ら変わりはなかった」。この文章はハイネを人種差別のゆえに非難していない。彼は民族性と人種に深い関心があったといっているだけである。さらに、私は次のように続ける。「ハイネは海外旅行や異国の民族に魅了されていた。ドイツの大学で生きていくうえで、教授の娘と結婚することは重要だが、そうだとしても、〔ハイネにとって〕重要だったのは、ブルーメンバッハが彼の義理の弟であるという事実よりも、二人の義理の息子〔後出のゲオルク・フォルスターは義理の息子の一人〕がヨーロッパを飛び出すことに関心をもっていたという事実の方だった」（*BA I*: 222〔邦訳二六二―二六三頁〕）。ハイネには、一九世紀に一般的だったヨーロッパ地域が一番というお国自慢の意識がまったく見られない。彼にたいするヨーロッパ中心主義という非難は、かなり緩和される。この中心人物の評価で、私とパルターのどこが異なるのか、私には理解できない。

小さい誤り

これまでは、パルターの間違った批判と、相違点がないため議論するに及ばない問題を詳しく論じてきた。これから見ていくのは、私のいくつかの主張にたいして彼が指摘した、小さいが価値ある訂正点である。パルターが指摘する私の誤りは、ゲッティンゲン大学の創設者の一人クリストフ・アウグスト・ホイマンについて、〈彼はギリシア人は哲学を実践した最初の人だったという信念の持ち主だった点でも、ドイツ語を哲学言語として理論的に推進した点でも、彼の時代より五〇年先んじていた〉という私の言説である。最初の主張は私にとって重要な主張であり、これは誤りではない。しかし、ホイマンの同時代人クリスチャン・ヴォルフ〔一六七九―一七五四〕も、ドイツ語を使った哲学の記述を唱えた――実際には二人ともラテン語で著作を発表し続けたが――というパルターの指摘は正しい（p. 377)。

また、シャルル・フランソワ・デュピュイ〔一七四二―一八〇九〕が「……ヘラクレスの一二の功業と、黄道一二宮に配された星座の……あいだに、いくつもの驚くべき対応や符合が存在する」（*BA II* : 183〔邦訳二一七頁〕）ことを論証したという私の主張も誤りだった。符合するのは三つだけだというパルターの指摘は文句なしに正しい（p. 357)。

パルターは、私がベンジャミン・フランクリン〔一七〇六―九〇〕の特徴を「人種差別主義者」と述べたことを批判する。パルターの見るところ、一七七〇年代のフランクリンは黒人について、「生まれつきの理解力に不足はない」と述べていた。[36] 私の主張は珍しいものではなく、その根拠は、フランクリンが一七五一年に出版したはるかに有名な「人類の増加についての考察」のなかに、「世界の白人の数の割合はたいへん小さい」という箇所があるからだ。フランクリンによれば、ドイツ人を含む大半のヨーロッパ人でさえ、その「顔色は私たちが浅黒いと呼んでいる色だった」。フランクリンは将来のアメリカ合州国が「白人」の世界に属するようになりたいと考えていた。「アメリカは黒人と黄褐色人をすべて排除することによって、見目よき白人と赤銅色人の数が増えている機会を手にしているのに、どうしてアメリカにアフリカの息子たちを移入し植民させるのか[37]」。

少なくとも一七七〇年代にはすでに、フランクリンは奴隷制に反対だったが、にもかかわらず、彼は二〇年前に明言した考えを転換したのだろうか、という疑問は依然として残る。ウィンスロップ・ジョーダンが述べているように、一七七〇年代にはすでに、「黒人が知的に劣っているというようなことは一般に否定されていた[38]」。しかし、フランクリンと同時代人の開明的な人びとのあいだで人種差別は死んでいなかった。『エンサイクロペディア・ブリタニカ』(一七九四年）第三版の「黒人」の見出し語に実例をとろう。続く四つの版でもほとんど変更されなかったこの見出し語は、この「不幸な人種」の最も「悪名高い悪徳」として「……〔知られている、その〕怠惰、背信、復讐、残酷、生意気、窃盗、嘘つき、冒瀆、放蕩、不潔、不節制」の記述から始まっている。この調子で何百語が続き、その後ようやく、西アフリカの布地の美しさ、西インド諸島の奴隷の時計製造職人の見事な技能に言及し、最後に偽善的に、「この世界の創造主である神は、すべての民族を同じ血潮から造られ、彼らにひとしく合理的な精神を吹き込まれた」と結んでいる。

　したがって、この見出し語の記述には人種差別と反人種差別のどちらも含まれているが、前者の人種差別の優位はあきらかである。ベンジャミン・フランクリンについては、「こんにちでは、ぞっとする《ショッキング》ような人種差別的」な発言をした一人だったというのが現在のコンセンサスであり、私もそう思っている。とはいえ、私が彼をたんに「人種差別主義者」として述べたことは単純すぎた(39)。

　パルター論文（p. 350）は、私が脚注で「〈アーリア・モデル〉の素晴らしい実例」と述べたものへの攻撃から始まっている。一六五三年、フランク王国〔メロヴィング朝〕最後の王キルデリク〔三世〕の豪華な内装の墳墓が発見された。これは一七世紀と一八世紀に大きな関心を集め、詳細な記述と絵図がのこされた。ところが、一九世紀にその多くが行方不明になった。問題がもちあがっているのは、早い時期の墓の記述と絵図のひとつに、いくつかのエジプトのスカラベが含まれているからだ。しかし、一九世紀と二〇世紀の歴史家は——なかにはフランソワーズ・デュマのような現代の学者もいる——、墓にスカラベがあったことを否定し、早い時期の著名な学者のジャン＝ジャック・シフレやベルナール・ドゥ・モンフォコンが、誤って遺物にスカラベをつけ加えるという粗雑なミスを犯したのだと主張している。初期の報告の正確さについてはチェックできる。だとすれば、特別な説明が求められるのは、「騒動」を起

こしているといわれる側ではなく、むしろ、スカラベの報告を否定する側だと私は考える。(40)

報告を否定する学問的理由が私にはわからない。したがって、私が向かうのは知識社会学の問題であり、フランク王国の国王はフランスの右翼、とりわけ第二次世界大戦中のフランスとドイツの協力者にとって大切な中心的存在だったという議論にかかわってくる。〔ナチス傀儡政権の〕ヴィシー政府〔一九四〇—四四〕のシンボルは、フランシスク *francisque* すなわち、フランク王国時代の双頭の斧〔ヴィシー政府の国家元首だったペタン元帥の元帥旗は、真ん中の白い部分に双頭の斧が描かれた三色旗だった〕であり、キルデリク〔三世〕の墓でこの斧の見事な見本が発見されていた（*BA I*: **466 n. 88**〔邦訳五九三—五九二頁〕）。

私はデュマについて、彼女には「一般にアーリア・モデルの偏見の〔影響〕、とくにフランスの右翼の〔影響がみられる〕に加えて、ヴィシー政府の名残を加えることができるだろう」と述べておきながら、証拠をまったく示さなかったと、パルターは憤慨する（**p. 351**）。この論点では私は完敗である。これは学問のレベルで大きな問題点ではないが、個人的には重要な問題点だからだ。この文章の含意について私はフランソワーズ・デュマに率直におわびする。しかし、彼女と彼女の後任後継者は、墓にエジプトのスカラベがあったとはっきり報告されているのに、これを否定しているという私の確信は変らない——ところが私たちは、西暦紀元四世紀と五世紀のあいだずっと、エジプトの宗教はヨーロッパ中部で影響力をもっており、キリスト教国家フランスの初期には、エジプトの遺物が魔術的な道具として尊重されつづけたことを知っている。デュマと私の違いは、〈北は北、南は南、両者相まみえることなし〉という信念の結果と説明するのが妥当だろう。

もう一人おわびしなければならない人がいる。この場合は故人だが、一八世紀末から一九世紀初期の学者ヨハン・

フリードリヒ・ブルーメンバッハ〔一七五二―一八四〇〕その人だ。ブルーメンバッハは興味深く複雑なケースなので、多少の時間を費やして論じよう。おわびしなければならない理由はパルターが求めた理由とは少し異なる。このことははじめに述べておかなければならない。

パルターが認めるように、私はブルーメンバッハによる人種の「科学的」分類と、クリストフ・マイネルスの露骨に人種差別的な思想を区別している（p. 378）。後期のブルーメンバッハに、ヨーロッパと北アメリカの社会で成功した「エチオピア人たち」の伝記にかんする短い著作があったのを私が気づかなかったとパルターは批判するが、この批判は正しい。

ブルーメンバッハはつねに彼の多くの同時代人よりもずっと慎重だったが、『人類の自然変種について *De Generis Humani Varitae Nativa*』の初版を出版した一七七〇年代には、疑いなく人種差別思想をもっていた――これが私の考えだということを私は認める。パルターは彼の章の補遺で、ブルーメンバッハは、コーカサス「人種」〔コーカソイド〕が最古の最も美しい人種であり、これを規範にして他の人種を測るべきだと考えていたと認めている。しかしパルターは、この規範が道徳的、思想的規範だったことを否定する（pp. 392-394）。すでに指摘したように、ブルーメンバッハの図式は、この世紀の中期に博物学者ジョルジュ＝ルイ・ルクレール・ビュフォン〔一七〇七―八八〕が他の種のために設計した全体プランの人間への適用だった（*BA I*: 219〔邦訳二五九頁〕）。他の諸大陸と気候における退化という概念は、ブルーメンバッハとビュフォン両人の思想構造にとって不可欠の要素だった。また、パルターも認めているように、ブルーメンバッハは「モンゴル人種」〔モンゴロイド〕と「エチオピア人種」〔ネグロイド〕を「人間の規範から最も退化した」〔人種〕と見ていた（p. 394）。ブルーメンバッハの初期の版の英語訳では、「エチオピア人種」は次のように述べられている。「エチオピア人種――色は黒。髪は黒く縮れ毛。頭部は狭く、頭部の側面は扁平。額にはこぶがあり、でこぼこで、骨が出っ張っている。出目。ずんぐりした鼻。歯茎は狭いが前面では広い。出っ歯。ぽってりした唇。引っ込んだあご。がにまたが多い。北アフリカ人を除くすべてのアフリカ人がこの人種に属する」[41]。他方、ブルーメンバッハはほかのところで、ヨーロッパ人はアフリカ人より先天的に優位しているという考えと、奴隷制への生理的な嫌悪を結びつけていた。「ほとんどすべての事実が論証しているが、獣類との類似性はヨーロッパ人よりも黒人のほうが大きい。しかし、黒人はコーカサス人種よりもほんのわずか劣等だが、利口な動物よりもはるかに優秀である。だから、黒人を私たちと同じ種類として分類するのは当然だろう。ところが、私たちは平然と黒人をたんなるサルだと見なして、彼をその血ゆえに売買取引の対象にしたいと考えている。この取引では、黒人は人間以下に置かれるだけではない。知性においてサルよりも下に、感覚と性癖においてトラより下にも置かれている」[42]。

若い頃のブルーメンバッハの人種差別はどんなものだったか。それは彼が人種差別から急激に反転したことで最もはっきり説明できる。一七八六年以前、彼はオランダ人旅行家で解剖学者のピーテル・カンペル〔一七二二—八九〕の考えを受け入れていた。カンペルによれば、額が広ければ容姿も美しく、パルターには失礼するが、知性も高い[43]。アフリカ人の場合、「カンペルの顔面角」は最小だったので、アフリカ人は人類の最低の部類に属するとみなされていた[44]。一七八六年か一七八七年に、ブルーメンバッハはアフリカ人の四つの頭部が描かれているヴァン・ダイクの有名な絵を見た[45]。実際には、この四つの肖像は同一人物を異なる四つの角度から見て描いた絵で、ブルーメンバッハはそれを知らなかった。しかし彼はすぐに、このうち二つの肖像の「カンペルの顔面角」が広いことに気がついた。この問題についてカンペル自身は、ことば巧みに、画家に頼まれたヨーロッパ人が顔を黒く塗ったからだと説明した。ブルーメンバッハは戸惑ったが、このときはまだカンペルの理論を受け入れていた。

しかし、一七八七年にブルーメンバッハはスイスを旅行し、このときヌーシャテル湖畔の町イヴェルドンに逗留した。彼自身が書いているところによれば、彼がとある屋敷に近づいて行くと、一人の女性の後ろ姿が目に入り、その「調和のとれた美しい姿」に彼ははっと心を打たれた。振り向いた彼女を見て彼は仰天した。「〔調和のとれた美しい〕姿にふさわしい……容貌のアフリカ人女性」だったからだ。(46) 彼はすぐにヴァン・ダイクの絵を思い出した。やがて、彼はこの女性が美しいだけでなく、ウイットに富み、思慮深いこともわかった。ブルーメンバッハは医者として、彼女が「妊娠と出産を熟知した専門家」であり、スイスのこの地方の最も有名な助産婦であることに深い印象を受けた。(47) この魅力的な「イヴェルドンの黒人女性」に彼が惹かれたことはあきらかである。

これとの関連で注目しなければならないのは、パルターが引用している文章である。一七九八年、ドイツ人旅行家で急進派のゲオルク・フォルスター〔一七五四―九四。T・クックの航海に参加した〕は彼の義父ハイネに宛てた手紙のなかで、「まさにこの黒人の乳母《ウェット・ナース》は文明開化したゲッティンゲンの偏見に打ち勝っています」と書き送った。パルターが指摘しているように、あきらかに、フォルスターが使った *amme*（「乳母」）という語もその文脈も、病院看護婦《ホスピタル・ナース》ではなく、ハイネの孫娘の一人のために雇われた乳母を指していた。(48) フォルスターは遠回しに、イヴェルドンの助産婦すなわち *hebamme* とブルーメンバッハとの親密な関係を指していたのではないだろうか。

いずれにしても、一七八七年という年は、アフリカ人にたいするブルーメンバッハの態度に驚くべき反転を画した年だった。そして彼は新しい気持ちで伝記を編集したが、これに私がふれていないというパルターの非難は正しい。この伝記が自由主義的で人道主義なプロジェクトであることはあきらかである。しかし、それにもかかわらず、文明の唯一の基準はヨーロッパだということをブルーメンバッハが当然視していたことは注目しなければならない。

残る疑問は、どちらのブルーメンバッハが大きな影響を及ぼしたのか、である。彼の大作『人間の自然的起源』の最初の二版は、彼の「回心」以前の一七七五年と一七八一年に出た。回心後の一七九〇年に、人間の頭蓋骨の彼の大コレクションが始めて登場し、同じく回心後の一七九五年に『人間の自然的起源』の第三版が出版された。ブルーメンバッハは長年大学で教えたが、これは一九世紀に入ってからも続いた。

後期のブルーメンバッハの学生のなかには、彼の初期のメッセージを受け入れ続けた者もいた。たとえば、一七九九年にゲッティンゲン大学に留学したサミュエル・テイラー・コールリッジ〔一七七二―一八三四。イギリスの詩人〕は、ブルーメンバッハの講義を聴いて教授のお気に入りの一人になり、教授と何度も議論した。このイギリス人青年が帰国するとき、ブルーメンバッハはお別れ会を開いて別れを惜しんだ。[49] コールリッジには「人種」を主題に書いたいくつかのメモと考察がある。彼がブルーメンバッハの「人種」と「種」というカテゴリー上の区別を理解していたことはあきらかであり、多原発生説〔複数の原種から種や人種あるいは品種が発生するという説〕は受け入れなかった。彼が用いた尺度は、頂点にコーカサス人種〔コーカソイド〕がいて底辺に中国人種〔モンゴロイド〕と黒色人種〔ネグロイド〕がいるというブルーメンバッハの退化尺度だった。[50] 人種相互の境界は変化するというブルーメンバッハの主張にも彼は追随した。にもかかわらず、コールリッジはそこから逸脱し、次のように主張した。「徐々に二系統の人類が登場するだろう。一つは卓越した系統の人類である。彼らは種の理想形に比較的近く、自然環境からより完全に分離し、自然環境のアンチテーゼ的な存在である。人類のもう一つの系統は、典型的な人間の形状から退化した存在であり、自然環境に相対的に同化し、依存する」。[51] この概念は、コールリッジの発展概念の一端を構成し、彼はこれを「歴史的人種」と呼んだ。真の歴史を有するのはヨーロッパ人だけだというのは、一九世紀初期には自明だった。コールリッジは別のところで次のように述べている。「私たちは躊躇なく、人類は歴史的人種およびその他の諸人種から構成されていると主張してよいだろう」。[52] 人類のすべてを支配し、他の人種を向上させるのはこの支配者人種であり、他の人種は彼らに特有の劣悪な生活圏に置かれるだろう。[53]

このように、ブルーメンバッハ自身の態度は変化したが、彼の後期の講義に出た学生たちでさえ彼の思想を自分流に解釈し、彼ら自身のロマン主義的人種差別を補強するために利用した。一般に、ブルーメンバッハの後期の著作は相対的にわずかしか注目されなかった。一九世紀を通じて彼は単に人種を初めて「科学的」に分類した学者とみなされたにすぎなかった。ヨーロッパと北米の多数派の人種差別主義者にとって、これは人種の不平等を意味した。(54)

パルターによる、重大ではないが意味ある批判をめぐるこの節を終わるにあたり、一八世紀末の旅行家で急進派だったハイネの義理の息子、ドイツ人のゲオルク・フォルスターをもう一度考察しよう。私は『黒いアテナ』第一巻（p. 222〔邦訳二六三頁〕）で、二つの理由からハイネとフォルスターは仲違いしたと主張した。第一の理由は、フォルスターがフランス革命を支持したからであり、第二の理由は、フォルスターが彼の妻——すなわちハイネの娘——を彼女の親友のカロリーネ・ベーマーのために捨てたからだったと。この説明のどちらについてもパルターは異議をとなえている。彼の主張では、ハイネが反対したのはフランス革命そのものではなく、フォルスターがマインツの地をフランスに編入しようと企てたからだった。第二に、彼の考えでは、結婚の破綻はカロリーネが原因だったことは疑わしい——とはいえ、彼は脚注のなかで、カロリーネ原因説があることは認めている（p. 401 n. 67）。第二の理由でパルターが正しいとすれば、ハイネとフォルスターが仲違いした個人的側面が除かれ、政治的問題に大きな力点がおかれるだろう。モミリアーノが述べたように、「したがって、ハイネは「……政治闘争で過激になった狂信派のフランス人」を、彼らは他人の土地を横取りしようと考えているのだと非難していたが、このとき、実際には、非難の矛先を自分の家族の一員に向けていた」。(55)

ドイツの都市をフランスに譲ろうというフォルスターの提案に、ハイネや他の愛国的なドイツ人は間違いなく激怒した。他方、ハイネはハノーファー王国への忠誠を守った。その後、都市と大学を守るため、彼はナポレオンの軍隊と協力したが、彼がフランス革命をひどく嫌っていたことは疑いない。

全体として、パルターの個々の批判はつまらない批判ではないとしても、重要な批判ではないので、ゲッティンゲン〔大学〕をめぐる私の議論の一般的結論を変えなければならない理由は皆無である。私はこの大学について次のように述べた。「〔ゲッティンゲン大学が〕求めていたのは革命よりも改革であり、……人種と民族への深い関心、……徹底的な学識だった。さらに……〔この大学の学者たちに〕共通したのは、フランス革命への反発とこの革命の伝統的秩序と宗教への異議申し立てにたいする反発であり、異なる人種のあいだにみられる差異と不平等にたいする関心だった。一八世紀末の進歩的なドイツ人サークルに見られる熱狂的ロマン主義と新ギリシア文化主義も、彼らに共通していた」(*BA I*: 223〔邦訳二六三頁〕)。

大きい弱点

ロバート・パルターによる歴史記述についての章の討議を閉じるまえに、彼が私の著作に内容のある正当化できる批判をしてくれたことに感謝したい。しかしここでも、私の主張一般が損なわれるものではない。むしろ、彼の洞察は私の主張を訂正し定式化するのに役立ち、私の全般的立場がさらに一層明確になったと考える。

一般のレベルでは、ディドロ〔一七一三―八四〕とヴォルテール〔一六九四―一七七八〕がエジプトへの敵意を明言しているのに、私がそれを考察していないという彼の非難は正当である。パルターは典型的な几帳面さでヴォルテールを引用し、彼の態度を次のように述べた。「昔のラテン語のことわざに、「エジプト人はバビロニア人から学び、ギリシア人はエジプト人から学んだ」とある。このことわざ以上の真実はない」(p. 354)[56]。このように重要な中心人物の態度について私は論ずべきだと彼は要求する。この要求はまったく正当である。彼は私がアダム・スミスのエジプト嫌いを省いたことにも言及するが、アダム・スミスについては別のところでふれた[57]。

彼は第二付録で、エジプト学は一八三二年のシャンポリオンの死と一八五〇年代のあいだに衰退期に入ったという私の主張は誇張しすぎだと主張し、説得力がある。とりわけ、彼はカール・リヒャルト・レプシウス〔一八一〇—八四〕の仕事に言及する。レプシウスがヒエログリフを学んだのは一八三〇年代だったが、パルターが言うように、当時の教授（彼らはヒエログリフが読めなかった）からではなく、シャンポリオンの死後出版された彼の著作からであった。いずれにせよ、クリスチャン・ブンゼンとプロイセン政府の後援をうけて、レプシウスは一八四〇年代に大規模な探検隊とともにエジプトとエチオピアに出かけ、重要な学問的結果をもたらした。実際、ブンゼン――「彼はヒエログリフの研究家であったが、一八三〇年代〜一八四〇年代にはエジプト学のリーダーとして……、低迷していたエジプト学の灯をなんとか消さずに守った」(*BA I*: 254〔邦訳二九九頁〕) 人物だった――との関連で、私はレプシウスに言及してはいる。しかしそのことだけなので、私がレプシウスの学問的業績に十分な注意を払わなかったとパルターが非難するのは正しい。

しかし、私がこのように怠慢だったからと言って、次の二つの主張が無効になるかどうかの問題は残る。一つは、一八三二年以後に古代エジプトにたいする学問的関心が後退したという主張、もう一つは、〈アーリア・モデル〉の創始者がヒエログリフの解読とエジプト語のテクストの読解に頼らず、ギリシア文化はエジプトに依存するという伝承を簡単に切り捨てたという主張だ。私は第一の問題で、ナポレオンのエジプト遠征とその結果として出た出版物によって、一八二〇年代以降、大衆の古代エジプトにたいする「強烈な」関心が生まれたと強調した。しかし、決定的変化が起きていたという私の主張はいまなお変わらない。エジプトは以前はヨーロッパの文化的先祖と見なされていたが、いまでは魅力的な異国の文明になっていた（*BA I* : 257〔邦訳三〇二頁〕）。

レプシウスの仕事は素晴らしく、ブンゼンの著作は凡庸だった。にもかかわらず、シャンポリオン死後の二五年間を的確にいえば、エジプト学の「後退期」だったといまなお私は確信する。一八二〇年代に、バルトルト・ニーブール〔一七七六―一八三一〕とフンボルト兄弟はシャンポリオンの仕事に魂を奪われたが、一八三〇年代と四〇年代に古代史の学問を支配したドイツ人学者は、ブンゼン未亡人のことばを借りるなら、古代エジプトにかんするブンゼンの著作を「頑《かたく》なな不信と無関心」（*BA I* : 254〔邦訳二九九頁〕）をもって遇した。ブンゼンはアカデミズムの世界よりも政治の世界との結びつきが強かった。このことは、彼はプロイセン政府からレプシウスの探検隊のために豊富な資金を獲得できたのに、一八五〇年代になるまで、この科目の講座が新設されなかったという、あきらかな矛盾を説明する。さらに、一八五〇年代末になるまで、古代史家はエジプト語のテクストが信頼できるとは考えなかった。

パルターはエリック・イヴェルセンにならって、シャンポリオン・システムの受容が遅れた理由を次のように強調する。すなわち、一八四〇年代になってはじめて、〈ヒエログリフには単子音ばかりでなく、二子音あるいは三子音の記号があり、古代エジプト語の語形はコプト語とはかなり異なる〉との論証が、レプシウスによってなされたからだ（p. 390）[58]。したがって、私の第一の立場――一八三一年から一八五五年のあいだは、古代エジプト学への関心の「後退期」だったという立場――をパルターが修正することで、逆説的に、〈アーリア・モデル〉の創始者はヒエログリフの解読とエジプト語のテクストの読解に頼らず、ギリシア文化はエジプトに依存するという伝承を簡単に切り捨てたという第二のより重要な主張が強化される。

パルターについての結論

私の著作にたいするパルターの批判は、一から十まで、私〔バナール〕が議論を単純化しすぎるという批判である。彼が重要と考える主要な争点は二つある。一つは人種差別、もう一つは古代エジプトと古代ギリシアとの関係である。最初の争点について彼は次のように述べている。「一八世紀のイギリスとアメリカの社会で、人種差別的な信念と慣行に中心的な重要性があったとしても、それに反対する信念と慣行も同じく中心的な重要性があった」(p. 367；傍点原著者)。人種差別反対の動きについて私がもっと書いていれば、私の著作はもっと豊かになっただろうと彼は述べているが、間違いなく彼は正しい。この章の冒頭で述べたように、反人種差別主義者のヨーロッパ人が皆無だったと私が言ったことはない。しかし、人種差別は一八世紀においても一九世紀においても優勢な潮流だったというのが現代の学者のコンセンサスであり、これを受け入れる理由は十分ある。[59]

奴隷身分廃止の議論と、とりわけ、少なくとも一八五〇年代になるまで、奴隷制度廃止論者が極端なアフリカ的形態の〈古代モデル〉を創出・保存したという議論も興味深い。[60] しかし、奴隷制度廃止論が人道的であることは疑いないが、奴隷制度廃止論は必ずしも反人種差別ではない。[61] ヒュームが人種差別主義者だったことはパルターも否定できないが、彼自身が指摘するように、ヒュームも奴隷身分には反対していた(p. 367)。[62] アメリカでは多くの奴隷制度廃止論者が奴隷解放を主張したが、黒人を彼らの州から閉め出すため、あるいは、アフリカに送り「返す」ためだった。[63] さらに、多くのロマン主義者が黒人奴隷の苦しみに熱い同情を寄せたが、黒人奴隷を基本的には「他者」と考えていた。[64] 例外があることは疑いないにせよ、諸文献が示すように、人種差別と白人が住む文明化された大陸としてのヨーロッパ大陸という概念は、啓蒙主義という文化プロジェクト全体にとって中心的なものだったが、パルターはこれに真剣に向き合っていない。[65] 一八世紀には、人種差別は反人種差別よりもはるかに影響力があった。これは民族性と結びつき、その影響力は一九世紀のあいだにはるかに強くなった。

人種差別の問題はたいへん重要だが、私の研究の中心的な二つのテーマ――一つは古代エジプトおよび古代カナン(フェニキア)と古代ギリシアとの関係、もう一つはこの関係の歴史記述上の解釈――のどちらでもない。しかし、一七世紀末以来、人種差別が歴史記述上の解釈とからんできたのは当然だった。したがって、この時期の人種差別の議論では、反人種差別という比較的小さい流れについては詳しく説明していない。しかし、人種差別と反人種差別の特殊な関係とその解釈を考察するとき、私は両方の主張を論じようとした。これは、たとえば、「一七世紀~一八世紀におけるエジプトの勝利」、「一八世紀におけるエジプトに対する敵対意識」、「フェニキア人の興隆と衰退 一八三〇~八五年」、「フェニキア問題の最終的解決」という〔『黒いアテナ』第一巻の〕章の表題が示している。

一九八九年、古典学史家フランク・ターナーは、私の「大風呂敷のイデオロギー」に反対し、「レース編みの大きなパターン模様の特徴を主張する以前に、個々の編み目のねじれや返しがどんなものかを理解し探求する、もっと個別なアプローチ」のほうが好ましいと述べた[66]。パルターは温厚なターナーに賛同できないだろうが、彼がこの引用文と同じ意見であることは疑いない。興味深いことだが、パルターは証拠の複雑さと多義性を強調しているので、彼の立場は一部のポスト・モダン主義者の立場に近くなる。彼らもパルターも、変転する混乱期の複雑な状況を完全に提示することを強調する。このような立場は、必然的に、思想的・政治的な麻痺状態を招く。大部分のポスト・モダン主義者はこの結果を残念に思いがちだが、保守主義者のパルターの場合、学問の現状を保存するために、手段として「完全な提示」を用いて大いに満足する。私は基本的にどちらのグループとも意見が違う。なぜなら真に正確な現実の唯一の提示は、現実そのものを地図のように写し取ることだからだ。したがって、細部ではゆがみは避けられないにせよ、ある程度の単純化とモデルの構築は首尾一貫した思想にとっても効果的な政治行動にとっても必要である。

とりわけ、たがいに両立しない勢力は必然的に対抗する、という考えを私は受け入れない。わずかな例外はあるが、時代と地域を問わず、権力あるいは勢力の序列《ハイアラーキー》が存在すること、また、他に優越するイデオロギーが存在することを私は確信している。前述のように、『エンサイクロペディア・ブリタニカ』第三版の見出し語「ニグロ」では、人種差別と反人種差別の記述はバランスがとれていなかった。もう一つの例は政治家ウィリアム・グラッドストン〔一八〇九―九八〕である。彼は一九世紀中期と後期のイギリス政治の中心的重要人物だが、その生涯の大部分を通じて、イギリスの勢力拡大に声を挙げて反対し、熱弁をふるった。にもかかわらず、大英帝国の大部分〔の領土〕が獲得されたのは一八三〇年代から一八九〇年代までの六〇年間だった。まじめな歴史家であればだれでも、時代の重要な反対動向を伝えるべきである。私もそう努めてきた。しかしそれと同時に、歴史家は時代の支配的な動向に焦点をあてなければならない。実際、歴史家の仕事は既知のすべての「事実」をもう一度述べることだけではない。「事実」を選択して整理し、ある種の首尾一貫した枠組のなかに秩序づけなければならない。

　人種差別の場合、反人種差別の興味深い流れはあったが、一六七〇年と一九二〇年のあいだのヨーロッパの思想と感性の一般的動向が、ますます人種差別的になったことを疑う歴史家を私は一人も知らない[67]。一九世紀初期以前には主流の動向と異なる重要な動きがあったにもかかわらず、ヨーロッパの学者はエジプトとオリエントを西洋の知恵と哲学の源泉と考えていた、しかしそれ以後、ギリシアは文明の揺籃の地と目されるようになってきたので、彼らはギリシアはエジプトとオリエントとは明確に断絶しているということを強調した――このことも一般に認められていた。矛盾する詳細で厖大なデータがあったにもかかわらず、長期的思想潮流と、〔この時期が〕重要な分岐点になったことは看破できる。看破しなければならない。木を見て森を見ないということではならない。

　ターナー教授が述べているように、微視的アプローチと巨視的アプローチがともに合意できる余地はあると私は確信する。ターナー自身、どちらのアプローチも同じ結果になりうると述べて、「私たちの結論では、バナール教授と私は多くの点でほとんど同意見だ」と書いている。[68] 私はさらに進んで、二つのアプローチが必要だろうと考える。太い筆で歴史の大きな図式を描けば、慎重な専門家はそれに刺激され、首尾一貫した考えをまとめあげるだろう。ゼネラリストは専門家の築いたものを踏まえて彼らの批判を真剣に考慮しなければ、現実から容易に遊離し、理論という希薄な大気中に舞い上がることになるだろう。

ジョシネ・ブロック

ジョシネ・ブロックの批判的論文が『思想史雑誌』に載ったのは『「黒いアテナ」再考』が出たあとだった。[69] 私は彼女の労作をきわめて重要と考えるので、ここでそれに答える。ブロックは、一九世紀初期の古典学者で古代史家のカール・オットフリート・ミュラー〔一七九七—一八四〇〕についての私の議論には、いくつかの重要な意見の相違と解釈の誤りがあると指摘する。しかし私は、彼女の批判が彼の仕事にたいする私の全体的評価とその評価の意義に影響することはないと考えている。したがって、ブロックは私の思い違いが学者としての私の信用を失わせたと考えているが、その箇所を私は、彼女の批判が役に立ち、私の主張に深みと含蓄を与えると見ている。

一九九六年六月にライデンで私の著作についてのセミナーが開かれ、そこで私は初めてブロックの論文のことを耳にした。そのとき私は、強烈な警戒心と、それと同じくらい強烈な興味が入り交じった強い感情の高ぶりをおぼえた。それまでの批判者とは異なり、彼女が私の歴史記述研究に重大な欠陥を発見した事実から来た警戒心と、私がきわめて表面的に論じたトピックに、彼女が奥行と複雑さを加えてくれたことから生まれた興味だった。

私の意見は、『黒いアテナ』における立証と説得力――K・O・ミュラーの場合」という表題で始まり、「しかるべき立証」ということばで締めくくられる彼女の論文とは基本的に異なる。古代史ばかりでなく近代史の歴史記述においても、「立証」には到達できないと私は考えている。どちらの歴史記述においても、「立証」にもとづいた「決定的な意見」はあり得ないだろう。さらに進んだ解釈の余地はつねに存在する。私たちに考えられるのは、競合的妥当性〔邦訳『黒いアテナII 下』九五六頁の訳注参照〕あるいは説得力である。私が「何でもあり」と考える完全な相対主義者ではないということを、もう一度強調しておかなければならない。現実に起きた過去の事実に近い歴史記述には、よりすぐれたものとより劣ったものがある。この確信がなければ、私は『黒いアテナ』を書かなかった。

K・O・ミュラー――私とブロックの意見の相違

ブロックは私のミュラー論を批判するが、なかには裏づけがないと思われる批判もある。些細な例を挙げると、エルンスト・クルツィウス〔一八一四―九六〕がミュラーのアイギナ島の論文について、この論文は保守派でロマン主義者のユストゥス・メーザー〔一七二〇―九四〕が書いた『オスナブリュック史』に似ているという意見をのべ、それを私が引用したことに彼女は異議を唱えている (p. 710)。メーザーの本が出たのは一七六八年であり、ミュラーの論文は一八一七年になってはじめて完成したというのが彼女の異議の根拠である。ただし、彼女は注のなかで、メーザーの本の改訂版が一七八〇年に出たことを認めている。しかし、このことがなくても、書物とそこに書かれている伝承の有効性にタイム・リミットがあると考えなければならない理由はない。

もっと重大なのは、ブロックが私の主張について、「〈古代モデル〉の没落は人種差別に原因がある」という主張だと公言している点だ (p. 715)。私は何度も述べたが、一九世紀初期に〈古代モデル〉から〈アーリア・モデル〉へ移行した背後には多くの要因があり、人種差別はその一つにすぎない。エジプト好きだったフリーメーソン団にたいするキリスト教の反動、革命と反動のあいだの中道を見つけようとする試み、ロマン主義、進歩と実証主義のパラダイム——このようなすべてがモデルの移行に大きな影響を及ぼした（*BA I* : 281-336〔邦訳三三〇—四〇〇頁〕）。

私は人種差別と進歩概念が一八世紀と一九世紀に強くなった思想的風潮だと見ているが、ブロックが示唆するように（pp. 722-733）、この二つが分かちがたく結びついているとは見ていない。前述したように、私はブルーメンバッハの人種分類はビュフォン〔一七〇七—八八〕の「退化」の自然史という図式にもとづいていた、という従来の説を全面的に受け入れている（*BA I* : 219〔邦訳二五九頁〕）。

もっと基本的なレベルで言えば、私が科学的あるいは学問的発展にたいする「内的」力と「外的」力の複雑なからみ合いを分離する時の範囲について、ブロックは誇張している。彼女はまた、私が「内的」力は善で「外的」力は悪だと言っていると述べているので、私を完全に誤解している。「外的」力はそれ自体では中立であり、私たちの現代の基準に従えば善でも悪でもない——私はこのことをはっきりさせようと試みている。しかし、「外的」力〔の存在〕は必然である。なぜなら、科学と学問は、社会に暮らす科学者と学者の産物だからだ。したがって、科学と学問は社会にしっかり埋めこまれている。他方、科学者と学者は——ときには内的力に助けられて——、彼らが置かれた環境を部分的に超越することができる。

重大な誤り

ブロックは私のミュラー論のなかにある事実の誤りに注意をうながす。加えて、彼について私は〈古代モデル〉の破壊に中心的役割を演じたと述べたが、これはとりわけ気になる誤りだと言う。彼女のこの指摘は正しい。私の大部分の間違いは、ミュラーの書簡が出版されていたにもかかわらず、それを読まなかったことが原因である。ブロックはミュラーの書簡から、私〔バナール〕は彼の古代エジプトにたいする敵意を強調し、しかも、彼がエジプトに関心があった形跡をまったく見ていないが、これは誤っており、青年ミュラーがエジプト学とシャンポリオンのエジプト語解読に熱をあげていたことはあきらかだと論証した。さらにもっと重要だが、私はミュラーが反ユダヤ主義者だったと主張したが、彼の書簡を忠実に読み、二〇世紀に出版されたこの書簡を研究するなら、彼の同時代人が反ユダヤ主義者でなかったように、ミュラーも反ユダヤ主義者ではなかったことを納得がいくようにあきらかにしている。

　ブロックによると、私がこの書簡について言及できなかった原因は、〈アーリア・モデル〉は人種差別と反ユダヤ主義に由来するモデルだと非難したいという、私の「政治的」願望にあるという。[70] しかしほかでもそうだが、ここでも彼女は私の悪事を買いかぶり、私の無能力を過小評価している。私はなぜこの書簡や他の比較的知られていない著作を参照しなかったのか。いずれも私にとって不名誉だが、二つの要因がからんでいる。第一に、〈古代モデル〉攻撃の先頭に立っていたのはバルトルト・ニーブールだと確信していたので、私は長い間彼に関心を集中してきた。一八二〇年から一八三〇年の決定的な一〇年間、ニーブールは指導的な古代史家であり、人種差別主義者、ロマン主義者、実証主義者だった。とはいえ、私は自分の研究の最後の段階でニーブールがその生涯の終わりに行った講義を読んだとき、〈ギリシアは「東方の諸民族」と関係があり、歴史の初期段階で彼らに依存していた〉という考えを拒否した「〔R・A・〕ヴォルフ」に彼が反対し、〈古代モデル〉をはっきりと擁護したことを知った（*BA I*: 306〔邦訳三六二頁〕）。

　ミュラーの書簡を参照しなかった第二の理由は、ニーブールとブンゼンの書簡には英訳があったが、ミュラーの場合には英訳がなかった。私のドイツ語の読解力は英語に比べてはるかに劣る。仕事が終わりそうだと考えていた段階での怠慢が誤りの一因だった。幅広い総合的研究をする誰にとっても、近道は避けられないとホイジンガは正当化している。最終的には彼のことばに訴えなければならない。

私はなぜミュラーはエジプトに関心がない、あるいは、エジプトに敵意があると当然視したのか。私が読んだ公刊された彼の著作のなかには、ミュラーがシャンポリオンのエジプト文字解読に言及したことは一度もなかった。また、エジプト人については「外国嫌いで偏狭頑迷」だと非難していた（*BA I* : 312[71]〔邦訳三六九頁〕）。彼は「いわゆるギリシア美術のエジプト起源説について」という講義でエジプトを軽蔑しているので、ブロックは実際、この証拠を私が発掘できなかったと私を非難している（p. 718）[72]。彼女が指摘するように、ミュラーはエジプト美術はギリシア美術よりも劣ると考えていた。しかしその理由は、ヴィンケルマンのように、エジプトが進化尺度の低位にあるというのではなかった。エジプト美術は質的に異なる――そしてミュラーによれば劣る――人びとが生み出した産物だというヘルダーリン的な理由だった。

ミュラーがギリシアに熱中しエジプトを軽蔑したのは一八一五年以降の時代精神《ツァイト・ガイスト》の所産だったことを私はあきらかにしようとした。体系的かつ熱烈に〔エジプトによる〕ギリシアの植民地化という伝承を攻撃した彼は、そこからさらに、やや慎重とはいえ、フェニキアによるギリシアの植民地化という伝説に異議を申し立てるに至った。この点でミュラーは時代を先取りしていた。このことは、一九世紀末にユリウス・ベロッホ〔一八五四―一九二九〕が、また反ユダヤ主義の絶頂期の一九二〇年代と一九三〇年代にリース・カーペンターが、彼を先駆者と賞賛した理由である[73]。これらの学者の支持と、フェニキアによるギリシアの植民地化という概念にたいする彼の先駆的な攻撃は、彼女の引用した複雑な文章（p. 712）を私が誤解したこともあって、彼は反ユダヤ主義者だと私が述べる事態を招いた。この問題で思い違いしたことをお詫びする。とはいえ、彼自身のこの問題についての気持ちが何であれ、同時代人のなかには、ミュラーの著作はギリシアにたいするユダヤの影響の可能性を否定したと見た者もいた。友人の一人は、ミュラーがオルコメノス *Orchomenos* はギリシア土着の語であると擁護し、彼の著作が「ユダヤ、フェニキア、エジプト、インド、その他の下賤な民族」の影響に反対していることはめでたいと述べた。[74]

私がミュラーの学識の深さを過小評価している、とりわけ、アラビア語の知識をいくらか必要とする彼のアンティオキア史への言及を怠ったとブロックは批判する。私は特殊なこの点にたいする非難は認めるが、一般的な非難は認めない。『黒いアテナ』第一巻で私は次のように述べた。「ミュラーの研究領域は並はずれて広かった。彼は定評ある新たな手法を用いて文献学を完成させると同時に、古代エトルリア人に関して古代芸術や考古学について大部の主著を著した」(p. 309〔邦訳三六五頁〕)。

ブロックはまた、私がミュラーのロマン主義を誇張していると非難する。しかし全体としてみると、第二次史料はミュラーをロマン主義者だと熱心にたたえ、これは公刊された彼自身の著書ときわめてよく一致する。彼はギリシア文化が土着的であると強調した。古典学史家ルドルフ・プフェイファーはミュラーの有名な著書『ドーリス人』について、「歴史叙述というよりも、ドーリス的なものはすべて卓越していると感動している賛歌」だと書いた。モーゼズ・フィンリーはもっと辛辣だった。彼は『ドーリス人』について「有害な影響を及ぼした夢物語の一〇〇〇ページ」だと述べた。[75]

ブロックは私の解釈のこの側面を攻撃するが、これには当惑する。なぜなら、彼女自身、ミュラーを合理主義と啓蒙主義と密接に結びつけたいという人びとを攻撃しているからだ。ミュラーの考えは、彼の背景にあるプロテスタントの敬虔主義とロマン主義者で超理想主義者のフリードリヒ・クロイツェルの考えに驚くほど近づいていると彼女は強調する。しかし、ミュラーは〔ギリシアに〕オリエントの影響があったというクロイツェルの確信には基本的に反対だった。[76]

ブロックは私の杜撰さを暴露した。にもかかわらず、私はこの暴露が、〈古代モデル〉の破壊に果たしたミュラーの役割への私の評価に影響するとは思わない。彼は南東からのギリシア植民地化という伝説を激しく攻撃したばかりではない。エーゲ海地域とその他の東地中海地域のあいだにあった、初期の祭儀上・文化上の接触についての伝承や記述も激しく拒絶した。この拒絶が、エスニシティと北方から来たドーリス人の美徳と活力が重要な役割を演じたロマン主義の枠組にはめこまれた。ミュラーはヴィッセンシャフト、すなわち「科学」というカントの用語を用いて、それ以前のギリシアの起源についての学識をすべて簡単に切り捨て、彼の孤立論に異議を申し立てるだれにたいしても「立証」を要求した。[77]

ブロックが示しているように、ミュラーの著作〔『ドーリス人』〕は彼の存命中に批判された一方で、ドイツとヨーロッパ全域で高く評価され、大きな影響も与えた。[78]〈古代モデル〉を擁護したニーブールが言及したのはヴォルフだけだったというのは正しい。しかし、ヴォルフが大作『プロレゴメナ・アド・ホメルム』を出版したのは一七九五年であり、彼が没したのは一八二四年すなわちニーブールの講義の五年前だった。したがって、ニーブールはヴォルフの信奉者のミュラーのことも考察していたと考えるのは妥当だろう。[79]同じように、一八三五年、コノプ・サールウォール〔一七九七―一八七五〕が最近の歴史家について、彼らには「このような権威に支えられ、長期間にわたって中断されることなく人びとの心を捉えてきた説〔〈古代モデル〉〕の真実性に、あえて疑問を投げかける……すくなからぬ大胆さ[80]」があると書いたとき、彼の念頭にあったのはヴォルフとミュラー以外の誰でもなかったと私は見ている。

ブロックの議論についての結論

私の考えでは、ジョシネ・ブロック論文のもっとも重要な一節は七〇七―七〇八ページである。彼女はそこで次のように述べている。「私の目的はバナールが非難したミュラーの疑いを晴らすことだけではない。まして、ミュラーの「正しい」読み方を示すことで、バナールの意見を批判することでもない。むしろ、この重要な主張に焦点をしぼる一方、『黒いアテナ』はなぜバナールの政治的意見を伝えているのか、『黒いアテナ』はなぜ容認できる歴史とみなすことができないのか、その理由を示すつもりである」。

政治と学問の関係という問題で、ブロックと私の意見には大きな違いがある。まず第一に、社会科学では自明だが、「政治的」というレッテルが張られるのは、権威を支持・擁護する研究ではなく、ほとんどつねに権威に異議を申し立てる研究に限られる。この原則の好い例は、私の研究にたいするマーチャンドとグラフトンによる、うわべはバランスのとれた冒頭の一節に見出すことができる。彼らはこのなかで、「政治志向のアフリカ中心主義者」をたんなる「独善的な古典学者」と対比させる。[81] 現代の大多数の歴史家は政治的な問題に無関心な歴史記述があり得るとは考えていない。私も彼らと同様である。首尾一貫性のある歴史家、たとえばエドワード・ギボン、ウィリアム・ミットフォード、ジェイムズ・ミル、ジョージ・グロート〔一七九四―一八七一〕、ジョージ・モトリー、ユリウス・ベロッホのように、彼らの政治的および／または宗教的アジェンダは明白である。首尾一貫性で劣る歴史家の場合、たとえばコノプ・サールウォールやJ・B・ベリー〔一八六一―一九二七〕のアジェンダは不明瞭だ。[82] しかし、不明瞭ということも政治目的には役に立つ。いずれにせよ、私の政治的な考えやその他の考えが私の歴史記述に影響を与えているという非難は間違いなく正しいが、私の考えでは、このこと自体、破滅的とは思わない。

興味深いことに、ブロックはこの一節のなかで、私にたいするもっと危険な非難――私が杜撰で、関連するすべてのテクストに目を通さなかったという非難――に言及しない。確かに、私はもっとうまくすべきだった。しかし、私がすべてのテクストに目を通さなかったために、ミュラーについての私の一般的な結論が、実際に正しいかどうかの問題は論じられていない。ここでは、この論文でブロックが、「ミュラーの「本当の」読み方……の提示」を拒んでいるということが重要である。彼女の同僚で一九世紀ドイツの古典学研究の専門家スーザン・L・マーチャンドは、私のファンどころか、ブロックと一緒に、私が「ほとんどもっぱら第二次史料」を頼りにしていることは嘆かわしいと述べ、続いて「バナールは一九世紀中期に古典学の学問を狭隘にしたミュラーの役割を強調しており、これは間違いなく正しい」と断言しているが、このことは注目すべきであり、興味深い。彼女は次のように続ける。「しかし彼〔バナール〕の間違いは、このような狭隘化がもっぱら「人種差別」に起因し、文化的民族主義、言語学的懐疑主義、制度化されたギリシア賛美、および人種差別的思想のはじまりという宿命的結びつきには起因しないと考えたことにある[83]」。

私は『黒いアテナ』第一巻の序で「［ミュラーの］強烈な人種差別」にふれた（p. 33[84]〔邦訳七八頁〕）。しかし、彼を論じた本文に「人種差別」という語は出てこない。実際、そこでの関心の対象は、まさにマーチャンドが述べた「文化的民族主義、言語学的懐疑主義、［および］制度化されたギリシア賛美」である。したがって、マーチャンドは私の研究に近づきすぎて汚染されたくないと思っているが、私たちの立場に違いはまったく見つからない。

ブロックはマーチャンドのミュラー評価を共有しているのだろうか。どちらにせよ、その徴候は私にたいするテクスト攻撃からはまったく見られない。しかし、ブロックのその後の論文「K・O・ミュラーの歴史と神話の理解」は、ミュラーにたいする私たちの意見が著しく似ていることを示している。前述したように、彼女は、彼の思想の宗教的・ロマン主義的側面、すべての文化の、とりわけギリシア文化の本質的土着性、そして、東方からの影響の示唆にたいする彼の猛烈な反対を強調する。[85] 私たちのあいだにある実際的違いは、彼女が厖大な史料と几帳面な学問的手続きをへて結論に達したのにたいして、私の場合、もっと皮相なアプローチの結果得た結論だという違いである。

この違いから、彼女の論文――『黒いアテナ』における証拠と説得力――K・O・ミュラーの場合」――は、到達する結論は同じだが方法がよくないと嘆かわしく思っている他の多くの論文のグループに入る。[86] たとえば、前に言及したフランク・ターナーの結論と、ロレンス・トリトルに答えた章で全文を引用した結論を見よ。[87] 前述のように、二つのタイプの歴史記述は、互いに排他的あるいは破壊的どころか、反対に、補完的のみならず相互に必要だと私は確信する。

ブロックはその結論で次のように述べている。「こんにち、前代の古典学研究に見られたギリシア狂い《マニア》を嘆かわしく思わない古代史家はほとんどいない。とりわけ、ヨーロッパ中心主義や頻繁な人種差別があり、人種差別の影響は一九世紀後半に強まり、二〇世紀に入っても長く続いた……。いまでは、ギリシア、エジプト、近東のあいだの相互関連についての体系的な関心というアプローチを含む、異なるアプローチでの探求が数十年おこなわれている」(p. 724)。最後の文章は誠実ではない。私が他のところで主張したように、このアプローチがオープンになったのは一九八〇年代だった。このころ私は『黒いアテナ』を準備していたのだから。[88]

「ヨーロッパ中心主義」は最近の用語である。「ギリシア狂い」は私がつくった新語だが、造語した時は思いきったことをしたと思った。ブロックが私について彼女の論文のモットー――ノン・タリ・アウクシリオ *non tali auxilio*(「助けを借りないで」)――を真摯に考えていることを私は少しも疑わない。やっかいなのは彼女がすでに助けを借りていることだ。

■全体的結論

三人のすべての批判者が論証したのは、私の学問知識の欠陥と誤りだった。ノートンとパルターは、その原因の大部分が私の「煽動」と冷酷な「政治的」アジェンダにあると考えている。パルターの場合、私が実質的に無能力だという要素と、私が過剰な信頼を二次史料においているとも主張している。しかし、このような欠点のある研究は私の研究だけではない。『再考』には多くの間違いが含まれている。これを説明するとき、〔著者の〕政治的立場や能力がはるかに重要な問題かどうか、私には疑問だ。しかし、どちらの要素も重要であることは間違いない。

歴史記述を単純で魅力的なものにするために、政治的にも記述的にも、私の潜在意識が影響を受けただろうことは否定できない。しかし、私の間違いと欠点の大部分は、研究が不十分だということの結果にすぎないと私は確信する。ここでもふたたび、ホイジンガのことばに訴えなければならない。私が企てたこのような広い範囲のプロジェクトでは、この短所は避けられない。歴史記述というものは深い学識に支えられた小論文だけでは成立しない。大きな視野の広範囲の研究では間違いは不可避だが、このような研究もひとしく必要である。しかし、この二つは互いに接触しあわなければならない。このことをパルターは次のように述べている。「より新しい文化的・歴史的方法論を活用し、バナールのプロジェクトをさらに説得力のあるものに作りなおす可能性は残っている」(p. 352)。

私は『黒いアテナ』第一巻の序の終わりで、このことをほんのわずか違った言い方で次のように述べた(p. 73〔邦訳なし〕)。「[『黒いアテナ』] ……の学問的目的は、私よりももっと研究する資格のある男女の研究者に、新しい研究分野を開くことにある」。

そのうえで、私が強調しなければならないのは、三人のすべての批判者は私の研究を大急ぎで非難しようとするなかで、木を一本一本はっきりさせようとしたために、森全体がぼやけることになったということである。一八世紀の啓蒙時代の主要な思想家も、一九世紀のロマン主義と実証主義の支配的潮流も、ヨーロッパは唯一の文明化された大陸であり、文明化できるのは「白人」住民だけだと考えたことは間違いない。当初、このような考えは古代ギリシアの起源についての受け止め方に重大な影響を与えなかった。最初に古代エジプト人が、次いで「セム族」が非ヨーロッパ人と分類しなおされてはじめて、〈古代モデル〉は問題をはらむものになった。

第8章　情熱と政治

……ガイ・ロジャーズに答える

『「黒いアテナ」再考』の共編者ガイ・ロジャーズは、編集に加えて、本文の最終章と結論の二つを執筆している。この最終章は、エドワード・サイードの『オリエンタリズム』をつぶすねらいで、オリエント学者バーナード・ルイスが『ニューヨーク・レビュー・オブ・ブックス』紙に寄せた書簡への言及で始まっている。(1) ルイスは背理法の手法を使った。彼は、現代のギリシア人が古典学者によるギリシア史の説明に抗議するのが無茶なように、アラブ人が「オリエンタリズム」に抗議するのは無茶だと主張した。さて、ルイスのばかばかしい見方を披露したロジャーズによれば、「バナールは……古代ギリシア《ヘラス》と学問の古典学についてとんでもない幻想をつくり上げた」(p. 429)。たまたま私もルイスの書簡に言及したが、私にとって事態は逆である。私のモデルは幻想《ファンタジー》ではない。幻想は〈アーリア・モデル〉だと私は考えている。(2)

『再考』の他の多くの寄稿者と同じように、ロジャーズは私の著作を攻撃するために、私の立場を誇張した形で確認する必要があった。彼は次のように述べている。「[バナールの]この神話では、エジプト人とフェニキア人が古代ギリシアと西洋文明の真の唯一の創始者だったことがあきらかにされる。彼らは初期のギリシア人に宗教、哲学、文学、実際に文明そのものを教えたのだ、と」(p. 430)。

しかし、私が『黒いアテナ』第一巻の序で述べたのはこれとはまったく異なる。私は序で、「〈古代モデル〉では、エジプト人とフェニキア人がギリシアを植民地化したとの立場をとるが、〈改訂版古代モデル〉においてもこの説にたしかな根拠があることを認める。……また〔私が提案する〕〈改訂版古代モデル〉では、ギリシア文明の発生は植民地化とその後の東地中海地域中からの文化借用によって文化混合が行われ、その結果もたらされたと考える。他方、〈アーリア・モデル〉の主張によれば、紀元前四千年紀あるいは三千年紀に、北方からインド・ヨーロッパ系言語をもつ人々の侵略――または浸透――があったとされるが、この主張を〈改訂版古代モデル〉はとりあえず受け入れる」(p. 2〔邦訳四三―四四頁〕)と述べている。

私は『黒いアテナ』プロジェクトを通じて、ギリシア語の語彙には二つのアフロアジア語族の言語、すなわち古代エジプト語と西セム語の多大な影響が見られるが、にもかかわらず、ギリシア語は基本的にインド＝ヨーロッパ語族の言語だと強調してきた。ロマン主義では文化を木でイメージするが、これに異議をとなえた私が「根《ルーツ》」という語を用いたのは首尾一貫性を欠く。しかしこの言い方を弁解するなら、木に幹や茎は一つしかないが、根は〔地中に〕多数生えている。すべての革新的な文明は、少なくとも当初は多文化的で、多くの異なる源泉をもっている。したがって、私が著書に古典文明のアフロ・アジア的ルーツという副題をつけたとき、ギリシア文化の源泉として決定的に重要だが、無視された二つの源泉があるということを指していた。ガイ・ロジャーズは、エジプト人とフェニキア人が古典文明の「唯一の」創始者だと私が示唆していると主張するが、そんなことはない。ギリシア文明にはその他の影響に加えて、インド＝ヨーロッパ的ルーツ、あるいはインド＝ヒッタイト的ルーツも存在した。

これとの関連で、注目しなければならない重要な点もある。すなわち、私がフェニキアとエジプトの役割を強調していることは間違いないが、にもかかわらず、〈ギリシア文明はその原型になった大陸諸文化のたんなる反映にすぎない〉とは主張していないという点だ。むしろ、ギリシア文明を構成しているのは、外国文化と土着文化のあいだの実り豊かな相互作用を通じてつくり出された、独特な諸形態だと私は見ている。

ロジャーズ論文をつらぬく一貫したテーマは、彼の序論的な一節の終わりに登場する。「古代のかなりの証拠は、古典文明が多文化に基礎をもつという説をまさに支持している。『黒いアテナ』は一般の人びとに衝撃を与えたが、皮肉にも（実際には悲劇だが）バナールの支持者はこれを彼の功績だと誤解している」(p. 430)。

私は自分の考えが新しいと主張したことは一度もない。ロジャーズは「古代のかなりの証拠」と述べているが、私はこれを〈古代モデル〉と呼ぶ。私の独創性はまさに、この古代の証拠に注意を向け、一九世紀と二〇世紀の古典学の学問がこれを拒絶したことに異議を申し立てた企てにある。一九世紀と二〇世紀の学問はギリシア文明の純粋性と土着性を強調した。この時期の学問はギリシアにたいするエジプトとセムからの影響の重要性を絶対的に拒絶した。この痕跡はいまなおあきらかであり、『再考』そのものに収録されたジェイサノフとヌスバウムの言語についての章にみることができる。ギリシア文化にとっても古典学にとっても、言語は中心に位置しているので、このトピックは些細なものとは考えられない。

ロジャーズが暗示するように、古典学と関連諸学問は、ギリシアが南東方面からかなり大きな文化的影響をうけたという考えに門を閉ざしてはいない。しかし、実際には、このような開放性はきわめて最近の現象であり、学問の外部からのきわめて大きな圧力——しかし全面的ではない圧力——がもたらしたものである(3)。

これから私は、彼が提起した論点にたいして、彼が述べた順序に従って返事する。とりわけ、「歴史記述」、「歴史上の主張」、そして「マーティン・バナールの神話」の節を綿密に考察する。その後で、『再考』全体の「結論」であるロジャーズの八項目の質問に注意を向ける。

歴史記述

ロジャーズがこの節で醸し出す雰囲気は彼の論文の他の部分とは大いに異なる。彼は鷹揚な態度で私の歴史記述の大枠を認め、次のように書いている。「バナールは、(とりわけ一九世紀中の)人種差別と反ユダヤ主義の雰囲気のなかで、一部のヨーロッパの学者が古代のエジプトとフェニキアの初期ギリシア文明にたいする貢献をどのように根絶しようとしたかを再構成しているが、彼の再構成は私にとって疑問の余地がないように思われる」(p. 431)。しかしすぐ次の文章で、彼は次のように述べている。「人種差別と反ユダヤ主義が幅をきかせていたのは、ヨーロッパの古代世界についての歴史探究の一部だった。なかには、こんにちでは文化的差異と呼ばれるようなことを「人種」に置きかえて理解していた一九世紀の古代学者もいた。しかし、一九世紀の古代世界研究者のすべてが人種差別主義者や反ユダヤ主義者ではなかった」(傍点原著者)。

この文章は争点全体を過去の問題だったとし、二つの重要な追加的問題を見事にはぐらかしている。第一は、二〇世紀の古典学と関連諸分野の学者の多数派は——学界全体がそうであるように——、大部分の教育ある人びと同様、人種差別主義者や反ユダヤ主義者ではないが、にもかかわらず、このような不快な考えをもっている重要な少数派が存在し、少なくともいくつかの事例で彼らの学問にその影響が見られるという問題[4]。〔第二は、〕もっと重要だが、つい最近まで、この学問分野全体が、〈アーリア・モデル〉——このモデルを作ったのは「人種」および、範疇としての人種の差異を鋭敏に意識する人びとだった——のなかで研究を続けていたという事実。

一九世紀と二〇世紀の古代地中海地域の歴史家のなかに、例外的に、人種差別主義者や反ユダヤ主義者でない歴史家が数人いた、あるいは、少なくとも彼らの学問研究は偏見によって損なわれなかった――これについて私はロジャーズとまったく同じ意見である。実際、私は『黒いアテナ』第一巻で、このような歴史家のうちの数人、たとえばヴィクトル・ベラールを論じた。ついでながら、ロジャーズはベラールが「初期ギリシア文明にエジプトおよび／またはフェニキアが与えた基本的貢献を論じていたのは、……バナールが命名した「アーリア・モデル」を「アーリア主義者」の学者が促進していたまさにそのときだった」と述べているが、これは誤りである（p. 430）。実際には、ベラールがもっぱら焦点を当てたのはフェニキア人だった（*BA I* : **377-383**〔邦訳四五二―四六〇頁〕）。エジプト文明が、エレウシウスの密儀とギリシャ文化全体の形成に中心的影響を与えたことを強調したのは、ポール・フカールだった（*BA I* : **264-265**〔邦訳三一二頁〕）。ロジャーズはこれと混同している。にもかかわらず、ここで重要なポイントは、彼の譲歩である。彼は私が状況を単純に見ていないし、逆行する重要な流れも否定していないと譲歩している。

ロジャーズは、とりわけ、私がギリシア史の泰斗ジョージ・グロートを不当に扱っていると主張する。彼が私を誤解しているのはあきらかである。彼はグロートが「ユダヤ人、反体制派、非国教徒にたいする高等教育問題に積極的に関与し、宗教教義と科学知識を分離する原則的立場を堅持した」と述べている（p. 434）。実際には、私は教育機会にかんするこのような特有の見解について、グロートのほぼ同期で同僚のギリシア史家、コノプ・サールウォールの考え方について言及したとき、彼はサールウォールと「一般に同じ意見」だったと述べた（*BA I* : **321-322**〔邦訳三八一―三八四頁〕）。グロート自身については、モミリアーノが二人の古代ギリシア史家のサークルについて述べたとき、モミリアーノに賛成した私は、次のような彼の意見を引用した。〔二人が属する〕「どちらのグループもミットフォードを嫌い、ドイツ語を話し、『クォータリー・レビュー』誌によって批判されていた。両者ともイギリスの政治的・学問的手法の自由化をめざし、またそのような手法を強固な哲学的な諸原理に基礎づけさせることを望んでいた」(*BA I*: 326-327〔邦訳三八八頁〕)。[5]

私はグロートについて次のようにも述べている。彼が「急進主義者および功利主義者として、……科学的精神に共感したのは当然だった。この科学的精神は、一八三〇年代のフランスでコントの実証主義という形で明確に表現されたものだった」(*BA I*: 327〔邦訳三八九頁〕)。にもかかわらず、ロジャーズが憤慨しているのは、私がグロートは「反ユダヤ主義、人種差別、ロマン主義という罪を犯している」(p. 432) とほのめかしていると、彼が考えているからである。ここでもロジャーズはわずかに正確さを欠いている。私はどんな意味でもグロートが反ユダヤ主義者だと示唆したことはない。私が彼をロマン主義者として描いたことは事実である。しかし、私はこれが犯罪的だとか、道徳的に罪だとか考えてはいない。にもかかわらず、私はグロートが「人種差別主義者」だと書いたので、ロジャーズの非難はいくらか当たっている (*BA I*: 336〔邦訳四〇〇頁。邦訳の底本は原書の旧版〕)。ところで、『黒いアテナ』第一巻の版には新版と旧版の二種類あり、新版ではこの箇所のテクストを書き改めた。[6] 実際、第一巻の旧版で私は、「おそらく例外はグロートだろう」と述べた。グロートが生きていたのは厳しい人種差別の時代だったが、彼がこの支配的なエートスを共有していたことを示す証拠はないので、このように慎重な言い回しをした。ロジャーズがこのニュアンスをよく考えたとは思えない。しかし、彼は五ページをついやしてこの問題で私を批判したのだから、批判するまえに、一九八八年に出た私の論文「イギリスの功利主義、帝国主義、〈古代モデル〉の没落」に気がついてもよかった。[7] 私はこの論文でもっぱらジョージ・グロートと彼の導師でジョン・ステュアート・ミルの父、ジェイムズ・ミルを論じた。論文では、当時のイギリスとヨーロッパで最も進歩派に属した彼らが「東洋人《オリエンタルズ》」、とりわけインド人と古代エジプト人を軽蔑していたというパラドクスの折り合いをつけようと企てた。グロートとジェイムズ・ミルは東洋人を文明の低い段階にあると見ていたばかりではない。ヒュームと同じように、彼らも東洋人を本質的に劣等だと見ていた。当初、私はグロートを例外扱いしていたが、それをやめたのはこのためだった。

二つの考え〔進歩思想と人種差別思想〕のあいだにパラドクスがあるのはあきらかだが、こんにち、私たちが「進歩的」ということばから反ヨーロッパ中心主義を連想するからこそ、このパラドクスが生まれる――これが私の論文の要点である。しかし、典型的な進歩はヨーロッパにあると考えたジェイムズ・ミルやジョージ・グロートのような功利主義者は、多くの――すべてではないにせよ――進歩のダイナミズムは、ヨーロッパ人の人種的本質に由来すると考えた。したがって、非ヨーロッパ的文化は一掃されなければならない過去の遺物である、というのが彼らの考えだった。しかし、このような進歩には次の二つの前提条件が必要だった。第一は、進歩はヨーロッパの指導下においてのみ可能だという条件。第二は、このような「後進的」社会に住む人びとは、本来、一九世紀の近代社会に適応できるのだという条件。このため、私はジョージ・グロートを「人種差別主義者」のリストに加えることにした。

しかし一九九八年、私は再び意見を修正した。というのは、デイヴィッド・レヴィと手紙をやりとりした結果、ジョン・ステュアート・ミルがアフリカ版の〈古代モデル〉を支持していたことが分かったからだ。[8] 同時に、一八五七年―一八五八年のセポイの乱に先立つ二〇年間、ミルは東インド会社に勤務し、インド諸州と東インド会社の関係を担当する責任者であり、セポイの乱の大きな原因の一つはインド文化にたいする東インド会社の極度の軽蔑にあった。対照的に、東インド会社の商人はしきりに――立派な理由からもうさんくさい理由からも――、西インド諸島貿易の商人の行動に憤激していた。[9] うさんくさいというのは、彼ら東インド会社の商人が奴隷貿易廃止運動とその後の奴隷解放運動の同盟者だったことは間違いないが、彼らは同時に、商売敵の西インド諸島貿易の特権を躍起になって制限しようとしていたからだ。この最も顕著な例は、ウィルバーフォース〔一七五九―一八三三〕の友人で、活動的な奴隷制度廃止論者のザカリー・マコーリ〔一七六八―一八三八〕（歴史家トマス・バビントン・マコーリ〔一八〇〇―五九〕の父）である。東インド会社に顔がきいたマコーリは、ジェイムズ・ミルを東インド会社の高級職であるインド通信審査部に世話した。一八二二年、ジェイムズと一六歳の息子ジョン・ステュアートは年配のマコーリを手伝い、西インド諸島産の砂糖と奴隷の特別待遇についての議会討論のための資料を準備し、東インド産の物品にたいする関税撤廃を主張した。やがてジョン・ステュアート・ミルはこの提案を支持する彼の最初の論文を発表した(10)。

したがって、ミル父子もグロートも非ヨーロッパの文明、とりわけインドと古代エジプトの文明を完全に軽蔑していた。そのうえ、ジェイムズ・ミルはこれらの文明が劣るのはそこの住民の先天的性質のせいだと考えた。しかし、同時に、少なくともジョン・ステュアート・ミルは西インド諸島については人種差別に反対だった。したがって、この部分のロジャーズの批判を私は受け入れ、厳しい人種差別の時代だったが、「おそらくグロートは例外だろう」という私の初版の記述に戻したい。にもかかわらず、非ヨーロッパの文化にたいする極端な侮蔑は彼の時代にはよくあることだった。私はいまもなお、この侮蔑が彼の〈古代モデル〉の軽視に影響を与えたと確信する。

歴史上の主張

ロジャーズはこの標題の節で、のちにギリシアとなる地域をエジプトとフェニキアが植民地化したのかどうかという議論には入りたくないと述べている（p. 435）(11)。彼はこの問題の議論を他の人びと、とくにヴァミュール、コールマン、モリスに委ねている。彼がこの節で最初に反対しているのは、ロジャーズが誤解している私の次のような主張である――こんにち、大部分の学者はこのような植民があったことを疑っており、これはただ、ロジャーズのことばを使うと、「(バナールが暗示する) 西洋の建国物語からエジプト人とフェニキア人を排除したいという欲求」(p. 435) からなのだ。他の例で私が指摘したように、ロジャーズは私が暗示していると言っているにすぎないが、私がこのようなことを言ったり書いたりしたことは一度もない。〔学者らがヨーロッパ建国の基盤だった〕エジプトとフェニキアを拒否するとき、この欲求がその背後にある一つの要素だとは思う。しかし、このような主張をしているのは私だけではない。ヴァルター・ブルケルトは、反ユダヤ主義がユリウス・ベロッホや他の一九世紀、二〇世紀の学者たちの研究に与えた影響をあきらかにした。最も尊敬されている古典学の始祖の一人K・O・ミュラー (一七九七年—一八四〇年) は、植民地伝説に最初に体系的な異議申し立てをした学者だが、古代エジプト人について、彼らは生来劣っているという偏見を持っていたことはあきらかであり、これもまた疑いない。[12]

現代の古典学者の先達である大部分の学者が、ギリシアの植民地化という伝承を否定したのは事実だが、この事実だけから、サラ・モリスやジョン・コールマンのような現代の学者が同じ結論に至るわけではない。このほかに、近代の懐疑論には少なくとも二つの要素がある。第一に、学者としての訓練期とその後のキャリアを積むなかで染みついた、新しい考えにたいする極度の慎重さ、ミニマリズム、必要条件としての立証という要素である。第二に、征服と植民地化という概念を嫌うリベラリズムという要素である。『黒いアテナ』第一巻とその他のところで詳細に主張してきたように、先史時代の歴史を理解する場合、ミニマリズムと必要条件としての立証は人びとを間違った方向に導く。ミニマリズムと立証を欠くために、可能性はあるが立証されない説でなく、妥当性のずっと小さい通説がそのまま温存されるのである。

私にたいする第二の反対は、私が〈諸文化が伝播する唯一の方法は征服である〉と主張しているという申し立てであり、この申し立ては以前からあった。[13] もちろん、そんな主張はしていない。私は単に、歴史上の記録が示すように、征服は伝播が起きる一つの方法であり、これと同じことが先史時代についていえる可能性は圧倒的に大きいと主張しているだけである。この場合、私はギリシア文明にたいするエジプトとレヴァントの大規模な文化的影響があったと見ているが、これを説明するため、侵略と植民のうち、どちらか一方が必要だと考えているわけではない。すでに論じたように、このような植民がおそらくあっただろうと私が主張するのは、『ケンブリッジ古代史』に収録されているフランク・スタッビングズの関連論文と同じ理由、すなわち、ギリシアの伝承と竪穴墓《シャフト・グレイヴ》から出土した考古学上の証拠が一致しているからだ。[14]

　ロジャーズは別のところで、ギリシアの形成にメソポタミア文明が果たした重要性については一般史の学者たちでさえ広く認めているのに、私がこの重要性を認識できていないとたしなめ、さかねじをくわせようとしている。メソポタミア文明が重要だというのは事実である。しかし、私のいうエジプトとレヴァントの影響は明確だが、「近東の」影響はほとんどつねに短期的で、あいまいで、一般的だった。[15]

　この批判に私はいくつかの異なるレベルで答えよう。まず第一に、エジプト文明とメソポタミア文明のどちらがより大きいのか、あるいはどちらがより創造的なのか、という文明間の競争は私の関心ではない。私の関心はただ、古代ギリシアの形成にどちらが大きなインパクトがあったか、だけである。この問題では、考古学上の証拠とギリシアの伝承から、エジプト文明に軍配が上がる。これは地理的観点から見てあきらかだろう。

　第二に、ロジャーズは私が「初期ギリシア文明に意味のある影響を与えた」のは、「エジプト人とフェニキア人だけ」だったと主張していると述べているが、これは正しくない (pp. 434-435 傍点原著者)。私がいま見直しているいくつかの箇所で、エーゲ海地域にたいするメソポタミアを含む南西アジア地域からの影響の可能性、あるいは、その見込みという問題を私は提起した。『黒いアテナ』第二巻の初め〔第1章〕では、クレタ島の青銅器時代のアギオス・オヌフリオス式陶器がシリア＝パレスチナに由来するという考えを受け入れている。また、陶器製造のろくろがアナトリア経由でメソポタミアから来たかもしれないとも述べている（*BA II*：70-72〔邦訳一五一―一五四頁〕）。初期青銅器時代末期のクレタ島の陶器と冶金にシリアの影響があることもみとめている（*BA II*：156〔邦訳二八三―二八四頁〕）。また、ミノア文化期の宮殿がその他の「中東的宮殿〔すなわち〕、メソポタミア、シリア、アナトリア等の宮殿」と似ているとも述べている（*BA II*：161〔邦訳二九一頁〕）。

その後、私は同じ『黒いアテナ』第二巻でヴェントリスとチャドウィックを引用し、一方のエーゲ海地域およびシリアと他方のエーゲ海地域とのあいだには、宮殿文書の記録様式や六〇進法にさえ、大きな類似性が見られるという彼らの説に賛成した。さらに私は、前者〔メソポタミアおよびシリア〕から後者〔エーゲ海地域〕への伝来は、おそらく、ヴェントリスとチャドウィックが考えたよりもっと直接的だっただろうとも主張した。私は次のように締めくくっている。「ミュケナイ文化期のエーゲ海地域とシリア＝メソポタミアのあいだには驚くべき並行関係がみられる。この説明には、〈ミュケナイ人支配者たちは、クレタ島では宮殿と筆記文字に加えて、彼らの前任者たちの官僚的伝統をも踏襲し、これが近東の一般的制度パターンに属していた〉というのが最善だろう」（*BA II*：442〔邦訳八〇八頁〕）。

『黒いアテナ』第二巻の終わり近くで、私はテーバイで発見されたメソポタミアから到来したカッシートの素晴らしい印章にかんする、イーディス・ポラーダの込み入った説明を議論した。そして彼女の主張を受け入れ、西暦紀元前一三世紀にエーゲ海地域とメソポタミア間の貿易関係は可能だっただろうと述べた（*BA II*：509-510〔邦訳九一二―九一三頁〕）。

『黒いアテナ』で、私は青銅器時代に関心を集中した。とはいえ、別のところでは鉄器時代における接触についても論じた。実際、二つの論文すなわち、ずっと以前に書いて一九八九年に発表した論文と一九九三年に発表した論文で、私はメソポタミアの社会的・経済的構造がギリシアのそれに与えた影響を強調している――しかし、それを伝達し修正したのはフェニキア人だったと私は考えている。[16] 私はまた、ギリシアの数学と天文学にたいするメソポタミアの影響についても書いた――しかしこの場合も、主としてエジプトを経由して伝達されたことに注目した。[17]

ここでも再び、どちらの論文の場合でも、私はフェニキアとエジプトによる伝達と修正〔によって、ギリシアに影響を与えたメソポタミア文明〕を強調はしていない。しかしそれは、メソポタミア文明に敵意があるとか、メソポタミア文明に賞賛の気持ちが欠けているからではない。地理上の理由からフェニキアとエジプトを強調しているにすぎない。メソポタミアからエーゲ海地域へ行くとき、アナトリアの山岳地帯を越えていくには多くの困難があり、レヴァントあるいはエジプトを経由して旅するほうがはるかに便利だった。[18] したがって、ギリシア人が受け入れた近東文化の形態は、エジプト的かフェニキア的のどちらか、あるいは、その両方の特殊な形態の近東文化という傾向があった。私が述べた古代ギリシアにたいする一揃いの際だって混合的な文化的影響と、ロジャーズのいう狭い意味での伝達――彼によれば私はそう主張しているそうだ――には、大きな矛盾はないだろう。

マーティン・バナールの神話

ロジャーズの「マーティン・バナールの神話」の節は主題と対象が複雑に入り組んでいるため、評価はむずかしい。彼はこの節で『黒いアテナ』第一巻の序で私が書いた自分史の部分を言い換えているので、当然、異議はほとんどない。にもかかわらず、事実の点でいくつかの誤りがある。たとえば、彼は私の『黒いアテナ』プロジェクトは「ベトナム戦争とアメリカの公民権運動の時代に胚胎」したと考えている（p. 441）。一般に、このような事態は被抑圧者にたいする私の共感を強めたが、一九七五年以前には、古代ギリシアの起源すなわち西洋文明の基礎について、私はまったく何も考えていなかった。

もう一つの誤解は、一九七〇年代のイスラエルの軍事的勝利の結果、私が自分のユダヤ的ルーツにより関心を持つようになったと彼が考えている点である。この誤りは、保守派がリベラル派を理解するのはどんなに難しいかを示している。イスラエルは勝利によって被害者の立場を完全に失ったので、イスラエルにたいする私の共感は増大ではなく縮小した。『黒いアテナ』第一巻のまえがきで述べたように、私が一九七五年に私が自分のユダヤ人的遺産に関心を持つようになったのは、「ルーツ」が流行になっていたからであり、また、米国ではじめてユダヤ文化に出会ったからだ。

私の自分史についての誤解は措くとして、ロジャーズはまた、私がギリシア文明にたいするヒッタイトの、フルリ人の、メソポタミアの貢献を無視していると主張している。すでにこの問題については論じた。しかし、鉄器時代のギリシアの宗教については、青銅器時代との結びつきがはっきりしている宗教を別にすれば、私は論文を発表していない。バビロニアの『エヌマ・エリシュ』やフルリ人の神々と、ヘシオドスの『神統記』の天地創造論のあいだにある妥当な結びつきも考察していない。他方、『黒いアテナ』第一巻の序で述べたように、ギリシア語に与えたエジプト語の影響の可能性を考察するよりもずっと以前に、フルリ語の影響を見いだそうとしたが、まったく発見できずに失望している（*BA I*：*xiv*〔邦訳一三頁〕）。ほかのところで、私はヒクソスのなかにいたフルリ語の話者が果した役割の可能性について多少詳細に述べたことがある。また、フルリ人の神テシュブという名前がギリシアの都市名のティスベとテスピアイに見られることにもふれた（***BA II***：**119-120**〔邦訳二二五—二二七頁〕，**346-350**〔邦訳六六四—六七一頁〕，**499**〔邦訳八九六頁〕）。(19)

エリック・クラインは、ミュケナイでのアナトリア産遺物の出土が、エジプトおよびレヴァントと比較すると少ないと評価しているが、私はこの評価を受け入れる。[20]「オリエントの」影響がインド＝ヒッタイト語を話すヒッタイト人からギリシアに到来したと見るイデオロギー的な選択が長い間続いてきた。にもかかわらず、青銅器時代のエーゲ海地域にたいするアナトリアの影響について私は議論している（*BA II* : 452-462〔邦訳八二三―八三八頁〕）。

私の自分史に戻ると、ロジャーズは次のように述べている。「（……バナールは『黒いアテナ』の背後の物語〔『黒いアテナ』が書かれた社会的背景や個人的動機などを指す〕を世界に理解してもらいたいと率直に説明しているが、これはおそらく彼の美点だろう）。しかし、熟慮の上、プロジェクトから得られた結果がプロジェクトを始めた動機と密接に結びついているらしいとなれば、学者は――バナール自身はそう感じているようだが――、両者の関係を吟味する義務がある」。もちろん、この言説はきわめて筋が通っている。しかし、ロジャーズはそこで続ける。「『黒いアテナ』〔プロジェクト〕を生んだ社会的・個人的文脈が〔バナールの〕語ったようなものだったとすれば、『黒いアテナ』というプロジェクト全体は、二〇世紀後期において、マーティン・バナールがアイデンティティを確立するため、彼の個人的闘争を西暦紀元前第二千年紀に投影した、根本的に人を誤らせる企てだったと考えないわけにはいかない」(p. 441)。「アイデンティティを確立するため〔の〕個人的闘争」について言えば、彼のイメージは誇張されていると思う。振り返って考えても、自分は何者なのかという真摯な疑問に、私のユダヤ的「ルーツ」への好奇心が反映したとは思わない。[21]私の背景には人種的・文化的混合があるので、古代ギリシアの起源のなかにそれと類似したパターンを見る傾向があったのかもしれない。しかし、もしも私が、このプロジェクトの正当性を示すと考える豊富な証拠を見出さなかったなら、このプロジェクトに私の人生の大半を注ぎこむことは決してなかっただろう。

ロジャーズは、私の「個人的闘争」としてのこの投影を「根本的に人を誤らせる」と見ているが、彼のこの見方があてはまるのは、私の著作の歴史的側面――これは歴史記述的側面の対極にある――だけである。なぜならすでに言及したように、彼は私の意見に賛同して次のように述べているからだ。「バナールは、……一部のヨーロッパの学者が古代のエジプトとフェニキアの初期ギリシア文明にたいする貢献をどのように根絶しようとしたかを再構成しているが、彼の再構成は私にとって疑問の余地がないように思われる」(p. 431)。とすれば、ここでは、私の「個人的苦闘」と見なしているものが私の学問をそこなうものではないと、彼は認めなければならない。

一般に、学問は社会的・心理的に決定されてはいないと私は考えている。さらに、最もすぐれた歴史家の多くは、同時代の急進的政治活動を念頭に著作してきた。『再考』の献辞に名前が挙がっているアルナルド・モミリアーノには、グロートの急進的政治活動と彼の『ギリシア史』との緊密な関係について精緻な論文がある。[22] したがって、歴史家と彼らの主題は、それ自体かならずしも有害ではなく、役に立つ場合もある。実際、歴史家と「彼の」歴史的問いかけの目的との関係について、ヴィルヘルム・フォン・フンボルト〔一七六七―一八三五〕はそれが不可避でもありまた望ましくもあると述べており、大半の歴史家は彼の主張に賛同するだろう。[23] 要するに、私のプロジェクトが「根本的に人を誤らせる」ものだというロジャーズの考えは――私を「にせ預言者にすぎない」と述べた彼の記述と同じように――、単なる彼の意見である。

ロジャーズの結論

これまでは、『再考』の最後から二番目のロジャーズの章をかなり詳しく論じてきた。これからは、『再考』の最後に「クオ・ヴァディス〔主よ、あなたはどこへいらっしゃるのですか(ヨハネによる福音書第一六章第五節)〕」と題した簡潔な結論で彼が述べたことを議論したい。この結論部分は、私の著作についての八つの疑問と、それにたいする寄稿者の答えの要約で構成されている。『「黒いアテナ」再考』が選んだ論文の著者は彼らの学問分野を完全に代表する研究者であり、したがって、彼らの私の著作にたいする評価は最終的評価として認められるべきである――このような想定の上でこれは書かれている。私はこの図式にたいして、三つのレベルで疑問を唱えることができると考えている。まず第一に、この本の序で論じたが、著者の選定に歪曲がある。第二に、学問分野にたいする異議申し立ての評価は――すべての学問分野の場合そうだが――、もっぱらその道の専門家自身にのみまかされてはならない。第三に、ロジャーズは『再考』に収録された応答を単純化したので、寄稿者のなかには私にたいする敵意が誇張されている場合もある。

それでは、ロジャーズの八つの問いを一つずつ考察しよう。

〔1〕エジプト人とは誰か

ロジャーズの第三の傾向は、この最初の問いにたいする扱いにあらわれている。ローリング・ブレイスの議論を単純化し、ロジャーズは彼と私の意見は完全に異なると示唆するが、実際には、私とブレイスにはいくつかの共通点がある。とりわけ、ナイル河谷をさかのぼるにつれて皮膚の色に連続変異があるという点と、王朝期以前の上エジプトの住民（ファラオ文明の創始者）と「ソマリ族以南の住民との違いは後期王朝時代の下エジプトの住民のそれと比べればほとんどなかった」（p. 154）という点で、私たちの意見は共通する。下エジプトの住民と似ていたのは、実は地中海地域周辺の人びとだった。しかし、形質人類学者ショマルカ・ケイタの意見によれば、彼らはいずれもアフリカ人すなわち東アフリカ人と北アフリカ人であり、私はこの意見を受け入れている。[24] なぜなら、王朝時代初期のエジプトには、メソポタミアの文化的影響の徴候があきらかに認められるが、エジプト学者のコンセンサスでは、アフリカ外部の人種が侵略してきた痕跡はまったくないからだ。

〔2〕古代エジプト人は「黒人《ブラック》」だったか

ロジャーズは、私が古代エジプト人について、「白色人種《コーカソイド》」と「黒色人種《ネグロイド》」という人種用語を用いているとほのめかしている。この問題については『黒いアテナ』第一巻で述べているので、ここでこれを——もう一度——繰り返させていただく。

それでは、古代エジプト人はいったい何「人種」に属するのか。その前に「人種」などという概念が、一般的にどこまで有効なのか、大きな疑問が生じる。なぜなら、この問題で、解剖学的な正確さを期することはほとんど不可能に思えるからである。それに、議論のために、仮にそれが可能だとしても、この問題で果たして答えが出てくるものであろうか。疑問はいっそうふくらむ。通常のばあい、この問題の研究から見えてくるのは、問題そのものよりも、研究者自身の資質であることのほうがはるかに多い。とはいえ、見えてくる確かな部分もあるにはある。少なくともこの七〇〇〇年にわたって、エジプトの住民はアフリカ系、南西アジア系、そして地中海地域系タイプの住民を含むものであったことは確実である。また、南方へ下れば下るほど、すなわちナイル川を上流へさかのぼるにつれて、住民の皮膚の色はより黒くなり、黒色人種《ネグロイド》的要素も強まってくる。これもまた七〇〇〇年来変わることのない傾向である。すでに序章で示したとおり、エジプト文明は基本的にアフリカ系であり、アフリカ系要素は古王朝・中王朝のヒクソス侵入前の時代の方が、それ以後の時代よりもいっそう顕著であると私は確信している。さらに、エジプト王朝の中でもとりわけ強力であったものの多く——たとえば第一、第一一、第一二、第一八王朝——は、上エジプトを拠点としていた。これらの王朝のファラオは、まずは黒人《ブラック》であったとみなすのが順当なところであろうと、私は信じている。(*BA I*: 241-242〔邦訳二八四—二八五頁〕)

私がこのように述べてから一〇年以上経過したが、いまの私なら、この一節をエジプトにおける身体タイプの連続性という方向で修正し、地中海地域周辺の住民の源流は北アフリカであり、その逆ではないと強調するだろう。最後の文章の「黒人《ブラック》」という語について言えば、他の箇所よりもっと限定的に使った用語だったことを私も認める。この問題は「黒人」という語のもつ意味論的領域に基本的な困難があることを示している。私はこの語を使いはしたが、古代エジプトの住民の外見がヨーロッパでいうステレオタイプ化された西アフリカ人だったと示唆したことは一度もない。現代の北アメリカでは、アフリカ人が先祖だったことを明白にさかのぼれる人を指して、「黒人」という語が用いられている。私はこの意味でこの語を用いてきた。こんにちのイギリスでは、この語はもっと広い意味で用いられており、南アジア人もそこに含まれている。

〔3〕エジプトはアフリカだったか

ほかのところでも書いたが、私は著書の名を『黒いアテナ』ではなく『アフリカのアテナ』にしたかった。[25] ここでも私とロジャーズの意見は異なる。なぜなら彼は、エジプト人と他のアフリカ大陸の住民をはっきり区別したいと考えているからである。彼にとって、「本質上、エジプト人はエジプト人だった」(p. 448)。しかし私は、『再考』のフランク・ユルコが書いた章で、大多数のエジプト人について次のように述べた彼の意見に従う。ユルコは「一部に外国との混合があったことは確実だが、古代から現代まで、基本的に、ナイル河谷では同質的なアフリカ人が暮らしてきた」と述べている（p. 65）。

古代エジプト人が〈アフリカ人だったこと《アフリカニシティ》〉を強調する理由は二つある。第一に、どういうわけか、古代エジプト人はアジア人あるいはヨーロッパ人だったという誤解があり、この誤解を正さなければならない。この神話を受け入れたのは二〇世紀初期の専門家だった。その後、二〇世紀のうちにこれが神話だと分かったが、彼らはこの事実を広めなかったため、この考えが世間一般に消えないまま残っている。アフリカ中心主義の主張には抗議の声があがる一方で、世間でしばしば古代エジプト人がヨーロッパ人として——北ヨーロッパ人のこともある——描かれているのを古典学者と古代史家が目にしても、かれらが沈黙しているのとは対照的である。[26]

エジプトをその他のアフリカと結びつける第二の理由は、〔エジプトの〕国もその他の住民も、その他のアフリカとつながっていたという単純な事実である。地理的に、エジプトは前王朝時代形成期（西暦紀元前五〇〇〇年—三四〇〇年）のあいだずっと、さえぎるもののないサバンナ——のちに乾燥化のため広大な地域のサハラ砂漠になったが——によって西アフリカと中央アフリカと結びついていた。その後、エジプトはナイル川によって中央東アフリカとつながった。エジプト人と東アフリカ人および北アフリカ人との生理学上の結びつきについては、ケイタもブレイスも認めており、この章の初めで論じたとおりである。先史時代を研究している一流のエジプト人歴史家フェクリイ・ハッサンや、その他の歴史家によって、前王朝時代の物質文化におけるサハラ（したがってサバンナ）および上ナイルと上エジプトとの関係があきらかになっている。[27]言語学上、エジプトの言語はアフロアジア超語族に属するが、この言語群がエジプトよりも南のアフリカに源をもつことはほとんど疑いない。[28]エジプトできわめて特徴的な独特の文化が形成されたことは疑いないが、この文化を他のアフリカ大陸の地域から切り離すとすれば、きわめて大きな誤解を生む。

〔4〕ギリシアは古代エジプトやヒクソスの植民地だったか

ロジャーズの応答は二つの思い違いから始まる。彼は次のように述べている。「バナールは、エジプトによるギリシアの植民地化は一回ではなく、二回あったと主張する。第一の植民地化は西暦紀元前第三千年紀のあいだだった。……そして第二の植民地化は西暦紀元前第八世紀／七世紀のあいだに行われた。このとき、エジプトから撃退されたヒクソスはアルゴリス地方を侵略し、そこを支配した」(p. 449)。前述したその他の場合と同じように、ロジャーズはここでも、私の本を断罪するのに忙しすぎて、注意深く読んでいないようだ。ロジャーズは、〈西暦紀元前第三千年紀のあいだに、エジプト人はギリシアを植民地化した、あるいは、エジプト人はギリシアに定住した〉と私が言っていると主張するが、これが最初のあやまりである。私は確かに、この時期のギリシア諸地域にエジプトの影響の徴候がみられると主張したが、次のように締めくくっている。「私たちが関心をもっているこの時期に、ボイオティア地方とエジプトのあいだにどんなかたちの関係が存在したのだろうか。残念だがその確定は不可能である。直接的な植民地化という形だった可能性はきわめて低い。〈沈黙からの議論〉は危険だが、エジプトの遺物も発見されていないし、エジプトの植民地だったことも立証もされていないばかりでなく、ボイオティア地方の筆記文字体系はエジプトのヒエログリフすなわち、ヒエラティック〔神官文字〕ではなくて、むしろエーゲ海地域の筆記文字体系であったということにも注目しなければならない」(*BA II*: 152〔邦訳二七六頁〕)。しかし、私はこの文章に続いて、西暦紀元前第三千年紀中期のエーゲ海地域にエジプトの政治的・軍事的影響力《プレゼンス》があった証拠は十分にあるので、〔エジプトが〕ある種の「宗主権をもっていた可能性はかなり大きい」〔邦訳二七六頁〕と認めている。

ロジャーズの第二のあやまりは、私がアルゴリス地方におけるヒクソスの植民地化について、これを西暦紀元前一六世紀に起きたヒクソスの撃退の結果と見ていると、彼が確信している点にある。実際には、私は『黒いアテナ』第一巻（p. 20〔邦訳六三頁〕）の序の始めで、ダナオスはヒクソス時代末期に到着したという伝承上の説は、古学上の証拠からは支持できないとあきらかにしている。したがって、私が提起した〈古代モデル〉の改訂の一つがこの植民の時期であり、私は植民時期をヒクソス時代初期に修正している（*BA I*：20〔邦訳六三頁〕）。何人かの昔の学者が認めていたように、伝承と考古学上の不明瞭な証拠から見て、ギリシア本土へのヒクソスの植民が始まったのは西暦紀元前一六世紀ではなく、それよりも早い一八世紀と一七世紀だったという考えに私は傾いている。[29]

〔5〕古代エジプト人　および／または　フェニキア人が初期ギリシア人に与えた言語、宗教、科学　および／または　哲学の分野への影響は巨大だったか

ロジャーズはこの節の始めに、「この領域の専門家のなかには、ギリシア文化が古代近東に借りがあることを疑う者は誰もいない」と述べている（p. 449）。しかし前述のように、このような率直な態度は最近の現象である。そのため、彼のこの言説はきわめて誤解を招きやすい。一九九二年、今やこの問題についての彼の著作が高い評価を受けているヴァルター・ブルケルトは、「ギリシア文明が東方からの刺激に借りがあるという私のテーゼは、今では八年前よりも挑発的でないようだ」と述べている。[30]一九六〇年代に、サイラス・ゴードンとマイケル・アストゥアは東からこのような刺激があったと示唆したが、彼らの処遇はきわめて厳しいものだった。[31]卓越した海洋考古学者ジョージ・バスは、彼と他の人びとが後期青銅器時代に東地中海地域でセム系の重要な影響があったと主張したとき、どのように扱われたかを熱く語っている。[32]前述したように、『再考』に収められたジェイサノフとヌスバウムの論文では、一九世紀の精神が少しも死んでいないことはあきらかである。近東の影響はインド＝ヨーロッパ語とギリシア語に及ぶことなく、インド＝ヨーロッパ語とギリシア語は独立していたと述べられているからだ。彼らが寄稿者として選ばれ、

きわめて重要な主題を執筆した事実は、彼らの準備はお粗末だったが、『再考』の編者がこの二人のインド＝ヨーロッパ語学者の極端な孤立論的考えに多少の共感をもっていることを示している。

ロジャーズは次のように続ける。「どのくらい大きな借りだったのか。バナールが主張するような巨大な借りだったのか、エジプト人とフェニキア人に限定される借りだったのか――これが真の問題である」(p. 449)。そして彼は、「この本に寄稿した人びとのコンセンサス」では、この二つの主張はどちらも否定されると主張する。当然の結果で、驚きはない。『再考』の編者は、セム語話者がエーゲ海地域に及ぼした多大な影響を強調した優れた学者――ヴァルター・ブルケルト、マーティン・ウェスト、サイラス・ゴードン、マイケル・アストゥア、ジョージ・バス、パトリシア・バイカイ――に寄稿を求めなかったからだ。[33]

にもかかわらず、ロジャーズは「証拠が示すように、エジプト第一八王朝とエーゲ海地域が一定のレベルで緊密に接触していたことは確実だ」と彼らに賛同している(p. 449)。このような接触を示す考古学上・文書上の証拠が大量にある以上、彼は賛同するほかなかっただろう。このため、著名なエジプト学者で東地中海周辺の文化関係の専門家のドナルド・レッドフォードは次のように書いている。「いままでのところ、まだ書状は発見されていないが、ミュケナイ文化期を通じてずっと、エジプトの宮廷がミュケナイの宮廷と書状を交換していたことを疑う理由はない」[34]。ロジャーズの議論は続く。「しかし、このような接触は「宗主権」に相当しないし、バナールの主張が求めているような、エーゲ海地域への実質的・文化的影響があったことも意味しない」(p. 449)。

ここで、ロジャーズが承認しがたいと述べた用語、「宗主権」について議論させていただく。エジプト語の単語で、標準的に「貢ぎもの」と翻訳される *inw* にたいする異論はずっと存在してきた。[35] レッドフォードは、エーゲ海地域から地元の豊かな物産をたずさえてファラオのもとに来た人びとは「善意の運び手」でもあったし、「貢ぎものの運び手」

でもあったと述べている。[36] 私が『黒いアテナ』第二巻で述べたのは、「エジプト人たちの解釈では服従行為とされた豪華な贈りものの贈呈式が〔繰り返し〕……行われた」ということだけである（p. 428〔邦訳七八六頁〕）。同じように、アメノフィス三世像の台座に、エーゲ海地域のいくつかの都市名がファラオの臣下として刻まれていたからといって、必ずしも、この都市の支配者たちが自分たちをファラオの臣下と考えていたことを意味しない（*BA II*：432-434〔邦訳七九二―七九六頁〕）。トゥトモセ三世は彼がエーゲ海地域に遠征隊を派遣し、住民たちを威圧したと主張しているが、この主張にどのくらい重きをおけるかということも不明である（*BA II*：426-427〔邦訳七八三―七八六頁〕）。統一王国エジプトと、西暦紀元前一四四〇年以後、ヒッタイトの脅威に直面して分裂状態だったミュケナイ諸国家とのあいだの富と権力の不均衡を考えれば、ある種の「宗主権」が存在しなかったというよりも、存在しただろうと私は考えている。これがなぜそれほど熱心に否定されなければならないのか。私の主な関心はその理由にある。

宗主権があったにせよなかったにせよ、両地域の密接な関係から見て、かなりの文化交流があったと考えられるだろう。また、他の条件が同じなら、この交流は圧倒的にエジプトおよびレヴァントからエーゲ海地域へ向かう方向だっただろう。しかし、実際には、他の条件は同じではなかった、なぜなら私たちは、青銅器時代のコンテクストのギリシアで、何百ものエジプトの遺物が発見されており、この時期のギリシアから、スフィンクスや鳥の形のバのような美術的モティーフも発見されていることを知っているからだ。エミリー・ヴァミュールは、死にかんする最古のギリシアの信仰のなかに、エジプトに由来するものがあるとあきらかにしている。[37] そのうえ、ギリシアの伝承は、宗教の多くがエジプトに由来したと伝えている。このような証拠の蓄積から、少なくとも後期青銅器時代については、この問題について古代ギリシア人が書いたことを受け入れたいと考えている人よりも、「〔エジプトの〕相当な文化的影響」を否定したい人の責務のほうが大きい。

「宗教の領域では、ギリシアの地で、エジプトとカナンの神々が土着の形態で崇拝されたことは皆無だった」と述べるロジャーズは、小さいが彼のイデオロギーが露呈する間違いをおかしている（p. 449）。実際には、ヘレニズム時代とローマ時代に、ギリシア全土でイシス祭儀とセラピス祭儀〔セラピスはオシリスとアピスの合成神〕が見いだされている。パウサニアスは、とりわけティトレイアでの祭儀にふれ、そこではエジプトの儀式が細部まで正確に守られていたと記した。[38] 私はギリシアの宗教あるいは文化一般がエジプトおよびレヴァントのたんなる投影だと主張したことは一度もない。重要な適応があり、古い形に革新部分が加わると同時に、すでに近東では失われた部分が保存されたことはあきらかである。にもかかわらず、「豊富な考古学上の証拠によっても、祭儀の領域で〔エジプトの〕大幅な影響があったという主張は裏づけられない」（pp. 449-450）とロジャーズは主張しているので、私と彼の意見は大きく異なる。

（青銅器時代にさかのぼる）死をめぐる〔ギリシアの〕祭儀に、エジプトの影響があったとヴァミュールが主張していることは前述した。最も重要なギリシアの密儀宗教、すなわちエレウシスの密儀の起源はエジプトだったという私の主張については、本書第16章に収録した〔メアリー・レフコヴィッツ著〕『アフリカ起源ではない』にたいする私の論評で詳細に論じた。[39]

ギリシア南部のアルカディア地方は古いものが最もよく保存されている地域であるが、学者でジャーナリスト、そして政治家でもあるフランス人のヴィクトル・ベラールは、この地方の祭儀にセム的な影響が広範囲に残っていることを論証した。しかし私の知る限り、これにたいして論駁どころか異議申し立ても行われていない。[40]

ロジャーズの要約は続き、彼は次のように書いている。「言語について、バナールがこれまでギリシア語にエジプト語とフェニキア語の影響があったと示した証拠は、広範囲に影響する立証に求められる標準的検査に合格していない」(p. 449)。私はすでに詳細に論じたが(*BA I* : 314〔邦訳三七二頁〕)、このような学問領域で、競合的妥当性ではなく「立証」を求めるのは不適切である。もし求めるのであれば、その立証責任は、ギリシアの伝承および歴史と地理の制約を否定したいと考えている人びとの側になければならない。ロジャーズが「標準的検査」という語で言及しているのは、『再考』のジェイサノフとヌスバウムの論文だけである。私は第6章で、彼らにはこの主題を論ずる能力がないとかなり詳細に論じた。ここでは、関連する三言語のことも言語借用の性格のことも知っている学者たちが、私の提案を批判的にしかし真剣に考察していると言うだけで十分である。[41]

「どの寄稿者も、初期ギリシア人がフェニキア人からギリシア語のアルファベットを手に入れたことについては異論がない。しかし……エジプト語とカナン語の筆記文字は歴史時代のギリシアではひろく使用されなかったという事実は残っている」(p. 449)。ロジャーズのこの主張には二つの間違いがある。第一に、『再考』の寄稿者のなかで、この問題を詳しく研究したのはサラ・モリスだけだが、彼女はギリシアに広範囲にわたるセム的影響があったことを強く確信している。[42] 第二に、カナン語のアルファベットが青銅器時代のエーゲ海地域に導入されたという私の提案を拒むにせよ、「カナン語」と「フェニキア語」を区別するというのは近代的考えであり、同時に、恣意的な考えでもある。「カナン語の」アルファベット以外の「フェニキア語の」アルファベットとは何なのか。

次いでロジャーズは科学の問題に向かう。しかし、ここでも彼は首尾一貫性を欠いている。彼は「エジプトがギリシアの数理天文学、数学、医学に影響を与えたという主張はやや有力な主張にすぎない」と述べる一方で、同時に「これらの分野で、エジプト人は絶対的な影響を与えた」とも述べている。本書と『「黒いアテナ」論争』に収められた科学についての論文が示すように、何人かの論者はロジャーズの第二の文章に賛同している。また、続く文章で彼が述べたことはほとんど問題がない。「ギリシア人の業績、とりわけ、数学と医学の分野の業績はきわめて著しく、独創的な業績になった」（p. 450）。

ロジャーズはこの節でも彼の主張を繰り返している。ギリシアが得たものは「レヴァント北部、アナトリア、そして結局はバビロニアとの関係からの方がずっと多かった。そこからの文化的影響は近東におけるエジプトの一般的影響をはるかにしのいでいた。さらに、バビロニアからの影響が伝えられてくる地理的ルートもはるかに多かった」（p. 450）。最後の文章はきわめて異例である。そこでは、エジプトとフェニキアの場合はエーゲ海地域と海によって直接接触していたが、メソポタミアの場合はそうではなかった、という地理的事実がふれられていない。青銅器時代でも鉄器時代でも、すべての考古学上・文書上・伝承上の証拠が示すように、このようないやおうない地理的制約がつきものだった。『黒いアテナ』第一巻で書いたように、〔ギリシアの〕アナトリア的源泉、すなわち「アジア的」源泉を強調するのは、セム語を話すフェニキア人の功績を認めたくないからだと私は考えている（pp. 391-392〔邦訳四七〇—四七二頁〕）。メソポタミア人は大部分がセム語を話すので、反ユダヤ主義という理由では、メソポタミア人〔の役割〕の強調は説明できないと思われるかもしれない。しかしアッシリア学者モルゲンス・トロル・ラーセンは、一九〇〇年ころの汎バビロニア主義の中心的な要素が、一般には西セム語を話す人びとの知的創造性、とりわけユダヤ人の知的創造性を縮小したいという欲求だった状況をあきらかにした[43]。私が反ユダヤ主義の責めを負わせているのは、こんにち、同じような反ユダヤ主義的考えの音頭をとっている学者ではなく、その学問的伝統のなかで研究している一部の学者である。このことをもういちどはっきりさせたい。

ロジャーズの最後の論点は、近東とギリシアの文化関係は「一方通行」ではなかったということだが、ここには実質的問題はなにもない。実際、私は後期青銅器時代の貿易におけるエーゲ海地域の経済的重要性を強調し、『黒いアテナ』第一巻の補遺でペリシテ人はエーゲ海地域からやって来た人びとだと主張した（*BA II*: 479-482〔邦訳八六四—

八六八頁〕；*BA I*：445-450〔邦訳五三四―五四一頁〕〕。にもかかわらず、文化の優勢な流れは、より古く、より洗練された大陸文化のエジプトおよびレヴァントから、当初それほど発展していなかったエーゲ海地域へ、という方向だったと私は確信している。

〔6〕ギリシア人は自分をエジプト人とフェニキア人の末裔だと考えていたか

問いの答えがノーだということはあきらかである。私はギリシア人がそう考えていたと述べたことは一度もない。(44)この質問は、私の考えの脆弱さ――実際にはそうでない――を示すため、私の考えを誇張しようという新手の企てである。古代人のなかには、〔ギリシアの〕或る王朝の先祖に神々がいたというのと同じように、エジプト人もしくはシリア人――あるいはその両方――がいたと主張した者もいた、というだけのことである。私はカドモス、ダナオス、ペロプスのような神話上の人物が実在したと考えているわけではないが、ミュケナイ文化期の王朝のなかに、南西アジアとアナトリアに起源をもつものがあったらしいということを考察している。私がアテナイ人のプロパガンダ――すなわち、彼らは自分たちを土着の人間だと主張する一方で、他の都市、とりわけテーバイ、アルゴス、そしてスパルタを外国から来た人びとがつくったと主張した――を私が真に受けているという批判には、本書の初めとほかのところで反論した。(45)アルゴス人はエジプトから来たダナオスとの関係を誇りにしていたが、テーバイ人もそれと同じくらい、カドモス（フェニキア人）によるテーバイ建国を誇りに思っていたことはあきらかである。(46)調査する必要があるのは、ボイオティア地方〔テーバイ〕およびペロポンネソス半島東部〔アルゴス〕と外国との関連を伝える伝承ではなく、むしろ、アテナイの土着性を伝える伝承だと私は考えている。

〔7〕一八世紀と一九世紀の学者は人種差別と反ユダヤ主義のため古代ギリシアのアフロ・アジア的ルーツを隠蔽したか

昔の学者が人種差別を唯一の理由として、このルーツの可能性を簡単に切り捨てたと私が主張したことは一度もない。はじめに、このことを繰り返しておく。私は他にもいくつかの理由を述べ、これらの理由も一九世紀初期にはきわめて重要だったと考えている。[47] ロジャーズは次のように主張する。昔の学者にとって、人種差別と反ユダヤ主義はそれほど重要でなく、「彼らには、バナールが主張している〔エジプトとレヴァントからの〕影響は巨大だったという証拠はほとんど目に入らなかった」という事実のほうがずっと重要だった（p. 451）。実証主義が一九世紀の立証の必要条件だったことを私は否定しない（いずれにせよ、立証は〔私たちの関心の的である時代の歴史記述には〕不適切だと私は考えている）。前述したように、古代の伝承については立証を要求したが、伝承に異議を申し立てた人びと〔たとえば一九世紀の学者〕には立証を要求しなかったのは事実だった。この事実は、学者の側に、学問的イデオロギーとは別の彼らの好み――一つが人種差別であり、もう一つがやや遅れたが反ユダヤ主義――があったことをはっきり示している。

インド＝ヨーロッパ語族の研究は〈アーリア・モデル〉が出現した重要な内在的理由だったが、このことは〈古代モデル〉が崩壊した要因ではなかった。〔第一に、〕一八二〇年代にK・O・ミュラーが〈古代モデル〉を激しく非難したとき、新しい歴史言語学の助けはなかった。第二に、私は著作でたびたび強調してきたが、ギリシア語は基本的にインド＝ヨーロッパ語族の言語であるという事実と、初期のある時期に、北方からの重要な影響がエーゲ海地域で作用したという事実を認めている。しかし、ギリシアにエジプトとレヴァントの影響があったという古代の考えがこれによって無効になることは決してない（*BA I*：439〔邦訳五二八頁〕）――私が強調するのはこの点である。このような古代の伝承を否定したからといって、〈ギリシア語はインド＝ヨーロッパ語族の言語である〉という同定が簡単にできるわけではない。

〔8〕『黒いアテナ』の学問方法は信頼できるか

「方法」の摩訶不思議さと、「方法」を利用して擁護しなければ擁護できない正統説について、私は第3章で論じた[48]。ロジャーズは考古学者たちの不満に言及し、考古学者は私〔バナール〕が「絶えず……このような考古学上の証拠が存在するというような誤った解釈をしている」と述べている(p. 451-452)。青銅器時代以前の考古学上の証拠は乏しく、青銅器時代でさえも証拠の解釈が分かれるということに異論はない。一方、『再考』に寄稿した考古学者のなかに、ギリシアとギリシア以外の東地中海地域との接触を専門にしている人は一人もいない。他方、アメリカ人でエジプト=エーゲ海地域の指折りの専門家エリック・クラインと、レヴァントとエーゲ海地域との関係についての傑出した考古学者ジョージ・バスは私の解釈に大きな異議申し立てをしていない[49]。

遠い過去を再構成する方法として、私が「競合的妥当性」を用いたことについて、考古学者やその他の人びとのあいだで意見が割れている。ロジャーズは、「利用可能なすべての証拠を前後の文脈のなかで評価する」というメアリー・レフコヴィッツの方式が好ましいと考えている(p. 452)。よくあるケースだが、学者のあいだで異なる結論が出た場合、問題が起きる。前述したように、古いアイディアには求められないにせよ、新しいアイディアに求められる立証という必要条件として、私は競合的妥当性が好ましいと考えている。すべての証拠がそろうのは不可能である。したがってそろうときまで待つとすれば、たとえ新しいモデルやパラダイムのほうが有望で妥当かもしれないとしても、通説がそのまま残るのである。

結論全体がそうだが、ロジャーズの最後の節の見出しの「クオ・ヴァディス」すなわち、あなたはどこにいくのか、は一風変わっている。これは私への問いかけなのか、それとも読者一人ひとりへの問いかけなのか。あるいは有名なラテン語の句の不適切な使い方にすぎないのか。ロジャーズはこの節で、アフリカ中心主義者の「人種差別理論」を私が奨励することによって、私は「正統的で重要で興味深い」疑問を提起することで得たかもしれない利益を台無しにしていると主張する。何度も述べてきたように、一部のアフリカ中心主義者の極端な民族中心主義的な考えを「人種差別」ということばで説明するのは無益である。「人種差別」という用語を使うときは、制度的・文化的権力と関連する考えに限定して使うべきである。[50] とはいえ、たとえその場合でも、私の研究が完全に、あるいは誤って、「純粋主義的」考えを奨励するために利用されるなら、私は不愉快である。しかし、私の研究が古典学と地中海地域の古代史の現状を支えることになるのなら、もっと不愉快である。作家リチャード・ポーは、(オクラホマ爆破事件〔一九九五年四月、オクラホマ・シティで連邦政府の入ったビルが爆破された事件〕にインスピレーション与えた)『ターナー日記』の著者ウィリアム・ピアス〔一九三三―二〇〇二。反ユダヤ主義で白人主義の極右組織ナショナル・アライアンスの創設者〕を支持するネオナチが、北西ヨーロッパの創造性と文化的独立性を強調する考古学者コリン・レンフルーの著作を利用していると報告している。[51] この極端な事例は、「白人の」ヨーロッパのギリシアを、それ以外の東地中海地域から切り離せと主張する人びとが、こんにちの米国と世界で最も強力で悪質な勢力の一つである白人の人種差別に慰めと勇気を与えていることを示している。

第9章　イギリスの功利主義、帝国主義、〈古代モデル〉の没落

近代ヨーロッパの社会諸勢力と、知識層の〈古代モデル〉から〈アーリア・モデル〉への移行は結びついている。私はこの章で、その強固な結びつきの解明を試みる。そのために、古代ギリシア史の記述において、何人かのイギリスの功利主義者が果した役割を考察する。[1]『黒いアテナ』第一巻では、ジェイムズ・ミルにはほとんど言及しなかった。一九世紀に最も学問的で影響力の大きい古代ギリシア史を書いたジョージ・グロートについても、ほんの数ページを割いたにすぎない。むしろ、ドイツの社会的・思想的・教育的発展と、一八三〇年代と一八四〇年代における「古典学」としての考古学《アルタートゥムスヴィッセンシャフト》のイギリスへの伝播が『黒いアテナ』第一巻の焦点だった。このような記述上の強調は正当化されることであり、〈アーリア・モデル〉にとっても私たちがいま知っている古典学にとっても、ドイツロマン主義は主要な動因だったという私の主張はいまもかわらない。とはいえ、私は故アルナルド・モミリアーノの企て――彼は啓蒙主義をロマン主義の系譜に対立すると位置づけた――を激しく批判したが、そのとき、イギリス固有の「啓蒙的」勢力について控え目に論じたことは間違いない。彼らはギリシア文明形成における非ヨーロッパ的要素の存在を退ける風潮の前面にはいなかったが。この章はこの不均衡を正す試みである。ここでは、多くの意味で、

その時代の最も進歩的・啓蒙的な人物であり、親友同士だったジェイムズ・ミルとジョージ・グロートの二人に焦点をあてる。

第一部　ジェイムズ・ミル(一七七三年—一八三六年)

二〇世紀から振り返ってみると、ジェイムズ・ミルが生み出した最も有名な作品は彼の息子、ジョン・ステュアートだった。ジョン・ステュアート・ミル自身がほぼ確実にそう思っていた。にもかかわらず、ジェイムズ・ミルにはもう一つ大きな作品があった。これについて、彼の息子は彼の自伝の初めの有名な文章で言及している。「私は一八〇六年五月二〇日、ロンドンで生まれた。『英領インド史』の著者ジェイムズ・ミルの長男だった(2)」。

息子ミルの伝記を書いたブルース・マツリッシュはその伝記のなかで、心理歴史学の観点から、母親を欠いたこの並はずれた三位一体を考察している(3)。しかし、私の関心は、より具体的な二つの側面にある。最初の関心は、ジェイムズ・ミルの思想にとって『英領インド史』が中心的意味があったことと、それとの関連で、彼も彼の息子も東インド会社の高級幹部職員になったという事実である。第二の関心は、ジェイムズ・ミルの長男にたいする並はずれた教育的配慮と、この教育の中心が息子が三歳のときに始まったギリシア語の学習におかれた事実である。したがって、ジョン・ステュアート・ミルは八歳になるころには、イソップの『イソップ物語』、クセノポンの『アナバシス』、ヘロドトスの全作品を(原文で)読み、「ルキアノス、ディオゲネス・ラエルティオス、イソクラテス、プラトンの対話編の六つを読んだ(4)」。私はこの章で、ジェイムズ・ミルの古代ギリシア、社会進歩、そしてイギリス帝国主義への情熱の関連づけを試みる。

ジェイムズ・ミルのギリシアへの関心は彼のインドへの興味よりも早く始まり、はるかに根本的関心として残った。ギリシアへの関心の始まりは比較的見分けやすい。ミルはスコットランド東部のメアンズ州に生まれたが、生地のスコットランドは、一八世紀には多くの点でイングランドよりもドイツ北部に似ていた。イングランドによる政治的・文化的併合に脅かされていたスコットランドの文化状況はドイツの文化状況と並行関係にあった。ドイツの多くの思想家は、スコットランドと同じように、自分たちの国はフランスとフランス文化の脅威にさらされていると考えていたからだ（*BA I*：204-207〔邦訳二四二―二四四頁〕）。宗教改革が完全に成功したスコットランド東部では、スコットランド高地人で改宗しない一部のカトリック教徒を目障りだと思う意識が強かった。したがって、ローマカトリック教徒とロマンス語話者に脅かされていたプロテスタントの北ドイツと〔スコットランドと〕の並行関係はさらに近かった。

ドイツとスコットランドは経済的・政治的に弱かったが、どちらにも医学と神学に密接にかかわる強力な学校制度と大学制度があり、それがうまくかみ合って医者と聖職者を輩出した。(5) イングランドとは異なり、スコットランドの制度では、教育を通じて社会的にかなり上昇することが可能だった。これにたいして、イングランドの二つの大学は紳士に磨きをかけ、古代の、とりわけ古代ローマの著作家の作品の読書と、ラテン語およびギリシア語での詩作を奨励した。このような教育は〔紳士に〕ふさわしいステータスを顕著に特徴づけたが、役に立たなかった。イングランドの教育は、スコットランドのより「実践的な」教育とは対照的だった。(6) にもかかわらず、スコットランドでも聖職者層を訓練するときには、当然、ラテン語と新約聖書のギリシア語が義務づけられた。一六世紀以来スコットランドには、ヨーロッパ北部の他の地域でもそうだったが、〈ローマ・カトリシズム、ロマンス語、ラテン語〉に対抗する〈プロテスタンティズム、チュートン語、ギリシア語〉の「同盟」と呼べるようなものが存在した。〔宗教改革者〕ルター〔一四八三―一五四六〕はギリシア語の聖書を用いて、ラテン語のウルガタ聖書〔ローマカトリック教会で用いられていたラテン語訳聖書〕とローマ教会に闘いを挑んだ（*BA I*：193-194〔邦訳二二九頁〕）。ドイツと同様スコットランドでも、一八世紀のあいだずっとギリシア研究は衰退した。しかし、生き延びたところもあった。たとえば、ジェイムズ・ミルが通ったモントローズ・アカデミーでは、ギリシア語は一六世紀に導入されて以来ずっと、継続して教えられていたようだ。(7) スコットランドの学校では、ギリシア語は優秀な学生にとって威信を高める科目でありつづけたと思われる。

一般にホメロスの詩はプロテスタントによって賞賛され、スコットランド東部がとくに中心だった（*BA I*：207-208〔邦訳二四五―二四六頁〕）。一七三〇年代には、アバディーン生まれのトマス・ブラックウェル〔一七〇一―五七〕が、ホメロスはギリシア黎明期を表現した詩人であり、これを転じて、ヨーロッパの幼少期を表現した詩人だったという考えのさきがけとなった。ブラックウェルは彼の後継者のロバート・ウッドやフリードリヒ・アウグスト・ヴォルフ〔一七五九―一八二四〕と同じように、ホメロスと彼の「民俗」文化はやや「北方系」だったということも示唆した。また、自作の詩を三世紀のスコットランドの伝説上の吟唱詩人オシアンの訳詩と称して発表したジェイムズ・マクファーソン〔一七三六―九六〕がブラックウェルの教え子だったことは、注目すべきであり、興味深い。一八世紀末には、マクファーソンによるオシアンの詩の「翻訳」はホメロス作品と同類だが、それよりも優れていると考えられた。オシアンの叙事詩は北方の寒冷な山地を礼賛するロマン主義の典型であり、その源には、このような寒冷な環境から「徳のある」自由人が生まれるというアリストテレス、タキトゥス、マキアヴェリにさかのぼる伝承があった。さらに、プロテスタントと理神論者のなかには、当然のように、ローマ・カトリシズムと専制政治を結びつけ、彼ら自身の信仰と自由を関連づける人びともいた。したがって、一般にロマン主義者のあいだで、とりわけスコットランド人のあいだで、初期のギリシアは――スコットランドのように――自由で、貧しく、純粋であってほしいという願望が広がっていた。このようなロマン主義的見方は――科学はそうでないかもしれないが――、芸術は穏やかな、あるいはひんやりした地理的環境に由来すると見る傾向とも関連していた（*BA I*：216-220〔邦訳二五六―二六〇頁〕）。したがって、一八世紀のスコットランド東部では、ギリシア文明の起源は中東だったという当時の通説を否定するのは当然だという傾向があった。ファイフ州のカーコーディ出身の若きアダム・スミス〔一七二三―九〇〕は、一七四〇年代にこのような不快な考えと格闘し、「天文学史」で次のように述べた。

その学説が明確に記録されて今日に伝えられている最初の哲学者たちが現れたのはこれら［ギリシアおよびギリシアの植民地］の地域においてであった。なるほど、法と秩序は、ギリシアにおいて確固たる地盤を獲得するずっと以前からアジアやエジプトの大君主国で確立されていたようである。しかし、カルデア人やエジプト人の学識についていろいろ語ってみたところで、やはり結局のところ、学問の名に値するものがこれらの民族にあったのかどうか、あるいは、専制支配は無秩序そのものにもまして安全と閑暇を破壊するものであり、しかも東洋全体を席巻していたので、それが哲学の成長発展を妨げたのかどうか、これは史料がないためにまず厳密に確定することができない問題である。(8)

一七六〇年代には、ブラックウェルと同じアバディーン出身のウィリアム・ダフが同じようなことを述べた。「ギリシアで諸科学は急速に発達し、きわめて高度な進歩を遂げた。……エジプト人が諸科学を発明したとすれば、これは彼らの独創性を証明している。しかしギリシア人は優れた天才の持ち主だったことを示してきた。……芸術と科学は中国人に長い年月知られていたが、彼らは天才を示していない……」(9)。

ジェイムズ・ミルの経歴は、スコットランドでは社会上層への移動が可能だったことを示している。靴直しの息子だった彼は、野心的な母親にせっつかれ、聖職者養成奨学金の援助をうけて、モントローズ・アカデミーに通学できたばかりでなく、大学にまで進学できた。一八世紀のスコットランドには、ミルの生まれた村から百マイル以内に四つの大学――アバディーン大学、セント・アンドリューズ大学、エディンバラ大学、グラスゴー大学――があった。他方、イングランドには、オックスフォード大学とケンブリッジ大学以外に大学はなかった。ミルの社会的移動性――あるいは、他の見方をすればイギリスのエスタブリッシュメントへの編入――は、イングランドでは不可能だった。（イギリスの）『人名辞典（ディクショナリー・オブ・ナショナル・バイオグラフィー）』の編者でヴァージニア・ウルフの父レスリー・スティーヴン〔一八三二―一九〇四〕は、彼の友人で同じように有能なフランシス・プレイスをミルと比較しており、この比較は興味深い。プレイスはイングランドの〔大学〕教育への道を閉ざされ、紳士の扱いをうけることは一度もなかった。したがって、ミルがエスタブリッシュメントの内部からの改革者になったのにたいして、急進派としてのプレイスは外部からそれを強く批判した。[10]

地元の地主サー・ジョン・ステュアートの後援のおかげで、ミルは一七九〇年、当時スコットランド啓蒙の中心として最盛期にあったエディンバラ大学に入学した。彼が大学で選んだ科目は、将来の功利主義者としてはやや奇妙にみえる。彼の伝記を書いた論理学者アレクサンダー・ベイン〔一八一八―一九〇三〕は、彼が数学の科目を取らなかったことに当惑した。[11]ミルが学んだのはギリシア語だった。しかも彼は、可能なすべてのギリシア語科目を取った。図書館の記録から、私たちは「彼がプラトンに惚れ込んでいた」こと、そしてプラトンの作品から多くを読み取ったことを知っている。[12]H・O・パッペが明らかにしたように、ジェイムズ・ミルのプラトン好きは息子に伝えられたため、イギリスのプラトニズムの確立は、一八七〇年以後にベンジャミン・ジャウエット〔一八一七―九三〕がオックスフォードにドイツの新しいプラトニズムを紹介するよりもずっとまえだった。[13]ミルはスコットランド教会の厳しい聖職者試験に合格したが、彼の説教は難解だったので、聖職禄を手に入れそこねた。そこで一八〇二年、彼は「文筆家」を目指してロンドンに向かった。

ロンドンでは、収入の範囲内で暮らすため、ミルは広範囲の問題についてけた外れの量の執筆と編集を引き受けなければならなかった。このときの仕事の多くは、彼がジェレミー・ベンサムの弟子になった一八〇八年以降、彼の功利主義の基盤となった。なかでも、トマス・テイラー〔一七五八―一八三五〕が提示したプラトンのイメージにたいする批判は興味深い。

トマス・テイラー（一七五八年―一八三五年）

トマス・テイラーは才気溢れる独学者であり、自然科学、数学、アリストテレスという興味深い道を通ってプラトンにたどりついた[14]。新プラトン主義とヘルメス主義に魅了されるようになった彼は、その伝承にしたがってプラトンを読んだ。理想主義と神秘主義のことばかり考えるようになった彼は、キリスト教を大衆の低俗な迷信であると拒否したうえ、自分はプラトン主義者であり、「真理陛下」に身をささげたエリートの一人だと宣言した。フランス革命以前には、テイラーの自由な思想はメアリー・ウルストンクラフト〔一七五九―九七〕や「ピュタゴラス派の」マルキ・ドゥ・ヴァラディのような当時の政治的・性的な急進派と彼を結びつけた[15]。しかし、テイラーはピュタゴラス派というよりも、はるかに首尾一貫したプラトン主義者だった。彼は民主主義には反対であると主張し、年齢を重ねるにつれて、フランス革命への全般的な反動のなかでますます保守化した。したがって、彼は依然として熱烈なプラトン主義者であり、プラトン、アリストテレス、新プラトン主義者らの著作の驚異的な翻訳家だったが、現状にたいする彼の異議申し立てが何かあったとして、それは右派の立場からの申し立てだった。おそらくそのためであろう、人びとの彼の著作の受けとめ方は、同時代人で彼より年上のシャルル・フランソワ・デュピュイにたいする反応とはやや異なった。二人とも神話を寓意と解釈し、ギリシアの神話と哲学は厳密にはエジプトに由来すると見てはいたが。テイラーは次のように述べている。

崇高なる知恵は、まず最初にエジプトの神官団のなかで生まれ、その後ギリシアで栄えた。ピュタゴラスは神秘的な数字のベールをかけてこれをやしない、プラトンは典雅な詩の衣装を着せて育て、アリストテレスはできる限りの科学的秩序にまとめてこれを体系化した。やがてこれは衰退に向かったが、アレクサンドリア派の哲学者のあいだでふたたびもとの輝きを取り戻した。これをプロクロスがアジア風のきらびやかな文体で描き出し、イアンブリコスが神の如く説明し、その深遠をプロティノスの著作が伝えた。[16]

デュピュイは腕木信号機を発明した優秀な科学者であり、哲学ではなく科学が彼の関心だった。古代ギリシアの神話を解読した彼は、これをエジプト＝ギリシア神話であると解釈し、その基礎に天文学があると考えた。テイラーよりもはるかに脅威になるやり方で、彼はキリスト教への軽蔑を政治的急進主義と結びつけた。一七九五年から一七九九年の総裁政府時代に、彼は政府の文化問題担当の長官をつとめ、その後の執政時代には立法機関の議長になった。したがって、デュピュイはフランス革命とナポレオンによる政治的・軍事的脅威の文化的・神学的側面を代表していたと思われる。一八一五年以後の反動の時代には、彼は政治的・宗教的正統派のあいだに恐怖を呼び起こしたと思われる（*BA I*：250-251〔邦訳二九四―二九五頁〕）。このために、そして彼が不愉快にもエジプト〔の功績〕を強調したために、デュピュイは今ではほとんど知られていないと、科学史家ジョルジオ・ド・サンティリャナは示唆している。[17] テイラーもまた、一九世紀中期のアメリカの先験主義者のあいだで知られていることを別にすれば、忘却の淵に沈んだ[18]。

テイラーは権力のない変人だったにせよ、彼を批判する二編の論文を書く価値があるとミルは考えた。彼の執筆動機は、当時、プラトンの著作を英語に訳したのはテイラーだけだったという事実にあった。最初の論文は一八〇四年に彼の雑誌『リテラリ・ジャーナル』に載った。第二の論文は一八〇九年に『エディンバラ評論』誌に発表された[19]。誰が著者かを知らずに、第二の論文を呼んだイギリスの詩人で歴史家のキャスリーン・レイン〔一九〇八―二〇〇三〕は、これは一方の一八世紀のアン女王時代〔一七〇二―一四〕の文学者および一九世紀の功利主義的唯物論者と、他方のロマン主義的古代ギリシア研究者との間の論争だと考えた[20]。この二分法はまったく誤解を招く。実際、ロマン主義と啓蒙主義のあいだの対立はつねに不明確だが、ここでは完全になくなっている。一八世紀のアン女王時代の文学者がギリシア人に用心していたことは間違いない。このケースはまた、異教徒のテイラーが「近代の帰納的哲学」に宣戦布告したケースだった。常識と帰納法を擁護するキリスト教徒のトマス・リード〔一七一〇―九六〕の影響を受けていたミルは、帰納的推論を弁護しないわけにはいかないと感じた[21]。さらに、ウィリアム・ブレイク〔一七五七―一八二七〕は――彼をロマン主義者と考える限り――、テイラーに深く影響されていた[22]。パーシー・ビシュ・シェリー〔一七九二―一八二二〕やサミュエル・テイラー・コールリッジ〔一七七二―一八三四〕もテイラーが紹介した新プラトン主義者に感銘を受けていた。

テイラーがロマン主義者とギリシア賛美者に影響を与えたのは事実だが、彼自身はそのどちらにもならなかった。テイラーをロマン主義者と分類するのは困難であり、それには多くの理由がある。第一に、彼はヘルメス主義とフリーメーソンの伝承を堅持し、言語について懐疑的だった。彼は、言語は真実をあらわにもするが同時に隠蔽もする、また、「言語は、実際には、事物に従属するものにほかならない[23]」と主張した。ロマン主義者は無意識の言語や歌を愛したが、テイラーはヘルメス主義者やフリーメーソンの団員と同じように、意識的につくられた寓意や目に見えるシンボルのほうにより多くの関心があった。第二に、絶対的・普遍的真理を論ずるとき、テイラーには、ロマン主義的な地理的決定論と地域的特性および民族性への愛着が完全に欠けていた。一九世紀のギリシアについてのロマン主義的イメージは、シェリーの『ヘラス』に典型的にあらわれているように、ヨーロッパ文化の純粋な源流としてのイメージだった。これは新プラトン主義者のテイラーのコスモポリタン的考えとはかけ離れたもので、むしろジェイムズ・ミルの考えに近かった。

一方にはアン女王時代の文学者および功利主義者、他方にはロマン主義的ギリシア賛美者、というレインの分類がなくなるとすれば、ミルはなぜテイラーをそれほど激しく批判しなければならなかったのか。レインはテイラーとミルの大きな違いについて正確に指摘している。それは、ミルのコモンセンスおよび実用主義と、テイラーの理想主義的神秘主義のあいだの違いだった。二人のあいだにはもう一つの違いがあった。それは〈ギリシアは古代エジプトとオリエントの知恵を保存し伝達した〉というギリシアの伝統的な見方（テイラーの主張）と、〈ギリシアはこの〔ヨーロッパ〕大陸の芸術と哲学のすべての発祥地であり、純粋にみずからを創造したヨーロッパの幼年時代だった〉というヨーロッパ中心的なギリシアのイメージ（シェリーとミルの説）の違いだった（*BA I*: 281-307〔邦訳三三〇―三六二頁〕）。

したがって、レインの分類の主な欠点は、一九世紀の功利主義者を彼女が誤解したことにある。ベンサム（一七四八―一八三二）はロック、ヒューム、その他の近代の著作家によって思想形成をした一八世紀の人間であり、ギリシア語が読めず、古代ギリシア人に疑いをもっていた。対照的に、一九世紀の彼〔の思想〕の主唱者ミルは、彼の最も有名な弟子ジョージ・グロートと同じように熱烈なギリシア賛美者だった。(24)

実際、テイラーにたいするミルの非難の一つは、テイラーが、退廃的なアレキサンドリア派の新プラトン主義者によって汚染され、「オリエント化」したヘレニズム的なプラトンを復活させたことに向けられた。「実際、これらの人びと〔新プラトン主義者〕は古代哲学のにせ専門家だった。近代には、彼らの乱暴な著作や破廉恥な生涯と比べられるようなものは一切ない。オリエント神学の特徴である寓意に、ギリシア形而上学の最悪の特徴であるこじつけを粗雑に混合したものだからだ」[25]。ミルは、テイラーが一五世紀に新プラトン主義を復活させたマルシリオ・フィチーノ〔一四三三―一九九〕のヘルメス主義の伝承に追随し、プラトンのギリシア語の原典ではなく、フィチーノのラテン語訳に従っていると非難した[26]。これがミルの戦いの武器だった。彼はテイラーがギリシア語を知らないことをあきらかにした。十分な教育を受けたミルにたいして、テイラーは独学であり、いくつかの専門的な点――ただしそれほど重要ではない――でミルはテイラーをやり込めた。いくつかの点でロマン主義者の専門家の憤激をかっていたテイラーだったが、もっとも有名なのは、彼がギリシア語のアクセントを完全に無視したことだった[27]。アクセント無視はあきらかに、テイラーの「真理」への関心の持ち方と結びついていた。彼の関心は、言語が明らかにしたり隠したりする「真理」だった。「真理」を伝える媒体の言語そのものではなかった。テイラーは彼自身について述べた次の文で、彼の優先事項をあきらかにしている。私について「しばしば耳にするのは、ギリシア語を通じてギリシアの哲学を学んだというよりも、ギリシアの哲学を通じてギリシア語を学んだ人だという話である」[28]。

ミルとプラトン

テイラーを攻撃し、純粋に古典ギリシア時代のプラトンを「オリエント的」新プラトン主義者から切り離そうとする努力のなかで、イギリスにいたミルはきわめて斬新なことを試みていた――ドイツでは、シュライエルマッハー〔一七六八―一八三四〕が、一八世紀末に確立した新ギリシア的・ロマン主義的伝統に従って同じことをしていた[29]。一八世紀中期には、ウィリアム・ウォーバートン主教〔一六九八―一七七九〕のような学者、哲学史家ヤコプ・ブルッカー、そして歴史家で政治家のアンヌ＝ロベール・テュルゴー〔一七二七―八一〕のような思想家は、プラトンを後期の退廃したエジプト人のなかに位置づけ、近代的哲学者とは一線を画した。彼らによれば、近代的哲学者の嚆矢はフランシス・ベーコンであり、過去に人物を求めるとすればそれはアリストテレスだった（*BA I*: 197-200〔邦訳二三四―二三七頁〕）。一九世紀にはいってもかなり長いあいだ、プラトンは一般に、哲学者というよりも魅惑的な詩人と見られていた（*BA I*: 475 n. 35〔邦訳五八六頁〕）。ところが、ミルの「功利主義的」プラトンはまったくそうではなかった。彼は次のように述べている。

〔彼〔プラトン〕〕の仕事は、調査のための見本を提供し、それに光をあて、個々の点を分析し、疑問や仮説を出して思索を奨励することである。なにか体系的な考えを主張し、それを確立することではない。……世のなかには、ものごとにせよ方法にせよ、プラトンの著作と自称プラトン主義者の著作ほど互いに異なるものはない。プラトン主義者の仕事は、どんなものもすべて超自然にかかわっている。しかしプラトンの仕事は――私たちはそこからはるか遠く離れてしまったが――、どんなものもすべて、道徳すなわち政治、あるいはせいぜい形而上学が主題である。プラトン主義者のことばは、彼らの思想と同様、荒々しく、神秘的で、不明瞭である。プラトンのことばはつねに優雅で、多くの場合きわめて華やかで雄弁である。そして、抽象的思想の本性を説明しようと彼自身が不毛な試みに頭を悩ませていなければ、そのことばはきわめて明晰で適切である。[30]

この見方はいまなお優勢であり、あきらかにこれを裏づける多くの証拠がある。[31] しかし、先駆者としてのミルは、彼の後継者の場合は避けられた多くの問題に直面しなければならなかった。前に見たように、ミルはプラトンの著作の神秘的な部分に限定を加えなければならなかった。また、「[彼の著作のなかには]ある種の警句と見なされなければならないところが数カ所ある。この箇所の著者の主なねらいは彼の天才たる見本を示し、誇示することだったと思われる」と白状しなければならなかった。[32] ミルが嫌いなプラトンのほかの著作については、これはたんにこの哲学者が「冗談と本気の狭間で口にした言説であり、……まじめに考えた言説ではなかった」と述べた。[33]

ミルが大嫌いだったのは『ティマイオス』だった。この第一次テクストをアレクサンドリア学派とのちの新プラトン主義者が解釈していたからである。『ティマイオス』や『クリティアス』の翻訳が加われば、プラトンの対話編の完全訳になっただろうが、フリードリヒ・シュライエルマッハーが翻訳出版しなかったのは興味深い。[34] ミルはこの対話編について論じ、次のように述べている。

プラトンの好敵手は雄弁家だけではなかった。彼は哲学者自身の武器を用いて、哲学者と競い合いたいとも考えていた。〔当時〕ソフィストは宇宙の起源と秩序の説明が彼らの主な仕事だと自慢し、実際にそういう評判だったので、プラトンは彼らに、それがどんなに容易な仕事かということを示したかったと思われる。そうすれば、彼は彼らよりも優れているということになるだろう。したがって、彼は『ティマイオス』のなかで、その対話の名前になった哲学者の口を通して、これまでどの哲学者も思いつかなかったようなはるかに独創的な天地創造論を考え出した。しかしこの天地創造論が示しているのは、これによって宇宙が始まり、宇宙がつくられたという一つの形式《モード》にすぎない。これをよりどころにして事実を関連づけ、なにかを詳細に描き出すというようなことではない。したがって、この形式を私たち読者に示してるのはソクラテスという人物ではない。プラトンがソクラテスという形式を使って、彼自身の考えをつねに語らせているのだと考えなければならない。しかし、対話編『ティマイオス』に登場したのは異国の哲学者、異国の学派だった。しかしこの対話編では、アレクサンドリアの賢人たちは、もっともらしいが都合の悪い理由づけを語っていた。彼らは、自分たちが哲学の名で探求した神秘的で無謀な考えの創始者は、高名なギリシア人だと主張した。(35)

この段階で、そしてこの状況のなかで、ミルの主要なプラトンのテクストは、形而上的な『ティマイオス』から——主として——政治的な『国家』に変わった。

ミルとインド

しかしこの章の関心は、プラトン像の糊塗を企てたミルの特定の側面すなわち、無謀で不合理なエジプトとアジアの信奉者から、理性的でヨーロッパ的な哲学者として、プラトンを解放しようとした彼の努力にある。シュライエルマッハーはプラトンをヨーロッパ化し、キリスト教からそのオリエント的・セム的要素を除こうとしたと思われるが（*BA I*; 321〔邦訳三八一頁〕, 48〔邦訳なし〕）、これにたいしてミルは、アリストテレスからさかのぼり、プラトンとソクラテスをヨーロッパ哲学の創始者として確立した。(36) 以下に示すように、ヨーロッパと理性のあいだには、排他的で壊すことができない結びつきがあるとミルは考えていた。

ここから私たちはミルのインドへの関心に行きつく。これは彼と彼の息子の生涯に大きく影響することになった関心だった。彼が何らかの「永続的著作」を書きたいと思っていた経済的理由ははっきりしている。このような著作を書くことで、彼は友人たちから相応の収入を保証されていた。最初の息子ジョン・ステュアートが生まれたとき——

彼の後援者の名前を採っての命名だった——、この問題は彼にとって深刻なものになった。[37] 結果的に、ジェイムズ・ミルの『英領インド史』ははなばなしく彼のキャリアを保証したが、彼の選択が露骨に計算されたものだったかどうかは分からない。彼がこの問題に特別な関心をもっていなかったとは考えにくい。彼はこのプロジェクトの序文で、インドについて「必須の情報資料」を含む本は一冊もないので、このような本は必要だと述べており、これには説得力がある。[38] しかし、まず第一に、何が彼をこの問題に導いたのか。彼を惹きつけたのはインドそのものではなく、この亜大陸にたいするイギリスの活動だったことはあきらかである。これとの関連で、注目しなければならない興味深いことは、一八〇四年五月、彼の『リテラリ・ジャーナル』誌にインドで長く過ごした牧師ウィリアム・テナントが著した二巻本、『インドの娯楽……』の書評が載ったことである。この二巻本の著者も書評者も、インド人を徹底的にさげすんでいた。彼らによれば、インド人には「歴史がない」、そしてインド人にとってイギリスの支配は解放だった。[39] 「歴史」を持つことができるのはヨーロッパ人だけである、という新しく確立されたドグマがあってのみ、ミルの本の表題を『英領インド史』とする必然があった。書評者はテナントの態度とこの二巻本に含まれる大量の情報を称賛しているが、混乱する情報に不満を述べている。これはちょうど、ミルが彼の『英領インド史』の序文で「取るに足りない些末なものが大量にあり、そのなかに役に立つものが埋もれていた」と嘆かなければならなかったのと同じだった。[40] ミルはほぼ確実にテナントを読んでいた(書評を書いたのはおそらく彼だろう)。彼が『リテラリ・ジャーナル』誌の編集者だったという理由からだけではない。そこにはインド原住民について、彼らはジャンガナート *Jangernauts* という宗教的な巡礼と祭りの「怠惰で金のかかる儀式に時間を消耗している」と述べた一節が含まれていたからである。[41] ジャガナート〔ヒンズー教でヴィシュヌ神の第八化身であるクリシュナ神の像〕に由来する「ジャグ」という語は、功利主義者がキリスト教や宗教全般への軽蔑を表す一般的な語になった。実際、ミルがインド人全般、とりわけヒンズー教徒を軽蔑したもう一つの理由は、彼らの狂信的な信心深さにあった。ミルは一八〇八年にベンサムに出会ってまもなく、信仰を捨てていた。

しかし、ミルの主な関心はイギリス商業にたいするインドの重要性にあった。一八〇七年、ミルは「商業を擁護する――商業は国民の富の源泉ではないと証明しようと企てたスペンス氏、コベット氏、ならびにその他の諸氏の主張に答える」というたいそうな表題の長い論文を書いた。(42) ミルにとってインドは、その後の一四〇年間の帝国主義者にとってと同様に、イギリスの富と進歩のため、欠くべからざる支柱だった。

当初のもくろみでは三年で書き終えるはずだったインド史は、実際には一二年かかって脱稿した。一〇巻の本が最終的に出たのは一八一八年だった。したがって、この著作はどの節の場合も、書き始めた時点と書き終えた時点を正確に示すことはむずかしい。しかし、彼がまえがきで述べた考え方の概略は、書き始めたころすなわち、彼がテイラーを攻撃していたころ――そしてベンサムの友人で弟子になった一八〇八年以前――から、おそらく彼の念頭にあったと思われる。

ミルは最初から、歴史家は「裁判官」――ギリシア語でクリテース *kritēs*――でなければならないし、自分の書いている歴史は「批判的歴史」になるということをはっきりさせていた。彼は「真の原因と偽りの原因を弁別し、真の結果と偽りの結果を弁別する」と述べている。(43) これは古いアプローチではなく、ミルはここでギボンが確立した方向に従っていた。ミルが著述するよりもまえの数十年間に、ドイツの学者、とりわけゲッティンゲン大学出身の学者がクヴェレンクリティク〔史料批判〕*Quellenkritik* を発展させていたが、これについては本書の別のところで概略を述べた。(44) ドイツでもイギリスでも、史料批判はほとんどもっぱら、ヨーロッパ文明を貶めると解釈できる証拠、あるいは、他の国々の文明に有利な解釈ができる証拠を簡単に切り捨てるために使われた。(45) 私たちはまもなく、これがどんなにはっきりミルの『英領インド史』にあてはまるかを見るだろう。

彼がまえがきのなかではっきりさせた第二の点は、予見できる反対論をまえもって阻止する企てだった。「この本を書いた著者はインドに行ったことがないと言う声が出てくるだろう。また、著者が東洋の言語を知っているとしても、ほんのわずかで初歩的な知識しか持っていないと言う声も出てくるだろう」[46]。彼の弁論は妥当だった。タキトゥス以来このかた、多くの優れた歴史家は彼らの関心対象の国々の言語を知らなかった。しかし、ミルは続けて次のように述べた。「知的習性は単なる観察だけで得られるし、言語の獲得によっても得られる。しかしこの知的習性は、結合する、識別する、分類する、判断する、対照する、比較考量する、推論する、帰納するなど、要するに哲学的考察能力から得られる知的習性とは異なる。原石としての史料から、貴重な金属を抽出するために最も重要な能力は、この哲学的考察能力である」[47]。この文脈では、ミルがテイラーを攻撃したとき、彼に言語能力がないことをことさら強調して攻撃したことが思い出されて興味深い。ミルは関心のある国に行くことに反対だと主張しているが、この主張にはより直接的なイデオロギー性があった。

インド史を書くすべての資格はヨーロッパで得ることができるが、そのうえさらに、その国へ出かけて、当地の人びとと会話することでのみ得られる優位をもっている人はいるだろう。そのことまで私は否定しない。しかし、ものを考える人間が満足するインド史を構成しなければならないとすれば、その資格はヨーロッパでのみ得ることができる。その場合、彼はインドで得られる資格だけでインド史を構成しなければならない人よりも、ほとんど無限なまでにその仕事に適している。そして一方の資格の獲得は、他方の資格の獲得とほとんど両立できない。以上のことを私は毫も疑わない［傍点引用者］[48]。

理性はヨーロッパだけの占有物であり、批判的思考はこの大陸でのみ生じうることを明確にしたミルは、続いて、長い時間と広い空間を扱うインド史のような場合、必然的に第二次史料に依存しなければならないし、このような史料のほとんどすべてはヨーロッパ人のインドについての報告であると述べた。インドからの多彩な証拠を精選するには、「最も優れた男性」（ミルは息子と異なり、大部分の彼の同時代人と同じように女性歴史家の可能性は考えなかった）はヨーロッパにいる歴史家であり、彼はこの亜大陸に行ったことがないというまさにその理由から、裁判官のごとく公平だった。[49] ヨーロッパやイギリスに有利な立場から見ると、〔歴史〕像がゆがむという考えは提起されなかった。征服者側に所属することによって、歴史家が不公平になるという可能性も彼は考えなかった。他の多くの人びとにとってと同じように、彼にとっては、当時もいまも、北ヨーロッパの上層階級が普遍的人間だった。

ミルがヒンドゥー「文明」を好意的に見ていなかったことは驚くにあたらない。彼によれば、ヒンドゥー人の統治は「専制的」で、つねに劣る彼らの法は退歩し、彼らの慣習は「堕落」し、宗教は「嫌悪すべき」ものだった。彼らには哲学の名に値するものがなく、彼らの軍事上の技能はきわめて残酷だったが取るに足りなかった。彼らの医学は原始的で、いわゆる美術はこまごましたものしかなかった。なかでもとりわけ、彼らには神秘的で中身のある「歴史」が皆無であり、事件が連続するにすぎない。一九世紀の大部分の思想家と二〇世紀の多くの思想家の目からみると、歴史をもっているのはヨーロッパだけだったので、ヨーロッパのレベルは他の諸大陸にくらべて絶対的に高次だった。[50]

このような全般的な劣等性について、カール・マルクス〔一八一八—一八八三〕を含む一九世紀の多くの著作家は、世界史の尺度で見たとき、非ヨーロッパの文化はヨーロッパそのものよりも後進的であることを示す指標と考えた。ミルはこれを応用する危険を知っていたが、この考えをもてあそぶ場合もあった。「嘆かわしいが、哲学者はいまなお文明の主要な段階を確定する明確な基準を規定していない……。彼らはヨーロッパの主要な一、二国が文明の頂点にあると決めているにすぎない。どの国についても、ちょっと外観を眺めて、それが比較基準のなかの最も明白な外観に似ているという印象を与えれば、彼らはすぐにその国は文明国だと考える」[51]。しかし、ミルはこの原則を『英領インド』のなかで完全に否定した。

封建時代のヒンドゥスタン人文明とヨーロッパ人文明が、互角でなくはないと言うとしても、子細に検分すると、まず第一に、ヨーロッパには宗教ではローマ教皇制度があり、哲学では欠点のあるスコラ学者がいたにもかかわらず、ヨーロッパ人は優秀だったことが分かるだろう……。私たちの先祖の男らしさと勇気は、ヒンドゥスタン人の卑劣な奴隷根性と比べると、作法と品性の点で高い順位にある。丁重さと物腰の面で、ヒンドゥスタン人は〔ヨーロッパ人のなかの〕軟弱な人たちより劣る。私たちの先祖は粗野だったが誠実だった[52]。

この引用文が提起するテーマは、クレオパトラと彼女の文学上の鏡像であるディードー（西暦紀元前一世紀にウェルギリウス〔西暦紀元前七〇―一九〕が創作した人物）にまでさかのぼるが、これは一九世紀と二〇世紀の標準的テーマだった。ヨーロッパすなわちアーリア人は本質的に「男性的」であり、女性にたいする男性の優位が「自然」であるように、東方と南方の劣った「女性的」人種にたいする彼らの絶対的優位は「自然」である、というテーマだった。ミルはもっぱらインドにだけ偏見を持っていたわけではなかった。彼によれば、インド人はたんに典型的なアジア人にすぎなかった。「このことは、ヒンドゥー人についての調査に特別な関心と重要性を与える。彼らの文明段階が中国人、ペルシア人、アラビア人の文明段階とほぼ同一であることは疑いない」[53]。

ミルは数ページをついやして、西欧人が最近報告した中国の政治と社会の悪弊について論ずる。実際、このような報告は、一七世紀と一八世紀の啓蒙知識人が抱いたきわめて肯定的な中国にたいする態度が、一八四〇年にはすでに一掃され、中国嫌いが高まる前触れであった。(54) ミルはそれ以前の中国への称賛を酷評した。

このような結論においては、距離は大きな可能性を生み出した要因だったと思われる。そして取るに足りない根拠にもとづいて、私たちから最も遠く隔たった人びとに文明という称号を与えることがつねに許されてきた。たとえば、私たちはつねにトルコ人を野蛮人と呼んできた。〔ところが〕私たちはヒンドゥー人と中国人を文明人とみなしてきた。私たちの多くは、この〔中国人の〕文明を擁護してきたし、擁護しつづけている……。この人びと〔ヒンドゥー人と中国人〕の状態を批判的に吟味するなら、……個々のどの点でも、トルコ人のほうが彼らよりも優れていることが論証される。(55)

サー・ウィリアム・ジョーンズ（一七四六年—一七九四年）にたいするミルの批判

しかし、ミルの図式にとって中国は大きい問題ではなかった。この国については、最近のはるかに敵意ある資料を引用できたからだ。(56) しかし、インドそのものについて、彼の困難ははるかに大きかった。この困難の原因は、当時、ドイツを席捲していたインドとサンスクリットにたいする熱狂——ここからインド＝ヨーロッパ語の言語学も「アーリア人」概念も浮上した——ではなかった（*BA I*: 227-234〔邦訳二六八—二七六頁〕）。ミルは彼の世代のイギリス人のほとんどすべてと同じように、ドイツ語を読まなかったし、ドイツ語の資料は一度も引用しなかった。彼の関心は、サンスクリット語とギリシア語およびラテン語とのあいだの密接な関係を確立した近代インド学の創始者で、ドイツ人に霊感を与えたウィリアム・ジョーンズにあった。ミルによれば、ジョーンズは度し難く東洋のすべての民族に夢中だった。ミルは次の例を挙げている。「この問題についての彼の考えはあまりにも粗雑である。そのため、未開生活の美徳と幸福を称賛したルソーよりも、アラブ遊牧民の野蛮で、わびしく、略奪に明け暮れるすさまじい状態を絶賛したサー・ウィリアムの賛辞のほうが上をいく……。これを……書いた人が、ヒンドゥー人は最高の文明に達したと発見しても、私たちが驚くには及ばない[57]」。

実際には、ジョーンズはアジアを無批判に賞賛してはいなかった。政府の雇われ判事として、彼は東洋におけるイギリスの権力を推進するために、全力を尽くした。彼はアジア人にたいするヨーロッパ人の本質的優越性について少しも疑っていなかった。

> アジアを旅する人ならだれでも、とりわけ通行する国についての文献に親しんでいる人なら、当然ヨーロッパ人の才能の優越性について気づくにちがいない。この観察は、実際に、少なくともアレクサンドロス大王の時代と同じくらい古い。また、この野心満々の王子〔のちのアレクサンドロス大王〕の教師〔アリストテレス〕の意見すなわち、「アジア人は生まれついての奴隷である」には賛同できないが、ヨーロッパは女王だがアジアはその侍女だとアテネの詩人が述べたとき、詩人は完全に正しいと思われる。しかし、この女王の威厳が並はずれているにせよ、付き添う侍女に多くの美点と特有の長所があることは否定できない……。あらゆる種類の有用な知識において、私たちは優秀で進歩していることを意識しなければならないが、だからといって、アジアの人びとを軽蔑すべきではない。彼らの自然研究、美術作品と想像力から生まれた創作品、多くの価値ある暗示から、私たち自身の改善と優位が引き出されるだろう[58]。

ミルと一九世紀の帝国主義にとっては、インド人とその他のアジア人にたいするこのような条件付きの賞賛でさえ我慢ならなかった。ミルはこれについて一切何も述べていないが、ジョーンズはインド滞在とインドの諸言語の知識を当時の文明世界にたいする批判的判断と結びつけたので、ミルにとってジョーンズは都合の悪い存在でもあった。彼がジョーンズを打ち負かすには二つの方法があった。その一つはあきらかに些末にこだわる方法だった。

ヨーロッパの諸国民がアメリカ人とヒンドゥスタン人のことを知るようになったのはほぼ同時期だった……。ヒンドゥスタン人とアメリカの未開人を比較すると「彼は脚注でメキシコ文明の高いレベルを伝えた初期の報告を批判した」、ヒンドゥスタン人の環境はこの野蛮人とは異なり、最も教養ある諸民族との交流がある環境だった。ほかにも見落とされた環境があった。おそらく好意的すぎる結論が引き出され、これがほとんど疑われなかったようだ[59]。

ミルはジョーンズを過去の存在として葬り去ったが、そのとき彼ははるかに興味深い点を明確にした。「この近代哲学が歴史を解明したが、ウィリアム・ジョーンズが彼の思想形成をした当時、この偉大な分野で試みられていたのはほんのわずかしかなかった[60]」。

ジョーンズが生まれたのはミルよりもほんの二七年まえで、彼は一七九四年に四〇代で世を去った。したがって、この時点に質的断絶すなわち、ミシェル・フーコー〔一九二六—八四〕のいういわゆるクピュール *coupure* があると見たミルは正しい。フランス革命とその反動は、ヨーロッパ北部の情緒ばかりでなく思考を変えた。なかでも新しい情緒はキリスト教への回帰と、ロマン主義者による、年老いて停滞したアジアを圧倒する若く躍動的なヨーロッパというイメージの促進だった。次いで、これらが結びついて、植民地の拡大をますます支持した。ミルはイデオロギー的変換を政治的・経済的変換と見事に結合させた。

アジアおよびアジアに同情的なヨーロッパ人にたいするミルの厳しい態度と、彼の東インド会社での成功が結びついていなかったとは考え難い。レスリー・スティーヴンが述べたように、ミルの『英領インド史』は「ミルの立場に注目すべき変化をもたらした」[61]。本の出版から一年足らずの一八一九年、彼は会社の重要なポストについた。そして一八三〇年にはすでに、会社の二番目に高い役職であるインド通信審査部長に任命された。ミルは当時、大部分の政治問題について進歩的で急進的な意見を歯に衣着せず述べている無神論の功利主義者の指導者だったので、このようなめざましい昇進はますます異例だった。ミルのキャリアの成功は、彼が困難な著作に向けた優れた能力とその並々ならない才能とは別に、インドとそこでの東インド会社の政策についての彼の意見が「健全」と考えられていたことを示すにすぎない。

ミルの『英領インド史』は、一九世紀の大部分を通じてこの問題のスタンダードな著作であり続けた。そしてこの著作が一貫してインド文化を侮辱したことは、東インド会社によるこの亜大陸の冷酷な搾取の正当化に重要な役割を果たした。一八四〇年にホレス・ヘイマン・ウィルソンはこの著作の第三版を出したが、これはその一つのあらわれである。ウィルソンは著名な科学者であり、サンスクリット学者としてのキャリアもあわせもっていた。ミルとは異なり、彼の手もとにはインドに関する多くの第一次資料があり、彼はサー・ウィリアム・ジョーンズを熱烈に崇拝していた。ウィルソンが『英領インド史』につけた脚注は、インド文化にたいするミルの批判の浅薄さと不正確さを痛烈に暴露している。彼はまえがきで次のように述べた。

文学的力量だけを考えても、『英領インド史』におけるヒンドゥー人の叙述があきらかに不公平で不正義だという非難はまぬかれない。しかしこの著作はインド国民のあいだの交わりに影響があるようなので、たんに文学的に欠点があるということ以上の責めをこの著作は負わなければならない。この著作の意図は有害である。この著作は、支配者と被支配者とのあいだのすべての共感の破壊をねらっている。イギリス人は毎年インドに出かけ、ヒンドゥスタンにおける名誉と権力のあるポストを独占するが、この著作は彼らが支配権をふるう人びとにたいする、根拠のない反感という先入観をうえつける……。そしてこの著作は、インドにいる東インド会社の青年社員が自然に示す寛大で善意ある感情に代えて、彼らのような青年社員の年齢と性格にはふさわしくなく、インド政府とインド国民にたいする彼らの義務の誠実で完全な遂行とはまったく両立しない、軽蔑・疑惑・嫌悪を生じさせる。このように心配する理由は、このような結果が現実に出ているからだ。そして、インドの増大する行政事務の運営と評議会のなかで、最近、無情で狭量な精神が跋扈しているからだ。このような印象を強めている源泉にミル氏のこの『英領インド史』がある。[62]

こんにちでは、たとえ会社が見習社員の必読書に指定したとしても、これほど多くの重要性と影響力のある一冊の本を書いた歴史家はほとんどいないだろう。にもかかわらず、ミルの態度が東インド会社にとって心地よかったことは疑いない。彼のこの態度は、一八二〇年以降、この会社の搾取と文化への無神経さが招いた一八五七年の「インド大反乱」〔セポイの乱〕に至るまで、最も搾取の激しかった時期のイデオロギー的正当化に役に立った。しかしこの「大反乱」が今度は、帝国主義の利害対会社の利害の対立と、東インド会社の清算――ジョン・スチュアート・ミルはこれに大反対だった――をもたらした。[63]

ミル父子はどちらも、彼らの自由主義すなわち西ヨーロッパの急進主義と、東洋における彼らの帝国主義への献身が矛盾するとは考えなかった。ヨーロッパは自由、文明、進歩を代表したが、アジアはすべての点でその反対だった。ジェイムズ・ミルは『英領インド史』第二巻の締めくくりに、前に引用したアダム・スミスからの一節を肯定的に言及した。「彼［スミス］はアジアの古代文明にたいする不信を支持している。「専制政治は余暇と安全を破壊し、人間知性の進歩にとって無秩序そのものよりもはるかに有害だ」という彼の見解は、博愛的で深遠である」。[64] このような考えはヨーロッパ中に広がっていた。たとえば、一八二〇年代に古代史家バルトルト・ニーブール［一七七六―一八三一］は次のように述べたと伝えられている。「ヨーロッパの支配は、当然、人間の諸権利とともに科学と文学を支援する。野蛮な勢力を打破しなければ、知的文化と人間性にたいする大逆罪に等しい行為だろう」。[65]

ミルはサー・ウィリアム・ジョーンズと彼の同調者にたいして、アジアの「諸文明」にたいするのと同じような気持ちを抱いていたと思われる。彼の目から見れば、彼らはヨーロッパ、自由、進歩の裏切り者であり、ある意味で、東洋の影響とオリエントにたいするばかげた賞賛でギリシアを堕落させた新プラトン主義者と驚くほど似ていた。この並行関係について、彼は次のようにはっきり述べている。「ギリシア人は外国の風習の正確な観察者ではなかったので、彼らはエジプト人を賞賛した。そのため他の民族もこれを暗黙のうちに取り入れた。このことは、ヒンダスについてヨーロッパ人のあいだでこのように長いあいだ広まっていた賞賛ときわめて似かよっている」。[66]

ミルはこの考察のなかで、最高の文明を達成した人びと――古代ギリシア人と近代ヨーロッパ人――による他の民族の観察は信頼すべきでないという、いまなお耳にするパラドクスを繰り返す。幸運にも、ミルと彼の同時代人はこの「誤り」を乗り越えることができた。彼は続ける。「近代知性の透徹した力が暗雲に穴を開けたのである。この力は私たちにエジプト文明がおかれた状況の真の姿をあらわに示す一方で、多くの名高い古代民族のレベルを踏まえると、……特定の社会のすべてが示す特有の特徴という点で、〔エジプト〕人はヒンドゥスタン人に相当することを教えている[67]」。

ミルにとっては、彼が考えたヨーロッパによる文明の独占と、プラトンおよびギリシア文化全体はオリエントの影響によって汚染されてはならないということがあきらかに関連していた。ミルのトマス・テイラー批判と純粋にギリシア的なプラトン像を求める欲求は、彼のヨーロッパ文明正当化と、イギリス政治では急進派陣営にいた彼がその後半生を東インド会社に捧げた事実と符合する。

第二部　ジョージ・グロート（一七九四年—一八七一年）

ジョージ・グロートは富裕な銀行家一族の出身だった。家族はロンドンの上位中流階級のための最高のパブリック・スクールになっていたチャーターハウス・スクールに彼を送りこんだ。一八〇〇年にはすでに、チャーターハウス・スクールのギリシア語教育のレベルは高かったが、その教育方法は、この世紀末にドイツの考古学とともにもたらされた新しい方法ではなかった。当時、イングランドのギリシア語教育が伝統的に歴史や哲学にたいして無関心だったことはあきらかだった。そこで重視されたのは最も明瞭に身分を示す標識となる作文だった。このことは、富では貴族階級に近づいていたが、身分ではその階層にほど遠い、このような境界領域の階級の学校ではとりわけ重要だった。古典研究はイギリス社会のトップに行けるきわめてわずかな道の一つだった。いずれにしても、一九世紀の最初の数十年間のチャーターハウス・スクールはグロートを生み出したばかりでなく、もう一人のイギリスの偉大なギリシア史家コノプ・サールウォールと、いまなおスタンダードな辞書であるリデルとスコットの『ギリシア語英語辞典』を編集した有名な辞書編集者、H・G・リデルを生み出したことで際立っている。〔リデルは、ルイス・キャロルが書いた『不思議の国のアリス』の主人公のモデルで、彼にインスピレーションを与えたアリス・リデルの父親でもあった。〕

サールウォールと他の同時代人たちはオックスフォード大学やケンブリッジ大学、および教会にすすみ、体制内部で活動する立派な改革者になった（*BA I*：**320-323**〔邦訳三七九―三八四頁〕）。グロートの場合、父親が彼をすぐに銀行業につかせたので、それをまぬかれ、これは大いに彼の思想的利益になった。ジョージ・グロートは古典文学、歴史、近代経済学を広く読書し、彼の同時代人にはきわめて珍しくドイツ語を学んだ。[68] 一八一九年、彼はジェイムズ・ミルと出会った。グロートの伝記作家によれば、この出会いは「グロートのその後の発展にとってきわめて重要で……、彼は完全にミルのとりこになり、彼の最も徹底的で忠実な教え子になった」。[69] それ以後のグロートは、選挙改革とロンドン大学の創設――ここで彼が強調したのはキリスト教の宗教的迷信からの解放だった――を推進した功利主義急進運動の中心にいた。一八三二年の第一次選挙法改正のあと、彼は銀行で仕事を続ける一方で、下院議員になった。フランスを愛した彼は、オーギュスト・コント〔一七九八―一八五七〕の友人となって彼を援助し、イギリスでのコントの実証主義の推進に力を貸した。

しかし、こんにちグロートは、このような活動と業績ゆえというよりも、ギリシア史を書いた偉大な歴史家として記憶されている。ギリシア史の執筆という考えがグロートの頭に初めて浮かんだのは一八二三年になってからと思われるが、ギリシア史にたいする彼の最も早い関心がきざしたのは一八一五年だった。[70] 華やかな人だが全面的に信頼しがたい妻ハリエット・グロートは、ギリシア史執筆は彼女の手柄だと主張した。[71] 他方、グロートの伝記作家が指摘したように、「グロートは彼の主なインスピレーションをジェイムズ・ミルのサークルに見出し、彼の師は共和国ローマの歴史家〔バルトルト・ニーブールを指すが、彼については以下を参照せよ〕よりも、英領インドの歴史家だったことは、おそらく真実だろう」[72]。

一八二六年、グロートはギリシア史についての文章を発表した。それは『ウェストミンスター評論』誌に載った小論文の論評だった。グロートはこの論評を、一七八四年と一八〇四年の間に出版されて以来、この分野で圧倒的な影響力をもっていたウィリアム・ミットフォード〔一七四四―一八二七〕の『ギリシア史』への徹底的な批判の口実として利用した。保守的なミットフォードの盲目的な王室崇拝にたいするグロートの雄弁で強力な急進的攻撃は、一八四六年から出版が始まった彼自身による『ギリシア史』の先駆と見ることができる。これについてはアルナルド・モミリアーノとフランク・ターナーによるすぐれた記述と分析がある[73]。しかし私が強調したいのは、グロートが彼とミットフォードの論争を学問的であると同時に政治的だと明白に意識していた点である。彼は一八二六年の論評を次のように締めくくった。

配慮と誠実さをもってギリシア史を書き直すことになれば、私たちはあえて、ミットフォード氏の名声が……驚くほど失墜するだろうと予測する。これ〔ミットフォード氏の著作〕への賞賛があまりに長続きしたため、この国のギリシア文学にたいする関心がどれほど真実から遠い見せかけのものであるか――これを示す証拠は際立っている……。実際、ミットフォード氏の一般的な見解はイギリスにおける支配的利益集団と顕著に合致しており、これは驚くにあたらない。このような利益集団に身を捧げている教師たちが、自分たちで証拠を研究できるような知的資質のある弟子たちの意欲を注意深く削いでいることも驚くにあたらない[74]。

一八二六年にはすでに、グロートの政治的主張は明確になっていた。彼は当時のすべての進歩派と同じように、「ギリシアの奇跡」（*BA I* : 209-233〔邦訳二四七―二七四頁〕, 281-292〔邦訳三三〇―三四四頁〕）――ミットフォードと彼の同時代人にとってはまったく明白でなかった何か――があったことは自明だと考えていた（*BA I* : 173-188[75]〔邦訳二〇六―二二三頁〕）。彼はまた、この並はずれた現象には筋道の立った説明が必要だということも確信していた。そして彼は、これが生まれたのは、古代ギリシア全体、とりわけアテネの素晴らしい混合民主政治という制度があったからだと考えた。次いで彼は、この制度は小規模なギリシア国家が起伏の多い土地にあったから可能だったと述べた[76]。彼はバルトルト・ニーブールの歴史的アプローチに借りはないと強調したが、この名前は当時の進歩的なサークルを思い出させた（*BA I* : 320-321〔邦訳三七九―三八一頁〕）。一八世紀末のゲッティンゲンで発展し、のちにニーブールがその典型となった歴史の制度論的アプローチから、グロートが影響をうけたことは疑いない。しかし、これをスコットランド啓蒙と功利主義者の制度的・経済的アプローチと識別することはむずかしい。グロートはイギリスの思想から大きな影響をうけたという、グロートの伝記作者マーティン・ラウザー・クラークの主張は説得力がある[77]。

ニーブールの懐疑主義とグロートが立証を必要条件としたことは驚くほど似ている。しかしモミリアーノは、「彼〔グロート〕が「十全な証拠にかんする法則」を語るとき、彼の声はとりわけ厳粛になった」と述べており、グロートの原理が功利主義者の法学への関心と証拠の慎重な吟味に由来したという主張には説得力がある[78]。

モミリアーノは、ニーブール〔一七七六―一八三一〕がエディンバラで学生だった時期に、ドイツの新しい歴史学派とジョン・ステュアート・ミルも含むのちの功利主義者との間に結びつきがあったと見た。さらにモミリアーノは、歴史学派と、ヴィクトリア時代の文学者で、ジョージ・エリオット〔一八一九―八〇〕の長年の伴侶だったジョージ・〔ヘンリー・〕ルイスその人との結びつきも見いだした。ドイツ語からの翻訳書および、社会と国民性に制度と法が与える影響をテーマとする出版物は、とりわけルイスと結びついていた。[79] モミリアーノの考えでは、ルイスの中心的関心は「証拠の厳格な吟味への情熱」にあった。[80] このモミリアーノの考えは、グロートの『ギリシア史』第一巻の序にあらわれている。学友サールウォールの『ギリシア史』に敬意を表したあと、グロートは次のようにつけ加えた。

リベラルな批評精神はサールウォール自身のものである。この点で彼はミットフォードと大いに異なる。このほかにも、彼を彼の時代に結びつけるすぐれた特徴がある。ミットフォードの著作が出てから数世代が経過しているが、この間、ドイツの文献学研究はめざましい成功をおさめてきた。古代世界から伝えられてきた事実と文書の蓄積は比較的少ないが、多数の異なる方法でこれは結合され、説明されてきた……。この分野の最もすぐれた著作家――ベーク、ニーブール、O・ミュラー――の〔著作の〕なかには、私たちの言語に翻訳されているものもあるので、イギリス人はドイツの学問の計り知れない助けを借りて、古代の多くの主題に新しい光を当てることができる。したがって、ギリシアの詩人、歴史家、雄弁家、哲学者のすべてが、前世紀の研究者にとってよりも、はるかに理解できる存在でもあり教訓的な存在でもある。

彼はこの結びに、彼が主張した証拠にたいする慎重さとはそぐわない独善的注釈をつけた。「いまでは、ギリシアの世界の一般的な図柄について、ある程度忠実に再現できるだろう。私たちの資料は不完全だが、予想してみたい気持がする」。[81]

カール・オットフリート・ミュラーの神話にたいする態度については本書で論じたが、ほかのところでも論じた。[82]

これがグロートに与えた影響はもう少しあとで論じよう。ところで、グロートは一八世紀の歴史記述からの根本的《ラディカル》な離脱を正当化するため、ドイツの新学問を利用した可能性があるかについて、考察する価値はあると思う。実際には、ニーブールの『ローマ史』は恐らく別だろうが、新学問の著作を読む以前から彼は離脱してはいた。もっとも、彼はニーブールの『ローマ史』を読んでいなかったかもしれない。この著作は長すぎるひどい著作なので、全部読んだのはドイツ人とサールウォール以外になかっただろう〔グロートの伝記作家は次のように述べている〕。

ジェイムズ・ミルは歴史の執筆をどう考えていたか。これは彼の『英領インド史』のまえがきに見ることができる。彼はそこで、歴史は批判的でなければならない、歴史は判断しなければならないと主張する。……したがって歴史家の判断は、証拠を判断する、証拠から演繹した事実を判断する、という二つの観点から行われる。グロートはこの二点のいずれについてもミルに従い、証拠を厳密に尊重する。……判断には道徳的判断が含まれている。グロート自身が述べているように、歴史の著作のなかで彼が特別に価値があるとみなしたのは、骨の折れる証拠の研究と結びついた道徳的関心の「まじめさ〔この語に注目。これはオスカー・ワイルドが痛烈に風刺したドイツとヴィクトリア時代のキー・ワード〕」だった。[83] ミルと同じように、グロートは判断した理由を……明らかにすることを厭わなかった。ミルと同じように、グロートはその歴史を著述した国に行ったことがないのは不利だとは考えなかった。最後に、グロートは彼の民主主義への生き生きした共感をミルと彼のサークルから得た。私たちが手にする彼の『ギリシア史』は一九世紀中期の著作だが、全体の構想と詳細な研究の多くは、ジェイムズ・ミルの影響が強かった一八二〇年代にさかのぼる。このことを私たちは忘れてはならない。グロートの『ギリシア史』はまさにベンサム的な歴史記述のもっとも卓越した実例と見ることができるだろう。[84]

グロートとギリシア神話

グロートには、彼がゲッティンゲン学派の歴史記述にも功利主義学派の歴史記述にも頼ることができた決定的に重要な分野があった。功利主義者のジェイムズ・ミルは、ギリシア人が古代エジプトを尊敬していたことに不信と嫌悪を抱いていたが、この不信と嫌悪を強力に補強したのがゲッティンゲン学派のＫ・Ｏ・ミュラーであり、ミュラーは〈古代モデル〉の神話の扱いを批判し論破していた。ミュラーは証拠の立証に必要な条件を確立し、立証責任を〈古代モデル〉を批判したいと考えている人びとではなく、〈古代モデル〉を擁護しようとしている人びとに転嫁した。彼の結論は、エジプト人あるいはフェニキア人がギリシアに植民したという昔の証拠は一切ない、また、ギリシア文化は近東からの借用だったという広く行きわたったあれこれの立証は、後世のオリエンタリストのでっちあげである、というものだった。[85] ミュラーのアプローチの大胆さについては、サールウォールの『ギリシア史』の冒頭近くにある次のことばに見ることができる。

> 比較的後期の時代に――ギリシア人のあいだで歴史文学が出現したのはそのあとだったが――、人びとと学識者のあいだで一般に有力だったのは、〈はるか遠いむかし、名称と領土がペラスギ人からギリシア民族に取って代わられるよりも前に、さまざまな理由から、外国人がギリシアの地にやって来た、そしてそこに植民地をつくり、王朝を創建し、都市を建設し、未開の原住民が知らなかった有用な技術と社会制度を導入した〉という考えだった。このことを私たちは知っている。近代の学識者のあいだでも、これと同じ考えがほぼ例外なく採用されてきた……。このような権威に支えられ、長期間にわたって中断されることなく人びとの心を捉えてきた説［〈古代

モデル〉」の真実性に、あえて疑問を投げかけるには、すくなからぬ大胆さが必要だった〔傍点引用者〕。[86]

一八二〇年、ミュラーは三部作『ギリシアの民族と都市の歴史』の第一巻『オルコメノスとミニュアイ人』を出版し、はじめて〈古代モデル〉に直接の異議を申し立てた。この書物はこれまで英語に翻訳されたことは一度もない。おそらくグロートも一八二六年に彼が最初の論文を書くまえには読んでいないだろう。にもかかわらず、一八四三年にグロートが第二の論評を『ウェストミンスター評論』誌に発表したとき、この論評の精神は完全にミュラーと同じだった。

通信の増加で……旅人は伝説に親しんだが、彼はその伝説に以前のような尊敬をおぼえなかった……。密儀の儀式とオルフェウス教やピュタゴラス教の償いの儀式に根拠はあったのだが。エジプトには古代に栄えた文明や自然の不思議な景観と人びとの奇習が数多くあり、キリスト教紀元前六世紀になってはじめて、多数の好奇心の強いギリシア人がエジプトを訪れるようになった。そしてエジプトがギリシア人の宗教的信仰に与えた影響はあきらかに大きかった。エジプトは〔ギリシアの〕古い伝説を捨てさせ、新しい伝説をつけ加えた。それればかりではない。ギリシアの土地にもともとあった土着の古い文物を貶め、エジプトの高位神官にギリシア詩人より高い評価を与えたと思われる。このような影響は、とりわけヘロドトスの物語の多くに及んでいる。[87]

グロートは伝説的ギリシアと歴史的ギリシアをはっきり区別することで、「K・O・ミュラーおよび彼のイギリスでの崇拝者と決別した」とモミリアーノは主張した。[88] しかしミュラーは彼の『神話学の科学的体系入門』の始めに、「伝説と歴史のあいだに一応は明確な境界線がある」と述べている。[89] ミュラーもグロートもヴォルフを信奉していたので、西暦紀元前八世紀以前のギリシアには文字筆記が存在せず、東洋にあったような神官教育はギリシアにはなかったと考えていた。したがって、ギリシアの古い時代と神話や歴史との結びつきはきわめて希薄だった。[90] さらに、ミュラーとグロートの意見は、神話には歴史的要素が含まれているが、中核にあるのは純粋な現実であり、神話的要素がそれを取り巻いているという考えは有益でないという点で一致していた。彼らはむしろ、二つの要素ははじめから統合されていると見るべきだという考えだった。[91] したがって、グロートと、ドイツ人から直接的影響を受けたサールウォールのようなロマン主義的歴史家との区別は、モミリアーノが考えているほど大きくなかったと思われる。

しかし、グロートはドイツロマン主義者とは異なっていた。ドイツロマン主義者の大部分の関心は、ヨーロッパの幼年期としてのギリシアだったからだ。保守派ではなく急進派だった彼は、神話生成期が過ぎ去ってしまったことを惜しいとは思わなかった。グロートの興味はホメロスとギリシア初期の時代にあった。彼が情熱を注いだのは後期に突如として花開いた民主主義、とりわけアテネの民主主義だった。すでに見たように、ギリシアの民主主義的制度にたいするミットフォードのトーリー的な懐疑主義の論破が彼の主な関心だった。[92]

モミリアーノは、ギリシア神話の歴史性という問題でグロートの立場は厳密に中立的だったと主張した。グロートは神話を受け入れる前に、「副次的証拠」を要求しただけだった。[93] しかし、この問題についてのグロートの中立性はきわめて疑わしい。神話の歴史性をめぐる彼の議論の論調は、嘲笑的でないにせよ、懐疑的だった。一八世紀末の歴史家で神話学者のジェイコブ・ブライアントは、ケンタウロス、サテュロス、ニンフ、口をきくウマを信じている人びとの説明をまじめに受けとることはできないと主張したが、グロートはこの主張に賛成だと述べてこれを引用している。[94]

これは妥当な主張だと思われるが、どの時代にも、後世から見るとばかげていると考えられるような一般的信念があったことを忘れてはならない。この場合、いまでは私たちは、ケンタウロスやその他の怪物がいるという信念は誤っていると考えることができるが、このことよりも、一九世紀の神話――人種についての、国民性不変についての、純粋さの有する生産性についての、人種混合の有害さについての、とりわけ、歴史の法則と言語の法則を超越した神にまごうギリシア人についての神話――の方がはるかに人を惑わしている――これが私の立場である。したがって、私たちは古代の報告に慎重でなければならないが、一九世紀と二〇世紀初期に行われたその解釈にいまなお大きな疑いをもつべきである。将来の世代は第三千年紀の初頭の私たちの関心と信念に、同じようにショックを受けるだろうし、優越感をおぼえるだろう。

モミリアーノは考古学上の発見によって伝説物語の正しさが確認されたからといって、グロートの立場は「中立」なので、彼の神話についての見方は無効にならないと主張する。[95] このいいわけは通用しない。なぜなら私が主張したように、グロートは神話に懐疑的だからだ。しかし、一九世紀と二〇世紀の彼の後継者の懐疑よりも、グロートの懐疑のほうがはるかに正当化できると思われる。トロイア、ミュケナイ、クノッソス等々〔での発掘成果〕の衝撃により、同時代の古代史家に期待されたのは、古代には疑いの余地がなかったこのような伝承を疑うことで得られる利益を示すことだったと思われる。たとえば、ボイオティア地方がフェニキアと特別の関係があったという考えや、西暦紀元前二〇世紀に、セソストリスとメムノン＝センウスレトおよびアメンエムハトが東地中海周辺に大遠征隊を派遣したという考えをばかげていると否定するのではなく――なぜなら、考古学上あるいは碑文上の証拠が発見されて作業仮説が補強された場合、ばかげた考えだと否定すれば恥をかくだけである――このような考えを作業仮説とみなすほうが賢明だろう。[96]

グロートの神話学にミュラーが与えた影響という問題に戻る。一八二六年と一八四三年のあいだに、グロートがミュラーを読み、これに賛成したことは疑いない。賛成した一つの理由は、ミュラーもグロートも、ハイデルベルクのロマン主義者たちの熱烈なインド贔屓が我慢ならなかったからである。（もちろん、ミル父子もこのようなインド贔屓をひどく嫌った。）ミュラーの関心は世界中の神話にあったが、それは神話としての関心であり、歴史としての関心ではなかった。彼は神話の歴史性に懐疑的で、この懐疑はギリシアにおける近東による植民の伝承と、ギリシアにたいする近東文化の影響の伝承について最も大きかった。とりわけこのような神話を嫌っていたグロートだったが、彼の立場はミュラーよりもはるかに一貫していた。ニーブールとミュラーはどちらも頻繁に「推論」という語を用いたが、グロートはコント的な実証主義により古代史からの「立証」を求めた。グロートはとくに、いわゆる「ドイツ的な勝手な憶測」を嘆かわしいと考えた[97]。前述したように、グロートはこのような特定の伝説と伝承を嫌った。彼のこの嫌悪は、エジプト文明および、同文明がギリシア人に与えた影響を軽々しく信じたギリシア人を憎悪した、ジェイムズ・ミルと関連づけることができる。ミルはこの軽信が同時代人の非ヨーロッパ「文明」への過大評価と並行関係にあると考えていたが、これとも関連づけることができる。

イギリスでは、伝統的に、「人種」や「歴史の人種的原理」についての態度があいまいである。グロートはこの伝統にずっと近かった。「人種」や「歴史の人種的原理」の概念の草分けはニーブールだったが、イギリスでこれを熱狂的にとりあげて大衆化したのは、トマス・アーノルド博士〔一七九五—一八四二〕、H・H・ヴォーンのような歴史家と、チャールズ・キングズリー〔一八一九—七五〕、ベンジャミン・ディズレーリ〔一八〇四—八一〕のような小説家だった（*BA I*: **303-305**〔邦訳三五八—三六〇頁〕）。ニーブールやジェイムズ・ミルとは異なり、ヨーロッパの拡大にたいするグロートの態度は首尾一貫してはいないが賛成派だった。一八四〇年にイギリスがオーストリアとロシアと組んでモハメド・

アリのエジプト帝国を阻止しようとしたとき、本質的には親仏、反トルコという動機からとはいえ、彼は反対運動の先頭に立った。[98] しかし暗黙裡に、ジョージ・グロートにはアジアとアフリカにたいしてヨーロッパ文化が絶対的に優越しているという信念があった。この点で彼がジェイムズ・ミルと同じ考えだったことはあきらかである。

グロートは彼の『ギリシア史』のなかで、純粋に古代ギリシア的なギリシアと、アジアとエジプトの影響下にあるヘレニズム世界的な「後期」ギリシアを明確に区別した。さらに、一般にロマン主義者たちは、退廃的で富裕な温暖地方の社会よりも北方あるいはアルプスの小さな共同体を好んだが、彼もこの考えを共有していた。彼は古代ギリシアを後者のカテゴリーに位置づけたいと考えていた。グロートはギリシアのポリスを賞賛したが、これは多くの点でルソーの賞賛と似ていた。実際、モミリアーノが指摘したように、グロートは「小国家にたいする共感があり、……［そのため］彼はのちにスイスの政治を詳しく研究するようになった」。[99]

結論

ジェイムズ・ミルの政治思想について書いたロバート・フェンは、ミルの立場には、彼の言ういわゆる「二心《ふたごころ》」があると指摘している。フェンの考えでは、一方にはミルの知性論に内在するエリート主義と「プラトン的な」教育がある。他方には政治における急進的な民主主義がある。そのため、そのあいだには矛盾がある。[100] 政治のレベルでは、一般には外の世界にたいする、とりわけインドにたいするミルの搾取的・抑圧的な態度と行動は、彼のイギリス政治における急進主義と大きく矛盾する。

古代ギリシアはミルの思想のなかで中枢的役割を演じた。人口の多数を占めた奴隷と女性の参加はなかったが、ギリシア、とりわけアテネは民主主義を代表した。古代ギリシアはアジアと対立するヨーロッパも代表した。したがって、ミルにとって、また彼の世代の多数の人と次世代のさらに多数の人びとにとって、ギリシアはアジアとその他の非ヨーロッパ大陸が退廃、専制、野蛮であるのにたいして、若さ、進歩、自由の典型だった。ミルが彼の立場を明確にしたのはギリシア独立戦争が勃発した一八二一年よりも前だったが、このような意見はギリシア独立戦争によってヨーロッパ北部の人びとのあいだでほぼ普遍的になった。ミルにとって最も重要だったのは、専制的な近東の影響で汚染されていない純粋にヨーロッパ的な古代ギリシア像だった。彼はインドと中国にたいするそれ以前の好意的な言及を切り捨てたが、それと同じ方法で、この純粋さを獲得できた。どんな証拠も、それが証拠であるためには、外部からの補強証拠によって証明しなければ、誤っていると考えなければならない——ミルはこれを要求した。

カール・オットフリート・ミュラーはこれと同じ純粋さの問題、すなわち古代ギリシアのハイブリッド性の問題に直面し、同じ歴史的方法を用いて、同じように破壊的な結果をもたらした。ミュラーもまた、新証拠という情報源のない一八二〇年よりも前に、エーゲ海地域に南からの影響があったことを否定し、これを定式化した。グロートはミルにも追随し、ミュラーにも追随したようだ。三人はいずれも、彼らが「超然とした批判的歴史記述」と考えた方法を用いて、非ヨーロッパ文明がギリシアに何らかの重要な影響を与えたことを否定した。そのため、ミュラーもグロートも、東方、とりわけエジプトがあらゆるレベルでギリシア文化形成にはたした重要性を強調した、古代ギリシアの大量の著作の信用を貶めなければならなかった。

グロートは「立証」要件を満たすことができない伝承を軽蔑したが、この影響はきわめて大きかった。中東からの影響があったと証明されるまで、ギリシアを中東から隔離しなければならないという彼の主張は、これにミュラーの強調が加わり、〈アーリア・モデル〉を疑問に思うアカデミック世界の異端者を追放する手段として役に立った（*BA*

I: 495〔邦訳五六五—五六四頁〕)。同じように、グロートは伝承時代と歴史時代を完全に切り離し、ギリシア史を西暦紀元前七七六年の最初のオリュンピア競技祭から始めた。これによってグロートは、古典時代のギリシアは空間的にも時間的にも〔孤立した〕島だったという印象を強力に補強した。したがって、ギリシア文明は無から生まれたと考えられた。ある意味で、〔女神アテナのように〕ほとんど完全武装の姿で飛び出た人間を超えた存在と見なされた。

グロートの『ギリシア史』はたちまち、イギリスばかりでなくドイツでも大陸のその他の国々でも、学者にとって権威ある著作になった。[101] にもかかわらず、グロートの神話にたいする徹底的な手順がどんなに刺激を与えたにせよ、満足しない歴史家もいた。彼らは初期の伝説的なギリシア史について意見を述べないわけにはいかないと感じた。次の半世紀のあいだ、彼らはサールウォールの折衷的な立場——ギリシアの伝説はエジプトの侵略もフェニキアの侵略もあったと伝えているが、前者はありえない、後者は疑わしいという立場——に追随するように思われた。言語学の「科学的」証拠によって、ギリシア語は土着の純粋な言語だと「論証」されたと見られているが、このような折衷的な立場は排除されなかった(*BA I*: 329-366〔邦訳三九二—四三八頁〕)。しかし一八九〇年代以降、ギリシアに中東の影響があったという伝承を根本的に否定したミュラーとグロートの説は、ますます受け入れられるようになった(*BA I*: 366-389〔邦訳四三八—四六八頁〕)。したがって、一九二〇年代から一九七〇年代までの古代ギリシア像は、ヴィンケルマン〔一七一七—六八〕以来のロマン主義的なギリシア研究者がつねにそうであってほしいと望むギリシア像だった。純粋で、白い、北の典型で、ヨーロッパ文明のモデルの、ギリシアだった。

原注

注の略語

BA I　*Black Athena*, vol. 1（Bernal, 1987a）〔邦訳『ブラック・アテナ』第一巻、新評論、二〇〇七〕

BA II　*Black Athena*, vol. 2（Bernal, 1991b）〔邦訳『黒いアテナ』第二巻、藤原書店、二〇〇四・〇五〕

BA III　*Black Athena*, vol. 3（Bernal,〔2006〕）〔邦訳『黒いアテナ』第三巻、藤原書店、近刊〕

BAR　*Black Athena Revisited*（Lefkowitz and Rogers, 1996）『「黒いアテナ」再考』（レフコヴィッツとロジャーズの共著）

DBA　*Debating Black Athena*（Bernal and Moore, forthcoming）『「黒いアテナ」論争』（バナールとムーアの共著、近刊）

NOA　*Not Out of Africa*（Lefkovitz, 1997a）『アフリカ起源ではない』（レフコヴィッツ）

注番号で相互の参照箇所を示す。おおむねテクストの箇所を示すが、注そのものを指す場合もある。

◆序

（1）この議論については第6章注（51）を参照。

（2）この議論については第6章注（50）―（57）を参照。

（3）これについては*BA I*, ch. 1〔邦訳八六―一四三頁〕を参照。

（4）これについてのより深い議論については、以下の注（8）を参照。

（5）Elias, 1978, pp. 3-10.

(6) これはこの問題についての有名な草稿――〔ドイツ語で「スケッチ」を意味する〕スキッツェ *Skizze*――の標題である。*BA I* : 284〔邦訳三三四頁〕を参照。

(7) 議論については *BA I* : 284-288〔邦訳三三四―三三九頁〕を参照。

(8) Thirlwall, 1835-1844, 1 : p. 63.

(9) *BA I* : 308-316〔邦訳三六四―三七四頁〕を参照。ミュラーについて詳しくは第7章注(70)―(86)を参照。

(10) *BA II* : 367-399〔邦訳六九五―七四四頁〕を参照。

(11) Lakatos, 1970.

(12) たとえば *BA II* : xvi-xx〔邦訳一一―一三頁〕と Bernal, 1997g, pp. 66-76 を参照。

(13) たとえば "Review of the 2nd Volume of 'Black Athena,'" 1991; Turner, 1989, p. 109; Weinstein, 1992, p. 383 を参照。

(14) Berlinerblau(1999, p. 6)の見積もりでは、敵対的なものが七、好意的なものが三の割合である。

(15) Rendsburg, 1989; Ray, 1990.

(16) Jasanoff and Nussbaum. *BAR* に彼らが書いた章については、後出第6章を参照。*BAR*(Lefkowitz and Rogers, 1996)については、本書の本文のいたるところで言及し引用する。

(17) Vermeule, *BAR*, p. 271 を参照。この引用は後出第4章注(8)でも議論する〔ミルトン著/平井正穂訳『失楽園』(上巻)、岩波文庫、六一頁〕。

(18) Astour, 1967, pp. 347-361; Bunnens, 1979, pp. 6-7; Burkert, 1992/1984, pp. 4-6; Schmitz, 1999, pp. 55-60 を参照。彼の擁護者ジョシネ・ブロックでさえ、K・O・ミュラーにエジプト人にたいする強い偏見があったことを認めていた。Blok, 1996, pp. 718-719 を参照。

(19) T. Martin, 1993, p. 58.

(20) Martel, 1997, p. 6, section N.

(21) *BA I* : 436-437〔邦訳五二四―五二六頁〕と、Carruther が *DBA* に寄稿した論文を参照。

(22) 西暦紀元前七世紀以前にアナトリアを旅行する困難さについては、M.L.West, 1998, pp. 3-4 を参照。

(23) Konstan, 1997, p. 262.

(24) ピーター・ダニエルズは *BAR*(1996)の書評(電子版)でこれと同じ点を指摘している。以前私は何度もジョン・コールマンに返事をしたが、これらの返事については参考文献を参照。

(25) ジョシネ・ブロックは『思想史雑誌』で私の歴史記述にたいする重要な批判を発表したが、私はその一節も含めている。

◆第Ⅰ部　エジプト学

（1）サラ・モリスの一風変わった短い「思想論文」があるからといって、「近東」と題された節は保証されない。

（2）ジョン・デズモンド・バナール（1901-1971）はティペレアリー州〔アイルランド中南部の州〕で生まれた。彼の父は半分がユダヤ人で半分がアイルランド人だったが、母はアメリカ人だった。研究生活はケンブリッジ大学とロンドン大学で送った。三〇年間、ロンドン大学バークベック・カレッジの物理学の教授職にあった。研究者としての彼は結晶学者になり、その後、生物物理学を創設した。彼は数人のノーベル賞受賞者も教育した。一九三九年、科学社会学についての最初の本、『科学の社会的機能』を出版した。彼が最初に関心を持ったのはシン・フェイン党とアイルランドの独立だったが、彼の関心は一九二〇年代には共産主義へ、一九三〇年代にはマルクス主義へ向かった。彼は科学的労働者協会 Association of Scientific Workers を組織し創設した。第二次大戦中は、ルイス・マウントバッテン〔一九〇〇―七九。ヴィクトリア女王の曾孫。第二次大戦中は東南アジア地域連合軍総司令官〕のチーム、すなわち連合作戦の上級科学顧問をつとめ、この連合作戦では、とりわけDデー〔一九四四年六月六日、連合軍がノルマンディーに上陸した日〕の上陸作戦で重要な役割を演じた。戦後、彼は教育と研究を続け、教育・研究を彼が議長を務めた世界平和評議会の政治活動と結びつけた。そのなかで彼は執筆時間をつくり、四巻からなる科学史の著作『歴史における科学』〔鎮目恭夫・長野敬訳、一～四巻、みすず書房、一九五五―五六年〕を出した。彼について詳しくは、Goldsmith, 1980 および Swann and Aprahemian, 1999 を参照。

（3）Poe, 1997, pp. 482-494.

（4）第7章注（60）、第8章注（9）―（10）および第16章注（1）、（76）を参照。

●第1章　私たちは公正であり得るか――ジョン・ベインズに答える

（1）Baines, 1991, pp. 12-13.

（2）彼らはロプリエノ自身の論文の採用を持ちかけたが、彼は自分の論文の収録は「適切ではない」と判断した。Loprieno, 1994 を参照。

（3）第7章注（12）を参照。

（4）第9章注（67）―（98）を参照。

（5）Banes and Málek, 1980, p. 24.

（6）Dawson and Uphill, 1995.

（7）たとえば *BAR*, pp. 340-342 収録の Edith Hall ; Cartledge, 1991 を参照。

（8）Stubbings, 1973.

（9）Bernal, 1990b, pp. 118-119.

（10）ネイトが青い眼をもち、しかもアフリカ人だったという主張については第9章注（210）―（216）を参照。

（11）Russman, 1989, p. 50.

（12）前者の一例として、卓越したエジプト学者フランシス・ルウェリン・グリフィスによる『ブリタニカ大百科事典』（1910-1911, 9 : 43）の第一一版にある要約を参照。「証拠のミイラによれば、エジプト人はすらりとした体格で、髪は黒く、コーカソイド〔白人種〕・タイプだった。あらゆる時代の何千体もの骸骨とミイラを検分したエリオット・スミス博士は、上エジプトの先史時代の住民は北アフリカ＝地中海＝アラブ人種の一派だったが、王朝時代の到来とともに、以前よりも体力が強く、頭蓋骨と筋肉が発達するという変化があらわれたことに気がついた。これはあきらかに下エジプトの住民と混合したためだった。下エジプトの住民そのものが、シリアからの移民の影響を受けていた」。

（13）Harris and O'Connor, 1982.

（14）この指摘はまったく不正確である。なぜなら、私の論文はヨーロッパの社会主義が中国に導入・採用された問題についての論文だからだ。したがって、この論文が文化的ハイブリッドに関心があるという点で、『黒いアテナ』をめぐる現在の私の仕事と似ている。

（15）第4章注（15）、第8章注（30）―（32）を参照。Bass and Bikai, 1989, pp. 111-114; Bass, 1997, pp. 75-77 も参照。

（16）Young, 1953; C. H. Gordon, 1957; Rendsburg 1981. 逆については Hoch, 1994 を参照。

（17）Helck, 1989.

（18）Lichtheim, 1975-1980, 1 : 211.

（19）私はかつて名詞的意味で不定詞 *Besserwissen* を用いたが、この用法は正しくないとシュミッツ教授が指摘してくださった。シュミッツ教授に感謝する。T. A. Schmitz（1999, p. 24）.

（20）P. James et al., 1991.

（21）"Review of the 2nd Volume of 'Black Athena,'"1991.

（22）ベインズは私がケンプとヴァインステインによるメラートの高年表批判を受け入れていると示唆する（p. 36）。私は彼らが高年表の「評判を傷つける効果」はあったと述べたにすぎない。私が続いて、ハースと彼のチームの研究がこの問題をどのように再開したかを論じた（*BA II* : 209-211〔邦訳三六三―三六五頁〕）。

（23）Saghieh, 1983, p. 131.

（24）第3章注（42）。第4章注（22）―（24）。

（25）第3章注（21）―（22）を参照。

（26）第15章注（9）―（74）を参照。

（27）Bernal, 1990a.

（28）この時期の大部分、「文化的記録と記憶」の多くはアラブとビザンチンの手元で安全に保管されており、この事実は私の実例のやや弱いところだというデイヴィッド・ムーアの指摘は正しい。しかし劣化はあったが、西ヨーロッパにこの数世紀間ずっと、書かれたものと文学作品の一部が保存されていたことは疑いない。

（29）第3章注（5）、第7章（86）―（87）を参照。

（30）Bernal, 1990a, pp. 7-15を参照。

（31）第3章注（20）を参照。

（32）Burkert, 1992/1984, p. ix.

（33）たとえば'Haslip-Viera, Ortiz de Montellana, and Barbour, 1997に収録されているが、中南米地域にアフリカの影響があったというイヴァン・ヴァン・セルティマの主張にたいする中南米人の集団的な怒りの声と、それに続く論評を参照。

（34）Renfrew, 1972.

（35）とくに、第5章のイーディス・ホールにたいする私の答えを参照。

（36）Bacon, 1863/1620, 210.

（37）Ludendorf, 1936, p. 85.

（38）Rehak, 1997, p. 402.

●第2章　ギリシアはヌビアではない――デイヴィッド・オコーナーに答える

（1）Farag, 1980; Giveon. 1985, p. 16 n. 34; Helck, 1989; Posener 1982; Ward, 1986. 良心的なウォードはこれについて彼の誤りを認めた（私信、ブラウン大学、一九九二年一〇月）。

（2）キュルテペについてはE. N. Davis, 1977, pp. 69-78, とりわけp. 72を参照。エーゲ海地域との並行関係についてはWarren and Hankey, 1989, pp. 131-134, pll. 5-11; and Warren. 1995, p. 5を参照。

（3）*BA II*で触れなかったが、黒海の北岸および東岸とエジプトが接触していた可能性を示す考古学上の指標はほかにも二つある。第一の指標は、ウクライナとモルドヴァの国境を流れるドニエステル川のウクライナ側の土手で発掘された大皿立てであり、これはエジプト第一二王朝の「霊魂の家」(M. Murray, 1941; Griffiths, 1964)に似ている。フリンダーズ・ピートリは、エジプト文明がカフカス地方、あるいはカフカス地方以北から由来したということを示したかった。彼の仮説にとっては残念だが、様式上の並行関係が指し示すのは第一二王朝であり、それ以前ではない。第二の指標は、グルジアの自治領アジャール共和国のチェイスバニ村で発掘された玄武岩のファラオ彫像——時代は不明——である(「インターファクス通信社」[モスクワ]、一九九八年二月八日付け「フランス通信社」)

(4) Schaeffer, 1948, pp. 544-545.

(5) Porada, 1984.

(6) E. Meyer, 1928-1936, vol. 2, pt. 1, pp. 40-58, 162-175; Stubbings, 1973, pp. 634-637. 第1章注(8)および第4章注(22)も参照。

(7) Dessenne, 1957, pp. 35-43, 178-179; Bisi, 1965, pp. 21-42. を参照。これについてのより詳しい議論は第4章注(23)—(24)を参照。

(8) Pollinger Foster, 1987; N. Marinatos, 1984, とりわけ p. 32; Morgan, 1988, とりわけ p. 171.

(9) A. H. Gardiner, 1947, I*207; Vercoutter, 1956, pp. 16-17; A. H. Gardiner, 1957, p. 573.

(10) T. G. H. James, 1973, pp. 303-307.

(11) Sethe and Steindorff, 1906-1958, 4 : 21,9-16.

(12) Bietak, 1995, p. 26, および 1999. Cline, 1998 も参照。

(13) Sethe and Steindorff, 1906-1958, 4 : 17,12-13.

(14) Cline, 1987.

(15) Vercoutter, 1956, pp. 132-133.

●第3章　ギリシア史を書く資格はだれにあるか——ロレンス・A・トリトルに答える

(1) Bernal, 1993c. トリトルへの私の返答に言及した箇所は、どういうわけか、Molly Myerowitz Levine(1998, p. 354 n. 35)が述べているように、*Black Athena Revisited* のために彼女が準備した素晴らしい参考文献から「移送中に行方不明」になった。

(2) これらすべての引用についてこの章で議論する。

（3）一九七六年、私はあとの二人から私を強力に支持する手紙を受けとった。そのため、それまでの私が中国史と中国文化を研究する学問的訓練を受けていた事実にもかかわらず、古代東地中海地域にたいする私の関心を追求するために、コーネル人文科学協会で一年の研究休暇を過ごすというきわめて異例な名誉と機会を得た。

（4）このような実例についてはPembroke, 1967およびE. Hall, 1989を参照。

（5）Turner, 1989, pp. 108-109.

（6）Manning, 1990, p. 269.

（7）私がかつて用いた*Besserwissen*の語形が誤りだったことについては、第1章注（19）を参照。*BAR*ではこれにたいしてほかの誰も異を唱えていないし、トリトルも唱えていない。

（8）これらの問題について詳しくは第7章注（17）、（19）―（20）、第9章注（44）を参照。

（9）マイネルスについては後出第7章注（19）―（21）で議論する。

（10）Momigliano, 1966, pp. 3-23も参照。

（11）たとえばBernal, 1992g, pp. 209-210, 第1章注（7）、第5章注（1）―（2）、（9）、第6章注（5）を参照。

（12）Lorimer, 1950, p. 93; Wace and Stubbings, 1962, p. 308; and Stella, 1965, pp. 41-45.

（13）Bernal, 1990a.

（14）Ibid., pp. 89-128.

（15）トリトルが引用したトゥキュディデスの一節（IV : 105〔邦訳『戦史』中、二三四―二三五頁〕）では、彼の遠い先祖がトラキア人だということは言及されていない。トゥキュディデスがこの地方のギリシア人エリートに属していたことはあきらかである。実際に、その前の一節ではこの点が論じられている。トゥキュディデスがタソス島――当時彼がいた場所――について「パロス島の植民地」だと述べているのは、自分がトラキア人と間違えられないよう念を押すためだった。

（16）Frazer, 1898, 5 : 165-166; Schwartz, 1950.

（17）この言説はもちろん、レフコヴィッツが力説する立証および「裏づけのある事実」と真っ向から矛盾する。たとえば1996e, p. 51を参照。

（18）A. H. Gardiner, 1961. たとえば同書pp. 88, 120. もう一つの例としてHoffman, 1991を参照。

（19）Tritle, 1992, p. 85.

（20）Bass, 1989. 一九九七年にバスはこの問題に戻ったが（p. 84）、彼は著書『ゲリドンヤ岬』について、「この本を書評したギリシア古典時代と前ギリシア古典時代の研究者たちがこれを受け入れないことが判った」と主張しており、多くの実例を挙げている。第4章注（15）も参照。

（21）Renfrew, 1972, pp. 110, 288.

（22）Van Andel and Zangger, 1990, pp. 145-148; 1992, pp. 383-386.

（23）トリトルは脚注（5）で次のように書いている。私〔バナール〕は「近代の進歩思想の起源はテュルゴー〔一七二七―八一〕とフランス啓蒙思想にある〔として〕、フランス啓蒙思想と同時に、また、それとは無関係に進歩の思想を発展させたアダム・スミス〔一七二三―九〇〕とスコットランド啓蒙思想についてひとことも言及していない……。しかし、このようなことが起こるという可能性を認めるなら、伝播論概念全体の根幹は大きく揺らぐだろう」。第一に、互いに無関係に新しいものが創造される例を認めるからといって、「伝播論概念全体」の根幹を揺るがすことにはならない。判断力のある人なら誰でも、どちらの過程も起きることを否定しないだろう。第二に、トリトルの挙げた例は彼の主張にとってはとくに拙劣な例である。まず第一に、*BA I* でテュルゴーを論じた前の節の題は、「「進歩」の大陸としてのヨーロッパ」である。この節の関心は、一六八〇年代以後の西ヨーロッパ――そこには当然フランスもスコットランドも含まれる――であり、知識人層が感じていた楽観主義と一般的な進歩の意識であった。私は議論の中心をテュルゴーと彼の一七五〇年の演説「人間精神の継続的進歩」においた。その理由は、テュルゴーが前の時代に生まれたばかりのこのような思想パターンを最も早く明確な思想として表現した一人だったからだ。アダム・スミスについては、スミスは万事に欠かせないと確信する政治的立場に配慮して、私は彼の『道徳感情論』が世に出たのはテュルゴーの演説の九年後であり、『国富論』は一七七六年になってはじめて出たと指摘した。スミスが『国富論』の執筆を始めたのは一八ヵ月間トゥールーズに滞在していた間だった。彼はトゥールーズからジュネーヴへ行き、そこでヴォルテール〔一六九四―一七七八〕に会い、つづいてパリを訪ね、パリではヒューム〔一七一一―七六〕からテュルゴーの仲間だったエコノミスト *économistes* すなわち重農主義者を紹介された。スミスの思想が正確にどの程度重農主義者の影響を受けたものだったかについては多少の議論がある。しかし、スミスはフランソワ・ケネー〔一六九四―一七七四〕を高く評価し、『国富論』を彼に捧げたいと考えていた。スコットランド啓蒙思想については、これがフランス啓蒙思想の単なる投影だったという形では描きたくない。それどころか、スコットランド啓蒙思想とフランス啓蒙思想には共通の背景と相当な社会的・思想的交流があった。トリトルが引用しているケースは修正伝播論の素晴らしい実例である。

（24）Schoffeleers, 1992, p. 160.

（25）Snowden, 1989, pp. 84-86.

（26）Snowden, 1970, p. 12.

(27) Keita, 1993a.

(28) Yurco, 1989.

(29) これにたいする唯一可能な例外は、これが「黒人」は非理性的だという「白人」の偏見を強化するような場合である。

(30) 第8章注(50)を参照。

(31) ヨーロッパ中心の古典学の学問のもつ危険性について詳しくは第16章注(77)を参照。

(32) ギリシア的「自由」のそれ以前の先行例についての議論は第15章注(51)—(53)を参照。

(33) Herodotus II : 123; A. B. Lloyd, 1975-1988, 3 : 59.

(34) Burkert, 1977/1985, p. 37.

(35) たとえば第6章注(96)—(99)を参照。

(36) Rendsburg, 1989; Ray, 1990.

(37) この解釈に Zangger, 1992, p. 47 も従っている。

(38) Pang, 1985, 1987; Pang and Chou, 1984, 1985 を参照。

(39) たとえば Gong, 1982, pp. 44-46; Public Security Bureau, 1989, p. 53 を参照。この部分の論及についてはスコット・ウィルソンに感謝する。

(40) これはジェイサノフとヌスバウムの異議である。第6章注(175)を参照。

(41) Astour, 1967b, p. 293 を参照。

(42) Spyropoulos, 1972, 1973a, 1973b, 1981; Symeonoglou, 1985, p. 25 を参照。

(43) すなわち、アルゴリス地方のピラミッドの年代が初期ヘラドス文化第II期だったという論議のある提案を受け入れないとすれば、だが。Lazos, 1995, pp. 171-180 を参照。

(44) Foucart, 1914, p. 2.

(45) Bernal, 1993b を参照。第14章注(79)、第15章注(9)—(75)も参照。

(46) この問題についてモリー・レヴァインは *DBA* で長い脚注を書き、そのなかで私のアイティオペスとシモ/シミアンの *simo* / *simian* についての注(*BA II* : 444 nn. 156-157〔邦訳九八九頁〕)が「杜撰」だと主張している。私は彼女が考えているほど杜撰でないと考えている。ジョン・チャドウィックはミュケナイ文化期の名前のシマ/シモ *sima* / *simo* とラテン語の「猿《モンキー》」を結びつけていない。他方、レヴァインが示唆するように、ピエール・シャントレーヌはM・ロイマンの仮説—ギリシア語の語形 **simias* は *simia* という形でラテン語の借用語になったという仮説——を簡単に切り捨てず、疑わなかった。Ernout and Meillet（1985）はこの仮説を当然だと認めている。ケネス・ドゥヴァは、ある人を猿呼ばわりすることが人種差別的侮辱かどうか確実でないと主張し、レヴァインは彼の主張にも従っている。ギリシア語で、普通は「猿《エイプ》」を指す語（ピテコス *pitekos*）には、「こましゃくれ、トリックスター、こびと」という含意があるという私の言及を彼女は引用している。Ernout and Meillet（1985）は *simia* についてもっと説得的に、この語は純然たる「侮辱語」だと述べている。

（47）St. Clair Drake, 1987-1990, 1 : 260-272 を参照。

（48）L. Thompson, 1989.

（49）Mudimbe, 1988, pp. 69-71 にある論及も参照。

（50）Jordan, 1969, pp. 28-32. St. Clair Drake（1987-1990, 1 : 24）はこの説を「素晴らしい議論」だと絶賛した。

●第４章　死のエジプト様式はどのようにギリシアに到達したか――エミリー・ヴァミュールに答える

（１）Vermeule, 1979, p. 69.

（２）Bury, 1900, p. 62. *BA I* : 293〔邦訳三四五―三四六頁〕でも引用した。

（３）このような一般的見方については Rawson, 1969, p. 308 n. 2; p. 351; Cartledge, 1979, pp. 116, 119 を参照。

（４）Bury, 1900, p. 77.

（５）E・M・フォースターからの私信、ケンブリッジ、イングランド、一九六八年。

（６）Shelmerdine, 1995, p. 99; Vermeule, 1964.

（７）これらについての一般的概観は Davies and Schofield, 1995 を参照。

（８）*Paradise Lost*, II : 113-115. これは序の注（17）でも引用されている。

（９）Dachslager, 1992.

（10）“Review of the 2nd Volume of ‘Black Athena,’” 1991.

（11）ギリシアにたいするオリエントの影響を否定する態度がこれよりもずっと長く続いたという証拠については Renfrew, 1998; ch. 1 n. 15; ch. 8 nn. 30-32 を参照。

（12）Renfrew, 1972, p. xxv.

（13）Ventris and Chadwick, 1973.

（14）Stubbings, 1973, p. 637.

（15）第３章注（20）を参照。

(16) この連続的なつながりの例については、Peter Walcot, 1966の大胆で独創的で偏見のない研究を参照。
(17) たとえばEllenbogen, 1962; Hoch, 1994を参照。
(18) 第15章注(9)—(75)を参照。
(19) 第3章注(42)—(43)を参照。
(20) Vermeule and Vermeule, 1970, pp. 36-37.
(21) Watrous, 1987, pp. 65-66, 70.
(22) Stubbings, 1973; ch. 1 n. 8; ch. 2 n. 6.
(23) たとえばPollinger Foster, 1987; Morgan, 1988およびHardy, Doumas, Sakellarakis, and Warren, 1989に収録されている諸論文を参照。
(24) 第2章注(10)—(12)を参照。

●第5章　単なる錯覚か——イーディス・ホールに答える

イーディス・ホールの『黒いアテナ』の論評は当初『アレトゥーサ』誌二五号(一九九二年)、pp. 181-201に掲載され、私は同じ号でこれに返事した。*BAR*に収録するため、ホールはこの論評にきわめてわずかな修正を加えた。私も元の返事に修正を加えた。

(1) ホール教授は彼女の注(2)で、「バナールは不思議なことにペロプスを見落としている」、なぜなら、ペロプスはアナトリアからギリシアにやって来たと考えられているからだと述べている。実際は、私はペロプスについて*BA I* (pp. 21, 84, 365, 491〔邦訳六四、九八、四三七、五七一頁〕)できちんと言及している。また、*BA II* (pp. 452-458〔邦訳八二三—八二九頁〕)では、彼をアナトリアの文脈で論じている。
(2) S. Marinatos, 1969, pp. 374-375; 1973b, pp. 199-200.
(3) Karageorghis, 1988, とりわけp. 10 n. 2.
(4) Ventris and Chadwick, 1973, p. 537.
(5) Ibid. p. 582; Chantraine. シモス/シミアン *simos* / *simian* については第3章注(46)—(47)を参照。
(6) Xenophanes, 1901, 16.
(7) Bernal, 1990b, pp. 131-132.
(8) たとえばMorris, 1992, pp. 124-149を参照。

(9) *Odyssey* XIX.246-248. この記述をどう解釈するかの議論についてはSt. Clair Drake, 1987-1990, 2 : 318-319, n. 75を参照。ヘシオドスについてはStrabo, 7.3.7が記しており、この箇所をSnowden, 1970, p. 103が引用している。

(10) これについて私は以前Bernal, 1989g, p. 22で論じた。

(11) *Timaeus*, 21E-22A.

(12) Herodotus I, 60; II,182; IV,180.

(13) Astour, 1967, とくにpp. 212-217を参照。

(14) *Scholiast on Euripides* Orestes 872におけるミレトスのヘカタイオス。

(15) Pausanias, II.16.1; 19, 3; 30.6; 38.4; IV.35.2.

(16) スパルタのピラミッドについてはPendlebury, 1930, p. 47を参照。Cartledge（1979, p. 121）は聖域についての彼の記述ではピラミッドの形状にふれていない。

(17) アレイオスの書簡についての議論は*BA I* : 109-110, 460 n. 168〔邦訳一二八―一二九、五九九―五九八頁〕を参照。Cartledge and Spawforth, 1989, p. 37も参照。カートリッジはこの書簡について、ばかげているが本物だという考えに傾いている。

(18) 語源がカナン語だったという第一の可能性についてはCartledge and Spawforth, 1989, pp. 67-68; P. Green, 1990, p. 301を参照。

(19) Fakhry, 1973, pp. 82-83; Pausanias III.18.3を参照。

(20) これらのことについては第15章注（107）―（112）を参照。

(21) Herodotus, VI.55.

(22) Ventris and Chadwick, 1973, pp. 127, 411.

(23) Caskey, 1980.

●第6章 〈音法則に例外なし〉はすべてに優越する――ジェイ・H・ジェイサノフとアラン・ヌスバウムに答える

(1) 語に類似性が認められるという考え方と歴史言語学との関係についての議論はRuhlen, 1994, pp. 284-285を参照。

(2) Ray, 1997.

(3) Daniels, 1996. ゲーリー・レンズバーグは著書Gary Rendsburg（1989）で私の著作を好意的に論評した。ジェイサノフとヌスバウムの望みは、レンズバーグは「バナールの親しい友人」と明言しているという理由から、彼から論評の資格を奪うことにある。彼らの立場は私と対極にある。このことは、彼らの論文のトーンからもあきらかだ。

（4）ジェイサノフとヌスバウムは、広く受け入れられている「インド＝ヒッタイト語」という用語を使わないので、自分たちはこの点において「伝統的」だと述べている（p. 203 n. 2）。「インド＝ヒッタイト語」という用語の有用性は、いままではコンピューターを使った研究（Trask, 1996, p. 369）によって確認されている。私は長年、インド＝ヨーロッパ語学者が「インド＝ヒッタイト語」という用語を嫌う理由の説明を求めてきたが、満足する答えが得られない。「＝ヨーロッパ語」という要素を語族の名称から消してしまうのは、気が進まないのだろうという推測しかできない。ジェイサノフとヌスバウムは、青年文法学派がしたようなインド＝ヨーロッパ基語の子音の再構成——いまでは、最も現代的なインド＝ヨーロッパ語学者もしていない——を続けているという点でも伝統的だ。Collinge, 1985, p. 265 を参照。

（5）とりわけ第1章と第5章、ジョン・ベインズとイーディス・ホールへの答え。その後、ジェイサノフはさらに異例な誇張をする。たとえば彼は、私が「アフリカの黒人ファラオがギリシア本土に最初の組織的な政府を確立した」と主張したと述べた（1997, p. 59）。この主張はとりわけ誤っている。私が *BA I* と *BA II* で論じたギリシア本土へのエジプトからの侵略は、基本的に南西アジア人だったヒクソスの君主による侵略だけである（*BA II* : 320-360〔邦訳六二五—六八四頁〕）。私はまた、ヒクソスの君主が侵略した可能性のある時期よりも千年以前すなわち、陶器年代区分でいう初期ヘラドス文化第II期（EHII）のギリシアに、組織化された国家があったとも主張している（*BA II* : 123-153〔邦訳二三一—二七七頁〕）。

（6）青年文法学派にたいする一九世紀の地質学の影響については Christy, 1983 を参照。

（7）一般に「音法則に例外なし」というこの用語は青年文法学派と結びつけられているが、彼らはこの概念をアウグスト・シュライヒャーから得た。Jankowsky, 1968, p. 98 を参照。

（8）van Coetsem, 1994, pp. 20-22 を参照。

（9）Bolinger, 1968; Jacobson, Waugh, and Mouville-Burston, 1990; Malkiel, 1990; Blench, 1997, p. 170.

（10）シャントレーヌはこの説を否定しているが、これとは別に唯一提案されている説にも彼はあまり満足していない。西暦紀元前五世紀、ビザンティン・ギリシア語では *oi* が *i* と融合する過程がすでに始まっており、とりわけ、*loimós*〔疫病〕と *limós*〔飢饉〕がきわめて近い語だったことを私たちは知っている。Thucydides II, 54 を参照。議論の対象である見出し語の参考書として、どの場合もシャントレーヌが編集した辞書（1968-1975）を挙げている。

（11）青年文法学派の原則のこの大修正についての叙述と、説明の難しさを知っていたために、青年文法学派の厳しい非難を浴びた同時代人ヒューゴ・シュシャルトの死後の雪辱については、Trask, 1996, pp. 227-228, 285-290 を参照。van Coetsem 1994, pp. 32-33; Lass, 1997, pp. 139-143 も参照。「独立した経路」は「それ自体で規則的」であり得ると述べ、ラスは彼の読者を安心させている。

（12）この唯一の例外は、青年文法学派のその後の世代にあたるホルジャー・ペダーセンが、彼の *Linguistic Science in the Nineteenth Century*（1931）のなかでセム系諸言語について書いた最終章である。ペダーセンは、彼自身の出版物でもっぱらインド＝ヨーロッパ語族の諸言語に関心を注いでいた。

（13）Koerner, 1989, p. 94.

（14）Burkert, 1992/1984, p. 34.

（15）伝統的な歴史言語学のこの傾向は Thomason and Kaufman, 1988, pp. 1-2 が論じている。単一系統樹モデルの使用や濫用にかんする一般的な説明については Gould（1989）——とりわけ第一章の「期待される図像学」——を参照。「マングローブ」モデルに好意的な主張については Moore, 1994 を参照。

（16）Jasanoff, 1978; Nussbaum, 1986.

（17）ソール・レヴィンは *qarn* について、この語はほかのアフロアジア語では立証されていないという根拠から、インド＝ヨーロッパ語からの借用語だと主張している（この問題の参考文献については Levin, 1995 p. 29 を参照）。しかし Orel and Stolbova（1995）は、同系語が後期エジプト語とオモト語にあると考えている。たとえレヴィンが正しいとしても、ヌスバウムの怠慢が持つ意味は小さくない。インド＝ヨーロッパ語研究がおかれている状況は厳しい。この状況の鮮やかな描写は R. Wright, 1991, pp. 39-68, とりわけ pp. 41-48; P. Ross, 1991, pp. 139-147 を参照。これらの論文が守旧派のインド＝ヨーロッパ語学者に与えた苦痛については Lass, 1997, p. 162 を参照。

（18）Pope, 1952, §1151, pp. 441-442 を参照。

（19）辞書編集者は、「cant」が「抑揚のない話しぶり」あるいは「鼻を鳴らすような声を出すこと」という意味の *cantare* が語源だと主張する。しかしこの説よりも、「cant」は「仲間うちのことば」あるいは「内緒のことば」という意味で、アイルランド語の *caint* ——発音は *ka:nt*（「おしゃべり」あるいは「慣用句」）——が語源だという説のほうが可能性は高いようだ。この例は語源の混合、すなわち「混交」の好い例である。英語の俗語あるいは隠語になった他のアイルランド語の例には、アイルランド語の *tuig*（「了解する」）が語源の「twig」（「了解する」という意味）と、アイルランド語の *gob*（「くちばし」）が語源の「gob」（口）が含まれている。

（20）二つはいずれも必要な条件である。たとえば、一九〇〇年と一九五〇年の短期間に、オランダ語がサッカーの「ゴール goal」という英語を借用した例を参照。「ゴール goal」をオランダ北部では *kol*, オランダ南部とフランドルでは *yol*, 言語に潔癖な人は *gol* と発音する。この場合、語尾変化は借用言語側の方言の違いに起因する。この要因の印象的な例は、アラ

ビア語 *dār aṣ ṣinā'a*（「工場」）からイタリア語が借用した二つの語——おそらくジェノヴァ方言から来たであろう *darsena*（「船舶の武装解除や修理を行う港湾の屋内施設」）と、ヴェネチア方言から来た *arsenale*（「海軍工廠、造兵廠」）——のなかにも見ることができる。Aboul Nasr, 1993, p. 43 を参照。この例についてはロリ・レペッティにも感謝する。

短期間に起きた急激な変化については、以下の本文で論ずるように、六三〇年の前と後で日本語に採用された中国語の扱いが異なることを参照。

（21）この言い方にはやや時代的なずれがある。長安という都市名は、唐初期に初めて採用されたからだ。

（22）Pulleyblank, 1984, p. 3 を参照。

（23）どちらの場合も、おそらく大部分の中国語は、留学のため中国に派遣された日本人学者に加えて、日本の宮廷にいた中国人学者、熟練技術者、側室を通じて伝えられたのだろう。

（24）Pulleyblank, 1984, pp. 154-155.

（25）Karlgren, 1957, pp. 211-367; Pulleyblank, 1984, p. 155 を参照。

（26）厖大な数の中国語が日本語に採用されたとジェイサノフとヌスバウムが強調するのは正しい（p. 184）。エジプト語とセム語に由来するギリシア語の語彙は、四〇パーセント超にすぎないというのが私の主張である。しかし私は同時に、伝統的な推定値——インド＝ヨーロッパ語にあきらかな語源を見出せない語彙は四〇パーセント以下である——も認めている。したがって、後者の数字が実際よりも少なめだとしても、アジアアフリカ語とその他の言語からの借用語が五〇パーセントを超えるという想定は、筋が通っていると思われる。

（27）フランス語とドイツ語では、この文脈でシアンス *science* やヴィッセンシャフト *Wissenschaft* というより広い概念がいまなお使われている。T. Bynon, 1977, あるいは Thomason and Kaufman, 1988 のような英語の著作では、「科学的 scientific」という語は見あたらない。

（28）この語にかんする一九世紀の著作の参考文献については Muss-Arnolt, 1892, pp. 56-57 を参照。両説をめぐる最近の概説としては West, 1997, p. 154 を参照。さらに最近になって、J・P・ブラウンはインド＝ヨーロッパ語およびセム語に有力な語源をもつこの語と他の二例について書いている。「ギリシア語とヘブライ語のあいだに見られる完全な対応関係は混交があったことを意味している」。しかし彼は、「ギリシア語が伝わって行った」（2000, p. 303）と考える傾向がある。

（29）E. Meyer, 1928-1936, vol. 2, pt. 1, p. 547 n. 4.

（30）R. D. Griffith（1997a）が指摘しているように、ジェイサノフとヌスバウムは *Aiguptos* の語源が Ḥt kȝ Ptḥ に由来することを認めているが、これは彼ら自身の借用語の基準に違反する。

(31) Loprieno, 1995, p. 38.

(32) Burkert, 1992/1984, p. 35.

(33) 日本語との並行関係に戻れば、次のような鮮やかな記述がある。「日本人に略取された〔日本語風の〕英語の単語は、ほとんど知られていない一連の容赦のない入会儀式があり、そのあと、意図的に英語としてのアイデンティティを剥奪されると考えることができる」(Loveday, 1996, p. 138 に引用されている *The Guardian*〔Manchester (England)〕, 20 March 1976)。

(34) Liddell and Scott, 1968, pp. 2009-2012.

(35) Masson, 1967, pp. 42-44 を参照。次いで言えば、この語はエジプト語 *qd*(「壺」)に由来する。

(36)「投票用の壺」としての *kētharion* と *kēthis* については第15章注(69)を参照。*kēd-*(「悩ます、哀悼する」)周辺の音連結については、その語源はゴート語 *hatis*(「憎む」)に見られるインド゠ヨーロッパ語というよりも、むしろ、エジプト語 *qdd*(「死者を見守る」)および/またはセム語 *kdr*(「哀悼する」)が語源である可能性のほうがはるかに高いだろう。しかしまた、*kēd-* は「甕棺」を意味する *kad* との「混交」だったかもしれない。

(37) Burkert, 1992/1984, p. 40.

(38) たとえば Chadwick, 1975, pp. 805-818 を参照。

(39) Humboldt, 1988/1856, p. 216; Aarsleff, 1988, pp. x, lxi-lxiv.

(40) Humboldt, 1903-1935/1793, 1 : 255-281, 266. R. L. Brown, 1967, p. 80 も参照。

(41) Humboldt, 1903-1935/1793, 3 : 188.

(42) Thomason and Kaufman, 1988; Jasanoff, 1989.

(43) Thomason and Kaufman, 1988, pp. 74-146.

(44) 前述したように、この順序は図式的なものであり、文字通りに受けとってはならない。現実のパターンは歴史的にも地理的にもきわめて不規則で、おそらくこれより多くの世代が関わるだろう。

(45) 英語に採り入れられた数少ない借用語の三つについては注(19)を参照。この一節は「島への道」という歌の一節だが、実際はスコットランド・ゲール語の歌である。このケースでは、スコットランド・ゲール語はアイルランド語と同じ構造を持っている。アイルランド語はアイルランド英語と対比されるが、接触言語のよい例である。アイルランド語は音韻論、形態論、統語論を保っているが、英語その他の外国語の単語がそこには充満している。

(46) ジェイサノフとヌスバウムがこの現象を論じたとき、彼らは英語と東アジアの例を引用し、アルメニア語に見られるイラン語の借用語および、近代ペルシア語に見られるアラビア語の借用語をつけ加えている（p. 184）。

（47）Humboldt, 1988/1836.

（48）コプト語のなかでギリシア語が占める意味論的領域と、ギリシア語に見出される非インド＝ヨーロッパ語の占める領域は、部分的に重なり合う。そのため、私はコプト語そのものに高い割合で見られるギリシア語の借用語の語源は、エジプト語あるいはセム語だと考えている。

（49）Gamkriledze and Ivanov, 1995, pp. 55-56.

（50）Thomason and Kaufman, 1988, pp. 74-75.

（51）Morpurgo-Davies, 1986, p. 105. 著者たちと彼女は親しい。これは彼らが最初の注で、彼女に謝意を述べていることから知ることができる。

（52）北インドではインド＝ヨーロッパ語以前の言語はモザイク状況だった。これについてはWitzel, 1999を参照。

（53）Thomason and Kaufman, 1988, pp. 39-40, 85-86を参照。

（54）Trask, 1996, pp. 327-328を参照。

（55）Thomason and Kaufman, 1988, p. 65からの引用。pp. 215-222も参照。

（56）このリストについてはSwadesh, 1971, pp. 271-284を参照。ギリシア語におけるこれらの語の完全なリストは*BA III*で提供する。

（57）この三つの語は*ear, haima*（「血」）、*osse, ophthalmos*（「目」）、および*neos, kainos*（「新しい」）である。

（58）Thomason and Kaufman, 1988, p. 365 n. 22を参照。

（59）一九九七年夏、コリン・レンフルーは寛大にも私をケンブリッジ大学の彼の学寮の昼食に招いてくれた。私はその席で、ギリシア語は移行《シフト》言語ではなく、接触言語だと主張した。これは伝統的には非正統的な説だったが、レンフルーが長年推進してきた「現地起源説モデル」とうまく適合する。したがって、大胆でエネルギッシュな学者の典型である彼はこの分野に飛び込み、この年の一一月、ギリシア語における非インド＝ヨーロッパ語の語彙について論文を発表した。彼はそのなかで、ギリシア語の非インド＝ヨーロッパ語大部分の語源は基層言語にあるのではなく、基層言語に付け加わった層、「あるいは基層言語の上に乗った層にさえ」あると主張した。彼はこの論文を翌年に出版した（Renfrew, 1998）。

残念ながら、彼は彼のエーゲ海地域中心の考えを払拭することができなかった。また、西セム語あるいはエジプト語を知る人物の意見を聞くことができなかった。したがって、「基層言語に付け加わった層」は「ミノア語」だったと彼は主張する。また、レンフルーは守旧的なギリシア中心主義の学者に取り囲まれているので、マス＝アーノルト、ハインリヒ・

レヴィー、サイラス・ゴードン、マイケル・アストゥア、ソール・レヴィン、ジョン・ペアマン・ブラウンによる、ギリシア語に採り入れられたセム語の借用語についての重要な研究に注意を向けていない。そればかりではない。彼は古典学者ヴァルター・ブルケルトとマーティン・ウェストおよび、インド＝ヨーロッパ語学者オズワルド・セメルヌイの研究にも注意を向けていない。この領域で彼が言及している専門家はエミリー・マッソンだけだった。彼女はギリシア語のなかに入りこんでいるセム語の借用語をリストアップしているが、これは並みはずれて限定的なリストであり、このため彼女の研究は古典学主流派に受け入れられている。もしもレンフルーが別の研究者の意見を聞いていれば、ほかにも彼の主張を基礎づける多くの語があることが分かっただろう。このような語には、*asaminthos, kados, kithara, xiphos, pallakis, plinthos, sak(k)kos, salpinx, sidē, sitos, syrinx, phorminx* そして *khitōn* がある——どの語もすべて、語源はセム語あるいはエジプト語＝セム語であることが十分に確立されている。さらに、純粋にエジプト語を語源とする等しい数の語に、私はより多くの語をつけ加えなければならない。彼はミノア文化期の言語を仮定し——この言語の語彙は非インド＝ヨーロッパ語だったということしか知られていない——、これがインド＝ヒッタイト語族に属する言語かも知れないと奇妙な提案をするが、これはギリシアが純粋にヨーロッパ的アイデンティティを保持しているというレンフルーの決意を示している(pp. 259-260)。私たちが比較的よく知っているエジプト語と西セム語という二言語ではなく、未知の言語を彼が選ぶというところにも、南東からの影響を排除したいという彼の願望が現れている。この二言語の情報源をすべて利用し尽くしてはじめて、未知の言語に向かうべきだと私は考えている。考古学が示すように、高度の知識がエジプトと南西アジアからクレタ島に到来した。多くの単語は高度の知識を反映するので、アフロアジア語の単語のなかにはクレタ島経由でギリシアに来たものがあったかもしれない。

（60）Morpurgo-Davies, 1986, p. 105.

（61）Bonfante and Bonfante, 1983, p. 60 を参照。この言説では「インド＝ヨーロッパ語」を狭い意味で用いている（前出注（4）を参照）。エトルリア語はおそらくアナトリア語系言語だったので、インド＝ヒッタイト語族に属する言語だっただろう。この仮説にたいする賛成論は Georgiev, 1979, pp. 84-100; Adrados, 1989; Bomhard and Kerns, 1994, pp. 33-34 を参照。アナトリア語との関連を疑う議論については Pallotino, 1956, pp. 53-56; Bonfante and Bonfante, 1983, pp. 41-43 を参照。エトルリア語の語彙は多くの異なる源泉からの混合だったと思われる。

（62）彼らはセム語の例を古代エジプト語の例と対置しているが、そこには彼らが古代エジプト語に不案内だという影響があるだろう。

（63）C. W. Haley and Blegen, 1927.

（64）Kretschmer, 1924.

（65）Szemerényi, 1958, p. 159. このほかにも、このような地名の要素を仮説上の前ギリシア語基層言語と結びつけることには批判がある。その批判については Laroche, 1977?〔ママ〕, p. 213; Wyatt, 1968; Hooker, 1976, p. 23 を参照。

（66）Szemerényi, 1974, p. 152.

（67）Ibid. pp. 145, 149.

（68）Ventris and Chadwick, 1973, p. 387.

（69）Gelb, 1977, pp. 3-27; Cagni, 1980 を参照。

（70）この問題をめぐるC・H・ゴードンの諸論文の記述とそれを収録した著書目録については Gordon, 1968, pp. 157-171 を参照。

（71）Ventris and Chadwick, 1973, p. 106 を参照。

（72）並行関係にある語として Didyma / Dindymon と Athedon / Anthedon を参照。

（73）Pokorny, 1959, 1 : 40-41.

（74）Chantraine, 1968-1975, 1 : 90.

（75）この変化は中期エジプト語と後期エジプト語の間に起きたとアントニオ・ロプリエノは考えている（1995, p. 38）。しかし、これ以前も不安定だったことは中期エジプト語に *ptr / pty*（「誰、何」）と *mtr / mty*（「高名、名声」）という変化が示している。

（76）A. H. Gardiner, 1957, §272, p. 209 を参照。

（77）初期のエジプト語に添頭字 i が存在したという考えは、nṯr がクシュ語の *enkera, inkira*（「魂、霊」）と関連する可能性によって強化される。Hornung, 1982/1971, p. 35 に引用されている Calice, 1936, p. 167 を参照。したがって、nṯr は kꜣ の同系語かも知れない。

（78）Brugsch, 1885-1888, 1 : 93.

（79）たとえば Hornung, 1982, p. 41 を参照。

（80）Bonnet, 1952, pp. 120-121.

（81）Parke, 1977, pp. 106-124 を参照。

（82）西暦紀元前第二千年紀の終わりに近い頃、エジプト語で強勢長音 ā から強勢長音 ō へのシフトが起きた。Loprieno, 1995, p. 38 を参照。

（83）Loret, 1949を参照。

（84）Trask, 1996, p. 349を参照。

（85）G. Bass, 1991, 1997, p. 87.

（86）Lejeune, 1987/1972, pp. 54, 72-73; Levin, 1995, p. 235.

（87）エジプト語におけるこの不安定さについてはLoprieno, 1995, p. 34を参照。セム語における混乱についてはMoscati et al., 1969, pp. 35-37; Steiner, 1977を参照。

（88）Gauthier, 1925-1931, 2：50を参照。西暦五世紀のエジプト語＝ギリシア語の詩人ノンノスは、ビザンティウムは英雄ビザスが建設した都市であり、彼はダナオスと同じくエジプトからやって来たと主張した。Nonnos, *Dionysiaka*, III.365-369を参照。

（89）たとえばセソストリスはS n Wsrtに由来することを参照。

（90）Lejeune, 1987/1972, §143, pp. 146-147.

（91）Szemerényi, 1974, p. 148.

（92）これらのルーツは、オシリスおよびナイル川の氾濫後の植物が生長する季節と関係する大きな宗教的祭りのワグ祭**wꜣg**と、*dꜣb*（「イチジクの木」）にある。これらの語源の根拠については*BA III*で示す。ジェイサノフとヌスバウムは単に、*terébinthos*の語源は前ギリシア語「基層言語」（p. 186）だったと考えているにすぎない。

（93）Loret, 1945; Hodge, 1992, 1997.

（94）Loprieno, 1995, pp. 31, 38; Kammerzell, 1994, p. 31. いまでは、流音としてのꜣの音価は学識のある古典学者たちから認められている。M. L. West, 1997, p. xxiiiを参照。

（95）たとえばJean Vergote, 1971, p. 44を参照。ꜣはもともと流音だったという初期の認識の参考文献についてはVercoutter, 1956, p. 20, n. 4を参照。Vercoutter自身はその可能性もあるだろうと認めていた。にもかかわらず、このことは別々に同じ結果を著作で発表したOtto Rössler（1964, p. 213）とCarleton Hodge（1971, pp. 13-14；1977；1992）には知られていなかった。Hodge, 1997を参照。

（96）Lee, 1961, pp. 191-193.

（97）*Iliad*, 23.78.

（98）Parke, 1977, pp. 116-117. *nṯr*と*ánthos*の結びつきについては前述した。

（99）Kaplony, 1980を参照。

(100) 前出注（28）を参照。

(101) Clackson, 1994, p. 33. これはルジューヌの見解でもある。Lejeune, 1987/1972, §146, pp. 148-149 を参照。

(102) Pokorny, 1959, 1 : 334.

(103) Bomhard and Kerns, 1994, pp. 523-524.

(104) Levin（1995, p. 288）はアラビア語の語形 *ǵrb* のなかにある *ǵ* について、根拠は異なるが、これがインド＝ヨーロッパ語からの由来ではあり得ないという同じ結論に達している。しかしボンハード（Bomhard and Kerns, 1994, p. 523）が引用している数人のセム語学者は、この場合の *ǵ* について、これは *r* と接触した *ʿayin* に由来すると主張している。

(105) J. P. Brown, 1995, pp. 57-58.

(106) Astour, 1967, p. 130. 実際には、アストゥアは *erēbu* という語形を用いている。Gelb et al.（1956-, 4 : 258）は、「入る」という一般的な意味の *erēbu* と特殊な意味をもつ *erebu*（「日没」）を区別している。しかし彼らはどちらの語も、*erēpu* すなわち「うす暗い、闇の」との「融合」があると見ている。

(107) 通説では「黒い black」という語にインド＝ヨーロッパ語の語根はない。Ernout and Meillet, 1985, p. 441 を参照。セム語についてはJ. P. Brown, 1995, pp. 57-58 を参照。この意味論的分野にたいするエジプト語の影響についてはVermeule, 1979, pp. 69-82 を参照。

(108) これは確実に借用語だとシャントレーヌは述べている。Pokorny, 1959 と Van Windekins, 1986 はいずれも、これにはインド＝ヨーロッパ語の語源はないと主張している。ポコーニーは *deilós* と *deidō* のあいだと、究極的には *duo*（「二人組《デュオ》」）とのあいだに伝統的な結びつきがあることを認めている。

(109) 「より一般的に」は第二の意味で用いられるとリデルとスコットは述べている。

(110) Diakonoff, 1970, p. 456.

(111) この概略については *BA I* : 56-57〔邦訳なし〕を参照。近刊の *BA III* ではもっと詳細に論ずる。

(112) Hodge（1987, p. 16）は無条件でチャド基語の円歯音も再建した。

(113) すなわち、アムハラ語には dwa, twa および t'wa をあらわす文字がある。NACAL 1981 に提出した私の論文「新しいセム基語」を参照。

(114) たとえば、大半のグラーゲ諸語では、語根 *mwr*（「境界、限界、割り前」）は *m*ʷ*ärä* であり、*mwt*（「死」）は *m*ʷ*ätä* である。

(115) シャントレーヌは、この語源がインド＝ヨーロッパ語の語根 **g*ʷ*el*（「のみ込む」）に由来するという説に納得していない。この説では Pokorny（1959, p. 365）が立証されたギリシア語、*délear* を見出しているにすぎない。*dólos*（「策略」）は、ア

ラビア語 *dal*（「媚び」）に見いだせるセム語の語形の影響をうけた可能性もある。*doleo*（「［苦痛などを］こうむる」）、*dōlium*（「陶器製の容器」）、そして *dolus*（「ペテン」）のようなラテン語の意味論上の謎は、これらの語が――ギリシア語や南イタリア語を通じた借用語と直接的借用語のどちらにせよ――、「未定である、吊す、もつれる」という意味のカナン語 *dl* の借用語だと説明することができる。

(116) Edel, 1978, pp. 120-121 を参照。アッカド語 *š* はエジプト語 *s* の翻訳だったので、私はパシヤラという形を使った。後出注（131）を参照。

(117) 中期エジプト語と後期エジプト語で、*b* と *p* が相互に交換できたということについては前出注（30）および Ward, 1978 を参照。*bárbax*（「リビア鷹」）の語源が **pꜣ ḥr bik*（「鷹」）であり、また、リビア王のギリシア語名バットスの語源がエジプト語 *pꜣity*（「主権者」）であるというのもきわめて妥当性が高い。*pꜣqt*（「高級亜麻布」）、*brákos*（「豪華な長衣」）、*pr*（「家、世帯、地所」）、および *báris*（「領地、要塞で囲まれた大きな家」）も参照。

(118) Ventris and Chadwick, 1973, p. 399.

(119) Szemerényi, 1966, p. 29.

(120) このような例については Lejeune, 1987/1972, §33, pp. 46-47 を参照。

(121) Arapoyanni, 1996 を参照。

(122) Ventris and Chadwick, 1973, p. 38; Dow, 1973, p. 601 を参照。

(123) 近代ヘブライ語で外国語を転写するとき、しばしば使われる *kaf* と *tav* ではなく、（前に母音が来ると摩擦音化するためにそれを避けるためかも知れないが）むしろ、*quf* と *tet* を加えて転写される。ともあれ、見慣れない文字はその語が外来語であることを示している。日本語で外国語を表記するには、より一般的なひらがなではなくカタカナを用いるので、外国語の表記だということは一目瞭然である。

(124) Schindler, 1976.

(125) Szemerényi, 1958, p. 178; Perpillou, 1973.

(126) A. H. Gardiner, 1957, §353-361, pp. 270-278 を参照。Hoch, 1995, §§117-125, pp. 168-178 も参照。カレンダーは *-w* が主格を示す字である *u* に由来すると確信していた。Callender, 1975, p. 51 を参照。似たような語形はアジアアフリカ語のいたる所で見いだされる（一九九七年三月、Bender and Jungraithmayr の私信）。

(127) これについての参考文献は Edel, 1978, pp. 120-121 を参照。

(128) Albright, 1923, p. 66. Loprieno, 1995, pp. 38-39 も参照。

(129) Loprieno, 1995, p. 38.

(130) *hippeús*（「馬飼い」）は、インド＝ヨーロッパ語が語源のギリシア語 *hippos* に基づく語である。*hippeús* のような語の存在は、ミュケナイ文化期のあいだずっと、この接尾辞が使われていたことを示している。

(131) 西暦紀元前一〇〇〇年以前に、ヘブライ語で *š* と転写される文字はどう発音されたのか。これは確実ではない。私がこの文字をただ単に *s* と書くのはそのためである。前出注（116）を参照。この議論についてはBernal, 1990a, pp. 102-107を参照。

(132) Rendsburg, 1989, p. 77.

(133) Nussbaum, 1976.

(134) これはCollinge, 1985, p. 25の意見である。

(135) 語源形として妥当な wš, コプト語の *ouoš*（「抜ける、髪の、破壊される、恥辱、奇形、欠けている」）および wšr（「干上がる、荒廃する、不毛の」）のなかに、この交替はすでに存在したかもしれない。後期エジプト語の移行《シフト》 *u* ＞*e* については前出注（128）とLoprieno, 1995, p. 46を参照。

(136) 語族のなかでは音声の発展をたどることは正確にできる。そのため、「系統的」関係を確定する語源論には、言語と言語のあいだの借用語の関係よりも高い精度が要求される。

(137)〔ファラオ支配の正統性を示す表現には〕*mȝʿt* を「与える」というほかに、*sʿr*「捧げる」、***in***「もたらす」という選択肢もある（Karenga, 1994, pp. 570-578)。

(138) ***inw*** の最後の文字 *w* は、ギリシア語の語根 ***-u*** に反映されていると思われる。また、***tinō*** のなかの ***i*** の長さが不明だが、これはデモティック〔民衆文字〕***ty inw*** とコプト語 ***tnnou*** との相違からくるのかもしれない。

(139) ***inw*** そのものは「戦利品、賦課金、貢ぎもの」を意味する。

(140) Hemmerdinger, 1968, p. 239を参照。

(141) A. H. Gardiner, 1957, p. 428からの引用。

(142) Ibid., p. 28.

(143) Ibid., p. 644.

(144) Loprieno, 1995, pp. 61-62. 私は喜んでこの引用文をそのまま受け入れる。しかし著者が意味しているのは、「より多く」の多様性というよりも「より少い」多様性ではないのだろうか。

(145) Szemerényi, 1966, p. 36. 彼は *kapnós*（「煙、調理のにおい」）と並行関係があるというが、この移行関係は彼が考えているよりもはるかに信頼できない。*kapnós* の語源は、エジプト語 *qfn*（「〔パンや煉瓦などを〕焼く」）だというのが妥当である。

(146) Hemmerdinger, 1968, p. 239 を参照。

(147) Burkert, 1992/1984, p. 40.

(148) Loprieno, 1995, p. 41.

(149) 前者については ibid., pp. 44-45 を参照。

(150) これは控えめな言い方である。フリスクはこの語根が他に類例がないと述べているが、シャントレーヌは自分の無知を認めている。ウィンデケンズは大胆だが、彼でさえ、*neṓs* と *naíō* の語源をインド＝ヨーロッパ語に見いだそうとはしていない。

(151) 出エジプト記、第一五章第一三節。Rendsburg, 1989, pp. 77-78.

(152) Fick, 1905, pp. 83, 105. 神々の名前も含む地名のリストとして Loewe, 1980/1936 がある。ただし、ずっと限定されている。

(153) 私は *BA II*（pp. 98-99〔邦訳一九四―一九六頁〕）でボイオティア地方とアルカディア地方の瀑布を論じ、そのなかで不思議な名前をもったアテナ・オンガ／オンカに言及したが、そのとき、エジプトの第一瀑布と関連するエジプトの女神アヌケト ʿnqt すなわち、アヌキスと彼女を結びつけた。その後、アルカディア地方のテルプサでは、アポロンがオンケアテスとして知られていたことに気づいた（Pausanias, VIII.25.11）。

(154) 列王記下、第五章第一〇節―一四節。Pausanias V.5.7-11; Frazer, 1898, 3 : 478-479.

(155) 頭字 *a-* は後期カナン語の定冠詞 *ha-* に由来したかもしれない。これはまた、起源が西暦紀元前一三〇〇年以後だったことを示しているかもしれない。*ngr* については Bernal, 1997a を参照。

(156) Qbbt はエレファンティネの第一瀑布にある伝説的洞窟の一つの名前であり、いくつかの謎のテクストによれば、ナイル川の水源と考えられていた。アルカディア地方にカピュアイという名の町と岩があったが、どちらも聖なる泉と関連があった。Pausanias, VIII.13.6, 23.4 を参照。ケフィソス川 Kēphis（s）ós と浄めとの関係については Pausanias I.37.3 を参照。

(157) これらの語の語源論についてシャントレーヌは「疑わしい」と述べている。

(158) Frazer, 1898, 3 : 453 で引用されている Imhoof-Blumer and Gardner, 1885-1887, p. 68, pl. p. vii.

(159) Pausanias, II.24.

(160) Strabo XIII.3.4. Müller, 1820, p. 126 がこの一節を引用している。この情報は *BA I* : 76〔邦訳八七頁〕にあるので、ジェイサノフとヌスバウムの身近にあった。

(161) Xenophon, *Hellenika*, III.7.

(162) Pausanias, VI.609.

(163) Apollodorus Rhodius I. 40 に注釈者がつけた注の引用。

(164) このギリシア語はカナン語 *dmh*（「似ている」）——とりわけ「酷似していること、現れること」を意味し、聖書（詩編、第一七章第二節）に *dimyon* という語形で登場する語——に由来すると思われる。これがエジプト語 *kȝ* の翻訳〔語義〕借用だったとすれば、*daimōn* の語源についてのこの説は、*daiō*（「私は分配する」）だという伝統的な説よりもはるかに妥当だろう。

(165) A. H. Gardiner, 1947, II. *155.

(166) Smyth, 1956, §897, p. 253 を参照。

(167) *Lakōon* そのものは、*laskō* および／または *Lakizō* の分詞と説明できるだろう。

(168) Szemerényi, 1960, p. 15.

(169) Plutarch, *Lykurgos*, 18.1.

(170) Pausanias, III.11.11; Imhoof-Blumer and Gardner, 1885-1887, p. 55, pll. 5-7. このモチーフの原型がエジプトにあったことについては Faulkner, 1972, p. 167, spell 168 を参照。ピュロスから出土したミュケナイ文化期の人名アノポは、Astour (1967, p. 340) によれば暫定的に Inpw / Anubis と同定される。これは妥当な同定であり、これによって、エジプトのこの神が青銅器時代にペロポンネソス半島南部で知られていたという考えが強化される。

(171) Lazos, 1995, p. 114, pl. 91 を参照。

(172) たとえば、ラケダイモン人には Kynoura という名前が与えられ、スパルタ市の一行政区の名前は Kynosoura（「イヌの尾」）であり、ラケダイモン犬の一種の名前は *kynosouris* だったことを参照。

(173) A. H. Gardiner, 1947, II.*127-128. エーゲ海地域周辺のその他の Spa（r）tas は同じ語源を持つと思われる。近刊の *BA III* を参照。

(174) たとえば Tritle, *BAR*, p. 319。

(175) Smyth, 1956, §1005, p. 270 を参照。

(176) この「構成」は名詞的語句の拘束形式であり、強勢《ストレス》が限定される別の名詞的語句との接続においてのみ用いられる。しばしばこの用法は、自由な名詞的語句あるいは絶対的な名詞的語句から生まれる異なった語形をもたらす。

(177) C. H. Gordon, 1962b, pp. 137-139.

(178) A. H. Gardiner, 1947, II.*6; Gauthier, 1925-1931, 6 : 126-128; Brugsch, 1855-1888, p. 922を参照。
(179) Astour, 1967, pp. 157-158.
(180) そのあとのJasanoff（1997, p. 67）の口ぶりはもっと独断的で、この語源論を「ばかばかしい」といとも簡単に切り捨てている。
(181) アッティカ地方の首都は別格として、ほかにもアテナイという名を持つ都市は多かった。*BA II* : 100-106〔邦訳一九八―二〇六頁〕; Loewe, 1980/1936, pp. 43-50を参照。
(182) *ḥt*の訳語としてEgbert, 1997, pp. 157-158が作成したリストに入っているのは、一四語のコプト語あるいはギリシア語である。そのなかで六語は頭字の有気音がなくなっており、三語は末尾字*-t*が残っている。
(183) Hodge, 1991を参照。エジプト語でもセム語諸語の一部でも、*ʿayin*から*ʾaleph*への移行《シフト》が起きている。Loprieno, 1995, p. 44; Moscati et al., 1969, p. 41を参照。
(184) Collinge, 1985, pp. 238-239を参照。この解釈ではḤt Ntを複合語と考える必要がある。
(185) 創世記、第四一章第五〇節。Vergote, 1959, p. 148を参照。
(186) ギリシア宗教史の大部分の専門家は都市アテナイの名前について、これは女神のアテナイから得たのであって、その逆ではなかったと確信している。この事実から、Athēnaíeという語形が「都市アテナイAthēnaíの女神に由来するという説の可能性はずっと低くなる。Nilsson, 1941, p. 407; Burkert, 1985/1977, pp. 139-140を参照。
(187) ギリシア語にビュブロスとテュロス〔ティロス〕という都市の名前が入ってきたのは、西暦紀元前第二千年紀中期ころに起きた音変化のまえだったに違いない。したがって、これほど早い時期にアテナという地名が伝えられたことは全くありそうもない。Friedrich, 1923, p. 4; Albright, 1950, p. 165を参照。
(188) アナトリア語の地名については多くの問題点があるが、だからといって、アダナそのものがḤt Ntに由来するという可能性は否定されない。*BA II* : 418-420〔邦訳七七二―七七五頁〕を参照。
(189) Sathanという語形は存在しない。これは彼らが現状を維持するためにこじつけた冴えない冗談の一例である。
(190) Herodotus, II, 28, 49-50; Plato, *Timaeus*, 21E.
(191) Sauneron, 1959-1970, 2 : 188.91.
(192) A. H. Gardiner, 1947, II, p. *56を参照。
(193) Otto, 1975を参照。
(194) C. Müller, 1841-1870, 3 : 639.

(195) Newberry, 1906, pp. 71-73 および A. Evans, 1921-35, 2, pp. 51-53 を参照。このアフリカの記号の起源は杖の上にいるゴキブリだったと思われる。Keimer, 1931, pp. 145-182 を参照。
(196) A. Evans, 1921-1935, II.1, p. 52.
(197) E. Gardiner, 1893 を参照。Nilsson, 1941, p. 407 も参照。
(198) Warren, 1980, pp. 82-85; 1981, pp. 155-167.
(199) A. Evans, 1921-1935, II.1, pp. 53-55.
(200) Herodotus IV. 188; A. B. Lloyd, 1975-1988, 2 : 88-89.
(201) A. Evans, 1921-1935, II.1, pp. 53-55.
(202) 「白い」リビア人をめぐる影響力ある研究については Bates, 1914 を参照。
(203) A. H. Gardiner, 1947, II, pp. *116-119. この見方は Claude Vandersleyen, 1995 によって強化された。
(204) 第五王朝のファラオだったニウセルラーの太陽神殿にある碑文。El Sayed, 1982, pp. 261-262, doc. 182 を参照。A. H. Gardiner, 1947, II, p. *118 も参照。
(205) Gauthier, 1925-1931, 2 : 139.
(206) この女神と *ṯḥnt*（「光り輝く緑」）との初期の関連は「ピラミッド・テキスト」の三一七章に見ることができる。Faulkner, 1969, p. 99 を参照。
(207) Erman and Grapow, 1982/1926-1935, 5 : 391 を参照。このことは、古代人のなかで、少なくともエジプト人は空を青いと見ていたことを示している。J. P. Brown, 1968, pp. 37-38 には失礼する。
(208) Gꜣgꜣwt と呼ばれていた女神もいた。この女神の語形が Nt だったかどうかは分からない。
(209) 前出注（199）を参照。
(210) 前出注（207）を参照。
(211) El Sayed, 1982, p. 262.
(212) Plato, *Hippias Major* 290 C; Cicero, 1985-1989, *De natura deorum*, I.30.83.
(213) Diodorus, I.12.8; Diodorus Siculus I Books I-II,34; Oldfather, 1968, p. 45.
(214) ギリシアでは青い眼は薄気味悪いとされていたが、これについては Chantraine, 1966, pp. 195-196; Maxwell-Stewart, 1981 を参照。これと反対の考えについては Watson-Williams, 1954 を参照。私がこのような論及を知ったのはR・ドゥルー・グリフィスのおかげである。

(215) 彼女のヴェールは彼女の処女性と同時に高い青空も指し示していたと思われるが、Plutarch, *De Iside...*, 354.C; Proclus, *In Platonis Timaeum Commentarii*, 30を参照。エジプト人の報告の背後にある彼らの宗教的現実についてはHani, 1976, p. 244を参照。ヴェールをかけるという概念が *wp ḥr* という語の誤訳に由来するという可能性についてはAssmann, 1997, p. 119も参照。

(216) Pausanias, I.14.6

◆第Ⅳ部　歴史記述

(1) Marchand and Grafton, 1997, p. 3. 彼らは私が歴史を書いていないと非難し、その理由は私が第一次史料と第二次史料にあたっていないからだと述べている。たとえば、彼らはこれを根拠にして、私が「ヘルメス文書」のテクストの古さについて、アイザック・カゾボンの批判にたいする一七世紀のすべての論争を論じていないと糾弾する (pp. 3-6)。しかし彼らは、カゾボンの批判が同時代の学者に与えた影響は、二〇世紀の歴史家、とりわけフランシス・イェーツが考えたよりもかなり小さかったという私の結論については異を唱えていない。私の結論の基礎には、一七世紀中頃のアタナシウス・キルハー〔一六〇一―一六八〇〕と一七世紀後半のケンブリッジ・プラトン学派が、カゾボンの仕事を十分に知っていた一方で、彼らは「ヘルメス文書」のテクストに古代エジプトの資料が含まれていると考えていたという事実があった。マーチャンドとグラフトンは網羅的な調査の適用を力説しながら、自分自身にたいしてはこれを適用していない。このことは注目されるし、興味深い。彼らは、*BAR* に収録された私の研究への批判について頻繁に言及するが、批判にたいする私の返事についてはまったく言及しない。私の返事は、一つの例外を除いて、モリー・レヴァインが作成した *BAR* の文献目録リストにすべて載っている。

●第7章　正確さ　および／または　首尾一貫性か――ロバート・ノートン、ロバート・パルター、ジョシネ・ブロックに答える

(1) van Coetsem, 1988, p. xv による引用。ここではオランダ語 *terwijl* の翻訳を「の間に」から「の時に」へ変えた。「の時に」のほうがずっと英語らしいからである。

(2) Berlin, 1976, p. 146.

(3) ヘルダー〔一七四四―一八〇三〕はアフリカ人について文化相対主義原理を説いたが、彼の同時代人、とりわけカントがアフリカ人に抱いていた軽蔑の多くを彼は共有していた――最近、私はこのことに関心がある。Henningsen, 1992, pp. 840-841を参照。カントについては後出注 (32) を参照。

（4）Herm, 1975, p. 118.

（5）Lindquist, 1996, p. 10.

（6）Rose, 1990, pp. 97-109.

（7）Kuhn, 1970, p. 10.

（8）**Marchand and Grafton**（1997, p. 6）は古典古代時代の哲学史家ディオゲネス・ラエルティオスを引用し、最初の哲学者はギリシア人だったと彼が述べたと書いている。ディオゲネスによれば、人類の始まりはギリシア人であり（1.3）、彼はこの主張をきわめて漠然とした神話で裏づけた。他方、ディオゲネスの著作は、ギリシアの哲学者たちがエジプトで学んだという言及であふれている。このような理由から、後世の歴史家は彼のそもそもの言説を割り引いて考えたと思われる。**Preus, 1997** はディオゲネスの動機を論じている。後出第16章注（56）も参照。

一七世紀の状況の一例として、スーザン・ジェイムズは私に指摘してくれたが、トマス・スタンリー〔一六二五―一七八〕は彼が著した英語で出版されたこの種の著作の最古の本『哲学史』（出版は一六五六年）のなかで、ギリシア哲学はエジプトとフェニキアに由来すると確信していた。彼の序文、第一章、第三章、および第四章を参照。スタンリーの年少の同時代人だったジョン・スペンサーは、エジプトにたいして賛成すべきところは賛成するが、反対すべきところは反対するという是々非々の態度だったが、これについては **Assmann, 1997, pp. 55-79** を参照。

パルターはディオゲネスも引用しないし、私が示した二つの反証（*BA I* : 216〔邦訳二五五頁〕）――〔プラトンの〕『エピノミス』〔*Epinomis*, 987D〕にあるギリシア人は「すべてを改良した」という有名な言説と、アレクサンドリアのクレメンスのいう、哲学ができるのはギリシア人だけだというエピクロスのことば――も引用しない。パルターが後者のエピクロスのことばにふれないのは、おそらく彼は、エピクロスの関心がストア派のフェニキア人だったキティオンのゼノンを侮辱することだったと知っていたからだろう。

（9）少なくとも一つのケースでは、エジプト人の天才を否定することが人種差別と結びついていたことはあきらかである。エドワード・ロングは一七七四年に出版された猛烈に人種差別的な彼の著書『ジャマイカ史』で、古代エジプト人は万事において凡庸だったと力説した（2 : 355, 371, およびその他の箇所）。些細な問題だが、パルターはフランス人学者J＝J・バルテルミについて、彼は〈古代モデル〉の反対者だと述べているが、これは事実としても私の本の読み方としても誤っている。バルテルミは彼の最後の大作である歴史小説『アナカルシス』のなかでもなお、エジプトとフェニキアによるギリシアの植民地化という伝承を受け入れていた（*BA I* : 186-187〔邦訳二二〇―二二二頁〕）。

（10）パルターは、ニュートンの古代の度量法への関心と地球の円周の長さを知りたいという彼の願望は一切関係がないと断定的に述べ、これを否定する（p. 365）。この問題にたいする私の返事については後出第10章注（28）—（30）を参照。

（11）Westfall, 1982, p. 30.

（12）一七世紀と一八世紀のイギリスとドイツでは、ヨーロッパ文化の祖先としてのエジプトへの尊敬が中心的位置を占めていたが、これ以上の証拠については Assmann, 1997, とりわけ pp. 91-143 を参照。

（13）私が最初に言及したアバディーン生まれのスコットランド人はトマス・ブラックウェルだった。彼はオシアン作と偽って詩を発表したマクファーソン〔一七三六—九六〕の教師だった。このような北方のギリシア賛美の伝統は一九世紀のジェイムズ・ミルの著作でも継続していた。後出第9章注（4）—（19）を参照。この論文の表題は、*BAR* が出版されたとき、M・M・レヴァインが作成した参考文献から消えてしまった。

（14）Gibbon, 1796/1761, 2 : 449-495, 483（フランス語の原文から私が翻訳した）。彼は次のようにも書いている。「古代ギリシアの共和国は善き統治の第一原理を知らなかった。民衆はわいわいと集まって決定し、慎重に審議しなかった。彼らの党派心は猛烈で、際限なかった……。民衆全体の利益のため、行政府あるいは小規模な評議会がもたらした法による平穏な統治に奮い立ち、称賛したのは詩人だけだった。称賛は情念のなかの最も冷静な情念である。」

（15）Gibbon, 1815, 3 : 502.

（16）奴隷制の擁護については ibid., 3 : 503 を参照。この手紙については Gibbon, 1796/1761, 1 : 241-242 を参照。

（17）Blok, 1996, p. 709; 1997, p. 181.

（18）Bernal, 1989b, p. 7. パルターは参照文献を混同し、Bernal, 1989d, p. 7 と述べている。

（19）パルター独特の几帳面な引用によれば、尊敬すべき学者パオロ・カシーニは彼のニュートン解釈のなかで、私〔バナール〕の解釈に「きわめて関連する苦情」を述べている（p. 401 n. 71）。

（20）史料批判を重んずる学者とパルターはこの方法を主張して従うが、これによって起こり得る誤りがある。これを見事に論じているのは Ahl and Roisman, 1996 であり、とりわけ pp. 17-23 を参照。

（21）Thomas Beddoes, “A Memorial concerning the state of the Bodleian Library ... by the Chemical Reader” は Schaffer, 1975, pp. 29-30 に引用されている。

（22）Snowden, 1983, p. 70.

（23）最初の人種差別的分類については Bernier, 1684 を参照。

（24）Elias, 1978, pp. 3-4. 最近、「文明化」という概念の出現とヨーロッパ上層階級との込み入った結びつきについての著述があらわれている。たとえば、Caffentzis, 1995, pp. 13-36; T. C. Patterson, 1997; Mendelsohn, 1995; および Ambjörnson,

1995を参照。最後の二著作についてはBernal, 1995bで論評した。

(25) Pagliaro, 1973, p. ix.

(26) "Symposium : Racism in the Eighteenth Century," 1973, pp. 239-243.

(27) Popkin, 1973, p. 245.

(28) Hume, 1994/1772, p. 86.

(29) Palter, 1995. パルターは熱心にヒューム〔一七一一—七六〕を擁護し、〔ヒュームが世を去った〕一八七〇年代になって初めて、アフリカの最も優れたものが重要になったと主張し、このため「卓越した」アフリカ人は一人もいなかったというヒュームの主張を大目に見ようとしている（p. 7）。実際は、ヒュームが著作した時代には〔ガーナ生まれの〕神学者ヤコプス・カピタン（一七一八年?—一七四七年）は亡くなっていたが、ピョートル大帝の最初の個人秘書となった〔エチオピア人の〕アブラム・ペトロヴィチ・ガンニバル（一六九六—一七八一）が華々しく登場した時代だった。ガンニバルはパリで数学を学び、ロシアの工兵学の責任者となった人物であり、詩人アレクサンドル・プーシキン〔一七九九—一八三七〕の曾祖父でもあった。Debrunner, 1979, pp. 80-81, 115-117を参照。

(30) ヒュームの人種差別は彼の哲学全体と調和するかどうか。これについては議論がある。調和するという主張についてはBracken, 1973,1978を参照。ポプキンは調和しないと主張している（1992, とりわけpp. 72-75）。しかし、ヒュームが「人種差別的イデオロギーを助長した」ことについては、二人とも疑っていない。私は人種についてのヒュームの思想がある程度は彼の哲学大系と矛盾しないと考えている。しかし私は、経験主義が初期に人種差別と密接な関連があったという理由で経験主義を放棄するブラッケンに同意できない。これは産湯といっしょに赤児を流すようなものだ。理性主義者は人種差別主義者でもあり得た。

(31) Grégoire, 1997/1808, p. 15. ほかに理由がなければ、グレゴワールが彼の奴隷解放擁護者の長い一覧表でヒュームに言及していないのはこの理由からだろう（pp. xxv-xxvi）。ヒュームの脚注の利用についてはPopkin, 1992, p. 75を参照。

(32) Eze, 1997/1994, p. 214で引用されているKant, "Lectures on Ethics of the Years 1765-66".

(33) Eze, 1997/1994, p. 215で引用されているKant, 1831, p. 353.

(34) C. Neugebauer, 1990, p. 264に引用がある。

(35) St. Clair Drake, 1987-1990; Jordan, 1969.

(36) Jordan, 1969, p. 282で引用されている *The Writings of Benjamin Franklin* 6 : 222.

(37) Jordan, 1969, p. 143で引用されている *The Papers of Franklin* 4 : 225-234. フランクリンを人種差別主義者として分類す

るのが有用と考えた他の人びとについては、Popkin, 1973, p. 245; Takaki, 1993, p. 79 を参照。

（38）Jordan. 1969. p. 283.

（39）このコンセンサスについては Popkin, 1973, p. 245 を参照。

（40）シフレの正確さについては Dumas, 1976, pp. 5, 23, pl. 5 を参照。フランス北部におけるスカラベについては Podvin 1988 を参照。

（41）Curtin, 1964, p. 38 で引用されている Blumenbach, 1795.

（42）Blumenbach, 1817, pp. 401-402.

（43）パルターは次のように述べている。「彼はコーカサス人種〔コーカソイド、白人種〕が、（バナールが言うように）道徳的あるいは知的のどちらかの点で、他の人種より「ずっと才能がある」と考えていた、というのは正しくない」（p. 378）。

（44）Debrunner, 1979, p. 142 を参照。

（45）学者のなかには、この絵を描いたのはルーベンスだと考えている者もいる。一六二〇年ころ、ヴァン・ダイクはルーベンスの身近にいた共同制作者だった。Debrunner, 1979, p. 142 を参照。

（46）Blumenbach, 1787, I, pt. 4, p. 2; 1799, p. 142. ブルーメンバッハは彼女の名前を記していないが、ポリーヌ・イッポリット・ビュイッソンという名前だった。

（47）Blumenbach, 1799, p. 142. 原文では「スイスのイタリア語圏」と書かれているが、デブルンナーはこれを「スイスのフランス語圏」と書き換えており、このほうが確実に正しい。

（48）パルターはこの出来事を三八一頁に書いている。他の場所でも彼はフォルスターの手紙を引用する。今度はヘルダー宛の手紙だが、それは次のように始まっている。「私の手元にはマイネルス氏の著作もある。ゲッティンゲン風の博識の本だが、これが擁護している仮説は成立しない」。興味深いことだが、私は "Black Athena Denied : The Tyranny of Germany over Greece" (Bernal, 1986, pp. 3, 54 n. 1) の冒頭でこの一節を引用している。私のこの論文も *BAR* 最終版の参考文献で抜けている。

（49）Coleridge, 1907, 1 : 138-141 を参照。

（50）Haeger, 1974, p. 335 で引用されている「……（「単体」）（「集合体」）コールリッジ手稿」。コールリッジは一般に唯物論に敵意を持っていたので、ブルーメンバッハ〔の立場〕とは異なる。コールリッジは退化の原因として、環境や物理的な原因とは対立する道徳的原因に重点を置いた。彼の考えでは、白色人種を退化から救うのはユダヤ＝キリスト教だった。Haeger, pp. 340-341 を参照。

（51）Haeger, 1974, p. 342 で引用されている "'The Historic Race,' Coleridge manuscripts". このなかのどれくらいがブルーメ

ンバッハの考えであり、コールリッジの考えなのか。言うのは難しい。しかし、もってまわった言い方だが、「自然状況 Circumstantial Nature」という語は、ロマンス語＝英語的な「エンバイロンメント environment」よりもウムヴェルト *Umwelt* というドイツ語によく似ている。

（52）Ibid., p. 343.

（53）Haeger, 1974, pp. 343-345 を参照。

（54）たとえば、『エンサイクロペディア・ブリタニカ』第一一版のブルーメンバッハの項を参照。「彼は人類学と関連した著作で知られており、まさにこの科学の創始者と呼ばれてきた。彼は人間の歴史の研究で最初に比較解剖学の持つ価値をあきらかにした人物であり、頭骨計測法を用いた彼の調査によって、人類をいくつかの変種すなわち種族に分類することが正当化された」。

（55）Momigliano, 1982, p. 10.

（56）このローマのことわざはエジプトのメソポタミアにたいする依存を過大評価していると思うが、この二大文明が互いに影響し合ったことを私は疑わない。私は次のように書いた。「……西暦紀元前六世紀……以後、エジプトの数学と天文学はメソポタミアの「科学思想」から相当な影響を受けた」。後出第11章注（57）を参照。私は返事のなかで、年代については、七世紀にさかのぼるべきだというパルターに賛成だと述べている（第10章注（18）を参照）。

（57）後出第9章注（8）に再掲したが、Bernal, 1988a, p. 100 を参照。私はスミスのエジプト嫌いと、彼の国家不信およびスコットランド東部に見られた広範な親ギリシア的態度は関連していると考える。スミスは子どものときジプシーにかどわかされたが、それも一つの要因だったかもしれない！

（58）Iversen, 1993/1961, pp. 143-144.

（59）リンドクィストは反人種差別の伝統について本を書き、ついでに私の研究を批判しているが、人種差別が「主流」だったと強調している（1997, p. 5）。

（60）後出第16章注（1）、注（76）に引用したジョン・スチュアート・ミルが書いた一節を参照。

（61）たとえば偉大な奴隷制廃止論者レイナル神父の言説を参照。「ニグロの血には、おそらく我われの民族を変容・堕落・破壊するすべての酵素が混じっているだろう」（Poliakov, 1974, p. 169 からの引用）。

　奴隷制廃止論は純粋に経済的用語では説明できない。この成功には政治的・経済的利害関係者の支持が必要だった。パルターはドレシャーについて、彼の意見は「［白人の黒人にたいする］全体的敵意というパターンのなかで、奴隷制廃止論はドラマティックで変則的な幕間狂言にすぎなかった」Drescher（1977, p. 61）と敵意ある要約をして、この考えを拒否するが、私はこの考えに傾いている（Drescher 1992, p. 388 も参照）。エリック・ウィリアムズは、砂糖農園主の道具としての奴隷制に木綿工場経営者が反対したと主張するが、彼のこの主張にドレシャーと彼の仲間の歴史修正主義者たちは水をさす。他方、彼らはウィリアムズの考え――すなわち、自由貿易支持者は西インドの農園主の独占を除去したいと考えており、動産奴隷制に依存することが少ない東インド会社と貿易パートナーは、彼らのライバルだった西インドの特権除去に熱心だったという考え――には打撃を与えない（E. Williams, 1964/1944, pp. 179-196; 1970, pp. 244-245）。Blackburn（1988, p. 26）は、初期資本主義には奴隷制が必要だったが、後期資本主義は奴隷制廃止が必要だったと主張し、ウィリアムズを批判している。しかしブラックバーン自身は、*The Making of New World Slavery*（1997, p. 572）のなかで、新世界の奴隷制が資本主義形成の中心にあるという問題について、その際立った重要性を認めながらも妥協する。彼は初期の著作で、マルクスやウィリアムズが取り上げなかった多くの重要な論点、とりわけ奴隷の抵抗運動を指摘している。しかし彼は、合州国においてさえ、一九世紀資本主義が奴隷労働よりも賃金労働の柔軟性のほうを選ぶ傾向があったという彼らの見方に異議を唱えない。西インドの奴隷制にたいする東インド会社の敵意についての論評と、この問題にたいするミル父子の立場については第８章注（８）―注（10）を参照。

数はずっと少ないが、非人種差別的立場から奴隷制度を擁護する人びともいた。Palter, 1995, pp. 8-9 を参照。

（62）パルターは彼の “Hume and Prejudice”（1995）のなかで、ヒュームの反ユダヤ主義と反カトリック主義の程度および、彼の一八世紀の人種差別にたいする影響を削いで小さくしている。しかし彼は、ヒュームのエッセー「民族性について」（1994/1772）から次の一節を引用することで、ヒュームの思想の中心に人種差別があるということを強化している。「南極圏以南と北極圏以北、あるいは熱帯地域に住んでいるすべての民族は劣等な人類であり、彼らが人間の精神の達成したより高次の学識を得ることは不可能だ、と考える理由はいくらかある」（E. F. Miller, 1987, p. 207 にある一節）。

（63）Trefousse, 1969, pp. 29-31; Aptheker, 1989, p. 147 を参照。

（64）ハロルド・パグリアロは人種差別についてすぐれた研究書を書いた。そのなかで彼はこの人種差別感情の二つの有名な実例――ジョンソン博士〔一七〇九―八四〕と彼の従僕フランシス・バーバーとの関係および、ブレイクの「黒人の少年」という詩――が含まれている。Pagliaro, 1973, pp. xv-xviii を参照。

（65）前出注（24）―（26）、Popkin, 1973; Faull, 1994, とりわけ Eze, 1997/1994 を参照。

（66）Turner, 1989, pp. 108-109.

（67）この傾向は、逐次刊行の『エンサイクロペディア・ブリタニカ』の「ニグロ」という見出しにはっきり現れている。前述したように、一八世紀末と一九世紀の版では、人種的平等についての記述に多少不明確なところがあった。しかし一九一一年の第一〇版の見出しは、「科学的」人種差別思想にしたがって、「ニグロ」の解剖学的・生理学的劣等性をはっきり打ち出した。

（68）Turner, 1989, p. 108.

（69）Blok, 1996. 言及箇所は本文で引用されている。本節とはやや異なるが、もう少し長い一節を Bernal, 1997a に収録した。

（70）前出注（17）の彼女の信念を参照。私〔バナール〕がマイネルスを史料批判の創始者として選んだのは、ナチスとこの歴史学方法を結びつけるためだったというのが彼女の信念である。

（71）K. O. Müller, 1820, p. 113 を参照。

（72）もっと詳しくは Blok, 1998, p. 81; K. O. Müller, 1848, pp. 523-527 を参照。

（73）Momigliano, 1994b, pp. 115-116 を参照。

（74）Blok, 1998, p. 82 で引用されている M. H. E. Meier の手紙。

（75）Pfeiffer, 1976, p. 187; Finley, 1980, p. 21.

（76）Blok, 1998, pp. 82-85.

（77）カント思想にたいするミュラーの揺れ動くアンビヴァレントな態度については Blok, 1998, とりわけ pp. 89-91 を参照。

（78）Calder and Schlesier, 1998 に収録の諸論文を参照。本の裏カバーの推薦広告には、ミュラーについて *einflussreichen*（影響力が大きい）とある。

（79）ヴォルフとミュラーの直接・間接の複雑な関係については *BA I* : 308〔邦訳三六四頁〕を参照。

（80）Thirlwall, 1835-1844, 1 : 63.

（81）Marchand and Grafton, 1997, p. 1. ブロック、マーチャンドおよびグラフトンの論文を載せている『思想史雑誌』そのものは、必ずしもつねに「政治」から超然としているわけではない。この証拠については Stonor Saunders, 1999, pp. 333, 338 を参照。一般的問題については『社会問題』に収録されている古典的論文 Howard Becker, "Whose Side Are We On?"（1967）を参照。

（82）Edward Gibbon, *The Decline and Fall of the Roman Empire*; William Mitford, *History of Greece*; James Mill, *History of British India*; George Grote, *A History of Greece*; John Motley, *The Rise of the Dutch Republic : A History*; Julius Beloch, *Griechische Geschichte*; Connop Thirlwall, *A History of Greece* および John Bury, *A History of Greece*.

（83）Marchand, 1996, p. 44. 彼女は序（p. xxii）のなかで私とエドワード・サイードにたいして同じような非難をしている。ブロックは彼女の論文の冒頭でマーチャンドに謝意を表している。

（84）私はつづいて彼の「反ユダヤ主義」にふれるが、いまではこの非難を撤回する。前述を参照。
（85）Blok, 1998, p. 96 n. 136を参照。
（86）このアプローチの例はマーチャンドとグラフトンによる批判に見ることができる（前出第IV部の序、注（1）を参照）。それほど重要ではない例も見ることができる。ブロックが私を批判して、アルナルド・モミリアーノはK・O・ミュラーについて書いていないというが、実際には、モミリアーノは私が『黒いアテナ』第一巻を書いているあいだにミュラーについての論文を発表した、という例がそれにあたる。このような遺漏はあるが、ブロックはモミリアーノの他の著作にもとづいて得られた私の一般的結論に賛同し、これは「モミリアーノに彼の学問分野の合理的側面を強調する傾向があるという、素晴らしい実例である」と述べている（1996, p. 720 n.45）。
　ブロックの二論文には共通部分がかなりあるが、先の論文「『黒いアテナ』における立証と説得」は彼女の一九九八年の著書の本文に引用されていない。これは注目すべきことであり、興味深い。編集者の意図が何であれ、そのため私の名前と『黒いアテナ』の名前がCalder and Schlesier, 1998のどこにもないという結果になった。このことは、もちろん、時間が経過するなかで、無視・却下・攻撃・吸収という段階があるという私の主張を弱めている。
（87）第3章注（5）。
（88）第1章注（15）、第4章注（15）、第8章注（32）を参照。

●第8章　情熱と政治――ガイ・ロジャーズに答える

（1）B. Lewis, 1993/1982, p. 99.
（2）Bernal, 1995c, p. 3.
（3）第4章注（16）、*BA I* : 415-433〔邦訳五〇〇―五二一頁〕; Bernal,1992kを参照。Bass and Bikai, 1989; Bass, 1997, pp. 77-93 : Burkert, 1992/1984, p. ixも参照。
（4）少数の例で十分である。指導的なインド＝ヨーロッパ語学者ジョルジュ・デュメジルはファシスト団体のアクション・フランセーズの支持者だった。Momigliano, 1982, p. 1を参照。いまは亡きイーノック・パウエル〔一九一二―九八〕は人種差別主義者の政治家として有名だったが、彼もきらめく才能を持つ卓越した古典学者だった。このような政治的見解が彼らの学問に与えた影響については、第6章注（14）、注（32）で引用し、第13章注（5）でも言及したBurkert（1992/1984, p. 34）を参照。
（5）Momigliano, 1994b, p. 20.

（6）新版は『黒いアテナ』の第七版と第八版――一九九一年一二月と九四年四月――であり、私は第九版（九九年七月）で記述を旧版に戻した。

（7）Bernal, 1988a. 本書の第9章として再録。

（8）第16章のエピグラフおよび同章注（76）を参照。

（9）第7章注（61）、第16章注（76）を参照。

（10）Robson, 1986, p. xxxiv; J. S. Mill, 1986/1823, pp. 25-30. この点については、同じく、ウィルバフォースの友人でリヴァプールの実業家で慈善家のジェイムズ・クロッパーは、西インド諸島の奴隷主への反対論と東インド会社への賛成論を煽った。クロッパーはリヴァプールに入港する東インド産砂糖の最大の輸入業者だったが、アメリカの奴隷が生産した木綿も取引していた（E. Williams, 1964/1944, pp. 186-187; Fletcher, 1822 も参照）。Blackburn（1988, p. 434）は一八〇四年―一八〇六年と一八二四年―一八二六年のあいだに、イギリスの輸出の差引勘定が西インドからアジアへシフトし、したがって東インド会社の経済的影響力が大きくなったと述べている。第7章注（60）を参照。

（11）ロジャーズは、私がテーバイは西暦紀元前第二千年紀にエジプト人に征服されたと主張していると考えている（p. 435）。実際には、私はフェニキア人の植民の伝承を引き合いに出し、これをエジプト人ではなくヒクソスに結びつけている（*BA II*：497-504〔邦訳八九三―九〇四頁〕）。

（12）第7章注（71）、Marchand, 1996, p. 44; Blok, 1996, p. 718; 1997, p. 199 を参照。

（13）たとえば、イギリスのチャンネル4のためにバンドン・ファイルが制作した映画「黒いアテナ」（1991）に出演したジョン・レイを参照。

（14）Stubbings, 1973, pp. 627-658.

（15）二、三の例を挙げる。J. B. Bury, *History of Greece*（最初の出版は一九〇〇年だったが、絶版にならずに一九七〇年代まで重視された）はエジプトとの接触について簡単に言及するが、南西アジアからの影響についてはまったくふれてない。「簡潔に、漠然と、一般的に」言及されている例としては M. I. Finley, 1970, pp. 9-11; Hopper, 1976, pp. 7-8 を参照。Kitto, 1951, pp. 12-28 も参照。「オリエント」にたいするキトーの態度は、ホメロスの叙事詩について述べた次の一節によくあらわれている（p. 23）。「ホメロスが記している技術やモノはフェニキア人のものだという言説は興味深いが不正確である。これらのモノが現地の職人のわざで作られたという事実が完全に忘れられている」と彼は述べた（傍点引用者）。マーティン・ニルソンは書いている。「ミノア文化期＝ミュケナイ文化期の文化にたいするセムとバビロニアの影響の痕跡は漠然としており、これを見いだすのは困難である」。次いで彼は続ける。「エジプトの影響を示すという明白な徴候は人を欺くものであり、「証拠の示すところ、ミノア文化期＝ミュケナイ文化期の宗教の独立性と独自性はあきらかである」（1964, pp. 10-11）。最も極端な孤立論はColin Renfrew（1972）のテクストに見られる。ギリシアにたいするメソポタミアの影響は、エジプトとレヴァントの影響と対置されるが、この問題は第15章で詳しくとりあげる。

（16）Bernal, 1989b, 1993b.

（17）後出第11章第二節から最終節および Bernal, 1992a, p. 607を参照。

（18）アナトリアを通過するルートは海路よりも陸路のほうがはるかに困難だった。クセノポンの手勢が多大の艱難に耐えて山を越え、海が見えて救われたと思ったとき、タラッタ！（「海だ！」）と熱烈な叫び声をあげたことがこの事実を印象的に物語っている〔クセノポン『アナバシス』〕。

（19）ヘラクレスの妻の名前ヘベがテシュブの妻である女神ヘパトに由来するというクレッチマー説を私も受け入れる（*BA II* : 119-120〔邦訳二二五―二二七頁〕）。

（20）Cline, 1991a, pp. 133-144を参照。

（21）私が『黒いアテナ』に取り組んだ心理と動機について、より洞察力があり、時には痛切なまでに鋭い研究については van Binsbergen, 1997, pp. 16-64を参照。Berlinerblau, 1999, pp. 13-15も参照。

（22）Bowersock and Cornell, 1994, pp. 15-31に再掲のMomigliano, 1952. Turner, 1989, p. 100も私の仕事との並行関係についてふれている。

（23）Humboldt, 1903-1935/1793, 4 : 35-56; 1967, pp. 57-71を参照。これについては*BA I* : 286-287〔邦訳三三六―三三八頁〕で論じている。

（24）Keita, 1990,1992,1996b; Keita and Kittles, 1997を参照。デイヴィッド・ムーアは*DBA*で、アフリカ大陸にはきわめて多くの異なる住民がいるため、「アフリカ人」という語はあまりにも漠然としており――現在のような熾烈な人種差別時代の社会政治的用語として以外――、ほとんど無意味だと主張する。私は、これについてはやや留保する。本書の用語解説にある「アフリカ」の見出しを参照。

（25）Bernal, 1989g, p. 31.

（26）第1章注（11）―注（14）を参照。

（27）Hassan, 1988.

（28）アフリカ主義者のロジャー・ブレンチは〔エジプト語話者の〕ウアハイマート〔原故郷〕は上ナイルだったと考えている（Roger Blench, 1993, pp. 130-131）。言語学者クリストファー・エーレットは紅海沿岸と見ている（Christopher Ehret,

1996, pp. 25-27)。私が考えているのはエチオピアのリフト河谷である。Bernal 1980 *BA I*：地図1〔邦訳三四頁〕を参照。
（29）Bernal, 1992d, 1992h, 1992i を参照。
（30）Burkert, 1992/1984, p. ix.
（31）レフコヴィッツや他の人びとは、ゴードンとアストゥアは「方法論上の問題」（を詳細に述べていない）とあいまいに主張することで、この敵意をいまなお正当化している。ジョージ・ワシントン大学で行われた討論（1996f）で私と討論したときの彼女の発言を参照。
（32）第1章注（15）、第4章注（11）―（12）、Bass and Bikai, 1989, pp. 111-114; Bass, 1997, pp. 75-77 を参照。
（33）編集者は、実は、後期青銅器時代の東地中海地域周辺の関係が専門の考古学者エリック・クラインに寄稿を求めた。しかしその後、彼らは論文を載せる余地がないと彼に伝え、寄稿を拒んだ。論文は短いものだった。一九九六年三月、メアリー・レフコヴィッツはワシントンでの討論会で、クラインは原稿を送ってきたが遅すぎたと私に語った。クラインはこれを強く否定し、レフコヴィッツは個人的に彼に謝罪した。Cline 1996 および、一九九六年の私信を参照。クライン論文の拒絶をどう説明するのか。論文は私のプロジェクトへの批判を含んでいたが、全体として私のプロジェクトに賛成だった、というのが最も簡単な説明だろう。クライン論文は *DBA* に収録されている。サラ・モリスも寄稿したが、彼女の論文は排除されなかったので、不公平な例外だったようだ。彼女はギリシアにエジプトの影響があったという提案に極端な敵意をもっている――「エジプトという蜃気楼は、（古代でも近代でも）西洋と近東の関係についての考え方をゆがめてきた」（*BAR*, p. 169）。おそらく、このような理由から彼女の寄稿は満足できると考えられたのだろう。
（34）Redford, 1992, pp. 242-243.
（35）Bleiberg, 1984, pp. 155-167 を参照。
（36）Redford, 1992, pp. 241, 243.
（37）Vermeule, 1979, pp. 69-81. 第7章注（1）を参照。
（38）Pausanias, X.9. もちろん、それ以来ずっと二千年間、ギリシア人はパレスチナの宗教を信奉してきた。
（39）第16章注（37）―注（48）
（40）Bérard, 1894.
（41）Rendsburg, 1989; Ray, 1990. S・レヴィンとJ・P・ブラウンはヘブライ語もギリシア語も知っている学者だが、私のセム語語源論をきわめて真剣に取り上げている。Levin, 1995, pp. 120, 354 および Brown, 1995, pp. 24, 58, and 2000, pp. 8, 43, 195.

（42）Morris, 1992を参照。
（43）Trolle Larsen, 1987, pp. 104-110.
（44）この問題に先鞭をつけたのはロジャーズではなかった。これを最初に提起したのはイーディス・ホールだった（*BAR*, p. 335を参照）。私の答えについては第5章注（2）を参照。
（45）第5章注（10）—注（21）、Bernal, 1995f, p. 122。
（46）たとえばPausanias IX. 12.1, II. 19.3を参照。
（47）第7章注（84）を参照。
（48）第3章注（3）を参照。
（49）クラインの立場については*DBA*に収録した彼の章を参照。ジョージ・バスについては前出注（32）で言及した彼の仲裁を参照。
（50）第7章注（26）を参照。私を批判する人びとは、私が——発見的意味ではなく政治的意味で——「有用な」という語を使うことをとくに嫌っている。この語が米国一の哲学者、ジョン・デューイ（1851-1931）に直接由来する語だからだ。しかし、デューイは民主主義を強調したので、保守主義者にはいささか人気がない。
（51）Poe, 1997, pp. 493-494, 499.

●第9章　イギリスの功利主義、帝国主義、〈古代モデル〉の没落

（1）この章はデンマークの雑誌『文化と歴史』に発表した論文（Bernal, 1988a）にもとづいている。もとは、一九八七年一一月、ハーヴァード大学の現代ギリシア研究科と文学研究センターが催した会議「人文科学と社会科学におけるギリシアという基準」に提出した論文だった。ウダイ・メータが私の関心をジェイムズ・ミルに向け、古代ギリシアの歴史記述における彼の態度の重要性を指摘してくれたおかげである。
もとの論文は世に知られなかった。このことは、一九九四年に開かれたグロートについてのシンポジウムの五人の著者が誰もこの論文を見ていないと思われる事実がはっきり示している（Calder and Trzaskoma, 1996）。「グロートとミル」についてのジョン・ヴァイオの寄稿のケースで、これはとりわけ著しい。ヴァイオは私にふれているが（p. 64）、『黒いアテナ』の印象にもとづく言及である。
（2）J. S. Mill, 1924, p. 2.
（3）Mazlish, 1975, p. 1.

(4) J. S. Mill, 1924, p. 4.
(5) スコットランド議会は一七世紀に各教区に学校を作ったが、イングランド全体に教育が普及するのは、これよりも二〇〇年以上遅れた。
(6) J. Mill, 1809b, p. 188.
(7) Bain, 1882, p. 7.
(8) Smith, 1795, pp. 26-27. スミスはエジプト人やその他の色の黒い民族を嫌った。その端緒は、彼が三歳のとき、ジプシーに誘拐された直接の記憶や、それに関連する記憶にあったのかもしれない。
(9) Duff, 1976/1767, pp. 27-29.
(10) Stephen, 1900, 2 : 12-13.
(11) Bain, 1882, p. 15.
(12) Ibid., pp. 18-19.
(13) Pappé, 1979, p. 296.
(14) T.Taylor, 1969/1801, pp. 105-113.
(15) Ibid., 1801, pp. 113-117; Raine, 1969, pp. 15-17.
(16) Raine and Harper, 1969, p. 139 からの引用。
(17) de Santillana, 1963, p. 819.
(18) Harper, 1969, pp. 49-104.
(19) J. Mill, 1804, 1809b.
(20) Raine, 1969, pp. 29-43.
(21) Fenn, 1987, pp. 7-15.
(22) Glenn, 1983, pp. 339-347; Harper, 1961.
(23) Raine and Harper, 1969, p. 137 からの引用。
(24) Pappé, 1979, pp. 297-307.
(25) J. Mill, 1809b, p. 193.
(26) Ibid., pp. 202-207.
(27) J. Mill, 1804, pp. 580-590, 1809b, pp. 202-209.

（28）Taylor, 1969/1798, p. 111.
（29）Sandys, 1908, 3 : 82-83; *BA I* : 348.〔邦訳四一五頁〕
（30）J. Mill, 1809b, pp. 199-200.
（31）Pappé, 1979, pp. 296-297.
（32）J. Mill, 1809b, p. 200.
（33）J. Mill, 1804, p. 453.
（34）Sandys, 1908, 3 : 82.
（35）J. Mill, 1809b, p. 200.
（36）これについて詳しいことは *DBA* を参照。
（37）Bain, 1882, p. 61.
（38）J. Mill, 1840, p. xi.
（39）"Review of William Tennant's *Indian Recreations*," 1804, p. 327.
（40）Ibid., p. 333; J. Mill, 1840, p. xi.
（41）"Review," 1804, p. 330.
（42）Bain, 1882, p. 62 を参照。土地ナショナリストのスペンスについては Bernal, 1976, p. 42 を参照。
（43）J. Mill, 1840, p. xiv.
（44）第3章注（6）、注（7）、第7章注（17）―注（18）を参照。
（45）第3章、*BA I* : 216-219〔邦訳二二五―二五九頁〕を参照。
（46）J. Mill, 1840, p. xviii.
（47）Ibid., p. xxi.
（48）Ibid., pp. xix-xx.
（49）Ibid., p. xxiv. 研究対象の国を訪れることによっても惑わされることのなかった「批判的」歴史家の例として、ミルは彼の仲間のスコットランド人ウィリアム・ロバートソン〔一七二一―九三〕の例を挙げており、これは興味深い。ロバートソンは彼の『アメリカ史』（一七七七年）のなかで、一六世紀にベルナル・ディアスとその他のスペイン人が記述したメキシコの石造建造物やピラミッドは、実際は土の塚にすぎないと主張し、この記述を糾弾した！
（50）J. Mill, 1840, 2 : 162-210. このような考え方の徹底的論駁については Goonatilake, 1999 を参照。

(51) J. Mill, 1809a, p. 413.

(52) J. Mill, 1840, 2 : 210-211.

(53) Ibid., 2 : 213.

(54) Ibid., 2 : 217-224. それ以前の時代が中国をどう見ていたかについては *BA I* : 237-238〔邦訳二七九―二八〇頁〕、Blue, 1999, pp. 70-78 を参照。

(55) J. Mill, 1809a, p. 413.

(56) J. Mill, 1840, 2 : 217-254.

(57) Ibid., 2 : 157.

(58) W.Jones, 1807, pp. 12-13.

(59) J. Mill, 1840, 2 : 161. 脚注の根拠は前出注(49)でふれたウィリアム・ロバートソンの著作にあった。いまではばかばかしいと考えられるだろうが、メソアメリカ諸文明〔マヤ、テオティワカン、アステカなどの諸文明〕をめぐるロバートソンの見解については Poe, 1997, p. 51 を参照。

(60) J. Mill, 1840, p. 156.

(61) Stephen, 1900, p. 24. Bain, 1882, pp. 184-185 も参照。

(62) 事態をひっくりかえすこの素晴らしい脚注の例は J. Mill, 1840, pp. viii-ix にある。

(63) ジョン・ステュアート・ミルの強い反対については J. S. Mill, 1924, p. 169 を参照。

(64) J. Mill, 1840, 2 : 232.

(65) Niebuhr, 1852, 1 : 98-99.

(66) J. Mill, 1840, 2 : 228.

(67) Ibid.

(68) M. L. Clarke, 1962, pp. 16-19.

(69) Ibid., p. 20.

(70) Ibid., p. 33.

(71) H. L. Grote, 1873, p. 20.

(72) M. L. Clarke, 1962, p. 105.

(73) Momigliano, 1994a/1966, pp. 60-61; Turner, 1981, pp. 205-234. モミリアーノと私のあいだにはミットフォードの解釈について違いがあると言われているが、これについては第7章注(35)—注(36)を参照。
(74) G. Grote, 1826, pp. 330-331.
(75) Vaio, 1996, p. 64 も参照。
(76) G. Grote, 1826, pp. 271-282.
(77) M. L. Clarke, 1962, pp. 104-106.
(78) Momigliano, 1952, pp. 10-11, 1994a/1966, pp. 62-63.
(79) Momigliano, 1982, p. 7.
(80) Momigliano, 1994a/1966, p. 63.
(81) G. Grote, 1846-1856,1 : vii.
(82) *BA I* : 308-316〔邦訳三六四—三七四頁〕を参照。Blok, 1996, 1997 および前出第7章注(85)の私の答えも参照。
(83) ワイルドが用いた「本気の e (a) rnest」という語は、俗語でホモセクシュアルという意味だった。これについては Annan, 1990, p. 143 を参照。
(84) M. L. Clarke, 1962, pp. 105-106.
(85) 前出注(82)を参照。
(86) Thirlwall, 1834-1844, 1 : 63. この一節は前出第7章注(80)でも議論した。
(87) G. Grote, 1843, p. 302.
(88) Momigliano, 1994a/1966, p. 63.
(89) K. O. Müller, 1825, p. 59, 1844, p. 1. 神話と歴史の結びつきを断ち切るために、グロートはミュラーを利用したと Turner (1981, p. 87) は書いている。
(90) K. O. Müller, 1825, pp. 249-251; 1844, pp. 189-190; G. Grote 1846-1856, 2 : 157-159, 182-204.
(91) K. O. Müller, 1825, p. 108; 1844, p. 49; G. Grote 1846-1856, 2 : 157-159, 182-204.
(92) Momigliano, 1994a/1966, pp. 56-74; Turner, 1981, pp. 90-91.
(93) Momigliano, 1994a/1966, p. 6; Turner, 1981, pp. 87-88.
(94) G. Grote, 1846-1856, 1 : 440.

(95) Momigliano, 1994a/1966, pp. 63-64.

(96) Edwards, 1979, p. 132; Porada, 1981; Farag, 1980, pp. 75-81.

(97) Momigliano, 1994a/1966, p. 62.

(98) M. L. Clarke, 1962, pp. 62-63.

(99) Momigliano, 1994a/1966, p. 61.

(100) Fenn, 1987, pp. 47-55.

(101) M. L. Clarke, 1962, pp. 125-128; Momigliano 1994a/1966, pp. 64-67.

用語解説

〔五十音順。**ゴシック活字**は用語解説に見出し項目があることを示す〕

アーリア人　Aryan
古代**エジプト語** *iri*（「仲間」）から来た**セム語** >*ary* に由来する用語。のちにペルシア人と呼ばれる人びとは自らを「アーリヤ Arya」と記した。一九世紀と二〇世紀の学者は、**インド＝ヨーロッパ語族**のなかの**インド＝アーリア語**あるいはインド＝イラン語の話者を記述するためにこの用語を用いた。西暦紀元前第二千年紀の前半、彼らは北西部からイランとインドを侵略したと思われる。西暦紀元一九世紀末、この用語はとりわけユダヤ人を排除するために、**インド＝ヨーロッパ語族**の「白い人種」にたいして用いられるようになった。

アジア　Asia
西暦紀元前第二千年紀の**アナトリア**の国家アシュワに由来する名称。西暦紀元前第一千年紀のギリシア人のあいだでは、アジアという名称は**アナトリア**（小アジア）にたいしても、ギリシアから海を渡った東の大陸にたいしても、用いられた。他の二つの大陸は、ギリシアから海を渡った南がリビア（のちの**アフリカ**）、西が**ヨーロッパ**だった。
現在の用語では、アジアも**ヨーロッパ**も大陸の資格はない。アジアと**ヨーロッパ**は同じ陸地を共有し、その境界はきわめて不分明だからだ。さらに、アジアは恒久的な地理的障壁によって分断されており、そこに住む人びとの言語と文化はきわめて異なる。

アッカド語　Akkadian
古代**メソポタミア**の**セム語**系言語で、**シュメール語**から大きな影響をうけた。西暦紀元前第一千年紀中期ころ**アラム語**にとってかわられた。

アッシリア　Assyria

西暦紀元前第三千年紀中期にさかのぼる〔北メソポタミアの〕古代都市国家と古代王国。その最盛期は西暦紀元前第二千年紀末と、西暦紀元前九〇〇年と六〇〇年をはさむ時期であった。その言語は**アッカド語**の一方言であった。

アナトリア　Anatolia

現在のトルコとほぼ同程度の広がりをもつ古代の地域。

アナトリア語系言語　Anatorian

インド＝ヒッタイト語族ではあるが、**インド＝ヨーロッパ語族**ではない言語で、いまは死語。アナトリア語系言語には**ヒッタイト語**、パラ語、ルウィア語、**リュキア**語、**リュディア語**が含まれる。おそらくカリア語と**エトルリア語**もアナトリア語系言語と思われる。

アブハズ語、アブハズ人　Abkhaz

現在も使われている北西カフカス語族に属する言語および、黒海の東海岸のアブハジアからグルジア北西部一帯に住んでいる民族集団。

アフリカ　Africa

アフリカの定義には、周辺を海に囲まれた広大な陸地としての大陸という通常の定義がふさわしい。しかし「大陸」という概念そのものと同じように、「アフリカ」の定義は問題をはらんでいる。アフリカの気候は砂漠から熱帯雨林まで幅が広く、砂漠、山脈、熱帯雨林のような多くの自然の境界線がアフリカを分けている。さらに、アフリカは現代の人類が最も長いあいだ暮らした大陸なので、アフリカの住民はアフリカ以外の世界を合わせた地域の住民よりもずっと多様性に富んだ遺伝学的性質をもっている。しかし、言語には驚くほどの均一性がある。従来、アフリカのすべての言語は、〈コイサン語族、ニジェール＝コンゴ語族、**アフロアジア語族**〉と〈ナイル＝サハラ語族〉のうち、どちらか一方に属する言語として分類できると考えられていた。ナイル＝サハラ語族の集団的結合力は有無をいわさぬ強さがあったようだが。にもかかわらず、地理的障壁がそれほど手に負えないものでなかった過去二、三千年紀のあいだずっと、群生する諸言語は大陸全域で広範な相互作用があったことを示している。とりわけ、最後の氷河期以後の温暖／湿潤な時期に、いまはサハラ砂漠と呼ばれている地域の全域で重要な文化的結びつきがあった。以上の理由から、この大陸の現実はじつに多様だが、「アフリカ」という概念はあまりにも有用であり、完全に解体してしまうことはできない。（この最後の点について私とディヴィッド・チオニ・ムーアの意見は異なる。）

アフロアジア語族　Afroasiatic

旧称ハム＝セム語族、別名アフラジア語族として知られている超語族である。**ベルベル語**、チャド語、**エジプト語**、**セム語**、オモト語、東クシュ語、南クシュ語、中クシュ語を含むいくつかの語族からなっている。

アラム語　Aramic

もとは現在のシリアの諸地域で話されていた西**セム語**であったが、**アッシリア**、**新バビロニア**帝国および**ペルシア帝国**の共通語〔リンガ・フランカ〕になった。西暦紀元前第一千年紀中期ころに、東地中海地域で、アラム語は**カナン語**の方言である**フェニキア**語と**ヘブライ語**にとってかわったが、やがて**レヴァント**の支配言語としてのギリシア語に、次いでアラビア語にとってかわられた。

アルカイック時代　Archaic Greece

ギリシアの歴史時代の名前。通常は第一回**オリュンピア競技祭**が開かれた西暦紀元前七七六年から、西暦紀元前五〇〇年ころに始まった**ギリシア古典時代**までの時代を指す。

アルファベット　Alphabet

筆記文字の特殊な一形態。記号が単一の**音素**を表すという独自性をもつ。ほとんどすべての既知のアルファベットは、西暦紀元前第三千年紀にエジプトか**レヴァント**で発達した単一形態から派生する。このパターンの例外はきわめて少数にすぎないが、その場合も、もとのアルファベットに由来する他のアルファベットとの類推によって作られた。後者のタイプの顕著な例はアイルランドのオガム文字と朝鮮語アルファベット〔ハングル〕である。

アルメニア語　Armenian

東**アナトリア**に住んでいた古代人の言語で、**インド＝ヨーロッパ語族**の言語。とりわけギリシア語と近い言語とみなされる場合がある。しかし、現存する最古のテクストは西暦紀元四世紀のものにすぎないため、ギリシア語の影響や**セム語**とのよくある接触の結果、似ているのかもしれない。

暗黒時代（ギリシアの）　Dark Ages（Greek）
ギリシア史で、西暦紀元前一二世紀の**ミュケナイ**宮殿の陥落後から八世紀に**アルカイック時代**が始まる以前の時代を指す名称。

暗黒時代（キリスト教の）　Dark Ages（Christian）
西暦紀元五世紀の西ローマ帝国陥落後から、通常は九世紀あるいは一〇世紀に始まったと考えられている中世までの時代を指す一般名称。

イオニア人　Ionians
ギリシア中部のギリシア部族。彼らは**ドーリス人**の征服を生き延び、一部は**アナトリア**の西沿岸に移住した。

一元論　monism
本書で「一元論」という場合、すべての事象あるいは過程の原因は一つと考える概念を指す。

一般民衆語　demotic
時代と場所にかかわらず、一般民衆が使う言語。

意味論の　semantic
語義すなわち、語の意味に関連する。

インド＝アーリア語　Indo-Aryan
何千年ものあいだイランとインド北部の大部分で話されていた**インド＝ヨーロッパ語族**の一語派。

インド＝ヒッタイト語族　Indo-Hittite
アナトリア語系言語とインド＝ヨーロッパ語系言語のいずれも擁する語族。

インド＝ヨーロッパ語族　Indo-European
インド＝ヒッタイト語族の下位にある語族。この語族にはほとんどすべての**ヨーロッパ**語、**インド＝アーリア語**、**トカラ語**が含まれる。**フリュギア語**と**アルメニア語**は**アナトリア**地域にあるが、インド＝ヨーロッパ語族に属し、**インド＝ヒッタイト語族**の〔下位にある〕**アナトリア語系言語**には属さない。

ウガリット　Ugarit
シリア沿岸の大きな港町。とりわけ、西暦紀元前第二千年紀後半に繁栄した。

ウガリット語　Ugaritic
ウガリットで話されていた西**セム語**。この町で発見された粘土板の多くに**楔《くさび》形文字**の**アルファベット**文字が記録されている。

ウラルトゥ　Urartu

西暦紀元前第一千年紀前半、カフカス南部にあった王国。その言語は**フルリ語**および現在の北東カフカス諸語と関係があった。

エウドクソス　Eudoxos

ギリシアの天文学者で数学者。西**アナトリア**沿岸のクニドス出身で、エジプトで学んだ。西暦紀元前四〇〇年頃に生まれ、三五〇年頃に没した。

エウヘメリズム　euphemerism

通常は神として崇拝されているが、実はこの神は神格化された英雄であるという**エウヘメロス**が唱えたとされている説。この説は近代になって拡大され、宗教信仰を疑似合理的なことばで説明し貶めるために用いられた。

エウヘメロス　Euphemeros

西暦紀元前三〇〇年ころのギリシアの哲学者。

エジプト語　Egyptian

本書で一般にエジプト語という場合、現在エジプトで話されているアラビア語ではなく、**アフロアジア語族**の独立言語である古代エジプトの言語を指す。エジプト語は時代によりいくつかの段階に分けられる。最初の二つの段階は古王国（西暦紀元前三四〇〇年頃〉—二四〇〇年頃）で話されていた古エジプト語と、中王国（西暦紀元前二二〇〇年—一七五〇年）のあいだ話されていた中期エジプト語である。その後の一五〇〇年間、中期エジプト語は公式の筆記言語でありつづけた。したがって、限定をつけないで「エジプト語」という場合、通常はこの中期エジプト語を指す。後期エジプト語は西暦紀元前一六世紀まで話されていたが、その後二〇〇〇年が経過して初めて筆記言語として一般に使用された。古代エジプト語のその後の発展段階については**デモティック**〔民衆文字〕と**コプト語**を参照。

エチオピア　Ethiopia

古代ギリシア人が名づけた黒人《ブラック・ピープル》が住む二つの地域。その一つはほぼ**エラム**と思われる。もう一つは、エジプトの南にある、もっとよく知られている〔アフリカの〕エチオピアであった。

エチオピア語　Ethiopic

現代の**エチオピア**とエリトリアで話されているさまざまな**セム語**系諸言語の名前。これには**エチオピア**のキリスト教会が用いた古代語の**ゲーズ語**、現在の**エチオピア**の公用語であるアムハラ語、いまなお生き延びているグラーゲ語系諸語が含まれている。グラーゲ語系諸語のなかには原**セム語**のきわめて古風な形態を残している言語もある。

エトルリア人、エトルリア語　Etruscan

イタリア中部の古代文明。一般にギリシアとローマの著作家は、エトルリア人は北西**アナトリア**の**リュディア**からやって来たと主張した。エトルリア語は**アナトリア語系言語**だったようだが、よく分かっていない。これと密接な関係がある言語と筆記文字は、トルコ沿岸に近い**レムノス島**から出土した碑文に見られる。西暦紀元前九世紀から六世紀にかけて、エトルリア文化は**フェニキア**文明とギリシア文明の強い影響をうけたと思われる。エトルリア文化はラテン文化形成に主要な影響を与えた。

エブラ　Ebla

シリアの古代都市。一九七〇年代に初めて発掘されたこの都市は、西暦紀元前二五〇〇年ころ、シリア＝パレスチナと**メソポタミア**に広範囲の貿易ネットワークを有していた。

エブラ語　Eblaite

エブラの言語。**セム語**系言語だということははっきりしている。**カナン語**の先祖と考えることができるので役に立つ。

絵文字　pictogram

絵や直接的な表現によって対象を意味する文字。**ヒエログリフ**と漢字には抽象的な表意文字と音声記号もあるが、絵文字も含まれている。

エラトステネス　Eratosthenes

西暦紀元前二七五年頃―一九五年頃。ヘレニズム時代の学者でアレクサンドリアの大図書館の館長。地球の全周と地軸の傾きを計算した最初のギリシア人。

エラム　Elam

西暦紀元前第四千年紀から同三〇〇〇年頃に**メソポタミア**の東にあった古代文明。

エラム語　Elamite
エラムの言語。おそらく**ドラヴィダ語族**に属する言語。

円唇軟口蓋音　labiovelars
たとえば英語の *qu* のように、唇を丸くして発音する**軟口蓋音**。

オリュンピア競技祭　Olympic Games
ペロポンネソス半島北西部のオリュンピアで開かれていた宗教的祭典と競技会。西暦紀元前七七六年以降、四年に一度開催されたが、西暦紀元四世紀末にローマ皇帝テオドシウスによって中断された。一九世紀末、競技会は**ヨーロッパ**の民族意識とエリート意識から復活し、これと同じ精神が〈**アーリア・モデル**〉の登場をもたらした。

オルペウス教徒　Orphics
神話のオルペウスを開祖とする西暦紀元前六世紀から西暦紀元二世紀までの宗教の信者。彼らは**ピュタゴラス派**と非常によく似ていた。エジプトの宗教を奨励した彼らは、とりわけ身体の不滅に関心があった。

音位転換　metathesis
子音や母音の位置が交替・転換すること。「アスク ask」と「アクス aks」における交替にこの例をみることができる。

音声対応　phonetic correspondences
音が事実上あるいは語源的に類似していること。

音節文字　syllabary
音節を表す筆記文字。通常は個々の文字というよりも、子音＋母音のパターンである。

音素　phoneme
言語のなかの音の最小単位。

カッシート人　Kassites
メソポタミアの山岳地帯から**メソポタミア**の東部にいた人びと。彼らは西暦紀元前一八世紀末にその地域を征服し、西暦紀元前一三世紀後半までその地を支配をした。

カナン語、カナン〔文化〕の　Canaanite
古代**エジプト語**の影響を受けた**セム語**派の言語。シリア＝パレスチナ南部で西暦紀元前二〇〇〇年から五〇〇〇年のあいだ話されていたが、その後**アラム語**にとってかわられた。**フェニキア語**と**ヘブライ語**はもっともよく知られた後期カナン語の方言である。「カナン〔文化〕の」という語は、考古学者が西暦紀元前一五〇〇年頃―一一〇〇年頃の後期**青銅器時代**のシリア＝パレスチナ南部の物質文化を述べるときにも用いる。

カリア地方　Caria
南西**アナトリア**にあった地域。この地域の言語はおそらく**アナトリア語系言語**であっただろうが、非**インド＝ヒッタイト語族**の言語だったかもしれない。カリア語の**アルファベット**で記された碑文は西暦紀元前六世紀にさかのぼる。

ギリシア基語、原ギリシア人　Proto-Greek
復元によってギリシア語やギリシア人の起源だったとされる言語や人びと。立証されていない。

ギリシア古典時代　Classical Greece
ギリシアの西暦紀元前五世紀と四世紀の時代。この時期、ギリシアの天才のもっとも偉大でもっとも「純粋な」成果があらわれたと一般に考えられている。

楔《くさび》形文字　cuneiform
メソポタミアで発達した筆記文字。釘形に削った葦の先端を用いて、なま乾きの粘土に文字を刻みつけた。西暦紀元前第四千年紀から南西**アジア**一帯の大半で使われ、西暦紀元になっても**メソポタミア**では使用されていた。

屈折語　in ected languages
意味を伝達するために、**統語論**あるいは語順ではなく、屈折すなわち語形変化、あるいは**形態論**に大幅に依存している言語。ギリシア語、ラテン語、ドイツ語など。

グルジア人、グルジア語　Georgian
大昔からカフカス中部に住んできた人びと。グルジア語はカルトヴェリ語に属している。

形態論　morphology
数、格、時制すなわち時の相などを指す単語の変容。

系統的　genetic
諸言語間の系統的関係は、諸言語が一つの祖言語から出たと想定される関係を指している。たとえばフランス語とルーマニア語には系統的関係がある。というのは、両言語には相違点があるにもかかわらず、いずれもローマ軍で話されていた俗ラテン語に由来するからである。

ゲーズ語　Ge'z

最も昔に立証された**エチオピア**のセム系言語。**エチオピア**の教会の典礼文でいまも使われている。

ケクロプス　Kekrops

アテナイ〔アテネ〕の建国者で王だったという伝説上の人物。一般に彼は**現地の**人物だったとされているが、少数だが、彼はエジプトから来たと伝える伝承がある。

決定詞　determinative

ヒエログリフを構成する要素の一つ。語の音ではなく、語の意味をあらわす部分。

現地の　autochthonous

土着の、自生の。

後期ヘラドス文化期あるいはミュケナイ文化期　Late Helladic or Mycenaean

陶器年代区分によるギリシア本土の時代。西暦紀元前一六七五年頃―一一〇〇年頃。

後期ミノア文化期　Late Minoan

陶器年代区分によるクレタ島の時代。西暦紀元前一六七五年頃―一四五〇年頃。この時代にクレタ島は**ミュケナイ文化期**のギリシア人に支配されるようになった。

喉頭音　laryngeals

喉頭あるいは咽喉全体を用いて発音する音。より正確にいえば、喉頭音は次の三つすなわち、軟口蓋摩擦音（*ḫ* と *ǵ*）、咽頭音（*ḥ* と ʿ）、狭い意味の喉頭音（ˀ と *h*）に分けることができる。*ǵ* を別にすれば、これらのすべての音は古代**エジプト語**にも**セム語**にもある。一部の喉頭音は**アナトリア語系言語**に残ったが、きわめて特別な場合の *h* を例外として、狭い意味での**インド＝ヨーロッパ語族**では喉頭音は消滅した。

古王国時代　Old Kingdom

第三王朝から第六王朝までの時代。この時期のエジプトは強大で繁栄した。西暦紀元前三〇〇〇年頃―二五〇〇年頃。

語幹　stem

特別な**母音化**や種々の接頭辞や接尾辞が加わった**語**

根から派生する語形。

語根　root

単語から他のすべての部分を取り去ったときに残る本質的部分。

コプト語、コプト文化の　Coptic

エジプト人キリスト教徒の言語と文化。この言語は西暦紀元一五世紀あるいは一六世紀まで話されていたが、いまなおエジプト人キリスト教徒の典礼用語として残っている。書くときはギリシア語の**アルファベット**と、いくつかの特別な**エジプト語**の**デモティック**〔民衆文字〕に由来する文字を使う。コプト語は古代**エジプト語**の筆記文字の最後の形態である。

孤立語　isolating languages

屈折への依存がほとんどないか、皆無であり、**統語論**あるいは語の順序に大幅に依存している言語。中国語や英語など。

孤立論　isolationism

文化がよそからの影響をうけることは基本的にあり得ないという考え方。**伝播論**とは対立する。

コルキス　Colchis

黒海の東端にあった古代国家。現在は〔ソ連解体後、独立国家共同体の一つとなった〕グルジア〔社会主義共和国〕とアブハジア〔グルジア国内の自治共和国〕。

歯音　dentals

歯に舌を接触させて発音する子音。たとえば *d* や *t*。

歯間音　interdentals

th のように歯と歯の間に舌を置いて発音する子音。

歯擦音　sibilants

s, š, ṣ, z のようにシーという音を出す子音。

シドン　Sidon

海神シドに捧げられた古代**フェニキア**の都市。最盛期は最初期の**鉄器時代**。したがって、**ホメロス**と聖書の初期の歴史書で、「シドン人」という語はしばしば**フェニキア**人を指すために用いられた。シドンの優位は、西暦紀元前九世紀のあいだにライバルの**テュロス**〔ティルス〕にとってかわられた。

借用語　loan

意味と音のいずれも他の言語から採用した語。たとえば英語の「捕まえる catch」はフランス北部の古フランス語 *cachier* から来た語である。〔借用を意味する〕「ローン」やその類似語「ボロウィング」は永続的でないことを示唆するが、これは誤解を招く。借用語という語は、一九世紀初期の言語学者の否定的な意見を示すにすぎない。借用語は自然の過程で生まれたのではなく、もとの言語の純粋性を汚すものだと、彼らは感じていた。

修正伝播論　modi ed diffusionism
文化は外部の力によって修正あるいは変形されうるが、たいていの場合、その土地の文化とかなりの相互作用があってはじめて変化が起きるという考え方。**伝播論**と**孤立論**を参照。

シュメール人、シュメール語　Sumerian
西暦紀元前第五千年紀と第四千年紀に**メソポタミア**の諸地域に住んでいた民族。彼らの言語のシュメール語は**アフロアジア語族**でもなく**インド＝ヒッタイト語族**でもなかったが、シュメール語が話し言葉としては消えたあとの数千年間、文学の言語と身分標識《マーカー》として使われた。

初期ヘラドス文化期　Early Helladic
陶器年代区分でギリシア本土の初期**青銅器時代**（西暦紀元前三三〇〇年頃―二〇〇〇年頃）にあたる時代の名称。**初期ミノア文化期**に由来した。

初期ミノア文化期　Early Minoan
陶器年代区分でクレタ島の初期**青銅器時代**（西暦紀元前三三〇〇頃―二〇〇〇年頃）にあたる時代の名称。この時期はエジプトの**古王国時代**に対応するとみなされた。

唇音　labials
b, p, m のように唇を用いて発音する子音。

人種　race
生物学的には無意味だが、現在の世界で大きな社会的重要性をもつ概念。「人種」を分けるのは特定の外見的特徴、とくに肌の色、顔の造りである。このような特徴は、時には、特定の地理的地域とその地域に数千年ものあいだ住んでいる民族と合致する。しかし、人類の比較的最近の発展を見るならば、これらの人びとの遺伝的区別はきわめてわずかである。にもかかわらず、**ヨーロッパ**人と他の大陸に住む彼らの子孫のあいだに、自分たちを正当化するために、「人種差別」すなわち、自分たちは知的・道徳的に優越しているという考えが出てきた。彼らは「人種差別」を利用し、自分たちと外観の異なる民族にたいする彼らの優位を永続させている。

神統記　theogony
神々の先祖や誕生の系譜。これは数編の詩の主題になっており、**ヘシオドス**による神統記が最も有名である。

新バビロニア　Neo-Babylonian
アッシリア帝国の陥落（西暦紀元前六〇〇年ころ）から約六〇年後の**ペルシア帝国**の勃興まで、首都バビロニアから**メソポタミア**の大部分を支配した帝国。

記念石柱《ステレ》　stele
模様および／または碑文が刻まれている石造りの直立した柱。

ストラボン　Strabo
ギリシアの地理学者。西暦紀元前一世紀と西暦紀元一世紀を生きた。

青銅器時代　Bronze Age
道具や武器を製造するため、主として鉄が使用される以前に、通常は銅と錫の合金である青銅が使われた歴史時代。南西**アジア**と東地中海地域周辺では、この時代はおよそ西暦紀元前三五〇〇年から一一〇〇年まで続いた。東**アジア**と西**ヨーロッパ**では、この時代の始まりも終わりもずっと遅かった。**アフリカ**の大部分では石器時代からそのまますぐに**鉄器時代**へ移行した。

西暦紀元　C.E.
Common Era の略号。AD すなわち〈キリスト紀元〉という宗派的な文字をさけるために、一般には非キリスト教徒、とりわけユダヤ教徒が用いる。

西暦紀元前　B.C.E.
Before the Common Era（西暦紀元前）の略称。〔宗派的な用語をさけるために用いる紀元。B. C. に相当する。〕

セム語　Semitic
アッカド語、アラビア語、**アラム語**、**カナン語**、**ゲーズ語**その他の**エチオピア語**を含む語族。セム語自体は**アフロアジア語族**に属し、おそらく起源は東**アフリカ**

だろう。

セレウコス王朝　Seleucid

西暦紀元前三一二年—六四年のあいだ、シリアと**メソポタミア**にあった王朝の名前。創始者はアレクサンドロス大王の将軍だったセレウコス。

線文字A　Linear A

ギリシア語がクレタ島で確立する以前に、この島とほかの地域で西暦紀元前第二千年紀に使用されていた**決定詞**をもつ**音節文字**。この文字はクレタ島東部でかなり長く生き延びたと思われる。

線文字B　Linear B

ギリシア語を書くために用いられた**決定詞**をもった**音節文字**で、原型の**線文字A**から派生した。立証された例は西暦紀元前一七世紀からだが、起源はそれ以前だったかもしれない。一九五二年、建築家マイケル・ヴェントリスによって解読された。

ゾロアスター　Zoroaster

イランの宗教改革者。西暦紀元前第二千年紀の人。

ゾロアスター教　Zoroastrianism

ゾロアスターを開祖とする宗教で、**ペルシア帝国**の国教になった。宇宙は善（光）と悪（闇）との永遠の闘争の場であり、その闘争は微妙な均衡状態にあると説いた。イランがイスラム教徒に征服された後、この宗教はそこではほぼ消滅したが、パールシー〔インドに逃れたゾロアスター教徒の子孫〕のあいだでは、世界の他の地域でいまもなお盛んである。

多元起源説　polygenesis

事象の起源、とりわけ人類と言語の起源は多元的だったという考え方。**単一起源説**と対立する説。

単一起源説　monogenesis

本書では主として人類と言語に限定しているが、人類と言語は単一の起源から発達したという考え方。**多元起源説**と対立する説。

地名　toponym

土地の名前。

中王国時代　Middle Kingdom

第一一王朝、第一二王朝、第一三王朝をふくむエジプトの歴史時代。西暦紀元前二一五〇年頃—一七五〇年頃。この時代はおおよそ、**陶器年代区分**による〔クレ

〔クレ〕タ島の〕**中期ミノア文化期**と〔ギリシア本土の〕**中期ヘラドス文化期**の年代の基礎になった。

中期ヘラドス文化期　Middle Helladic

陶器年代区分によるギリシア本土の時代。西暦紀元前二〇〇〇年頃—一六七五年頃。

中期ミノア文化期　Middle Minoan

陶器年代区分によるクレタ島の年代区分。西暦紀元前二〇〇〇年頃—一六七五年頃。

中国の諸王朝　Chinese dynasties

夏（西暦紀元前一九〇〇年頃—同一六〇〇頃）、商（西暦紀元前一六〇〇年頃—同一一〇〇年頃）、周（西暦紀元前一一〇〇年頃—同二二一年）と続いた。周王朝は西暦紀元前八世紀には政治権力を失ったが、中国を統一した秦の始皇帝によって最終的に滅ぼされるまで「皇帝」の称号を保持した。秦王朝は短命だったが、おそらく西洋の「中国 China」という名称は秦 Qin (Ch'in) に由来する。

ディオドロス・シケリオテス〔シチリアのディオドロス〕**Diodorus Siculus**

シチリア島生まれのギリシアの歴史家。西暦紀元前八〇年頃—二〇年頃。『歴史文庫』の著者として知られている。

鉄器時代　Iron Age

青銅器時代に続く時代で、この時代の大部分の道具と武器は鉄で作られた。この用語は**青銅器時代**から移行後、最初の二、三世紀に限られる傾向がある。その後の時代には、歴史書から知られる名称が与えられる。

デモティック〔民衆文字〕　**Demotic**

厳密にいえば、デモティック〔民衆文字〕は西暦紀元前七世紀以後のエジプトで用いられた**ヒエログリフ**〔聖刻文字〕と**ヒエラティック**〔神官文字〕に由来する筆記文字。この語はこの時期の**エジプト語**を述べるときにも使われる。

テュロス〔ティルス〕　**Tyre**

古代**フェニキア**の都市。この都市が最もはなやかだった時期は西暦紀元前一〇世紀から八世紀までの時代だった。西暦紀元前三三三年にアレクサンドロス大王によって滅ぼされたのちも、この都市は何世紀にもわたって、経済的・政治的・文化的に重要な中心地であり続けた。

テラ島　Thera
クレタ島の北七〇マイルにある火山島。西暦紀元前第二千年紀のあいだに、火山が大噴火した。現在では噴火した年は西暦紀元前一六二八年だったことがわかっている。

添頭字　prothetic or prosthetic
ある種の子音を単語の語頭に置くことを避けるため、語頭に置かれる母音。二重子音の前ではとくによくみられる。

伝播論　diffusionism
文化的な特徴はある文化から別の文化へ伝達できるという考え方で、**孤立論**と対立する。**修正伝播論**も参照。

天命　Mandate of Heaven
中国古代の政治思想で、中国語ではティアンミン *Tianming* という。この思想によれば、ある王朝が天命を保持しているかぎりその王朝の支配は続くが、最終的に天命が革《あらた》まり、後継の王朝に引き継がれる。

陶器年代区分　ceramic period
陶器様式をもとに考古学者が再構成した時代区分。

トゥキュディデス　Thucydides
西暦紀元前四六〇年頃―四〇〇年頃。ペロポンネソス戦争史を著したギリシアの歴史家。

統語論　syntax
単語が並ぶ順序。

ドーリス人　Dorians
ギリシア北西部出身のギリシア人部族。彼らは西暦紀元前一二世紀にギリシア南部の大部分を蹂躙した。

トカラ語　Tokharian
インド＝ヨーロッパ語族の一言語。西暦紀元一千年紀に、いまでは主としてトルコ語を話す中国の新疆「自治区」で話されていた。トカラ語は西洋の**インド＝ヨーロッパ語族**のいくつかの特徴を共有しているが、その特徴は**インド＝アーリア語**には存在しない。したがって、初期の**インド＝ヨーロッパ語族**の性質についての決定的な情報をトカラ語から知ることができる。

ドラヴィダ語族　Dravidian
独立した語族で、古代にインド南部から**メソポタミア**東部まで及んだ。**ハラッパ**文明の言語はドラヴィダ語だったと思われる。現在最もよく知られたドラヴィダ語族は、いまなおインド南部で盛んに使われているタミル語とテルグ語である。死語になった**エラム語**は古代**エラム**文明の言語であり、もしかするとドラヴィダ語族だったかもしれない。

鉛同位体分析　lead isotope analysis
鉛《なまり》に含まれる放射性同位体の比率の測定。この測定によって特定の鉛鉱床の地質学年代を決定できる。したがって、遺物に含まれた鉛からその遺物の原産地がわかる。

軟口蓋音　velars
たとえば *k* や *g* のように、舌を用いて口腔の奥で発音する**閉鎖音**。

年輪年代学　dendrochronology
年代測定法の一つ。年輪を数えその性質を吟味することで木材の経年数とその考古学的コンテクストを測定する。

パウサニアス　Pausanias
西暦紀元二世紀のギリシアの著作家で、浩瀚な著作『ギリシア案内記』を著した。

ハッティ　Hatti
アナトリア中部の古代名。**ヒッタイト**の祖国。

ハッティ語　Hattic
ハッティで話されていた非**インド＝ヨーロッパ語族**の言語。

バビロン　Babylon
メソポタミア中南部の古代都市。いくつかの重要な王国の首都であり、西暦紀元前六〇〇年から五三八年のあいだの**新バビロニア**帝国の首都。

ハラッパ　Harappa
西暦紀元前二五〇〇年頃から一七〇〇年頃のあいだ北西インドで栄えた古代文明では、ハラッパ遺跡ともうひとつのモヘンジョ・ダロ遺跡という名前が知られている。この文明は西暦紀元前一七〇〇年頃、北方からの侵略者の**アーリア人**によって滅ぼされたようだ。この文明が残した文字はまだ解読されていない。

汎神論　pantheism
万物に神が宿っており、万物が神であるという考え方。このような世界観はエジプトの宗教とギリシアの宗教に近い。西暦紀元一七世紀、とりわけスピノザの著作が出版されて以後、この考え方は重要になった。

ヒエラティック〔神官文字〕　**Hieratic**

ヒエログリフ〔聖刻文字〕と同一原則にもとづいた**エジプト語**の筆写体文字。パピルスに筆記するために用いられた。

ヒエログリフ〔聖刻文字〕　**Hieroglyphic**

一部が**絵文字**の**エジプト語**の筆記文字。最古の立証例は西暦紀元前第四千年紀後半の文字。正式の筆記、とりわけ銘文に用いられた。

鼻音　**nasals**

鼻腔を使って発音される*m*や*n*のような子音。

ヒクソス人　**Hyksos**

西暦紀元前一七二五年から一五七五年のあいだエジプトの多くを支配した北東からの侵略者。大部分は西**セム語**を話したと思われるが、**フルリ語**と、もしかすると**インド＝アーリア語**の話者も含まれていたかもしれない。

ヒッタイト、ヒッタイト語　**Hittite**

西暦紀元前第二千年紀を通じて**アナトリア**中部にあった帝国。その言語は**アナトリア語系言語**だった。当初、文字は一種の**楔**《くさび》**形文字**だったが、のちに独自の象形文字《ヒエログリフ》をもった。

「**日のもとに出現するための書**」　***Book of Coming Forth by Day***

一般には「死者の書」として知られている書。祈禱文、呪文、および死後の旅路を行く死者の魂を導く教訓など、複雑な要素から構成されている。

ピュタゴラス　**Pythagoras**

西暦紀元前五八二年頃—五〇〇年頃。ギリシアの哲学者、数学者。エジプトで学んだ彼はエジプトの数学と宗教を持ち帰り、ピュタゴラス教団を創立した。

ピュタゴラス派　**Pythagoreans**

ピュタゴラスの信奉者。彼らの「教団」は、一般にはエジプトの神官層が使った原則と考えられるものに沿って組織された。西暦紀元前五世紀と四世紀、シチリア島とイタリア南部のギリシア人社会でピュタゴラス派は政治、宗教、科学の上で重要な役割を演じた。

ビュブロス　**Byblos**

現在のレバノン南部にあった古代都市。エジプトと緊密な接触があり、西暦紀元前第二千年紀末に**シドン**の勃興によって衰えるまで、**レヴァント**の最も重要な都市であった。

フェニキア　Phoenicia

レバノンからパレスチナ北部／イスラエルにかけて細長く伸びる海岸地帯にあった諸都市。なかでも最も有名な都市は**ビュブロス**、**テュロス**〔ティルス〕、**シドン**だった。「フェニキア」という名称は古代を通じてずっとこの地域を指すが、一般には、これらの都市が最大の権力を持ち繁栄した西暦紀元前一一〇〇年から七五〇年のあいだの時期を指して用いられる。フェニキアの言語は**ヘブライ語**と同じように**カナン語**の方言だった。**アルファベット**を発明したのはフェニキア人だったとよく言われている。この地域はおそらく**アルファベット**の発祥地だろうが、これが発達したのは「フェニキア」時代よりずっと昔だった。

プトレマイオス王朝　Ptolemy

アレクサンドロス大王の将軍で、大王の死後エジプトで権力を掌握したプトレマイオスの歴代の子孫が継承した王朝の名称。この王朝の最後の統治者はクレオパトラ七世であった。彼女はカエサルにもマルクス・アントニウスにも愛されたが、西暦紀元前三〇年に劇的な生涯を閉じた。

プトレマイオス文化　Ptolemaic

プトレマイオス王朝時代のエジプト文化の名称。

フリュギア、フリュギア語　Phrygia

西暦紀元前第一千年紀前半、**アナトリア**北部にあった強国。フリュギア語は**アルファベット**表記だったが、**アナトリア語系言語**ではなく、**インド＝ヨーロッパ語族**であり、ギリシア語と非常に近い関係があった。

フルリ人、フルリ語　Hurrian

西暦紀元前第三千年紀と第二千年紀にシリアと**アナトリア**東部に住んでいた人びとの名称。彼らの言語のフルリ語は**ウラルトゥ**語と同じように死語であるが、北東カフカス地方の諸言語——そのなかで最も有名な言語はチェチェン語——に代表される語族に属している。この言語は**アフロアジア語族**でも**インド＝ヒッタイト語族**でもなかった。フルリ語を話す人びとの最も重要な国家は、西暦紀元前第二千年紀後半に**メソポタミア**西部とシリア北部で栄えたミタンニ王国と、第一千年紀初めに**アッシリア**の強力な敵国だった**ウラルトゥ**王国だった。

閉鎖音　stop

息を止め破裂させて発音する子音。*b, p, d, t, g, k* という文字の音。

豊富な知識《ベサヴィッセライ》　***Besserwisserei***

「豊富な知識」に相当するドイツ語。この学問的アプローチの土台は、「科学」および「歴史的方法」と称する方法によって、一九世紀と二〇世紀の歴史家たちが自分たちの結論は古代の著作家よりも無条件にすぐれているという信念にある。

ヘシオドス　Hesiod

ギリシアの詩人。西暦紀元前一〇世紀にボイオティア地方で生まれた。彼のもっとも有名な著作は『**神統記**』である。

ヘブライ語　Hebrew

カナン語の方言。西暦紀元前第一千年紀にイスラエル王国、ユダ王国、モアブ王国で話されていた。宗教上の理由からこの言語は特別な言語として扱われることが多い。現代のヘブライ語は、西暦紀元一九世紀になってから、二千年間主として宗教的使用に限定されてきたこの言語を復興したものに由来する。

ペラスギ人　Pelasgians

ギリシア古典時代の伝承では、ペラスギ人はギリシアの最古の住人だった。

ヘラスの　Hellenic

ギリシアの、あるいはギリシア語を話す、を意味する。とりわけギリシア北部のテッサリア地方と関連する。西暦紀元一八世紀末期以来、この語は高潔さおよび、北方の**アーリア人**の「血」と多くの関連を有している。

ヘラドス文化期　Helladic

ギリシア本土の年代区分の名称。ヘラドス文化期は**陶器年代区分**では三期ある。この三期は、クレタ島の**陶器年代区分**である**ミノア文化期**の三期とほぼ同時期であった。次いで言えば、この**ミノア文化期**の三期はエジプトの古王国、中王国、新王国にもとづいている。

ペリクレス　Pericles

西暦紀元前五世紀のアテネ絶頂期の支配者。

ペリシテ人　Philistines

エーゲ海地域と**アナトリア**からやって来た民族の一

つ。彼らは西暦紀元前一三世紀と一二世紀に**レヴァント**を侵略し、エジプトを襲撃した。

ペルシア帝国　Persian Empire

キュロス大王が西暦紀元前六世紀中頃に建国したペルシア帝国は、南西**アジア**、エジプト、多くのエーゲ海地域を支配したが、ギリシア連合軍に撃退された。西暦紀元前四世紀末にアレクサンドロス大王によって滅ぼされた。

ベルベル語　Berber

北西**アフリカ**の原住民が話していた**アフロアジア語族**の言語。いまなおこれらの言語はエジプトの西部に広がるリビア砂漠からモロッコにかけての山間地で話されている。

ヘレスポント海峡　Hellespont

地中海と黒海を結びつけ、**ヨーロッパ**から**アジア**を分ける海峡〔別名ダーダネルス海峡〕。

ヘレニズムの　Hellenistic

西暦紀元前四世紀末のアレクサンドロス大王の征服以後、西暦紀元前一世紀に東地中海地域周辺と以遠の地域がローマ帝国の領土に組みこまれるまで、そこに見出されたギリシアと「オリエント」の混合文化に与えられた軽蔑的名称。

ヘロドトス　Herodotos

西暦紀元前四八五年頃―四二五年頃。現存する最古のギリシアの歴史の著者。小アジア半島のハリカリナッソスに生まれた。

母音化　vocalization

子音に母音を加えること。

ホメロス　Homer

伝説上の叙事詩人。近代の通説では西暦紀元前八世紀か七世紀の人とされる傾向があるが、古代の伝承と現代の少数派の学者（私もその一人）はそれより一世紀以上前の人だと考えている。同じように、ホメロスの作詩が口誦によるものだったか否かについても意見ははっきり割れている。私はこの問題でも少数派であり、『イリアス』と『オデュッセイア』は文字で書かれた洗練された作詩だと考えている。

翻訳〔語義〕**借用　calque**

別の言語からの単語、表現あるいは慣用句を文字通りに翻訳すること。この例にドイツ語ユーバーメンシュ

Übermensch〔超人〕から来た英語スーパーマン Superman〔超人〕がある。これにたいして、flirt〔浮気者〕という英語がフランス語 *fleureter*（もともとは「花綱」）から来たと言う場合は、翻訳借用でなくて**借用語**である。

ミノア文化期　Minoan

ミノア文化期はクレタ島の伝説的人物ミノス王にちなむ名称で、アーサー・エヴァンズが命名した。この文化期は、ギリシア語話者がクレタ島に到着する以前の**青銅器時代**に適用され、**陶器年代区分**によって初期、中期、後期の三期に分けられるが、これもエヴァンズが確立した時代区分である。

ミュケナイ　Mycenae

ペロポンネソス半島北東部の都市アルゴスの近くにある都市。後期**青銅器時代**の主要な都市として有名。

ミュケナイ文化　Mycenaean

ミュケナイで初めて発見された後期**青銅器時代**の物質文化の名称。これを拡大して、この時期のギリシア文化全体を述べるのに「ミュケナイ文化」という語を用いる。

メソポタミア　Mesopotamia

ティグリス川とユーフラテス川の流域で、大体は現代のイラクに当たる地域。世界最古の文明の一つが生まれたところである。

ヨーロッパ　Europe

ギリシアの地理学者が思い描いた三大陸の一つ。この名前は西**セム語**の**語根** *'ereb*（「日没」あるいは「西」）から来たある語形に由来する。イスラムの征服によるキリスト教世界の分裂後、キリスト教世界の最大の生き残りとして、「ヨーロッパ」という名前は「キリスト教世界」と同義語になった。にもかかわらず、キリスト教が生まれたのはヨーロッパではない。**アジア**と**アフリカ**には、キリスト教の多くの古い共同体が過去に存在したし、現在も存在している。さらに、ヨーロッパ人のかなりの人数はイスラム教徒やユダヤ人である。ヨーロッパの拡大と盛んな**人種**差別の登場とともに、ヨーロッパは「白い人種」の大陸として描かれた。ここでふたたび〔いえることだが〕、他の大陸において、似たような特徴と肌の色をもつ多くの人びとが、植民地主義が到来するずっと以前から暮らしていた。ヨーロッパはヨーロッパ＝アジアの広大な陸地の端にある複雑な地勢の集合であり、周囲を海に囲まれた広大な陸地という通常の大陸の定義に適合しない。

流音　liquids

〔上顎に近づけた舌の両側を〕息が流れるときに出る音で、*l* および *r* のような子音。

リュキア　Lycia

アナトリア南部の地域。リュキア語は**アナトリア語系言語**であり、**ヒッタイト語**の間接的な派生語であった。リュキア語の**アルファベット**を刻んだ碑文は西暦紀元前五世紀にさかのぼる。

リュディア、リュディア語　Lydia

アナトリア北西部の地域。リュディア語は**アナトリア語系言語**に属していた。大部分の伝承の伝えるところ、**エトルリア人**はリュディアからやって来た。リュディア語の**アルファベット**を刻んだ碑文は西暦紀元前五世紀にさかのぼる。

レヴァント　Levant

一般に東方を指すために用いられる用語だが、大体はシリア＝パレスチナに限定されて用いられる。

レムノス島　Lemnos

北東エーゲ海に浮かぶ島。この島では**ギリシア古典時代**に**エトルリア語**と関係のある非**インド＝ヨーロッパ語族**の言語が話されていた。

著者紹介

マーティン・バナール（Martin Bernal）

1937年ロンドン生。歴史学者。コーネル大学名誉教授。ケンブリッジ大学キングズ・カレッジ卒業。コーネル大学政治学部正教授を2001年に退職。著書に *Black Athena*（全3巻, Rutgers University Press, 1987-2006）およびその関連書のほか, *Chinese Socialism to 1907*（Cornell University Press, 1976）がある。
邦訳書は,『黒いアテナ　古典文明のアフロ・アジア的ルーツII　考古学と文書にみる証拠㊤㊦』（藤原書店, 2004-05）,『ブラック・アテナ　古代ギリシア文明のアフロ・アジア的ルーツ I 古代ギリシアの捏造 1785-1985』（新評論, 2007）。

訳者紹介

金井和子（かない・かずこ）

1945年愛知県生。東京教育大学大学院文学研究科博士課程修了。訳書にA・H・ローゼンフェルド『イメージのなかのヒトラー』（未来社, 2000年）, M・バナール『黒いアテナII』上・下（藤原書店, 2004～05年）など。

『黒《くろ》いアテナ』批判《ひはん》に答《こた》える ㊤

2012年6月30日　初版第1刷発行 ©

訳　者　金井和子
発行者　藤原良雄
発行所　株式会社 藤原書店

〒162–0041　東京都新宿区早稲田鶴巻町523
電　話　03（5272）0301
FAX　03（5272）0450
振　替　00160 - 4 - 17013
info@fujiwara-shoten.co.jp

印刷・製本　中央精版印刷

落丁本・乱丁本はお取替えいたします　Printed in Japan
定価はカバーに表示してあります　ISBN978-4-89434-863-9

共存の歴史を明かす

イスラーム治下のヨーロッパ
〈衝突と共存の歴史〉

Ch-E・デュフルク　芝修身・芝紘子訳

ヨーロッパ世界とイスラーム世界は果たして水と油なのか？　イスラーム治下の中世ヨーロッパにおける日常生活の歴史から、共存の実態を初めて明かし、二大文明の出会いを描く。

四六上製　三五二頁　三三〇〇円
（一九九七年四月刊）
◇978-4-89434-066-4

LA VIE QUOTIDIENNE DANS L'EUROPE MÉDIÉVALE SOUS DOMINATION ARABE
Charles-Emmanuel DUFOURCQ

民主主義の多様性

変わるイスラーム
〈源流・進展・未来〉

R・アスラン　白須英子訳

一三カ国で翻訳、世界が注目するイスラーム世界の新鋭の処女作！　いま起きているのは「文明の衝突」ではない。イスラームの「内部衝突」と「宗教改革」である。一九七二年生の若きムスリムが、博識と情熱をもって、イスラームの全歴史を踏まえつつ、多元主義的民主化運動としての「イスラーム」の原点を今日に甦らせる！

A5上製　四〇八頁　四八〇〇円
（二〇〇九年三月刊）
◇978-4-89434-676-5

NO GOD BUT GOD　Reza ASLAN

「9・11」はなぜ起きたのか？

仮想戦争
〈イスラーム・イスラエル・アメリカの原理主義〉

R・アスラン　白須英子訳

ムスリムの若者はなぜジハードに惹かれるのか？　ユダヤ教、キリスト教、イスラームに通暁する著者が、今日の「世界」を解き明かす！　いま必要なのは、原理主義者たちの「仮想戦争」を「地上」に引き下ろすことである。

四六上製　三二〇頁　三〇〇〇円
（二〇一〇年七月刊）
◇978-4-89434-752-6

BEYOND FUNDAMENTALISM　Reza ASLAN

世界は「オリエント」から誕生した

別冊『環』⑧
「オリエント」とは何か
〈東西の区分を超える〉

〈座談会〉岡田明憲＋杉山正明＋井本英一＋志村ふくみ

〈寄稿〉岡田明憲／堀晄／紺谷亮一／川瀬豊子／吉枝聡子／岡田恵美子／前田耕作／春田晴郎／北川誠一／黒田壽郎／香月法子／小川英雄／大貫隆／山形孝夫／川口一彦／森本公誠／山田明爾／宮治昭／森谷公俊／田辺勝美／岡田保良／長澤和俊／石野博信／増田精一／岡﨑正孝／山内和也／中務哲郎／高濱秀／一海知義／久田博幸

菊大並製　三〇四頁　三五〇〇円
（二〇〇四年六月刊）
◇978-4-89434-395-5

感性の歴史という新領野を拓いた新しい歴史家

アラン・コルバン（1936-　）

「においの歴史」「娼婦の歴史」など、従来の歴史学では考えられなかった対象をみいだして打ち立てられた「感性の歴史学」。そして、一切の記録を残さなかった人間の歴史を書くことはできるのかという、逆説的な歴史記述への挑戦をとおして、既存の歴史学に対して根本的な問題提起をなす、全く新しい歴史家。

「嗅覚革命」を活写

においの歴史

〈嗅覚と社会的想像力〉

A・コルバン　山田登世子・鹿島茂訳

アナール派を代表して「感性の歴史学」という新領野を拓く。悪臭を嫌悪し、芳香を愛でるという現代人に自明の感受性が、いつ、どこで誕生したのか？　十八世紀西欧の歴史の中の「嗅覚革命」を辿り、公衆衛生学の誕生と悪臭退治の起源を浮き彫る名著。

A５上製　四〇〇頁　**四九〇〇円**　（一九九〇年一二月刊）

◇978-4-938661-16-8

LE MIASME ET LA JONQUILLE　Alain CORBIN

浜辺リゾートの誕生

浜辺の誕生

〈海と人間の系譜学〉

A・コルバン　福井和美訳

長らく恐怖と嫌悪の対象であった浜辺を、近代人がリゾートとして悦楽の場としてゆく過程を抉り出す。海と空と陸の狭間、自然の諸力のせめぎあう場、「浜辺」は人間の歴史に何をもたらしたのか？

A５上製　七六〇頁　**八六〇〇円**　（一九九二年一二月刊）

◇978-4-938661-61-8

LE TERRITOIRE DU VIDE　Alain CORBIN

近代的感性とは何か

時間・欲望・恐怖

〈歴史学と感覚の人類学〉

A・コルバン　小倉孝誠・野村正人・小倉和子訳

女と男が織りなす近代社会の「近代性」の誕生を日常生活の様々な面に光をあて、鮮やかに描きだす。語られていない、語りえぬ歴史に挑む。（来日セミナー）「歴史・社会的表象・文学」収録（山田登世子、北山晴一他）。

四六上製　三九二頁　**四一〇〇円**　（一九九三年七月刊）

◇978-4-938661-77-9

LE TEMPS, LE DÉSIR ET L'HORREUR　Alain CORBIN